ポリティカル・サイエンス・クラシックス＊4
河野勝・真渕勝［監修］

紛争の戦略
ゲーム理論のエッセンス

THE STRATEGY
OF CONFLICT
Thomas C. Schelling

トーマス・シェリング

［監訳］
河野 勝

keiso shobo

THE STRATEGY OF CONFLICT
by Thomas C. Schelling

Copyright©1960, 1980 by the President and Fellows of Harvard College
This translation published by arrangement
with Harvard University Press
through The English Agency (Japan) Ltd.

ポリティカル・サイエンス・クラシックス　刊行にあたって

河野勝・真渕勝

　クラシックスとは、時代が移り変わってもその価値を失うことのない一握りの作品に付与されるべき称号である。しかし、だからといって、クラシックスは古い時代につくられたものだけを意味するのではない。それまでの常識を打ち破ったり、まったく新しい手法や考え方を取り入れたりして、後世に名を残すことが運命付けられた作品は、どの分野においても、才能のある人々により不断に創造されている。それらは、人間の知識や感性に大きな変革をもたらし、われわれの活動のフロンティアを開拓し進歩させている。

　本シリーズは、現代政治学に大きく貢献し、また将来にわたってもその発展に寄与し続けるであろうと思われる代表的な研究業績を、日本の読者に邦語で紹介することを目的として編纂された。ここで邦訳として刊行する書物は、それぞれ高く評価され、欧米の政治学徒が必須文献として読むものばかりである。日本では、政治学の「古典」というと、プラトンやアリストテレスらのギリシャ時代、あるいはルソーやマキャヴェリといった、せいぜい18から19世紀ぐらいまでの人々の著作を思い浮かべることが多く、その意味では、ここに集められたいくつかの業績は、「新古典」と呼ぶべきであるかもしれない。しかし、今日の政治学は、こうしたより新しい研究業績から得られる知見を正しく理解することなしには、学ぶことができない。

　われわれ監修者二人は、日本の政治学において、海外で広く受け入れられている基礎的業績の紹介が遅れてきたことにずっと危機感をもってきた。本シリーズの出版社である勁草書房は、かつて1960－70年代の政治学における主要な外国文献を紹介する任を担ったが、それ以来、学術書の体系的な邦訳が待ち望まれていたところであった。そこで、われわれはおもに若手の政治学者を対象にしたアンケートを行い、英語で書かれた文献で、研究および教育の両方の観点から、翻訳があったらよいと思われる本を数冊ずつリストアップしてもらった。その中には、前々から望まれていたにもかかわらずなぜか翻訳されていなかった本や、すでに出ている邦訳が絶版だったりして手に入りにくい書物が含まれていた。それらを、日本政治、比較政治、国際政治、そして政治理論の四

ポリティカル・サイエンス・クラシックス　刊行にあたって

分野に分け、それぞれの分野で一冊ずつ、数期にわたって刊行することとして、本シリーズが実現したのである。

　日本における政治学は、研究者の数や研究の層の厚さからいって、欧米の政治学にはるかに及ばない。このシリーズがきっかけとなり、初学者や一般の読者の中から、政治学へさらなる興味をもってくれる方々がひとりでも多くでてくれることをのぞんでいる。

＊

　シェリングの *Strategy of Conflict* は、ゲーム理論的な概念や枠組みを用いて、戦略的意思決定に関するさまざまな問題を解き明かした古典的名著である。冷戦時代のなかにあって、シェリングは、核抑止、限定戦争、奇襲攻撃といったなまなましい国際政治上の問題をどのように体系的につきつめて分析すべきかを示した。同時に、彼は大胆で斬新な発想から、交渉、コミットメント、脅し、約束など、人間社会に普遍的な問題について、いくつもの重要な知見を提供した。本書で展開された議論は高く評価され、シェリングは2005年にノーベル経済学賞を受賞している。それは、今日でも全く輝きを失っておらず、人間社会の成り立ちを原理的に考えるヒントをわれわれに与えてくれる。

日本語版への序文

　2005年に「ゲーム理論的分析を通じて紛争と協調への理解を深めた」としてノーベル経済学賞（Bank of England Prize in Economic Sciences in Memory of Alfred Nobel）を受賞して以来、私は自分がゲーム理論家ではなく、ゲーム理論をときおり使う社会科学者にすぎないのだということを釈明すべきかどうか、また、ゲーム理論の定義が広がり、私が半世紀にわたって関心をもってきた種類の研究がそのなかに包含されるようになったことを歓迎すべきかどうか、ずっと考えてきた。

　ノーベル賞の選考委員会は、いくつかの私のアイディア、とくに本書の第2章と第3章に収められた2つのアイディアが、ノーベル賞に値するといっていた。読者は、この2つの章が「ゲーム理論」なのか、悩むかもしれない。私自身も悩んでいる。なぜなら、この2つの章は、私がゲーム理論を知るようになる以前に書かれたものだからである！

　ゲーム理論を緩やかに定義するならば、「2人（2つ）もしくはそれ以上の個人（個体）が、お互いにとっての適切な選択が相手の選択に依存する状況において、何をなすべきかをどのように決定するかについての論理」ということになるであろう。ほとんどのゲーム理論は、「双方向的な予測（reciprocal anticipation）」の理論と理解することができるが、そこで決定的に重要な要素は、2人（2つ）もしくはそれ以上の個人（個体）──一般の人々であるかもしれないし、会社や政府、チーム、外交官、弁護士、さらには軍事戦略家であるかもしれない──が、相手の選択に関して「正しい」期待に到達するよう試みること、そしてその際相手も同時にこちらの期待を予測しようとしていることを知っているということ、である。しばしば、それは「相互依存的決定」の理論と呼ばれる。さらに、そこにはただし書きが加えられる場合がある。すなわち、ゲーム理論とは、そうした状況についての、純粋に論理的な（つまり数学的でフォーマルな）分析である、と。

　私が思うに、読者は、本書のほとんどの部分が数学的なフォーマル性を備えてはいないながらも、この定義に合致していると考えるであろう。ただ、ここ

には一点だけ強調して付け加えたいことがある。それは、2人（2つ）もしくはそれ以上の個人（個体）——繰り返すが、それは一般の人々であるかもしれないし、政府や会社、チーム、あるいは政治家であるかもしれない——が選択を行うとき、単に相手の選択を予測するだけでなく相手の選択に影響を与える（influence）意図をもって行われるということに、私の主要な関心があったという点である。

　たとえば、どのようにすれば、自分にとって損であるような約束であっても、真摯であると相手に信じてもらえるようになるのか。また、どのようにすれば、自分にも害が及ぶ可能性のある脅しを、信憑性のあるものと相手に思ってもらえるようになるのか。さらにまた、どのようにすれば、自分の交渉立場を、それが最終的なものであると相手に受け止めてもらえるようになるのか。どのように振る舞えば、相手が妨害しないようになるのか。そしてどのように行動すれば、信頼を促進し互酬的関係を導くことができるのか。これらは、たしかに正しい予測に依存してはいるものの、それは自分の行動への反応をどう予測するかにかかっているのである。

　私は、こうした行動についての理論もしくは論理に関心をもってきた。しかしその一方で、私の研究は、論理的というよりは、むしろ実証的である。私は、人々（制度、政府、会社、チーム）が、実際にどのようにして成功したり失敗したりするのかを研究してきた。すなわち、いかにして自分の約束が真摯なものであることをパートナーや敵に説得できるか、どうしたら自分の脅しが留意すべきものであることを、またどのように自分の交渉立場が揺るぎないものであることを、相手に対して説得できるのか。そして、何が信憑性のあるコミットメントを成立させる制度なのか。そして、どのような戦術が有効であるのか、といったことである。

　私は、日本語版によって、本書が新しい読者に届くようになることを喜ばしく思う。この本は、すでに50年近くもの歳月を過ぎた本である。そのなかには、美しく齢を重ねたとはいえない部分もあるかもしれない。いくつかの段落は、とくに若い読者にとって、すでに忘れ去られた事件や人物について言及している。いくつかの箇所は、繰り返したくないあの冷戦と密接に関連した記述となっている。ただ、本書のすくなくとも一部、すなわち補遺のAは、だれよりも日本人の読者に、よく理解していただけるのではないかと思う。

トーマス・C. シェリング

1980年版への序文

　ハーバード大学出版会から本書のペーパーバックが刊行されることになったと聞いたとき、私は本書のどの部分が恥ずかしいまでに時代遅れになっただろうか、そしてそれらを削除したり加筆すべきか、もしくは新版の冒頭にそれらの箇所についての釈明を述べる必要があるのではないか、などと考えをめぐらせた。『紛争の戦略』が刊行されてからすでに20年が経っていた。私は初版をほとんど読み返したことがなく、一部については実に10年ぶりに目を通すという始末であった。当然、私が主張したことのいくつかは時代遅れで、見当違いになっているだろうと考えた。

　実際、いくつかの箇所はそうなっていた。しかし全体としては、具体例が古めかしかったりするものの、依然として本書が十分現在にも通用すると喜んでご報告できる。第1章で軍事戦略の地位が大学や軍事関係者のあいだで低く評価されていると述べたところは、いまでは完全に間違っているものの、このコメントは当時の時代的潮流を伝える歴史的価値をもつと思ってそのまま残すことにした。より重大なのは、学生たち——この本を新版で初めて読むことになるのは学生たちぐらいであろう——が、金門島、フルシチョフ、モサデクといった固有名詞を知っているか、〔ラインゴールド・ビール社が催していたミス・コンテストで〕ミス・ラインゴールドがどのように選ばれたかがわかるかといった問題である。

　補遺Aがいまだに時代遅れになってないことは、感謝すべきことであろう。それは長崎への原爆投下以来、核兵器が使われていないという前提に立って書かれているからである。この前提が変わらないまま、本書がさらに版を重ねていってくれることを願う。

　第10章において独創的だと思ったアイディアのいくつかは、その後流行することになった。なかには、流行を通り越すたれていったアイディアさえある。今日では、自分が書いたものも含めて、兵器削減に関して膨大な文献が刊行されている。それでも、本書の第10章の25ページは、戦略兵器制限交渉について書かれた他のいかなる文献の25ページで述べられていることと同じぐらいの内

1980年版への序文

容を同じくらいの明確さで伝えていると思う。戦略や兵器削減に関する私の考えにさらに関心のある読者は、1961年に Twentieth Century Fund から出版したモートン・H. ハルペリンとの共著や、1966年にイェール大学出版会から出版した *Arms and Influence* を読んでいただきたい。

外交政策に関する部分ではなく、理論的な部分については、いまでも多くの人が参照する価値がこの本にあると思う。私は、そうした論文をひとつの本のかたちにしてまとめることで、「交渉理論」、「紛争理論」、「戦略理論」などとさまざまに呼ばれていた分野を学際的に統合することに貢献できるのではないかと期待した。私が示したかったのは、経済学、社会学、政治学、さらには法学、哲学、人類学をも横断するような初歩的な理論が、フォーマル理論の研究者のみならず、現実的な問題に興味のある研究者に対しても有益であるということであった。当時私は、ゲームの理論がこうした分野への応用へと展開できるのではないかと期待もしていたが、いまとなってはそれは間違いであったとわかった。ハワード・ライファ、マーティン・シュービック、ニゲル・ハワードといった目立った例外を除けば、ゲーム理論家は現在にいたっても数学のフロンティアのなかにとどまり続けている。私が確立したいと思った分野は、その後発展し続けてきてはいるが、爆発的に発展したわけでもなく、またその分野に独自の名前が与えられたということでもない。

この分野の発展に重要な役割を担ってきたのは、とくに *Journal of Conflict Resolution* をはじめとする数少ない学術誌である。しかし、政策決定者や実務家むけの雑誌においては「非ゼロサムゲーム」や「利得」といった基本的な専門用語を除いて、もっとも初歩的な理論さえも用いられることがほとんどない（ほんの数年前、軍縮の対象となる特定の武器に対するアメリカとソ連の異なる態度に関して書いた論文において、私はいくつかの2×2の利得行列を用いようとした。すると、その雑誌の編集者──匿名にしておく──は、読者を威圧しないために、利得行列を削除するよう私に指示してきた。彼がいうには、利得行列を省くといくぶん論文の意図はあいまいになるが、読者は文章表現による若干の拷問ならばまだ気分を害さないでいてくれるだろう、とのことであった）。

本書については、さまざまな好意的な反響をいただき、多くの方からよかったとか、多くのものを学んだとかいった激励を頂戴した。しかし20年間でいちばん嬉しかったのは、ジョン・ストラッチー氏からの連絡であった。ジョン・ストラッチー氏は、1930年代の卓越したマルクス経済学者である。私も大学時代に彼の本を読んでいた。第二次世界大戦の後、彼はイギリス労働党政権

1980年版への序文

で国防大臣になった。彼が武器削減および兵器撤廃の本を執筆中であることを知っていたので、私たちはハーバード国際関係センターの一員として彼を招待した。彼が私に電話してきたとき、彼は本書がどれだけ自分の考えに影響を与えたかを大声で叫び、熱心に語ったのである。私は、いったい本書のどの章のどの部分が彼に影響を与えるほど洗練されたものであったかを、推測してみた。後日判明したのだが、彼は特定の章の特定の部分に対して言及していたわけではなかった。彼がいうには、本書を読むまで、非ゼロサム的対立が現実に存在するとは全く考えなかったというのであった。紛争が共通の利益をもった当事者のあいだで行われていることについては知っていたが、紛争と共通利益は分離可能であると思い込んでおり、それらがひとつの統合した構造の側面であるとは思いもよらなかったのである。独占資本主義や階級闘争、核戦略や同盟政治に関心をもち、キャリアの後半になって軍縮や平和構築に携わっていたひとりの学者が、私の本を読み、私からすれば自明でないなどと思うことがありえないようなきわめて初歩的なアイディアに遭遇した、というわけなのであった。謙遜と威厳をもって彼は私にそのことを告白した。一冊の本を書くと、ときとして思いもよらない影響を与えることになるのである。

マサチューセッツ州ケンブリッジにて
トーマス・C. シェリング

ポリティカル・サイエンス・クラシックス 4
紛争の戦略
ゲーム理論のエッセンス

目次

目次

ポリティカル・サイエンス・クラシックス　刊行にあたって

日本語版への序文

1980年版への序文

第Ⅰ部　戦略理論の要素

第1章　国際戦略という遅れた科学 …………………………………3

第2章　交渉について ………………………………………………21

　　交渉力：自らを拘束する力　22
　　交渉の制度的および構造的な特性　29
　　脅　　し　36
　　約　　束　45
　　具体的なゲームの例　48

第3章　交渉、コミュニケーション、限定戦争 …………………57

　　暗黙の調整（共通利益）　58
　　暗黙の交渉（対立する利益）　63
　　明示的な交渉　71
　　暗黙の交渉と限定戦争　79
　　事前の取り決め　82

第Ⅱ部　ゲーム理論の再構築

第4章　相互依存的な意思決定の理論に向けて …………………87

　　ゲームの再分類　91
　　調整ゲーム　93
　　混合動機ゲームにおける提案と相互認識　102

第5章　強制、コミュニケーション、戦略的行動 ………………………123

 代表的な行動例　126
 脅　　し　128
 約　　束　136
 主導権の放棄　142
 〔タイプの〕識別　144
 委　　任　147
 調　　停　148
 コミュニケーションとその破壊　150
 ゲームの利得行列への行動の組み込み　155
 戦略的優位という逆説　163
 「戦略的行動」　165

第6章　ゲーム理論と実験 ………………………167

第Ⅲ部　ランダムな要素をともなった戦略

第7章　約束と脅しのランダム化 ………………………181

 失敗のリスク　184
 意図せずに実行してしまうリスク　189
 コミットメントのランダム化　190

第8章　偶然性に委ねられた脅し ………………………195

 意図せざる戦争という脅し　196
 リスクを製造するものとしての限定戦争　198
 限定戦争でのリスクある行動　201
 報復と嫌がらせ　202
 リスクある行動と「強要的」な脅し　203
 瀬戸際外交　208
 決定の不完全なプロセス　209

目次

第Ⅳ部　奇襲攻撃：相互不信の研究

第9章　奇襲攻撃の相互的恐怖 ……………………………………… 215

　　無限に連鎖する確率　216
　　「厳密に解のある」非協力ゲーム　218
　　逐次行動ゲーム　225
　　問題の再考　227
　　不完全な警報システムがもたらす確率的行動　229
　　動態的調整（パラメーター的行動）　232
　　暗黙的ゲーム　235
　　交渉ゲーム　236
　　3人以上のプレイヤー　238

第10章　奇襲攻撃と軍縮 ……………………………………………… 239

　　攻撃の誤解　255
　　限定戦争時の誤解　256
　　相互による誤解　256
　　長期的な監視　258
　　システムの構築　258

補　遺

補遺A　核兵器と限定戦争 ……………………………………………… 265

補遺B　ゲーム理論における対称性の放棄のために ………………… 275

補遺C　「非協力」ゲームにおける解概念の再解釈 ………………… 299

　　利益の衝突　307
　　第三者による操作　309
　　利得の解釈　310
　　プレイヤーの数　310

結　論　311

監訳者あとがき

人名索引／事項索引

※　翻訳にあたり、原文で原著者が（　）でくくって示した箇所は、訳文でも同様にした。また、訳文中の〔　〕は、訳者による補足である。

第Ⅰ部

戦略理論の要素

第1章　国際戦略という遅れた科学

　「紛争」という言葉にはさまざまな意味が込められている。そのため、紛争の理論といってもさまざまなものがあるが、それらを大きく2つに分けると、つぎのようになる。1つは、紛争を病的な国家が起こすものとしてとらえ、その病源と治療法を明らかにしようとする立場である。もう1つは、紛争をごく自然なものとしてとらえ、それに関連する行動を明らかにしようとする立場である。後者はさらに2つに分けることができる。1つは、紛争当事者を取り巻くすべての複雑性に目を向けたうえで、彼らの行動を明らかにしていこうとする立場である。この複雑性には、紛争当事者の「合理的」・「非合理的」な行動、意識や無意識、そして動機や計算といったものが含まれる。もう1つは、紛争当事者の合理的、意識的、そして計算された行動に焦点を当てる立場であり、紛争は「勝利」をめざして行われる一種の競争として位置づけられる。意識的で、知的で、洗練された——それゆえ成功を導く——紛争行動を明らかにすることは、勝利するための「正しい」行動原理を探し出すこととよく似ている。

　合理的な紛争行動を扱うこの研究分野を紛争の戦略と呼ぶことにしよう[1]。われわれがこの分野に興味を抱く理由は3つある。第1に、われわれが紛争に巻き込まれてしまう危険性はなんらかの意味においてつねに存在している。事実、われわれはみな、国際紛争の当事者であり、「勝利」を求めている。第2に、われわれは紛争当事者が実際にどのように行動するかを理解したいと思っている。勝利するための「正しい」動きを理解するということは、紛争行動に

---

[1] この「戦略」という用語は、ゲームの理論（theory of games）からとってきたものである。ゲームの理論は、技術のゲーム（games of skill）、偶然のゲーム（games of chance）、そして戦略のゲーム（games of strategy）を区別する。戦略のゲームとは、各プレイヤーの最適な行動が他のプレイヤーの行動に依存するものである。戦略という用語は、各当事者が下す決定の相互依存性、そして他者の行動に関する各人の予測に焦点を当てるために用いられるのであり、軍事的な用語法に由来するわけではない。

関するひとつの標準を作り出すことであり、現実の行動を研究するうえで有益となる。第3に、紛争相手の行動をコントロールしたり影響を与えるためには、自分がコントロールできる諸変数が、相手の行動にどのような影響を与えるかを理解する必要がある。

　戦略の理論に焦点を絞って研究を進めるうえでは、合理的行動という制限的な前提を設けなければならない。それは、ただ知的な行動を前提とするだけではなく、行動が利益の意識的な計算に基づいていることを前提とする。つまり、紛争当事者の行動は本人がもつ明白で一貫した価値体系に従っていると仮定するのである。そのため、理論の適用範囲はおのずと限定される。このような制約のもとで導きだされる結論は、現実のよき近似値となるかもしれないし、現実をとらえ損ねて滑稽なものとなってしまうかもしれない。抽象化にはこのようなリスクがつねにつきまとうものである。われわれのたどり着く結論がどちらとなるかは、後世の審判に委ねるほかはない。

　われわれがこの「戦略」という分野を新しく開拓し、紛争理論を発展させようとするのは、他のすべての選択肢のなかで、それが間違いなく最も真実に近づくアプローチだから、というわけではない。われわれがこの分野を新しく開拓しようとするのは、合理的行動という前提が生産的で、その前提は理論を発展させるうえでとくに重要なテーマへの理解の第一歩となるからである。この前提によって、仮想上の紛争当事者が行う分析プロセスと、われわれ観察者が行う分析プロセスとを同一視することができるようになる。さらに、仮想当事者の行動にある種の一貫性を要求することで、どのような行動の選択肢がその一貫性の条件に見合うかを分析することができる。このように、「合理的行動」の前提は、理論を構築するうえで大きな役割を演じる。ただし、繰り返すが、そこから生まれる理論が現実の行動をよりよく説明することができるか否かは、後世の審判に委ねるべき問題である。

　紛争をごく自然なものととらえ、紛争当事者が「勝利」を追求しあうことをイメージするからといって、戦略の理論は当事者の利益がつねに対立しているとみなすわけではない。紛争当事者の利益には共通性も存在するからである。実際、この研究分野の学問的な豊かさは、対立と相互依存が国際関係において併存しているという事実から生み出される。当事者双方の利益が完全に対立しあう純粋な紛争など滅多にあるものではない。戦争でさえ、完全な根絶を目的とするもの以外、純粋な紛争とはいえない。それゆえ紛争における「勝利」も、厳密な競争の意味合いを有していない。ここでの「勝利」という概念は、敵対

する者との関係ではなく、自分自身がもつ価値体系との関係で意味をもつ。このような「勝利」は、交渉や相互譲歩、さらにはお互いに不利益となる行動を回避することによって実現できる。どちらかが滅亡するまで戦わなければならないことが不可避になったとすれば、そこには純粋な紛争以外のなにものも存在しない。しかし、相互に被害をこうむる戦争を回避する可能性、被害の程度を最小化するかたちで戦争を遂行する可能性、そして戦争をすることでなく、戦争をするという脅しによって相手の行動をコントロールする可能性、こうしたものがわずかでも存在するならば、紛争の要素とともに相互譲歩の可能性が重要で劇的な役割を演じることになる。抑止、限定戦争、そして軍縮といった概念は、交渉という概念がそうであるように、紛争当事者間の共通利益や相互依存と深く結びついているのである。

　それゆえ、私がここで用いる戦略という概念は、効率的に力を行使することではなく、潜在的な力を利用することと関係している。それは、お互い嫌悪しあう敵同士のみではなく、お互いに不信感や意見の食い違いをもつパートナーにもあてはまる概念である。そしてそれは、権利を主張しあう２人のあいだで利益（損失）を分配する問題のみではなく、ある結果が他の結果と比べて両者の利益をともに増加（減少）させる問題に対しても、適用可能な概念である。ゲーム理論の用語を用いれば、最も興味深い国際紛争は、「ゼロサムゲーム」ではなく「非ゼロサムゲーム」（一方が得をし他方は損をするが、当事者の利益の総和は一定ではない状態）である。お互いを利する結果へ到達することには、共通の利益が存在する。

　紛争の戦略という見方をとれば、多くの紛争が本質的に交渉状態にあることがわかる。それは、ある紛争当事者の目的の実現が、他の当事者の選択や決定に大きく依存する状態を意味する。交渉は、譲歩を申し出る場合のように明示的に行われる場合もあるし、戦略上重要な領土を占領したりそこから撤退したりする場合のように暗黙の作戦を通じて行われることもある。それは、市場でごく一般に繰り広げられる価格交渉のように、何もないゼロの状態から出発して当事者双方を利する取り決めを模索するものであるかもしれないし、ストライキやボイコット、さらには価格戦争や恐喝のように、当事者双方を傷つける脅しによって行われるかもしれない。

　紛争行動を交渉過程としてとらえれば、対立と共通利益のどちらか一方にのみ関心を傾けてしまう危険を回避することができる。限定戦争における作戦や戦闘を交渉過程として考えることができるならば、紛争対象をめぐる利害の対

立の側面に加えて、当事者双方にとって利益となる結果が存在すること、そしてそこへたどり着くことに共通利益が存在することを明確に理解できるようになる。従業員による「成功した」ストライキとは、雇用者に経済的な破滅をもたらすものではなく、まったく実行されずに目的を果たすものであるかもしれない。そして同じことは、戦争についてもいうことができる。

「抑止」という考え方がどのように発展してきたかを振り返ってみることは、紛争の戦略を理解するうえで有益である。われわれの国家戦略の基本原理として抑止がはっきりと語られるようになってからすでに長い月日が経過したが、その間、抑止という概念は磨きをかけられ洗練されてきた。われわれは、脅しに信憑性があってはじめて抑止が効果的になること、その信憑性は脅しを実行するコストやリスクに依存することを知っている。さらにわれわれは、脅しに信憑性をもたせるには、それを必ず実行することにコミットすることが必要であるといった考えを発展させてきた。そのようなコミットメントは、敵の進軍経路に「トリップ・ワイヤー（trip wire）」を張り巡らしたり、〔1955年にアメリカ議会が行った〕台湾決議の場合のように脅しの実行を国家の名声や威信に関連づけたりすることで可能となる。また、われわれはある地域でいつでも限定戦争を遂行する準備ができているならば、大量報復の脅威を軽減できることもわかった。偶発的な事態が起きたとしても、より少ない悪を選ぶことができるからである。そして、われわれは「核兵器共有」に関して最近いわれているように、報復の脅しの信憑性が、非常に決意の強い者の手にその実行手段と決定権限が委ねられるときに高まる可能性も分析してきた。またわれわれは、実効的な脅しには敵の合理性が不可欠な要素であり、たとえば、小さな子供のように思慮分別をもたない者への脅しが無力であることも学んだ。さらに、脅しの実効性は、相手に受け入れ可能な他の選択肢が残されているかどうかに依存するので、たとえば捕えられたライオンのように行動の自由がきかない相手への脅しが無力であることも知った。また、全面的な報復の脅しは、相手が聞く耳をもたない場合、相手からの全面的な攻撃を招いてしまうことも知るようになった。そのような脅しは、相手から穏健な選択肢を奪ってしまい、相手の手に残るのは極端な選択肢のみとなってしまうからである。さらにわれわれは、相手が脅しに屈服した場合にその安全が守られる暗黙の約束がなければ、大量破壊の脅しは抑止の効果をもたないことも知った。われわれから大きな不意の一撃を受けて武装解除をさせられる前に、相手がわれわれへ攻撃を仕掛けようと

第1章　国際戦略という遅れた科学

するかどうかを考慮しなければならないのである。この点、いわゆる「奇襲攻撃対策措置」との関連で、われわれは軍備管理による相互抑止をより効果的にする可能性を近年になって検討しはじめるようになった。

　この進化の歴史で印象的なのは、いかに抑止という考えが複雑化・精緻化・発展してきたかではなく、むしろ、その発展過程がいかに遅く、その概念がいかにあいまいで、そして現在の抑止理論がいかに洗練されていないか、である。だからといって、抑止という概念に長いこと取り組んできた先人たちの努力を否定するわけではない。なぜなら、緊急を要する問題に対する対策を担ってきた彼らにとって、抑止などの戦略に関して頼れる既存の理論体系は存在していなかったからである。そのため、彼らはゼロから理論を作りあげなければならなかった。インフレーション、アジア風邪、初等教育で読ませるべき本、そしてスモッグなどと肩を並べるように、抑止についての科学的文献はまだ存在しない。

　さらに、抑止という考え方に取り組んできた人々は、主に緊急の問題に動機づけられていたため、理論を累積的に発展させることについてはほとんど関心を向けなかった。このような傾向は、政策決定者やジャーナリストのみならず、学者にも多くみられた。学者の興味関心を反映してか、または編集者のそれを反映してか、抑止とその関連する諸概念について出版されたものは、もっぱら現在の問題を解決することに焦点が当てられており、抑止を扱う方法論についてほとんど語られることはなかった[2]。われわれは正確な専門用語さえ持ち合わせていない。「積極的」抑止とか「受動的」抑止といった場当たり的な用語では、まったく足りないのである。

　なぜこのように理論的な発展が遅れてしまったのか。思うに、それは学界で軍部のカウンターパートとなる存在が現れてこなかったからである。このこと

---

[2] もちろん、時代の潮流に立ち向かう例もいくつかではあるが存在する。たとえば、C. W. Sherwin, "Securing Peace Through Military Technology," *Bulletin of the Atomic Scientists*, 12：159-164 (May 1956) 参照。ウォーレン・アムスター（Warren Amster）の論文に対するシャーウィン（Sherwin）の論及は、現在もそうであるように、軍事的問題に触発された理論を公にすることがいかに難しいかを思い起こさせる。編集する側もまた大きな障害に悩まされている。国際関係に関する雑誌の主な読者層は理論以外のことに関心を寄せる人々であり、それゆえ高度に理論的な論文は雑誌から一掃され、現在の問題に焦点を寄せる論文のみが掲載されることになる。専門雑誌 *Conflict Resolution* が、アナトール・ラパポート（Anatol Rapoport）の論文 "Lewis F. Richardson's Mathematical Theory of War," (Vol. 1, No. 3, September 1957) に関する特集を最近組んだが、これは時代の潮流に立ち向かううえで励みになる兆候である。

は、他のほとんどの専門分野——たとえば経済、医療、公衆衛生、土壌保全、教育、刑法——で政策を担う人々に対応して、アカデミックなカウンターパートが存在していることとは対照的である（経済の分野では、研究書を書くことの訓練を受けた者の人数は、政策の立案や施行に従事する者の人数とほぼ同じである）。しかし果たして、プロの職業軍人に対応するアカデミックカウンターパートはいるのだろうか。

それは、どうみても研究ではなく教育に多くの力が注がれている兵学校（service academies）ではないことは確かである。また、それは、どうみても士官学校（war colleges）などの非技術的な高等教育機関でもない。なぜなら、それらは、常勤の教職員をもたず、研究志向もなく、そして持続的で体系的な理論の発展に不可欠な価値体系を共有してはいないからである。

大学でさえ、軍事戦略は、一握りの歴史家と政治学者たちからの関心を得てきただけであった。ソ連を抑止してヨーロッパを征服させないようにすることは、独占禁止法をどう執行するかという問題とほぼ同じ程度の重要性しか与えられてこなかったのである。もちろん、先人たちの業績を軽んじるわけではない。問題は、軍事問題や外交のなかでの軍事力の役割を探求する学部や研究が大学においてもなかった点にこそある（この点、予備役将校訓練過程プログラムは、すくなくとも歴史学と政治学の適切なコースを提供する組織の形成を促したという意味で数少ない例外である）。近頃、防衛研究に関するプログラムや研究所が多くのキャンパスに設けられたり、国際的な安全保障問題にさまざまな財団から関心が寄せられたりするようになりつつあるが、このことは今までにない飛躍的な進歩である。ランド研究所や国防分析研究所といった新しく生まれた準政府組織の研究所は、この分野に関する需要を満たすうえで重要な貢献をはたしてくれているが、それらはこうした需要があること自体の証左であるともいえるだろう。

軍部は自らの手で、抑止や限定戦争についての考えを明確化するような理論体系を作り出すことはできないのだろうか。そもそも、理論というものは、大学に隔離された専門家のみによって発展していくものではない。もし軍部が軍事力の効果的な使用について関心があるならば、軍部はそれを理論化するのに適した存在であるといえるかもしれない。しかし、ここで有益な区別は力を行使することと力でもって脅迫することとのあいだに引かれなければならない。抑止は、潜在的な力を利用することと関係している。それは、潜在的な敵に対して、ある行動を自粛することが自らの利益になると説得することでもある。

第1章　国際戦略という遅れた科学

国家目的を実現する軍事的任務の遂行と、潜在的な軍事力を使用するうえで必要となる知的技術のあいだには、重要な違いが存在するのである。つまり、抑止理論とは、軍事力の巧みな不使用に関する理論を意味するのである。それゆえ、抑止には軍事的な手腕よりも幅広い何かが必要とされる。もちろん、職業軍人にもこのような幅広い手腕が備わっているかもしれない。しかし、それらは自分たちの第一義的な職務を遂行した結果として自動的に備わるものではない。そして、彼らの多くの時間はその第一義的な職務に注がれてしまう[3]。

15年前に現れ、戦略理論への貢献が期待される新しいかたちの探求方法こそがゲーム理論（game theory）である。ゲーム理論は、他者がどう行動すると予測するかに各当事者の最適な行動が依存している状況を扱う――したがって、それは技術のゲームや運のゲームではなく、「戦略」のゲームを扱う――。抑止の脅しは、この定義によく適合する。というのも、抑止は、相手の行動選択に対するわれわれの反応を相手がどのように予測するかに依存しているからであり、また、われわれは、相手の選択に影響を及ぼすと予測するからこそ脅しをかけるからである。しかし、これまでのところ、国際戦略においてゲーム理論はまだ十分に活用されてはいない。ゲーム理論は問題の設定や概念の明示化についてきわめて大きな貢献をしてきたが、その最も偉大な成功は他の分野で収められてきた。概して、ゲーム理論は抑止のような問題とほとんど関係がない抽象的な次元で用いられてきたのである[4]。

抑止という考えは、国家間以外で発生するいくつかの紛争においても重要な

---

[3] 軍事戦略の領域に知的伝統が欠如していることは、バーナード・ブロディー（Bernard Brodie）の *Strategy in the Missile Age* (Princeton, 1959) のはじめの章のなかで声高に主張されている。これと関連するものとしては、Modern Library から出版されたクラウゼヴィッツ（Clausewitz）の *On War* (New York, 1943) にジョゼフ・I. グリーン（Joseph I. Greene）大佐が寄せた序文がある。「戦間期の多くの期間、われわれの陸軍の2つの高等教育機関は10カ月たらずの授業をたったひとつ開講したにすぎなかった。……軍事の思想や理論の発展を学ぶための研究の時間も場所も存在しなかったのである。……高度な教育を、たとえば2〜3年といった長いあいだ行うことができさえすれば、最高の軍事思想家たるべき者たちは、たしかにそうしたコースが提供されるに値するはずであった」(pp. xi-xii)。

[4] ジェシー・バーナード（Jessie Bernard）はその論文 "The Theory of Games of Strategy as a Modern Sociology of Conflict," のなかで同じような評価を与えているが、さらにこう付け足している。「ゲーム理論を実りあるかたちで社会学的現象へ応用するために必要となる数学は、そう遠くない将来、われわれの前に姿を現すであろう」、と（*The American Journal of Sociology*, 59：418, March 1954)。筆者自身の見解では、現在ある欠陥は数学の問題ではなく、多くの社会科学者が戦略理論があたかも数学の一分野である（べき）かのように接していることにある。

位置を占めており、そのため、国際関係へ応用できるような洗練された理論はすでに存在しているのではないかと思われるかもしれない。たとえば、抑止は刑法学において重要な概念であり、立法者、判事、弁護士、そして法学者たちの手によって、厳格で体系的な研究が何世代にもわたって行われてきた。もちろん、抑止を考察することだけが刑法学ではないし、またそれは刑法学上の最も重要な概念であったわけでもない。それでもやはり、抑止は刑法学においてとくに重要な位置を占め続けてきた。そのため、有罪判決を受けた犯人に対して科す罰の種類と大きさ、犯罪を犯す可能性のある者たちの価値体系、犯罪の採算性、法執行システムが犯罪者を逮捕し有罪を確定する能力、法律や逮捕・有罪確定確率を犯罪者がどれほど認識しているか、合理的な計算によってどの程度まで犯罪が動機づけられているか、費用のかかる忌まわしい刑罰を社会がどれだけ物怖じせず適用しようとするか、犯罪者がどれだけこの社会の意志の強さ（弱さ）を認識しているのか、システムが過ちを犯す可能性、第三者がシステムを個人的利益のために悪用する可能性、組織化された社会と犯罪者とを結びつけるコミュニケーションの役割、そしてシステムを打ち負かすための犯罪者たちの組織、などといったことに関する理論がすでに存在しているのではないかと考えられる。

　抑止されなければならないのは犯罪者だけではない。われわれの子供たちも抑止されなければならない。抑止のいくつかの側面は、子供のしつけのなかにも鮮明に現れる。たとえば抑止される側の合理性と自制の重要性、さまざまな雑音のなかから脅しを聞き分ける能力とそれを脅しと認識する能力の重要性、必要ならば脅しを実行する脅迫する側の能力、そしてより重要なものとして、脅しが実行されることを脅されている者が信じていることの重要性などである。犯罪者を抑止することよりも子供をしつけることにおいての方がより明確なのは、脅される側のみでなく脅す側も、——いやもしかしたら脅される側よりも脅す側の方が——脅しの懲罰によって傷つく可能性がある、ということである。親が子供に対して脅しをかけることは、裕福で先輩風を吹かす国家が、貧困にあえぐ弱体で組織化されていない国家の政府に対して、たとえば対外援助を増やすかわりに「健全な」経済政策や協調的な軍事政策を実施することを求めるのとよく似ている。

　この類似性からわれわれは、国際関係において抑止が、敵同士のあいだだけではなく味方同士のあいだにも働いていることを理解することができる（フランスが欧州防衛共同体条約を批准しないならば、「周辺戦略」へ逆戻りするとの〔イ

ギリスの〕脅しは、制裁の脅しと同じような困難に直面した)。抑止という概念を適用するためには、当事者間の利益に対立する部分と共通する部分とがなくてはならない。それゆえ、完全に利益が共通している状況だけではなく、完全に利益が対立している状況にも、それを適用することはできない。この両端のあいだで、同盟国に対する抑止と敵国に対する抑止とは程度に差があるにすぎないのであって、実際われわれのあいだで起こる対立と比べて、われわれとソ連やギリシャとのあいだで起こる対立の方が多くの利益の共通性がある、とまでいうためにはより一貫した理論を発展させていく必要がある[5]。

　抑止という考えは、日常生活のなかでも、なにげなく現れることがある。車のドライバーたちは衝突を避けることに明らかな共通利益をもっているが、どちらが先に急ブレーキをかけ相手を先に通すかについては利益が対立する。衝突という現象ほど、相互的な現象はない。そして一方のドライバーが通行上の優先権を侵害しようとする相手へ脅しをかけようとするときは、しばしば衝突の相互的なダメージの脅し以外ありえない。これは、脅しが言葉ではなく行動によってしか伝えられない一例である。つまり、そのような脅しは、言葉による発話ではなく、それ以外の行動をとる自由を捨て去ることによってしか、信憑性を獲得することができないのである。

　最後に、もうひとつの重要な領域である地下社会について考えてみよう。ギャングの抗争と国家間の戦争には、多くの共通する部分がある。国家と無法者はともに、自分たちの活動を秩序づける強制的な法システムを欠いている。それゆえ、暴力が最終手段となるのである。どちらの世界においても暴力の行使を回避することに利益があるが、継続的に暴力の脅しがかけられる。非行少年集団や裏組織が、限定戦争、武装解除、撤退、奇襲攻撃、報復および報復の脅しといったものに従事するのは興味深い。彼らは、また「宥和」や面汚しを気にし、国家がそうであるように、契約を強制する上位の権威へ訴える術がない

---

[5] 「共通利益」に言及するにあたって強調すべきは、必ずしも当事者間で共通の価値体系が共有されていることを意味するわけではないということである。彼らは同じ舟にただ乗り合わせただけかもしれない。たとえ当事者の1人がそこに戦略的な利益——たとえば舟が沈まないようにすることから得られる利益——を見出していたとしても何ら問題はない。しかし、当事者双方にとって可能性のあるいくつかの結果のなかに、もし一緒に乗っている舟が転覆するという結果が潜在的にでも存在するならば、まさに本文でいう意味での「共通利益」を彼らはもっていることになる。あるいは、「潜在的な共通利益」といった方がよりよく状況を表現することができるかもしれない。抑止とは、潜在的な共通利益に訴えるかたちで自分の行動を相手の行動に結びつけることなのである。

状態で、同盟や協定を結ばなければならないのである。

このように、他のさまざまな領域から国際領域について多くのことを学ぶことができる。しばしば、われわれが興味を抱く領域の本質は、多くの細かなことによって隠されてしまうか、非常に複雑な構造をもつか、またはわれわれ自身がある種の先入観をもっているため理解しえない場合がある。このとき、単純さと鮮明さを兼ね備えた、または、先入観によって盲目にならない他の領域を観察することで、より容易にその本質をとらえることができる。脅しによってモサデク〔元イラン首相〕を抑えることがどれだけ難しいかを理解するためには、小さな子供が犬を、あるいは小さな犬が子供を傷つけないよう、脅しをかけることに失敗した場面に遭遇する方が、より容易かもしれないのである。

ただ、こうした紛争の領域のどれをとっても、国際関係の分析に修正して応用できるような発達した理論が存在しているわけではない。地下社会での抗争行動を研究している者を含む社会学者たちは、ここでわれわれが紛争の戦略と呼ぶものに対して昔から多くの関心を寄せてきたわけではなかった。法学や犯罪学も、このテーマについての明確な理論体系の構築などしてこなかった。もちろん、地下社会で横行する脅迫についての純粋な理論を扱う事典や教科書、または独創的な作品が全く存在しないと主張する自信はない。しかし、需要があるにもかかわらず、『子供の新しいしつけ方』に匹敵するような、脅迫の仕方や脅迫されたらどうするかについてのお手本がこの世に現れたことがなかったことだけは確かである[6]。

戦略の分野における「理論」は、どのようなものから構成されるのだろうか。それはどのような問題を説明しようとするのだろうか。また、それはどのようなアイディアをより効果的につなぎ合わせ、明らかにし、伝えようとするのだろうか。こうした問いに答えるためには、まず問題となっている状況や行動の不可欠な要素を定義しなければならない。たとえば、典型的な戦略概念である抑止について引き続き述べるならば、それは、自分がどのように行動するかについて相手が抱く期待へ影響をおよぼすことによって相手の選択を左右するものである。それゆえ、こちらの行動が相手の行動によって決定される、と信ずるに足りる証拠を相手はもっていなければならない。

---

[6] ただ着々と成果は上がりつつある。ダニエル・エルスバーグ（Daniel Ellsberg）は、ボストンのLowell Institute から支援を受け、1959年3月に「強制術」と銘打った一連の講義を開いた。そのなかには「脅迫の理論と実践」や「狂気の政治的利用法」などといった講義が含まれていた。

しかし、両当事者のどのような価値——ゲーム理論の用語で言えば「利得」——のシステムが、抑止を信憑性あるものにするのだろうか。「抑止」状況を生み出すのに必要となる、利益の対立性と共通性はどのように測定されるのだろうか。どのようなコミュニケーションが必要となり、また、伝達された情報はどのような手段で信憑性を証明できるのだろうか。当事者が抑止されるには、どのような「合理性」が必要となるのだろうか。たとえば、自分自身の価値体系について知っている必要はあるのか。他にどのような選択肢があるかを理解し、それらがどれくらいの確率でどのような結果をもたらすかまで計算できなければならないのだろうか。自分自身の合理性を証明する能力（あるいはそれを秘匿する能力の欠如）は必要とされるのだろうか。

信頼、または約束の強制履行にとって必要なことは何か。相手を傷つけることと脅しをかけることだけでなく、相手が遵守したならば傷つけないことを保証することは、とくに必要か。それとも、それは、ゲームの「利得」形態に依存するのだろうか。必要な約束を強制的に履行させるためには、どのような「法システム」、コミュニケーション・システム、そして情報構造が必要とされるのだろうか。

もしかしたら脅しを実行するかもしれない、と脅すことはできるのだろうか。それとも、確実に実行すると脅さなければならないのだろうか。いくつか選択肢があるとして、脅したあとにそれを実行に移す意志がないことが自明なとき、もしかしたら実行するかもしれないと脅すことに果たして意味はあるのだろうか。より一般的には、コミットすることで脅しの信憑性が高まれば、脅しを実行に移す必要性はなくなるが、そうしたなかで、もし脅しを実行しようとする態度を示せなければ土壇場になって尻込みするだろう、と相手に思われてしまう状況だったとすれば、どうしたら脅しの実行へとコミットすることができるのだろうか。なんらかの行動を控えさせるための脅し、ある行動をとらせるための脅し、そして相手が間違った行動をとらないようにするための脅しには、何か違いはあるのだろうか。また、抑止するための脅し、規律するための脅し、そして脅迫するための脅しには、何か論理的な違いはあるのだろうか。

さらに、つぎのような第三者が存在する場合、状況はどう影響を受けるのだろうか。あるプレイヤーと対立したり共通したりする利益をもつ第三者。コミュニケーション・システムへアクセスできたりそれをコントロールできたりする第三者。行動が考えようによっては合理的ともいえるし非合理的ともいえるような第三者。紛争当事者の一方または双方から信頼を得ている第三者。紛争

当事者の約束を強制的に履行させるためのなんらかの手段をもっている第三者。またこうした問題は、つぎのような法システムが存在することによってどのような影響を受けるのだろうか。ある特定の行動を容認したり禁止したりする法システム。約束の不履行に対して懲罰を科す法システム。紛争当事者に対して信憑性の高い情報を提出するよう要求できる法システム。そして、「評判」、「面子」、「信頼」といった概念は、つぎのように異なる観点からみた場合、どの程度合理的なものとしてとらえることができるのだろうか。現実の法システムまたは仮想的な法システムの観点からみた場合。紛争当事者の価値体系が変容する場合。そして現実または仮想的な他のプレイヤーとの関係からみた場合。

このように問題の一端をかいまみても、「理論」の構築が必要とされている領域の大きさがうかがわれる。そこに見出されるのは、ゲーム理論、組織論、コミュニケーション理論、証拠論、選択論、集合決定論を混ぜ合わせたような何かであろうが、それはわれわれの「戦略」の定義と整合的であろう。すなわち、それは敵とのあいだに利益の対立性だけでなく利益の共通性もまた想定したうえで、価値を最大化するような合理的行動を仮定している。そして、それは他者がどのように行動するかに関する予測が、各当事者の「最適」な行動選択に影響をおよぼす状態、つまり、私と彼の行動がどう関連し合っているかに関する彼の予測に影響を与えることによって彼の行動選択を左右する、といった「戦略的行動」に焦点を当てるのである。

ここで、つぎの2つの点を強調しておくことは重要であろう。第1に、「紛争の戦略」と聞くと何か冷血なものを思い浮かべてしまうかもしれないが、この理論は暴力の効率的な行使やその種の議論に与するものではない。基本的にそれは、侵略や抵抗あるいは戦争の理論ではない。たしかに、戦争やその他の脅しは分析対象のひとつではある。しかし、あくまでもそれは、脅し——または脅しと約束——を利用すること、より一般的にいえば、他者の行動に自分の行動を依存させることについての理論なのである。

第2に、この理論は対立する利益と共通する利益のどちらか一方だけを扱うものではない。潜在的な敵と潜在的な友のどちらにも等しく適用されるのである。一方の極端な例として、相互調整の全くありえない状況に対して、また相互に降り掛かる災難を回避する場合であっても共通利益が全く存在しない状況に対しては、この理論は無力である。他方の極端な例として、対立が全くなく共通の目標を特定化し追求することに何の問題がないような状況に対しても、それはまた無力である。この両端のあいだに位置する領域では、利益の対立性

第1章　国際戦略という遅れた科学

と共通性のどちらもが、この理論にとっては同じ重要性をもつ。いうなれば、不安定なパートナーシップや不完全な対立についての理論とでもいうことができるだろうか[7]（第9章では、国際関係における奇襲攻撃をとりあげるが、そのいくつかの重要な側面が、お互い疑心暗鬼に陥ったパートナー間の問題と構造的に同一であることを明らかにする）。

　以上2点、つまり対立の程度に関して理論が中立的であるという点、そして自分自身の行動がもたらす結果について相手が抱く予想を利用して相手を強制するという「戦略」の定義からすれば、この理論は相互依存決定理論と呼ぶことができるだろう。

　脅しそして脅しへの反応、報復そして報復に対する報復、限定戦争、軍拡競争、瀬戸際外交、奇襲攻撃、信頼とあざむきといったものは、頭に血がのぼった行動とみることもできるし、冷徹な計算に基づいた行動とみることもできる。理論を発展させるうえでそれらを便宜的に冷静な行動とみなすことは、それらが実際に全くの冷静な行動であると主張することと同じではない。あくまでそれは、合理的な行動を前提とすることが体系的な理論の発展にとって生産的である、と主張しているにすぎない。もし実際に行動が冷静な判断の所業であるならば、適切で妥当な理論を作り上げることは実際よりも容易な作業になるだろう。われわれの結論を、完全に正しい理論としてではなく、現実へさらに近づくための一里塚ととらえるならば、それがバイアスのかかった理論にならないように注意する必要がある。

　さらに、この理論が、プレイヤーが一貫した価値体系に従い冷徹かつ「合理的」に自らの利得を計算するという前提に依拠するとすれば、われわれは「非合理性」とは何を意味するのかについてさらに徹底した検討をしなければならなくなる。意思決定者は、一方の極に完全な合理性があり他方の極に完全な非合理性があるような一次元上の軸に分布しているわけではない。合理性とはさまざまな属性の集合であり、完全な合理性からの逸脱はさまざまな方向に起こる可能性がある。非合理性は、不規則で一貫しない価値体系、誤った計算、情

---

[7] 「脅し」という言葉を用いても、筆者はそれによって何か攻撃的なものを表現しようとしているわけではない。友人間で行われる明示的交渉または暗黙の協調であったとしても、交渉決裂の脅しや協調のレベルを下げる脅しが、明示的であれ暗黙的であれ、自分たちの要求を相手に呑ます懲罰として利用されることがある。それはちょうど、商売関係の取引で「売買不成立」の脅しが、当事者の一方が提示した申し出を相手に強制するのと同じことである。

報を受領・伝達する能力の欠如、といったものを意味することがある。また、それは決定に到達するまでの過程や決定を伝達する過程、さらには情報の受領・伝達の過程で偶発的なものが影響を与える、ということを意味することもある。さらにそれは、同一の価値体系を共有せず、単一の実体として行動するよう命ずることのない組織の配列やコミュニケーション・システムをもつ諸個人が下す決定の集合的性質を反映するだけのものであるかもしれない。

　実際のところ、合理的行動モデルに属する重要な要素の多くは、合理性または非合理性のある特殊なタイプとして考えることができる。価値体系、コミュニケーション・システム、情報システム、集合決定過程、またはエラーの発生や制御不能におちいる確率を表現するパラメーターといったものは、「非合理性」の分析を定式化しようとする試みとして考えることができる。ヒトラー、フランス議会、爆撃機の司令官、真珠湾のレーダー管理責任者、フルシチョフ、アメリカの有権者といった人々は、何らかの「非合理性」から免れられないことにおいては共通しているが、彼らのもつ非合理性は決して同じではない。そして、そのいくつかは合理的行動理論を用いても説明することができるものである（一貫しない選好をもち、それらを調和させる術がなく、自分自身の対立する目標を調整せず、むしろそれらを抑圧しようとする神経症患者でさえも、2人の「合理的」な存在の組み合わせとして理解できないことはない。なぜなら、〔彼のなかにいる〕一人ひとりはそれぞれ明確な価値体系をもち、偶発的な要素や非対称的なコミュニケーションをともなう投票過程によって集合的な意思決定を行っているだけかもしれないからである）。

　計算によって価値を最大化する意思決定の戦略——つまりは「合理的」な行動——の仮定は厳しすぎるようにもみえるかもしれない。しかし、つぎのような2つの経験的観察を鑑みるならば、そうでもないことがわかるだろう。1つは、私も間接的に聞いただけではあるが、情緒不安定で「非合理的」とみなされた者たちのあいだであっても、戦略の諸原則が本能的に理解されていたり、または少なくとも特殊なかたちで使われていたりしているようだということである。精神病院の患者が、懲戒的な脅しを受けにくく、他者を強制するうえでは効果のある価値体系を、意図的もしくは本能的にもとうとすることは、よくあるそうである。「もし……させてくれなければ、腕の静脈を切ってやる」という自らの身を傷つけることへの無関心もしくは自傷的な態度は、戦略的な優位性をもたらす。そして、聞いたり理解したりする能力を自ら奪ったりすることや、懲罰的な脅しが抑止として働かないように自制心が欠如しているという

評判を確立しようとすることも、また戦略的な強さとなることがある（私の子供たちのことがここでも思い出される）。実際のところ、「合理的」な戦略的意思決定に関する体系的理論の強みのひとつは、逆説的な行動の戦略性を明らかにすることによって、無教養者や精神薄弱者がとる行動のいくつかが、いかに分別があり合理的であるかを明らかにできることにある。われわれは洗練されればされるほど、自分たちの正しい直感を押し殺してしまうことがあるかもしれないが、体系的な理論を構築することによって、いままで「非合理的」なものとして理解されてきた直感のいくつかを考え直すことができるようになるのである。

　第２の経験的観察もこの第１の観察と関係している。それは、「合理的」な意思決定やその戦略的な結果に関する体系的な理論は、紛争状態における意思決定・動機づけの完全かつ明確な合理性が、必ずしも好ましい結果を生むとは限らないことを明らかにする、ということである。合理性の多くの属性は、すでに言及した例からもわかるように、ある特定の紛争状態においては戦略的に不利となる。それゆえ、完全に合理的でないことを望む方がむしろ合理的となる場合がある。このようにいうと哲学的な反論があるかもしれないので言い換えると、特定の合理的能力をある特別な状況において一時的に停止することが合理的となることがある、のである。そして、実際に自分自身の「合理性」を、すくなくともある程度までは、一時的に停止したり破壊したりすることがで・き・る・。なぜなら、合理性とは、不可分でも、完全に個人的なものでも、また人間精神の不可欠な要素でもなく、補聴器、郵便制度の信頼性、法システム、そして代理人やパートナーの合理性といったものによって影響を受けるものだからである。原理的には薬物中毒になったり、自分自身を地理的に遠く孤立させたり、財産を法的に没収させたり、請求書にサインする手を骨折したりすることによっても、脅迫を回避できるかもしれない。戦略の理論からすれば、このような防衛行為は合理性の損傷とでも呼ぶことができるだろう。合理性を自明な前提とする理論は、その前提を修正すると結論がどう変化するかを調べることができるだけではない。それは、合理性のいくつかの謎を解明することもまたできるのである。実際、このような紛争状況における「合理性」の逆説的な役割は、体系的な理論がとくに貢献することのできる領域である。

　戦略的行動の理論的分析によって導かれた結論は、実際しばしば逆説的であり、常識や一般的に認められた法則と矛盾することがある。脅迫の事例で述べたように、合理的か非合理的であるかを相手に隠せない場合、脅しを受ける状

況において自分が合理的であることがつねに利益となるわけではない。また、正常なコミュニケーション・システムをもったり、情報が完備されていたり、自分自身の行動や財産について完全な支配権をもつことも、脅しを受ける状況においては、つねに利益となるわけではない。モサデクと私の小さな子供たちについてはすでに言及したが、同じような戦術は、橋を燃やして退路を絶つことによって、不倶戴天の意志を敵に説き伏せることによっても描けるであろう。また、沿岸の海賊に貢ぎ物を贈ることを重大な犯罪とした昔のイギリスの法律は、戦略の理論という観点からすれば、決して残酷でも特殊なものでもなかった。さらに、政治的な民主主義それ自体が、真実を伝達することを不可能にする特殊なコミュニケーション・システムに依存しているということは興味深い。というのも、秘密投票制度は、投票者がだれに投票したかを明らかにすることを禁止しているからである。自分がだれに投票したかを明らかにする力を投票者から奪い去ることによって、脅迫の対象とされてしまう可能性を排除しているのである。すなわち、脅迫通りに動いたかどうかを明らかにする力が投票者から奪われているため、投票者およびその脅迫者は、どのような懲罰も実際の投票と関係なかったと知っていることになる。

　自分の代理人として優れた交渉者を選び、そして彼らに完全な裁量権と権限を与えるべきだ、というよく知られた原則は、その提唱者——通常それは交渉者自身である——が主張するほど、決して自明ではない。なぜなら、交渉者の力はしばしば、譲歩したり要求に応えたりする能力の欠如から生まれるものだからである[8]。同様に、お互いに痛みをこうむるような報復をちらつかせて敵を脅す場合、報復を実行しない逃げ道を残しておくべき、としばしば考えられているが、だれの目にも明らかな逃げ道を残してしまうと、逆に脅しの信憑性を低下させてしまうであろう。ある選択肢を故意に放棄したり、将来の自分の行動を制御する力を完全に捨て去って機械的に反応したりすることによって、戦略的に有利な立場に立てるなどということは信じがたいかもしれないが、そうなのである。

　このような多くの例は、手腕、リソース、合理性、知識、コントロール能力、裁量といったものの価値を否定するものである。原則として、このような例はすべて、ある特殊な状況においてのみ妥当する。しかし、その反直感的な本質を見抜き、その背後にある論理を理解するためには、問題をフォーマル化し、

---

[8] このことに関しては、対外援助の実施が多くの実例を提供してくれている。たとえば、T. C. Schelling, "American Foreign Assistance," *World Politics* (July 1955), pp. 614-615 参照。

第1章　国際戦略という遅れた科学

抽象的に分析し、そしてその奇妙な特質が理解の妨げにならない他の文脈での類似物を探し出してくるのがいちばんの近道となる。

　もうひとつの反直感的な原則は、きれいな爆弾と汚い爆弾の効能に関するものである。バーナード・ブロディーは、戦争で実戦を交えるのではなくその抑止に関心があるならば、飛び抜けて汚い爆弾を用意すれば効果があると指摘している[9]。第10章で述べるように、このことは、古代の人質交換制度のような「恐怖の均衡」の近代版だと思えばそれほど奇妙なことではない。

　この点、国際関係を研究する文明化された近代の研究者たちは、たとえばマキャヴェリや古代中国人などと比べて不利な立場に立っているといえる。われわれは平和、安定、対立の停止といったものを信頼、善意、相互尊重といった概念と同じものと考えてしまう。たしかに、このような考え方が、本当に信頼や尊重を促進するならば、それはそれで喜ばしいことである。しかし、信頼や善意が存在せず、また存在するかのように振る舞ったとしてもそれらを生み出すことのできない場合、信頼や善意も、そして契約違反を訴える法もない状態でどのようにして協定を実効的なものにすることができるかについては、地下社会や古代の専制君主たちからアドバイスを求めるのもよいかもしれない。古代の人々は、人質を交換し、毒が入っていないことを証明するために同じ杯からワインを飲んだ。また、一方が他方を殺めないように公的な場所で会合し、本物の情報を伝達するため意図的にスパイを送り合っていた。戦略の理論は、実効性あるこうした古代の仕掛けに焦点を当て、たとえそれがどんなに悪趣味なものであったとしても、それらの適用可能な条件を明らかにし、紛争を制限するのに必要不可欠な近代の同等物を発見していくことによって発展していくのである。

---

[9]　P. 244 を参照せよ。

第2章　交渉について

　本章では交渉を分析するうえでの戦術的なアプローチを提示する。議論の対象となるのは、明示的な交渉と暗黙的な交渉の両方である。暗黙的な交渉とは、交渉当事者がお互いの行動を観察・解釈すると同時に、自分の行動が相手によっても解釈・予想されていることを認識し、それぞれが自らの予想に従って行動するような交渉のことである。経済学でいえば、賃金交渉、関税交渉、寡占競争、法廷外和解、そして不動産代理業者とその顧客との交渉といったものが本章で扱うテーマである。経済学以外の例としては、大量報復をするぞと脅すことから、どうしたら運転の乱暴なタクシーから道を譲ってもらうか、といったことまで含まれる。

　われわれの関心は、相互利益を生み出す調整方法を探し出す交渉の一側面、つまり交渉の「効率的」側面と呼ばれるものにあるのではない。たとえば、顧客の車を修理する代わりに現金を渡すことで、保険会社は保険金の支払いを節約し顧客はより高い満足を得ることができるのかどうかといった問題や、被雇用者の賃金を引き上げた方が、商品を現物支給するよりも雇用者の支払額は節約されるのかどうかといった問題を扱うのではない。そうではなくて、われわれが関心を寄せるのは、交渉の「分配的」側面――つまり一方が得をすれば他方が損をする状況――と呼ばれるものにある。最終的に取引がひとりの買い手とのあいだで成立する場合、どのような価格に落ち着くか。1台ならば十分に通れる道路上で、ダイナマイトを載せた2台のトラックが鉢合わせになったとき、道を譲るのはいったいどちらか、といった状況である。

　こうした状況には、純然たる交渉の要素が含まれている。つまり、相手が何を受け入れるのかを予想したうえで、各当事者がその予想に従い自らの手を決めていくのである。しかし、各当事者が自らの予想に従って行動することを相手も知っているため、予想は複雑なものとなる。相手を満足させるような譲歩を、どちらか一方が最終的にしたときに、交渉は成立する。そもそもなぜ譲歩

するかといえば、それは相手が譲歩しないと思っているからである。つまり、「自分が譲歩しなければならないのは、相手が譲歩しないからだ。相手が譲歩しないのは、相手は私が譲歩すると思っているからだ。私が譲歩すると相手が思うのは、相手が譲歩しないと私が思っていると相手が考えているからだ……」。合意が不成立となるよりは当事者双方にとってよりよい結果となるような点は、ある範囲のなかに存在している。そして、そのような点を主張することこそが純然たる交渉である。合意が成立しないようであれば、当事者はつねに自分の取り分を少なくすることで合意を締結しようとするだろうし、合意を締結させるためには自らの要求を引き下げなければならないのであれば、当事者はつねに自らの要求を引き下げることができる。ただ、この範囲が公知の事実であれば、その範囲に入るどんな交渉結果であれ、すくなくとも一方の当事者はそこからさらに譲歩しようとすればできる点であることになるし、さらに相手はそのことを知っている！　気の安らぐ場所がないとは、まさにこのことである。

　それでも交渉は成立する。そのような状況において、なぜ交渉が成立するのか不思議に思うかもしれないが、その答えはそこで用いられる戦術のなかに隠されているかもしれないのである。本章の目的は、ある結果が生じるかどうか不確実な状況を分析するうえでとくに役立つ、いくつかの重要な戦術を明らかにすることにある。自発的かつ不可逆的に行動の自由を捨て去ること、それがこの戦術の本質である。つまり、自らを拘束する力が敵を拘束する力となるというパラドックスがそれである。弱さは強さとなり、自由であることは敗北となり、退路の橋を打ち燃やすことが敵の破滅を導く。それが交渉というものである。

交渉力：自らを拘束する力

　「交渉力」、「交渉上の強み」、「交渉技術」といった言葉は、力のある者、強い者、または技術に長けている者が有利な立場に立つことを示唆している。これらが、交渉は勝者が勝つというただ当たり前のことを意味しているのならば、もちろんそれは正しい。しかし、もしそれらが、より知的で、より議論の技術に優れ、より多くの財政的資源、物理的な力、軍事能力、損失への免疫力をもつことが、交渉上の立場を有利にするということを意味するならば誤っている。こうした性質が交渉的状況においてつねに有利となるわけでは決してない。む

しろ、それらはしばしば反対の価値をもつこともある。

　経験をつんだ交渉者ならば、自分が本当に頑固であると相手に思わせることがいかに難しいかを心得ているだろう。もしだれかがドアを叩き、10ドルくれなければベランダで自傷するといったとする。このとき、もしその者の目が血走っているならば、10ドルをもらえる可能性は高いだろう。相互破壊の脅しは、相手がそれを理解するだけの知能を持ち合わせていなかったり、相手がだれかの代理人でその本人を説得するだけの力を持ち合わせていなかったりする場合、抑止の効果をもつことはない。国際収支を管理したり、税金を徴収したり、自分の身を守るために政治的な統一を実現したりする能力を持ち合わせていない政府は、そのような能力を手にしていたら得られなかったかもしれない援助の恩恵にあずかることができる。そして、経済理論のよく知られた例として、寡占における「プライス・リーダーシップ」という利益にならない名声がある。小さな企業がその責を果たそうとはしないので、大きな企業が否応無しにその責任を引き受けることになってしまうのである。

　交渉力は、騙したり虚勢を張ったりする力としても表現されることがある。つまり、「自分自身にとって最良の価格をつけ、それが自分の付けられる最高の価格であると相手を騙し信じ込ませる力」がそれである[1]。たしかに交渉には、騙しや虚勢がつきものである。しかし、騙すといってもそれには2つの種類がある。1つは、事実を欺むくことである。買い手が、自分の所得や家族の人数を偽って伝えようとすることがそれにあたる。もう1つは、純粋に戦術的なものである。各人が相手のすべてを知っており、かつ、そのことが各人に知られている状況を想定してみればよい。このとき、何か騙すものなどあるだろうか。たとえば、買い手が本当は20ドルまでなら支払うことができ、売り手もそのことを知っていたとしても、買い手は戦術として16ドルよりも高い価格では買わないと強く決心していると伝えようとするかもしれない。もし売り手側が折れた場合、彼は騙されたのであろうか。それとも、彼は真にそうだと確信して、そうしたのであろうか。また、買い手側はその戦術が失敗した場合につぎにどう出るか、考えていたのだろうか。もし、自分は強く決心していると買い手が本当に「思い」、そして売り手が折れるだろうという確信にその決意が依拠し、実際に売り手が折れたのならば、あとになって買い手はこういうかもしれない、私は「騙してなどいなかった」と。何が起ころうと、騙しや虚勢と

---

[1] J. N. Morgan, "Bilateral Monopoly and the Competitive Output," *Quarterly Journal of Economics,* 63：376n6（August 1949）参照。

いった概念では、そのことを適切に表現することはできないのである。

　何かを人に信じさせるためにはどうすればいいのだろうか。その答えは何よりもまず、「それは真実かどうか」という事実にかかっている。真実であるものを真実であると証明することは、真実でないものを真実であると証明することよりも容易である。自分の本当の健康状態を証明したいのならば、評判の良い医者に診察してもらえばいい。自分の支出や所得を証明したいのならば、信頼できる企業や国税庁によって監査された帳簿をみせればいい。しかし、真実ではない何かを真実であるかのように説き伏せる確実な方法はなかなかない。

　自分にとって本当は２万ドルの価値がある家を、１万６千ドルよりも高い価格では購入しないと相手を説き伏せようとしているとしよう。このとき、真実であることの方が真実でないことよりも主張の信憑性を高めやすいということをうまく利用するならば、果たしてどのようなことをすればよいのだろうか。真実にしてしまえ、それが答えである。では、その買い手は、自らの主張をどのようにして真実にすることができるのだろうか。もし、仕事場に近いという理由でその物件を購入したいと考えているならば、仕事場を変えてしまえばよい。そうすれば、その家が本当に１万６千ドルの価値しかないことを売り手に説得することができるだろう。ただこの方法では利益を得ることができない。というのも、より高い価格で家を購入していた状況と何ら変わるところがないからである。

　しかし、もし買い手が第三者とのあいだで、１万６千ドルよりも高い価格では家を購入せず違反したら５千ドルの罰金を支払う、という取り消し不能で強制的な賭けを、正式に登記・保証して行うことができるとしたらどうだろうか。そうなると売り手の負けである。買い手は、ただそのような賭けをしたということを売り手に伝えるだけでよい。憤慨した売り手が完全な腹いせで家を明け渡さないということにならない限り、状況は売り手にとって不利なかたちに展開したことになる。買い手は「客観的」な状況——つまり自分の本当のインセンティヴ——を自らの意志に基づき、顕著にしかも元に戻せないように変化させたのである。もはや売り手には、交渉の余地は残されていない。この例が示唆しているのは、もし買い手が売り手にはっきりとわかるかたちで、撤回不能な・コ・ミ・ッ・ト・メ・ン・トを行うことができれば、交渉の不確定範囲〔合意しないよりはした方がいい交渉範囲〕を自分に最も有利にすることができるということである。また、このような戦術は、その人為性ゆえに必ずしもつねに利用可能ではないことも、この例からわかる。自らの決意を明らかにするのに効果的な手

段を買い手が見つけ出すことができるかどうかは、買い手および売り手がだれであるのか、彼らがどこに住んでいるのかといったこと、そして多くの法的および制度的枠組み（上の例でいえば、賭けを法的に強制できるかどうか）に依存する。

　ある文化があり、そこでは「指切りげんまん」がその言葉通りの威力をつねに発揮するとしよう。もし、当事者の双方がそのような文化のなかで暮らしていたとするならば、買い手は、１万６千ドルよりも高い価格では絶対に買わないと針千本呑む覚悟で指切りげんまんさえすれば、勝利を収めることができる。すくなくとも、売り手が力ずくで、買い手に「１万９千ドルで指切りげんまん」といわせない限りは、買い手の勝利である。あるいは、今度は買い手が、１万６千ドルきっかりで買う権限を取締役会から与えられた代理人であるとしよう。もし取締役会が数カ月間開かれないことになっており、買い手はその権限を逸脱できない。これらのことを売り手がすべて知っているのであれば、「勝利」は買い手のものとなる――もちろん、それは、売り手が１万９千ドルでしか絶対に売らない、ということにコミットしていなければの話である。さらに今度は、買い手が１万６千ドル以上は払わないと強く主張し、それ以上払うと彼の個人的な威信や交渉の評判を大きく傷つけてしまう、としよう。もし、それ以上を支払った場合、その事実が必ず公に知れわたってしまうならば、また売り手がこれらすべてのことを知っているならば、１万６千ドルよりも高い価格を支払わないと声高に宣言することそれ自体、コミットメントとなる。もちろん、高らかに宣言したその内容が、売り手にとって完全に明らかではなく理解不能であれば、それは行動の自由を無駄に放棄することになってしまう。

　ところで、より契約的な性格をもつコミットメントのいくつかは、一見すると効果的にみえるが、なかにはそれほど効果的でないものも存在する。賭けを通して自らに懲罰を科す先の例でいえば、売り手側にしてみればその第三者を見つけ出し、買い手との賭けを中止すれば適当な額を支払うが、もし中止しなければ買い手の要求通り１万６千ドルで家を売ってしまうぞと迫ることもできる。それゆえ、賭けをすることの効果は、多くのこうした契約的なコミットメントと同じく、その第三者が〔売り手との〕交渉に応じないように、またはその〔売り手からの〕要求を受け入れないように、交渉場所や関係者をうまく選ぶことに依存することになる。言い換えれば、契約的なコミットメントとは、多くの場合「実際のコスト」ではなく、不確かな「移転コスト」を背負い込むことを意味する。それゆえ、もし利害関係者全員がそろって交渉の場に居合わ

すならば、交渉の不確定範囲はもともとのままである。他方、第三者をその場に連れてくるのに相当な交通費がかかるならば、その限りにおいて本当に撤回不能なコミットメントが、発生したと考えられるかもしれない（もし賭けが多くの人々のあいだで行われるならば、彼らを交渉の場に連れてくる「実際のコスト」は手が出ないほど莫大なものとなるだろう）[2]。

　コミットメントを行うことが果たして可能なのか、そしてそれはどのようにして可能となるのかといった点も興味深いのは確かではあるが、ここではそのような実践的な問題をひとまず脇においたモデル——絶対的なコミットメントが自由に利用できるような世界——を簡単に考察してみよう。ある文化があり、そこでは「神にかけて誓う」という言葉に絶対的な拘束力があると広く考えられているとする。どのような申し出もこの誓いとともに行われれば、それは最終的な申し出であり、またそのように他の人々からも理解されている。ここでもし各当事者が相手の本当の留保価格を知っているのであれば、目的は相手よりも先に断固とした申し出をすることになる。そうすれば、あとは完全に相手の出方次第（申し出を受け入れるか断るか）となり、相手は申し出を受け入れるだろう。結局、コミットメント（ここでは最初に申し出ること）が勝利を収めるかたちで、交渉は終わるのである。

---

[2] この〔第三者を巡る〕双方独占問題にとっての「理想的な」解決は、おそらくつぎのようなものになるであろう。すなわち、両当事者のうち一方が、さもなければ〔両当事者の〕結合利潤が最大化していただろうと思われる生産量ではもはや結合利潤がゼロとなるように、自らの限界費用曲線を変化させるのである。そしてこれは、取り消し不能な賃貸借条件付き売買取引によって実現することができる。つまり、彼は第三者へ使用権契約書を売却し、その代価として一括金を受け取り、その使用料は、それ以外の生産量では結合費用が結合利益を上回ってしまうようなある生産量に合わせて連動していくのである。そうすると、彼は、もともとの結合利潤のすべてが自分のものとなるような価格や生産量以外の価格や生産量では、もはや生産活動を行うことができなくなる。もし、このような契約の存在を双方独占のもう一方の当事者も知り、状況を理解するならば、自分にとっての最小利潤を受け入れることになる。「勝者」は、第三者に売却した使用料権限の代償として一括金を得ることによって、もともとの利潤のすべてを実際に手に入れることができる。この利潤は彼の〔生産〕インセンティヴに影響を与えない。なぜなら、それは彼が何を生産するかとは無関係だからである。また、第三者も一括金を支払うことができる。なぜなら、双方独占のもう一方の当事者が降参し、それゆえ実際に条件付きではあるが使用料を得られることを知っているからである。そして、ここで重要なのは、使用料権限を購入した第三者が「敗れる側の当事者」によって利用されてはならないという点である。そうでなければ、後者は交渉を締結しないと脅すことによって、前者にその使用料要求権を放棄させることができ、それゆえもともとの限界費用の状況を復元してしまうことになってしまうからである。しかし、〔このような問題は〕使用料権限の購入に関する専門的な制度が、再交渉を絶対に禁止し、どのような交渉であれ再交渉するインセンティヴを奪い去るかたちで発展していく〔ことによって今後解決されていく〕と思われる。

では、コミュニケーションをとることが難しい場合はどうなるのだろうか。たとえば、手紙で交渉しなければならないような状況を考えてみよう。手紙に署名した時点で誓いは効力を発揮するが、それは相手の手に届くまで知られることはない。当事者の一方がそのような手紙を書くとき、当事者のもう一方はすでにそのような手紙に署名をしているかもしれないし、相手からの手紙が届く前に署名を済ませてしまうかもしれない。どちらにしろ、このとき売買は成立しない。双方とも両立しがたい状況に陥ってしまうからである。それゆえ、各当事者は、相手がコミットメントへの署名をすでに済ませてしまったか、将来済ませてしまうことによって、行きづまりに陥る可能性があることを考慮に入れなければならない。

コミュニケーションの非対称性は、メッセージを受け取れない（と思われている）者にとって有利に働く。なぜなら、彼にコミットメントを思いとどまらせようと、もうひとりの方がメッセージを送ったとしても、そのメッセージは彼の手に届かないからである（また、コミュニケーションをとれない者が、あたかも自分はそのことを知らないかのように振る舞うことができたとしても、もうひとりの方はコミットメントを思いとどまるかもしれない。なぜなら、前者が無意識のうちにコミットメントをしている可能性が存在するからである）。もし、コミットメントが単なる言葉ではなく特別な形式や儀式によって行われるとしよう。このとき、コミットメントの儀式を知らない者にとって、その知らないということが相手に知られているならば、その無知は有利に働く。なぜなら、相手は彼自身が自制しなければ、両者の関係が行きづまってしまうことを認識するからである。

今度は、人口の一部だけが「神への誓い」が完全な拘束力をもつ（またはそう信じられている）カルト集団に入っていると想定しよう。もし、すべての人がだれがカルト集団に入っているかを知っている（そしてそう知っているということもまた知っている）ならば、その集団のメンバーは有利である。なぜなら、彼らはコミットメントを行うことができるが、他の人々はそれができないからである。たとえば、買い手が「1万6千ドル。神にかけて誓う」といえば、その申し出は最終提案となる。一方売り手が「1万9千ドル」とだけいったのでは、それは「交渉」をしている（そしてそう思われている）にすぎない。

もし、各当事者が相手の本当の留保価格を知らないならば、彼らはまず、通常の交渉のように、相手の本当の留保価格を暴き出し、自分のそれを偽って伝えようとするだろう。ところが、この秘密を暴き出すプロセスは、たちどころ

に、コミットメントを創造し発見するプロセスへと変わってしまう。コミットメントとは、およそ実践的な目的のために、「本当の」留保価格を絶え間なく変化させ続けるものなのである。もし、当事者の一方が拘束力のある儀式を信仰し、もう一方が信仰しないのならば、後者は自分の留保価格を強く主張するという「通常」の交渉戦術で交渉を進めるのに対して、前者は自分の留保価格を作り出すというかたちで交渉を進めることができる。

　ここまでの議論では、自分自身で行うコミットメントの実現可能性とその論理を明らかにしてきた。つぎに、この戦術が多くの場面で実際に使われていることを示すために、いくつかの実例をあげることにしよう。ただし、実際にとられた戦術が意識的・論理的にとられたものなのか、それとも直感的にとられたものなのか、あるいは偶発的にとられたものなのかを、確信をもって見分けることは難しい。まず、賃金交渉の最中またはそれ以前に、労働組合の役員が組合員の血の気と決意を沸き立てることは何も珍しいことではない。たとえば、組合が2ドルを要求すると経営者が1ドル60セントの逆提案をしてくるだろうと組合が予想するならば、労組役員は組合員に対してこう説得すべきである。すなわち、経営者は2ドルの要求を受け入れることができるだけでなく、もしその要求を受け入れさせることができなければ組合側の交渉者は無能である、と。この戦術の目的——ここでの分析からすればもっともらしい目的——はつぎの点にある。つまり、組合側の交渉者が〔経営者からの逆提案を〕たとえ受諾したくとも、受諾してしまうと組合員をもはや制御できず自分たちがいまの地位から追放されてしまうので、2ドル未満では受諾できないと経営者に対して明らかにするのである。言い換えれば交渉者は、自らの権限の幅を縮小し、ストライキを回避する力を自ら捨て去ることで、自分では抑えることのできないストライキの脅しを背景に、経営者と対決するのである。

　同様のことは、アメリカ政府が他の政府と、たとえば対外援助の使途や関税の削減について、交渉する際にもみてとることができる。もし行政府が、最善の協定を自由に交渉することができるならば、固定した態度をとることができず、それゆえ争点となっている交渉について譲歩せざるをえなくなってしまう。なぜなら、相手国政府は、アメリカが交渉を打ち切るよりも譲歩しようとすることを知っている、またはそう固く信じるからである。しかし、もし行政府が立法府の監督下で交渉を行っており、その立場が法律によって制約されているのであれば、また、その法律を変えるために必要な期間内に議会を再招集することができないならば、行政府は交渉相手に対して目にみえるかたちで確固た

る立場をとることができるようになる。

　実現可能性のある協定がある一定の幅をもって存在していること、そしてその結果が交渉に依存することを知る各国の代表者は、しばしば国際交渉において公の声明を出すことで、譲歩を許さない世論を意図的に作り出し、それを交渉上の立場とすることがある。もし拘束的な世論を作り出すことができ、それが相手に明らかとなるならば、最初にとった立場を目にみえるかたちで「最終」的なものにすることができる。

　こうした例はある共通した特徴をもっている。第1に、明らかにそれらは、コミットメントを作り出すだけではなく、そのことを相手に説得的なかたちで伝えることに依存している。第2に、コミットメントを作り出すことは決して簡単ではなく、ましてやコミットメントの強さはどちらの当事者にとっても完全に明らかではない。第3に、当事者のどちらも同じような行動をとることができる。しかし第4に、たとえ当事者のどちらにも利用可能であったとしても、コミットメントの可能性は決して同じではない。民主的な政府が世論によって自らの手を縛る力は、全体主義的な政府がそのようなコミットメントを生み出す力と同じではない。第5に、それらはすべて、交渉の行きづまりや破綻の可能性を生み出してしまう危険性をもっている。なぜなら、相手が譲歩できる限界以上のものを絶対に譲れない要求として出してしまうかもしれないからである。

交渉の制度的および構造的な特性

　交渉状況の制度的および構造的な特性のいくつかは、コミットメント戦術の使用を容易にしたり難しくしたり、ある者にコミットメントをより多く利用させたり、そしてコミットメントの同時利用の可能性もしくは行きづまりの可能性に影響を与えたりする。

交渉代理人の使用

　交渉代理人を使用すると、少なくとも2つの方法でコミットメント能力に影響を与える。第1に、代理人は変更することが難しいまたは不可能な指示を与えられており、その指示およびその柔軟性の欠如が相手当事者にとって明らかな場合である。この原則は、行政府と立法府、取締役会と経営者の関係のなかにみてとることができる。また、交渉過程に時間制限があり、それが切れるま

で本人が代理人とのコミュニケーションを断っている状況において、代理人がオファーを届ける場合にも、同じ原則をみてとることができる。

第2に、「代理人」は、本人とは違うインセンティヴ構造をもつ本人として雇われることがある。このような方法は自動車保険に用いられる。法廷外の和解に持ち込まれると、一般市民は、保険会社に比べて効果的な訴訟の脅しをすることはできない。なぜなら、後者は、それ以降に起こりうる事故での評判を維持するために、脅しをより確実に実行しなければならない立場にあるからである[3]。

秘匿性と公開性

コミットメントの強力な手段、そしてしばしば唯一の手段は、自らの評判に訴えかけることである。ある国の代表者がどんなに小さな自分の譲歩であっても、それを弱腰として非難されるよう前もって仕組むことができるのであれば、譲歩できないことがだれの目にも明らかとなる。別の工場とも関係する組合が、どんな自らの譲歩であれ、それが他の人々の目に触れるよう前もって仕組むことができるのであれば、交渉上の評判を危険にさらすことができ、結果、大きく譲歩することは不可能となる（これと同じかたちで、自らに有利となるように評判を危険にさらすやり方は、「もしこれをあなたにしたら、他のみんなにもしなければならなくなる」という一般的によく使われる抗弁のなかにもみてとることができる）。しかし、このようなかたちでコミットメントを行うためには公開性が必要である。最初の提案と最終的な結果のどちらも知らされなければならない。もしそのどちらかが秘匿されていれば、または、もしその結果が本質的に観察可能でなければ、コミットメントを作り出すことはできない。当事者の一方だけが「観衆」をもち、もう一方がそれをもたないのであれば、後者はその観衆を排除することによって、両者の立場を平等にすることができる。また、当事

---

[3] 自動車の通行上の優先権問題の数理的な解答は、すべての不測の事態に備えた完全かつ明示的な保険へ最初に加入した者が勝利を収めるというものである。なぜなら、そうすればその加入者は事故を回避しようとするインセンティヴをもたないので、そのことを知っている相手は降参せざるをえないからである（なお、どちらかが先に保険へ加入した場合、その後保険会社がもう一方をも加入させることはありえないので、後者は同じようなかたちで対抗することはできない）。もう少し深刻な例をあげれば、組合がストライキ用の基金を貯めていた場合、組合がストライキを回避しようとするインセンティヴは明らかに小さくなる。既述した双方独占問題の解決がそうであったように、このとき、第三者へ利益を移転することによって、自らのインセンティヴ構造を目にみえるかたちで変化させることができるのである。

者の双方がこの戦術の同時使用による行きづまりを危惧するのであれば、交渉上の合意を秘密裏に実行しようとするかもしれない。

交渉の相互連関性

　組合が多くの交渉に同時的かまたは近い将来携わるのに対し、経営者側は他に工場をもたず、交渉する組合を他にもたないとする。このとき、経営者側は信憑性のあるかたちで交渉上の評判に訴えかけることはできないが、組合はそれができる。すなわちある交渉で譲歩すればその他の多くの交渉で立場を悪くしてしまうと説得的に示すことができる側が、有利な立場に立つのである（交渉における「評判の価値」は、交渉の結果以上に、最初にとった交渉上の立場へ固執する断固たる態度と関係する）。この戦術へ対抗するためには、相手の立場を誤って理解したり、もしくは最終的な交渉結果と最初にとった立場とが結びつかないようにしてしまえばよい。また、交渉過程において交渉対象物の価値を大きくすることができたり、賃金形態を賃金の等価物ではない何か別の利益によって置き換えることができたりするならば、コミットメントを行った当事者は「退出」オプションをもつことになるが、この「退出」オプションの利用可能性は、彼の利益を損なうかたちでコミットメントの力を弱めることになるであろう。

交渉の継続性

　相互に連関する交渉の特別なものとして、2人の同じ当事者が他の問題について同時にまたは将来交渉するケースがある。このような交渉の論理は、より複雑である。なぜなら、譲歩できないことを相手に納得させるためには、つぎのようなことをいっていることになるからである。すなわち、「もしここで私が譲歩すれば、あなたは私たちが抱える他の交渉での私の評価を修正するだろう。私はあなたに対する私の評判を守るため、断固とした態度をとらなければならない」と。このとき交渉相手は、交渉上の評判に訴えるべき「第三者」となるのである。このような状況は、局所的な攻撃に対して局所的な抵抗の脅しをかける際に現れる。つまり、脅しをかける当事者は、今回脅しを実行することの〔短期的な〕利益ではなく、将来の脅しの信憑性を高めるという、脅しを実行することの長期的な利益を前面に押し出すことによって、コミットメントを実現することができ、そしてそれゆえ脅しの信憑性を高めることができるのである。

交渉議題の限定性

　交渉対象物が2つあるとき、それらを同時に交渉するか、それとも別々な場所または別々な時間に交渉するかは、交渉結果を左右する重要な要因となる。とくに、より一般的かつ正規の交渉の場において潜在的で脅迫的な脅しをちらつかせることができる場合は、なおさらである。脅迫に対する防衛策は、交渉を拒否するか、交渉の場に現れることをできなくするか、交渉能力をなくしてしまうかのどれかである。しかし、脅迫的な脅しの対象物が他の争点とならんで交渉議題となると、その潜在的な脅しは効果的なものとなる。

　たとえば、関税交渉を考えてみよう。チーズと自動車の関税が相互に交渉される場合、一方の当事者は別の関税を変更するという脅しを純粋懲罰的にかけることで、交渉結果を変えることができるかもしれない。しかし、脅迫を受けた側の交渉代表者が、チーズと自動車の交渉にのみ〔その権限を〕限定されていたり、他の産品を考慮に入れて交渉することを許可されていなかったり、チーズと自動車の問題が解決されるまでは他の関税に言及することを禁ずる一般原則が存在していたりするならば、この脅迫的な武器は機が熟するまで待たなければならない。また、もし交渉の場へ持ち込まれる脅しが公開性になじまないものであるならば、公開性そのものが脅しの実効性を阻止することになる。

補償の可能性

　フェルナーが指摘するように、コストや利益を再分配する方法に両者のあいだの合意が依存する場合がある[4]。たとえば、複占企業が彼らの利益を最大化するように市場を分割するとき、利潤の最初の分配がそこで決定される。もし他の方法で利潤を分割しようとすれば、どちらかの企業がもう一方の企業に補償しなければならない。したがって、補償の事実が違法な談合の証拠となったり、株主が補償する動機を誤って理解したり、両企業がお互いを十分に信頼していなかったりすると、最初に決定された利潤の分割に近いかたちで新しいものに変えるためには、彼らの結合利益を非最適なものにしなければならなくなってしまう。

　もし、合意が内在的に一方の側の行為に関するものであるならば、費用をどのように分割するかも補償に依存する。こうした場合においては、「交渉議題」

---

[4] W. Fellner, *Competition Among the Few* (New York, 1949), pp. 34-35, 191-197, 231-232, 234 参照。

がとても重要になる。なぜなら、補償のための主要な手段は、何か別のことについての譲歩であるからである。もし、同時に行われている交渉を互いに関係づけることができれば、補償の手段が入手可能になったことになる。それらの交渉が分断されたままでは、どちらも分割不可能な対象物であり続けることになる。

　ある者にとっては交渉を分離することが利益となるが、他者にとってはそれを他の交渉と結びつけることが利益となる。たとえば、それぞれ3のコストがかかる2つのプロジェクトがあるとする。また、各プロジェクトはAにとって2の価値をもち、Bにとって4の価値をもつとする。さらに、各プロジェクトは本質的に「ひとり」でも実行可能であるとする。このとき、もし補償が制度的に不可能ならば、2つのプロジェクトが別々に分離される限り、各プロジェクトにかかるコストはBが全額支払うことになる。なぜなら、Aはどちらのプロジェクトも単独で実行するインセンティヴをもたないため、Bはプロジェクトを実行しないという脅しを有効にかけることができないからである。しかし、AとBがそれぞれ1つずつプロジェクトを担当するというかたちで2つのプロジェクトを結びつけ、Aがその1つを実行しない限りBは両方から手を引くという脅しをBが効果的にかけることができるのであれば、Aは4の利益のために3のコストを支払い、Bは自分が支払うコストを半分にすることができる。

　交渉的状況にすぐれてみられるように、多くの経済問題が抱える大きな限界は、それが分割可能な対象物や補償可能な活動へ過度に偏向している点にある。たとえば、家の裏手に排水溝を掘ると、それによって2軒の家が恩恵を受けるとしよう。また、そのコストには1,000ドルかかり、その価値は各家主にとって800ドルであるとする。このとき、各家主はそれぞれ別々に排水溝を掘ろうとはしないだろうが、それにもかかわらずわれわれは、彼らが協調し、1,600ドルの価値のあるプロジェクトは実現されるだろうと予想する。しかし、もしボーイスカウトの隊長になることのコストが10時間で、その価値は各人にとって8時間であり、そしてひとりがそのすべての仕事を行わなければならないとするならば、ある者がボーイスカウトの隊長として10時間のコストを支払い、別の者が彼に現金を支払ったり彼のために5時間の庭仕事をしたりといった取り決めを近隣同士が結ぶとは考えにくい。2台の車が狭い道で出合った場合、その手詰まり状態は、通行上の優先権を競売する習慣がないために問題となるのである。議会での行きづまりは、ログローリング〔議案を通過させるた

めの妥協〕を実行することができないとき発生するのである。そして、全会一致を必要とする法案は、しばしばいくつかの法案と一緒にまとめられない限り提出することができないのである[5]。

交渉の構造

　交渉がもつ他の多くの特性についても、それらのインプリケーションまで明らかにする余裕はないが、ここで言及するに値するだろう。たとえば、情報を偽って伝達することに対して罰はあるのか。ブラフによって人を欺いた場合、それは罰せられるのか、つまり申し出をしておきながらそれが受諾された場合に申し出を引き下げることはできるのか。相手方の立場をテストするために、雇った代理人に利害関係者のふりをさせ、不誠実な申し出をさせることに罰則はあるのか。すべての利害関係者を見分けることはできるのか。交渉に期限はあるのか。交渉は、オランダ式オークションや封印入札（シールド・ビッド・オークション）といった特別なオークション形式をとるのか、それとも何か他の形態をとるのだろうか。交渉上の立場が弱い当事者が、現状維持でもいいと思えるような現状点は存在するのだろうか。行きづまった場合に、再交渉をすることはできるのか。行きづまりのコストはどのようなものだろうか。合意の履行は観察されるのか。一般にコミュニケーションはどのように行われるのか。それらは当事者の一方による妨害行為に左右されやすいかどうか。交渉対象物がいくつかある場合、それらは1つの包括的な交渉のなかで議論されるのか、それとも1つの交渉のあとに別の交渉を行うといったかたちで別々に交渉されるのか、もしくは異なった代理人や異なったルールの下で同時に交渉されるのか。

　こうした多くの構造的な問題の重大性は、議会において用いられるテクニックに関心を傾けるとき明白になる。たとえば、大統領の歳出予算案への拒否権を予算案全体に対してのみ認めるルール、原案への投票を行う前に修正案への投票を求めるルール、そしてさまざまな提案に応じた優先システムといったものは、各行動に関連するインセンティヴを大きく変化させる。自分にとって2番目に好ましい選択肢をとるよう圧力をかけられるかもしれない者は、圧力をかけられるよりも先に投票することができるならばそうすることによってその可能性を取り除き、自らの脆弱性から自由になることができる。なぜなら、今

---

[5] 西ドイツの占領を終結させた「パリ協定」のなかにザール地方を含めることは、まさにこの原則か、もしくは前段落で触れた原則を反映しているといえるだろう。

や残された選択肢は1番目に好ましい選択肢と3番目に好ましい選択肢であり、彼は前者を強く選好するため、いかなる脅しももはや行われることはないからである。

原則と先例

　コミットメントが説得的であるためには、通常それは定量的というよりも定性的でなければならない。そして、その定性性はなんらかの根拠に基づいていなければならない。たとえば、2ドル7セント1/2という数値に本当に強いコミットメントをしていると信じさせることは難しいだろう。それは2ドル2セント1/4といったい何が違うのかと問われるに違いない。2ドルといった切りのいい数字でない限り、数値が連続的すぎて、落ち着くことがない。しかし「利潤の分配」や「生活費の増加分」といった原則、また何らかの計算によって2ドル7セント1/2がはじきだされたならば、それらはコミットメントの拠り所となることができるであろう。また、原則や先例をあえて危険にさらすことによってコミットメントを作り出すこともできる。たとえば、暴力で威圧した政府を承認しないという原則がいままでうまく維持されてきたとしよう。このとき、もし現在の交渉においても、この原則を盾にとり自らの要求を押し通そうとするならば、彼は先例を引き合いに出して自らの主張を繰り広げているだけではなく、原則それ自体を危険にさらしてもいる。このようなかたちで原則へ訴えかけることによって、原則を捨て去ったり傷つけたりするぐらいならば行きづまりを選ぶ、と相手を説き伏せることができるかもしれないのである。

詭　弁

　譲歩することが望ましい状態にいたったとしよう。このとき、譲歩には2つの効果があることを認識する必要がある。第1に、譲歩とは相手の立場により近づくということであり、第2に、それは自分の毅然とした態度に関する相手の評価に影響をおよぼすということである。譲歩することは、敗北として解釈されてしまうだけではない。それよりも以前に行ったコミットメントを虚偽として認識されてしまったり、将来においてどのようにコミットメントのふりをしても相手を懐疑的にしてしまうかもしれない。そのため、譲歩する場合には相手を丸め込むための「口実」が必要となり、それはできれば元来のコミットメントに関する理に適った再解釈で相手にとって説得的なものであることが望まれる。

第Ⅰ部　戦略理論の要素

　より興味深いものとしては、相手をコミットメントから解除するために行使される詭弁がある。相手がコミットしていないこと、もしくは相手が自らのコミットメントについて計算を誤っていることを論証できるならば、相手のコミットメントを実際に取り消したり修正したりすることができるかもしれない。また、相手当事者に対して権利を有している者たち、あるいはその当事者の依頼人にあたるような人、もしくは観衆が正確にコミットメントの履行を確認できないようにさせるために——たとえば「生産性」なるもののあいまい性や「比例的貢献」なるものの多義性を示すなどして——、コミットメントをあやふやなものにすることができるとすれば、その価値を消滅させたり低下させたりすることができるかもしれない。これらのケースでは、コミットメントが論破されることによって、相手は不利益をこうむることになる。しかし、適度に譲歩することを相手がすでに決心していた場合、それまでの立場に合致するかたちで彼が適度な譲歩を行うことができるということ、そしてもしそうしたとしても、そのもともとの行動指針には非難される点が全く存在しないことを証明してあげることで、彼に助け舟を出すことにもなる。言い換えれば、相手が譲歩することでこちら側が多大な利益を受けることを否定する理屈を探さなければならないのであり、それができなければ譲歩は行われないだろう[6]。

脅　し

　攻撃されるならば攻撃する、または、競争相手が価格を引き下げるならば自

---

[6] 企業間での双方独占といった教科書的な問題の多くは、どちらかの当事者にとって利潤ゼロの点が交渉領域の限界点となっている。それゆえ、自分にとって最も不利な点で交渉を妥結することの価値と、合意に全くいたらないことの価値は同じになってしまう。しかし、そのような売買は特殊な状況を表しているにすぎない。多くの場合、受諾可能な範囲は限定されながらも存在し、自分にとって最も望ましくない交渉結果ですら、交渉が破綻してしまうよりはかなりの程度好ましい。それゆえ、こうした状況における当事者の最も重要な目的は、他の当事者による誤ったコミットメントを未然に防ぐことにある。偽りよりも真実の方が明らかにされやすいならば、最初は控えめな立場が表明されよう。なぜなら、最初にとった「行き過ぎた」立場から後退してしまうと、真実を伝えようとする今後の試みが信用されなくなってしまうからである。一般的に、自らの行動に対して自分で罰を科すということは行われないが、偽りに対する強制的な罰の存在は役に立つ。たとえば、所得税申告書によって自分の費用や所得の状態を明示化できる場合、偽りに対する罰はこうした証拠の価値を高めることができるだろう。

　たとえ、「純粋」な双方独占のケースであっても、上述したような交渉上の特質を備える場合がある。それは、代理人や被雇用者がいて、彼らの報酬が、交渉内容がどれだけ有利なものとなったかということよりも、合意を締結することができたかどうかにより多く依存する場合である。

分も引き下げると脅しをかける場合、その脅しは自分のインセンティヴを相手に伝達する役割を果たしている。その目的は、相手の行動が自動的にどのような結果をもたらすのかを、相手に思いいたらしめることにある。さらにいえば、その脅しが抑止に成功した場合、その成功は当事者双方の利益となる。

しかし、実際に実行するインセンティヴはないが、相互に被害がでることを約束して抑止することを目的にして脅しをかける場合、そこには意志を伝達すること以上が含まれている。たとえば、軽微な侵犯に対する大量報復の脅しは、このような特質をもっている。通行上の優先権を譲らなかった車に衝突したり、賃金がほんのわずかしか上がらなかった場合に大規模のストライキを呼びかけたりする脅しもそうである。この脅しの特徴は、脅しをかける者が事前的にも事後的にも、その脅しを実行するインセンティヴを持ち合わせていない点にある。もし脅しが成功すると考えるならば、彼は脅しを実行すべく自らの手をしばるインセンティヴをもっているはずである。なぜなら、脅しを実行することではなく、脅し自体が目的を達するからである。もし脅しが成功するならば、脅しを実行する必要はない。脅しが実行される確実性が高いほど、実際に脅しが実行される可能性は低くなる。しかし、その脅しの有効性は、相手の信じやすさに依存する。脅しをかける者が、自らのインセンティヴを再構成したり明示したりすることによって、脅しを実行するインセンティヴを事後的にもつであろうことを相手に信じさせることができなければ、その脅しは効果的なものとはならない[7]。

ここで再び、コミットメントについて考えてみることにしよう。実行するかどうかの決断に迫られたときに、本当は実行したくないような行動があるとする。このとき、どのようにしたら前もってそのような行動にコミットすることができ、相手を抑止することができるのだろうか。もちろん、はったりを使っ

---

[7] なお、抑止的な脅しはいくつか興味深い定量的な特質をもっている。そして、それらは報酬と罰とのあいだにしばしば存在する非対称性を反映している。たとえば、脅しをかける場合、脅しをかけられる者の方が脅しをかける者よりも多くのダメージを負うことを約束する必要はない。新しい車で古い車に衝突するという脅しや、小さな損害に対する費用のかかる訴訟の脅し、そして価格戦争を開始する脅しは、それが信じられる限りで成功するだろう。また、抑止力を考慮に入れる限り、脅しが「大きすぎる」ことはない。なぜなら、成功するのに十分なほど脅しが大きければ、それが実際に実行されることはないからである。脅しが「大きすぎる」ことになるのは、その大きさによって信憑性が疑われる場合である。たとえば、軽犯罪に対する原子爆弾による破壊は、時間超過駐車に対する費用のかかる投獄と同じように、過剰である。しかし、脅しをかけられた者がそれをやりすぎだと思い無視するのでない限り、法外なものとはいえない。

て、脅しをかける側にとってのコストや被害が小さいこと、または存在しないことを偽って伝えて、相手を騙すのもひとつの手ではある。また、より興味深いものとしては、脅しをかける者が、自らのコストを低いと誤って信じているようなふりをし、そのまま間違えて脅しを実行するかのように振る舞うことも考えられるだろう。さらには、自己被害をものともしないような復讐心に燃えるふりをすることもできるかもしれない。おそらくこの最後の選択肢は、実際に復讐心に燃えている場合最も容易に利用することができる。さもなければ、コミットする何かいい方法が見出されなければならない。

　ある者は、脅しを実行することに自らの評判をかけて、脅される者にアピールしようとするかもしれない。また彼は、脅しを受ける者に自らの評判をかけようとさえするかもしれない。脅しを受けた者が脅しに注意を払わなかった場合にどうなるかを教えてあげることは、自分自身にコストと苦痛をこうむることになっても価値あることだという理由によってである。あるいは、第三者との契約に基づいた法的なコミットメントが用意される場合があるかもしれない[8]。また、脅しの実行を、その給与（あるいは仕事上の評判）が自らに託された脅しを実行することに依存している代理人にまかせることもあるかもしれない。このとき、この代理人が脅しの実行にともなうさらなる費用の責任を負わせないようにするならば、自分のインセンティヴを変えることができるかもしれない。

　コミットメント問題をうまく表現したひとつの例として、法学上の「決定的で疑う余地のない機会（last clear chance）」理論がある。それは、ある出来事がもたらされた場合に、それまでの行動の結果としてその出来事が不可避となるある時点がどこかに存在していたこと、そしてその出来事を防ぐ当事者双方の能力が同時に消滅したのではないことを認めるものである。交渉におけるコミットメントとは、相手が完全に理解できるかたちでこの決定的で疑う余地のない機会を相手に託し、それによって交渉結果を決定する装置であるということができる。つまり、それは自発的なインセンティヴを放棄することによって、インセンティヴを操作し、自らに有利となるような選択を相手にさせるものである。ドライバーが自分では止められないほどスピードを上げ、相手がそれを

---

[8] 強大国と弱小国とのあいだに締結される相互防衛条約は、まさにこのような観点から最もよく考察することができるかもしれない。すわなち、それは弱小国の心配を取り払うものでもなければ、互恵の精神に従って行われるものでもない。そうではなくて、それは厄介な選択の自由を放棄する装置なのである。

認識するならば、相手は譲らなくてはならなくなる。会期の終わりに議会が付ける付帯条項は、法案を通過させる決定的で疑う余地のない機会を大統領に託す。法学上のこの理論は、他の基準であれば弱さとなるもののなかに、交渉上の「強さ」が隠されているいくつかの事例を理解するカギとなる。ある人――もしくはある国――が自らを救う力、または相互被害を回避する力を失った場合、他の利害関係者がその費用と責任を負わなければならなくなる。アーサー・スミシーズは「強制的な赤字（coercive deficiency）」という用語を使って、年度の早い時期に今年度分の予算割当を意図的に使い切ってしまい、さらなる資金が必要であると否応なしに迫る戦術を記述している[9]。

これと関連する戦術としては、相手の明白な行動が相互被害を生み出さない限り、そこから動くことのないような現状へと事態を操作する方法がある。この方法によれば現状を変化させた当事者は、その状態から撤退する力を自ら放棄していることになる。たとえば、目にみえるかたちで爆発物を肌身離さず携帯すると、彼自身または攻撃者にとって破壊を不可避なものにすることができるが、そのような状態は、爆発物に対するコントロールをもっていた状況と比べて、より強く攻撃を抑止することができるであろう。また、退却不能な部隊を派遣するのであれば、徹底的な抵抗へのコミットメントを強めることができるであろう。ウォルター・リップマンは、だれでも簡単に壊すことはできるが、しかし大騒ぎを引き起こすことなしにはできないことのアナロジーとして、宝石店を守るガラスのショーウィンドウの例を用いた。

脅しを受ける者も、同様のテクニックを使うことができる。たとえば、彼にとっての最適な防御方法は、脅しをかけられる前に行動を実行してしまうことである。それができるならば、報復のインセンティヴや報復のコミットメントを考える必要はもはやなくなる。行動を素早くとることが不可能ならば、その行動へコミットしてしまえばよい。もし彼がすでにコミットしているならば、脅しをかける者はその脅しをもって抑止することはできない。なぜなら、脅しをかけた場合に待ち受けているのは、お互いにとって破滅的な結果だけだからである[10]。もし脅しを受ける者が、脅しをかけられる前にリスクを第三者とシ

9 　A. Smithies, *The Budgetary Process in the United States* (New York, 1955), pp. 40, 56. この解決法としては、予算執行期間を短くする方法が考えられる。対外援助の配分については、T. C. Schelling, "American Foreign Assistance," *World Politics,* 7 : 609-625 (July 1955) も参照。
10 　交通違反を取り締まるシステムとして、番号がつけられ消去できない交通違反切符がある。この場合、もし運転手に話しかける前に警察官が車の登録番号をそこに書き込めさえすれば、運転手による脅しを防ぐことができる。トラックのなかには、「アラーム・ロックシステム搭載中（運転手制

ェアするよう準備することができるならば（たとえば、既述した通行優先権問題における保険加入の解決が示唆するように）、脅しに対して明らかに頑強となるので、それによって脅しをかける者を制止することができるかもしれない。また、脅しを受ける者が、なんらかの方法で自らのインセンティヴを変化させたり偽って伝えたりして、たとえ脅しが実行されたとしても利益を得る（もしくはそうなると思っている）ようにみせかけることができれば、脅しをかける者は脅しをコストのかかる無益なものと考えて諦めるかもしれない。あるいは、脅しを受ける者が自分のことを、脅しの意味を理解できない、もしくは断固として脅しを聞き入れない者として偽って伝えることができる場合も、脅しを抑止することができるかもしれない。とくに、本物の無知、頑固さ、そして素朴な懐疑心といったものをもっていれば、脅しをかける者に対してより説得的となりうる。ただ、相手を説得することに失敗し、相手が脅しにコミットしてしまった場合には、双方が不利益をこうむることになる。最後に、脅しもコミットメントも、相手に伝わらなければならない。したがって、もし脅される者が、明らかに脅しを回避する目的であっても、メッセージを受け取ることをできなくしたり、コミュニケーション経路を破壊できたりするならば、脅しを抑止することができるかもしれない[11]。ただ、懐疑心や頑固さをみせつけるのは、脅しが実行される前ではなく、脅しをかけられる前、つまりコミットメントが行われる前でなければならない。コミットメント付きの脅しを託されたメッセンジャーが到着した瞬間に、懐疑心を抱いてみせたり街から脱出したりしても、手遅れなのである。

御不能）」と書かれた表示を掲げるものもある。さらに、銀行の金庫につけられる時限錠も、選挙時における強制的な秘密投票も、その働きは同じである。また、ある前進部隊があり、それは目的対象物を勝ち得るにはあまりにも小規模で時期尚早であるとする。しかし、撤退することを許さないほど、その計画に多くの「面子」をかけるならば、そのあとで、さらに大きな部隊を準備しても純然たる抑止的な脅しをかけられるおそれはないであろう。そして、多くの大学では、授業の成績が一度記録されたならばもはや講師がそれを修正できない、というルールを作ることによって教師は守られている。

[11] やくざは、自分の縄張りで顧客をみつけられなければ、用心棒としてのサービスを売ることはできない。誘拐犯も、被害者の友人や親戚たちと意思伝達をはかれないならば、身代金を期待できないであろう。したがって、実用的な提案とはいえないかもしれないが、誘拐が起こったときに関係の深いすべての友人や親戚たちを軟禁することを法で命じれば、身代金の金額を割に合わないほど小さなものにすることができるだろう。また、警備員や警察官を交代制にしたり、その組み合わせをランダムに決定したりすれば、賄賂の収受を抑制するだけでなく脅しから彼らを守ることができるであろう。

通常の交渉ではコミットメントが完全に明白となるわけではないが、それは脅しが行われる状況でも同じである。各当事者は、脅しに関連する2つの行動〔脅しの対象である行動と脅しが実行された場合の行動〕が相手にとってどれだけのコストおよび価値をもつか正確に予測できないかもしれない。また、コミットメントのプロセスは漸進的であるかもしれない。つまり、一連の行動によってコミットメントはその強さを増すかもしれない。多くの場合、コミュニケーションは完全に不可能でもなければ完全に信頼できるものでもない。ある者のコミットメントに関する証拠の一部は直接伝えられるかもしれないが、その他の証拠は新聞や伝聞によって伝えられるかもしれないし、またなんらかの行動によって示されるかもしれない。このような場合、両当事者が同時にコミットメントを行う結果として、〔脅しに関連する〕2つの行動が起こってしまう悲劇的な可能性は増大する。さらにいえば、この同時的なコミットメントの可能性を認識することそれ自体がコミットメントをしないという抑止へつながる[12]。

脅しをかけたが抑止に失敗した場合、その脅しが実行されるまでにはもうひとつステージが待っている。そこでは、当事者の双方がコミットメントを取り消すことに共通の利益をもっている。なぜなら、脅しの目的は消失し、その抑止価値はゼロとなり、コミットメントだけが脅しの実行を動機づけるために存在しているからである。このアナロジーとして、通常の交渉における行きづまりを考えることができる。すなわち、両立不能な立場に当事者双方がコミットすることから生まれる行きづまり、または相手が絶対に受諾できない立場へと当事者の一方が誤ってコミットしてしまうことから生まれる行きづまりがそれである。もしコミットメントを取り消す可能性が存在するようであるならば、当事者の双方ともそうすることに利益を見出す。ただ、それを取り消す方法によっては結果も異なってくるので、どのように取り消すかに関して当事者の利益は一致しない。さらに、「取り消し」といっても、それは評判がどうなろうともコミットメントを無視するということではない。自らの評判に関連させたコミットメントが本物であるならば、ここでいう「取り消し」とは、とくに脅

---

[12] ここで議論されているようなコミットメントを人々や国家が行うための単純で普遍的な方法が制度的に存在しないということは、驚くべき事実である。もちろん、考えられる方法は数多くある。しかしその多くは、非常にあいまいで不確実でそして必ずしもつねに利用することはできない。既述した「神への誓い」が存在するような社会では、交渉理論はゲーム上戦略とコミュニケーションのメカニズムに還元されることになろう。しかし、多くの現代社会において、この問題は主に、だれがコミットでき、それはどのようなかたちでなされ、そして相手によってそれが理解される保証はあるのかどうか、といった経験的で制度的な問題である。

しを受けた者との関係で評判と脅しを切り離すことを意味する。それゆえ、たとえ双方がコミットメントを取り消すことに利益をもっていたとしても、協調することが難しい不安定で危うい状況に陥ってしまうのである。

　脅しを定義し、またそれに関連する2つの行動——脅しの対象となる行動とそれへの対抗行動——の特徴を明らかにする場合、特別な注意が必要となる。既述したように、いったん前者が行われてしまうと、後者を行うインセンティヴは消失するという問題がある。実行される前の脅しの信憑性は、脅しをかけた者が、その目的を実現できなかった場合に、コミットメントから抜け出す正当な理由をもっていないことを、脅される者がどれだけ明確に把握しているかに依存する。脅しをかける者が相手にわかるかたちで抜け道を残しておいた場合、それはコミットメントの力を弱め、脅しの信憑性を損ねてしまう（たとえば、台湾決議・条約のなかでの金門島のあいまいな扱いを例としてあげることができるだろう）。

　したがって、信憑性を最大化するためには、脅しを実行する際に判断や裁量の余地を可能な限り狭めておくことが必要となる。あるコミットメントがあり、それは他者によるあるタイプの行動が臨界点を超えた場合にその行動を罰するものであるとしよう。このとき、その臨界点が入念かつ客観的に明示化されなければ、脅しを受ける者は、相手が脅しを実行するかどうかの決断に迫られた場合、相手と自分の利益は相互に望ましくない結果を回避しようとする点で一致するだろうと考えてしまうかもしれない。

　脅しの明確な条件を、脅される者や第三者（その人の問題全体への反応が双方にとって大きな関心事となるような第三者）に対して明示化するためには、いくらか恣意的な要素を導入する必要があるかもしれない。脅しにとって重要なのは、意図ではなく明白な行動であり、それも目にみえない行動ではなく目にみえる行動である。また、脅しはそれをかける者にとって重要ではない付随的な行動と結びつける必要があるかもしれない。たとえば、武器を使用することではなくそれを持ち運ぶことや、実際の品行不正ではなくその疑惑となる行動、また犯罪それ自体ではなくそれに近い行動も罰する必要があるかもしれない。最後に、そうした懲罰行動の効果や影響は、はっきりと識別することができなければならない[13]。

---

[13] 1950年代に経済協力局は、マーシャルプランの恩恵を、健全な政策を実行した国々に対しては大きな援助額を、反対に健全な政策を実行しなかった国々に対しては小さな援助額を分配すると宣言した。しかし、その基準となる数値は決められておらず、またその決定は結局のところ何かしらの

脅しを評判にかけるためには、現在とこれから起こる問題とのあいだに連続性がなければならない。この連続性を要求することは、脅しをより効果的にするためのひとつの手段である。脅しを連続する小さな脅しへと分解できるならば、相手が最初にいくつかの逸脱を犯したときに脅しを実行することで、それ以降の逸脱に対しても脅しを実行することを相手に伝えることができる。最初のいくつかの逸脱に対する脅しを実行する可能性が高いのは、相手に「教訓」を与えるために、脅しを実行するインセンティヴが明らかに存在するからである。

おそらくこの原則は、本質的に程度が問題となる行動と最も深い関連性をもつ。対外援助計画において、援助の打ち切りというあからさまな行動は当事者双方にとって明らかに痛みをともなうものとなってしまう。そのため、援助受領国はその脅しを真剣に受け止めようとはしないかもしれない。しかし、もし援助金の少額な悪用が、受領国を無力化させたり受領国との外交関係を悪化させたりしない程度の少額な援助の削減と結びつくならば、脅しを実行しようとする意志の信憑性は高まるだろう。最初は無理だとしても、何回かの教訓を多大な被害を与えない程度に相手に与えれば、説得的であろう[14]。

もちろん、脅しをかける者は、段階的に行動を分割することができないかもしれない（抑止される行動とそれへの懲罰の両方が分割可能でなければならない）。ただ、すくなくともこの原則は、もうこれ以上受け入れることのできない臨界点または臨界量といった観点から、攻撃や違反を定義づけることの愚かさを示唆している。抑止される行動が、本質的に連続的な段階から構成されており、その累積的効果が重要であるならば、段階的に強くなっていく脅しの方が、ある点に到達したら一度に実行されたりされなかったりする脅しよりも信憑性がより高いと考えられる。そもそも「臨界点」を十分明確なかたちで定義し、説得力をもたせることは不可能でさえあるかもしれないのである。

脅しの対象となる行動を分割可能にするためには、その行動自体が修正されなければならないかもしれない。つまり、分割できない部分の行動を除外し、

方程式によってなされるのではなく裁量によってなされることになっていたため、増額がなされたのか、それとも減額がなされたのか、事後的に明らかにする方法はなかった。結果的に、計画の信憑性は揺らいでしまった。

[14] ローン期限の最後に一括金で返還するのではなく、多くの節目で分割返還することが一般的に要求されるのは、おそらくこれと同じような原則に基づいていると思われる。このことはまた、学期末に1回だけ成績をつけることによる生徒の失敗を避けるために、学期期間中にいくつもの試験を行うことにもあてはまるだろう。

一方、それ自体何の価値もない付随的・副次的な行動を、効果的なかたちで脅しと結びつけることが必要になるかもしれない。たとえば、それ自体は何の損害をもたらさない、中心的な行動の準備段階に位置づけられる行動であっても、時系列的に分割されることによって、脅しの効果的な対象となるかもしれない。犬を蹴ろうとしている男にとって、犬との距離はそれ自体何の価値をもたないとしても、彼が犬へ近づくごとにはささやかな懲罰の脅しがかけられるべきなのである。

脅しを段階的に分解するのと同様なものとして、時間の経過とともに厳しさを増していく懲罰行動の脅しがある。暴力によって殺すぞという脅しが信憑性を欠くときであっても、食料供給を遮断するぞという脅しは相手の降伏をもたらすかもしれない。道義上もしくは体面を守る都合上、この手段は「決定的で疑う余地のない機会」を実際に相手に委ねることで、脅しが失敗した場合の死の責任を相手の頑固さのせいにすることができるかもしれない。いずれにせよ、脅しをかける者は、その行動が自らの決意にとって最終的な悲惨で明白な障害へと発展してしまう前に、つまり予備的段階かつ小規模であるうちに、それを回避することができる。そして苦痛を味わう当事者だけが、悲劇的結末へと一歩いっぽ近づいていることを知る立場にある唯一の者であるならば、真の意味で決定的で疑う余地のない機会を握っているのは彼だといえるだろう。また、脅しをかける者は、相手が崩壊してしまうと立場を失うが、相手が苦しんでいるだけではそうでないとしよう。であるならば、脅しをかける者は、懲罰の厳しさを徐々に高めていく脅しをかけることによって、危険な一度きりの脅しを、よりコストのかからない連続的なものに変えることができる。借家人を追い出すためには、強制的に明け渡しを迫るよりは、ただ電気やガスや水道の供給を止めさえすればいいのである[15]。

脅しをかけられる者も、段階的なアプローチを使うことができるかもしれない。たとえば、脅しの対象となっている行動のすべてを素早く実行することができず、それゆえ相手による脅しを未然に防ぐことができなかったとしよう。

---

[15] 1945年6月に北イタリア地方を占領したド・ゴールは、連合国軍による占領地明け渡しの要求はいかなるものであれ、自分たちへの敵対的行為とみなす旨を宣言していた。これに対して、連合国軍によって用いられた戦術は、まさにここで紹介したものと同じものであり、ド・ゴールとの衝突を回避しつつ占領地の明け渡しに成功させた。この点に関しては、Harry S. Truman, *Year of Decisions* (New York, 1955), pp. 239-242 ; Winston S. Churchill, *Triumph and Tragedy,* Vol. VI of *the Second World War* (Boston, 1953), pp. 566-568 参照。

このような場合であっても、行動の初期段階のうちに自分が最後までコミットできる部分を時間的に早めることはできるだろう。また、脅しをかける者が大規模な報復をしようとしているのに対して、脅しをかけられた者の行動が分割可能であるとき、脅しをかけられた者がその行動を連続的に増強させることができるのであれば、明白で劇的な行動を前者にとらせなくすることができるかもしれない。

約　　束

　企業がもっている法的特権のうち、教科書には訴える権利と「訴えられる権利」の２つが載っている。訴えられたい者などいるのか、と疑問に思うかもしれない。しかし、訴えられる権利こそ、お金を借りたり、契約を締結したり、被害を及ぼすかもしれない相手とビジネスしたりするうえでの約束を成立させる力である。訴訟が提起された場合、あとになって考えてみれば、その「権利」は不利益のように思われるかもしれない。しかし、その前の段階において、それはビジネスをするうえで欠かすことのできないものなのである。

　要するに、訴えられる権利とは、コミットメントを引き受ける力である。ここまで議論してきたコミットメントにおいて最も重要な点は、ある者の敵対者（「パートナー」と呼んでもかまわないが）がコミットメントから解放される力をもたないことであった。コミットメントは実質上、本物であるにせよ仮想であるにせよ、第三者に対してのものであった。これに対して、約束とは、交渉相手へのコミットメントである。それは、当事者の一方または双方の最終的な行動に相手側のコントロールがおよばない場合ならいつでも必要とされる。つまり、合意したが裏切りのインセンティヴがまだ残っている場合に、約束は必要となるのである[16]。

　約束が必要である理由は偶発的ではなく、それ自体制度的な重要性をもっている。信憑性のある自己拘束的な約束が、つねに容易であるとは限らないからである。人質を解放したいと思っている誘拐犯とその人質である被害者は、いくら必死でも、後者が誘拐犯に関する告げ口をしないことにコミットする方法

---

[16] 訴えることのできる唯一のものが相手との関係で築き上げられた評判であるならば、脅しも約束であると考えられる。しかしそれは脅しを受ける者がそこから脅迫者を一方的に解放することができてしまうような約束ではない。なぜなら、この場合、脅しを受ける者は、後者のパフォーマンスとその将来的な評価を確かなかたちで切り離すことができないからである。

をみつけることはできないかもしれない。もし被害者自身も、暴露されれば脅迫されることになるかもしれないような行為を犯していたならば、彼は、そのことについて告白してしまうかもしれない。しかし、逆にそのような行為をまだ犯していないのであれば、被害者は、誘拐犯の面前でわざとそのような行為を犯し、沈黙をたしかに守るという絆を築こうとするかもしれない。こうした極端な可能性は、約束をすることがいかに難しく、いかに重要かということを明らかにしてくれる。もし、合意した価格を法が保障しなかったり、ストライキをしないという約束を組合が履行できなかったり、訴訟に負けた場合に支払う損害賠償用の財産をもたない債務者を法が投獄しなかったり、評判を担保する「観衆」が全く存在しなかったりするならば、交渉を妥結することは不可能かもしれない。すくなくとも、さもなければ妥結していたと思われる交渉を妥結することは不可能となるであろう。

　交渉について考える場合は、そこで行われる利益の分配のみならず、その「インセンティヴ」システムをも考慮しなければならない。寡占企業は、「公正貿易」法案の実現や、株式の交換を働きかけるであろう。お互いに相手の市場へ参入しないとする協定は、各製品を互いの市場では売れないものに変更する取り決めを必要とする。ある島を軍事利用しないことに合意したい2カ国は、その島の利用価値自体を破壊しなければならないかもしれない（実際、「相手へのコミットメント」を効果的に作り出すことができない場合、「第三者へのコミットメント」が行われなければならない）[17]。

　約束の実行は、つねに観察可能だとは限らない。秘密投票制の下で票を売ったり、議会へ法案を勧告することに政府が賛成したり、在庫から商品を盗まないことに従業員が合意したり、授業で自らの政治的意見を控えることを教師が約束したり、「できる限り」輸出を促進することにある国が合意したりする場合、その履行を観察・測定する信頼できる方法は存在しない。観察できる結果は、多くのものから影響を受けた結果であり、合意はそれに影響を与えるひとつのものにすぎない。それゆえ、たとえそれが交渉の意図された目的ではないとしても、交渉は観察可能な何かを通じて表現されなければならないかもしれない。たとえば、有権者へ賄賂を贈る場合は、だれに投票したかではなく、候補者が選挙で勝ったか負けたかに基づいて行う必要があるかもしれない。また、販売員の技術や努力ではなくその売り上げに基づいて委託手数料を支払ったり、

17　かつては、人質の交換が行われていた。

警察官の職務中の注意力ではなく犯罪統計に基づいて警察官へ報酬を与えたりする必要があるかもしれない。さらに、ひとりの違反に対して従業員のすべてを罰することも必要となるかもしれない。履行の有無が程度問題であるならば、履行と不履行を区別する任意の境界線を交渉で定める必要がでてくるかもしれない。たとえば、ある量の在庫が消失した場合、それを窃盗の証拠として扱ったり、ある量だけ輸出が増えた場合、それを「適切な」努力の結果とみなしたり、履行された一部を履行全体の代表値として扱ったりする必要が出てくるであろう[18]。

　脅しのところで述べた分解戦術は、約束にも用いることができる。合意を強制力あるものにするために必要なのは、相互信頼が形成・維持されないと合意を将来にわたって維持できなくなるという認識と、合意を維持する価値がそれを瞬間的に裏切ることで得られる一時的な利益を上回ることの認識である。各当事者は、相手が初期の段階で信頼を壊してしまい将来のチャンスを危険にさらしてしまうことはない、と確信をもたなければならない。この確信はつねに存在するとは限らない。そして、段階的に交渉する目的のひとつは、そこで必要となる相互期待を深めることにある。重大な問題を扱う場合、当事者のどちらも相手の思慮深さ（または自分の思慮深さに対する相手からの信頼）を信用しないかもしれない。しかし、多くの予備的な交渉を小規模で妥結することができるならば、各当事者は、信頼することの伝統を確立するために、小規模な投資を試みようとするかもしれない。その目的は、信頼することの必要性を認識していること、そして相手もそうであることを知っているということを、各当事者が明示することにある。それゆえ、もし重大な問題が交渉されなければならないならば、それほど重要ではない問題を「練習」として探し出し交渉することが必要となるかもしれない。そうすれば、善意でいることの長期的な価値をそれぞれが認識している、とお互いに確信することができるだろう。

　たとえ将来において繰り返しがおこらないとしても、交渉の争点を連続的なものに分解することによって、繰り返しに相当するものを作り上げることができるかもしれない。各当事者が赤十字に100万ドルを贈ることを、相手もそうすることを条件に合意した場合、彼らは相手が最初に寄付するならば裏切ろうとするかもしれない。そして、相手が裏切るだろうとお互いが予測する場合、

---

[18] 強制力をもつ約束が不可能だと、要求された行動を実行することの不可能性と同様に、脅迫的な脅しから人を守る働きをするかもしれない。たとえば、強制的な秘密投票は、票を売ろうとする者にとっては厄介な代物であるが、脅迫をおそれる者にとっては身を守ってくれるものである。

合意は実行されない。しかし、もし寄付を連続的で小さな寄付に分割することができるのであれば、少ない費用で相手の善意を確かめることができる。さらに、各当事者とも最後まで相手を少額の履行に縛りつけておくことができるので、一度に行う小さな寄付以上のリスクを支払う必要はない。最後に、このインセンティヴ構造の変化自体が、最初に寄付をすることから多くのリスクを取り除くことになる。相手を信頼することの価値が、当事者双方の目にみえるかたちで確立されるのである。

予備的交渉は、もうひとつ別の目的にもかなう。交渉は、すくなくとも当事者の一方が主導権を発揮して交渉を提案しなければ開始されない。しかし、主導権を発揮してしまうと、その者の熱意が相手にわかってしまい、このことが主導権を発揮しづらくしてしまうかもしれない。しかし、成功した交渉の歴史があり、それゆえ各当事者が相手からの妥協を期待できる十分な理由をもつならば、その歴史そのものが、過度の熱意を相手に推測させない防護壁となってくれるだろう[19]。

具体的なゲームの例

コミットメント、脅し、約束、そしてコミュニケーションの問題を含むさまざまな交渉状況は、2人のプレイヤー〔ノースとイースト〕がそれぞれ2つの選択肢をもつさまざまなゲームによって表現することができる。ノースはAまたはαという行動を選択し、イーストはBまたはβという行動を選択する。各当事者の利得は両者の選択に依存する。可能性のある4つの選択の組み合わせ（AB、Aβ、αB、$\alpha\beta$）は、それぞれノースとイーストに利益または損失を与える。ノースとイーストのあいだで補償を行うことは禁止されている。そして一般に、各当事者の選好は相手がとる選択に依存していると考えられる。

このようなゲームは、二次元のグラフによって数量的に表現することができる。垂直線上にノースの利得、水平線上にイーストの利得をとる。また、AB、

---

[19] なんらかの重大な交渉妥結を期待する2人の当事者は、おそらく小さな問題を交渉する余地を残しておく方がよい。たとえば、東西両陣営間で未解決となっている問題がどんどん片付き、「究極的な問題（すべての領土と軍備の最終的・永続的な処分）」以外に処理すべき懸案がもはや残されていないならば、その「究極的な問題」を解決する交渉を開始することさえ難しくなるであろう。あるいは、未解決の小さな問題が「大きな」問題と強く結びついているため、その小さな問題を解決しようとする意志が問題全体を解決しようとする過剰な熱意として解釈されてしまう場合、準備的な交渉の可能性は消滅してしまうだろう。

第 2 章　交渉について

```
ノース
 │
 │     ・A$\beta$
 │
 │          ・$\alpha$B
 │
 │
 │
 AB─────────────── イースト
  $\alpha\beta$
```

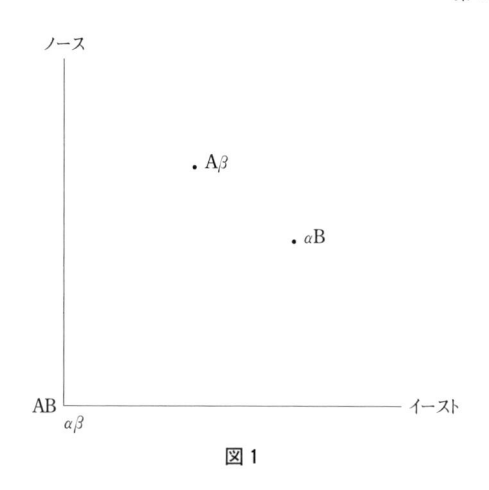

図1

Aβ、αB、$\alpha\beta$ で表される各点は、4つある選択肢の組み合わせの価値をそれぞれ表している。単純なゲームではあるが、平面上にある4つの点の相対的位置のみならず、各プレイヤーの行動順序、コミュニケーションの可能性、コミットメント手段の利用可能性、約束の強制可能性、そして2人のあいだで行われる2つ以上のゲームを結びつけられるか否か、といった「諸ルール」によって、実際には多くの質的に異なった状況を表すことができる。その種類はさらに、相手プレイヤーにとっての4つの結果の「価値」について、各プレイヤーが何を知っており、どう予測するのか、また私について相手がどう予測すると私が予測するのか、といったさまざまな仮定を設けることによって増大していく。ここでは、便宜上、4つの「価値」について当事者双方に不確実性がないと仮定する。そして、補償を禁止したのと同様に、ゲーム外部の行動を使った脅しも禁止する。それでは、このようなゲームのいくつかを示すことにしよう。

　図1は、ノースとイーストが、明示的な合意を締結したあとで行動を選択するというルールをとった場合に現れる「通常」の交渉状況を表している。彼らは Aβ と αB のどちらかに合意するだろう。一方、両者にとってゼロの価値しかない AB と $\alpha\beta$ は、交渉における「取引不成立」と同義である。最初にコミットした者が勝利する。もし先にノースが A にコミットできるならば、彼は Aβ を手にすることができるだろう。なぜなら、イーストには Aβ か AB のどちらかの選択肢しか残されておらず、そしてこの場合、明らかにイーストは前者を選択するからである。しかし、もしイーストが最初に B へコミットすることができたならば、ノースには αB か合意なし——つまり αB か AB

第Ⅰ部　戦略理論の要素

```
ノース
 │
 │              ・αB
 │
 │                 ・AB
 │
 │
 │    ・αβ
 │        ・Aβ
 │
 └──────────────── イースト
```

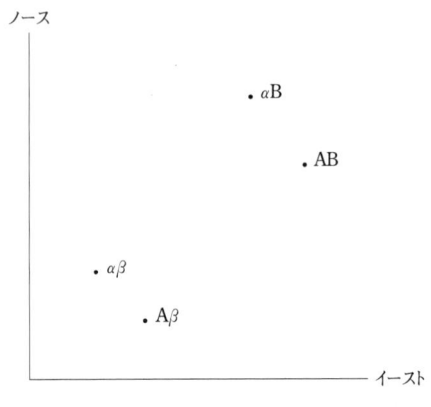

図2

――しか残されていなので、彼は αB を選択するだろう。実際、最初にコミットするということは、「最初に行動すること」と同じ意味をもつ。そして、人数は同じだが逐次的に行動が選択されるゲームでは、最初に行動することによってしばしば立場を強くすることができる。もし何かの間違いで、当事者の双方がコミットしてしまった場合（ノースがAへ、イーストがBへ）、ABという行きづまりにロック・インされてしまう。

つぎに図2をみてみよう。このとき、ABを現状と考えるならば、この状態は脅しによる抑止を表していることになる。すなわち、ノースは（αB をもたらす）α へと選択を変更しようとし、そしてもしノースがそうするならばイーストは（$\alpha\beta$ をもたらす）β へと選択を変更すると脅すのである。それゆえ、ノースが最初に行動するならば、イーストが β へと実際に選択を変更することはないので、負けることはない。イーストが脅しをかける前にノースが α へとコミットできる場合も同じである。しかし、もしイーストが効果的なかたちでお互いにとって望ましくない $\alpha\beta$ へ移るよう脅すことができるならば、ノースには $\alpha\beta$ と AB しか選択の余地が残されないため、ノースは後者を選択することになるのである。ただ、図1の場合とは異なり、前もってある選択肢へコミットするだけではイーストにとって十分ではない。ノースがAをとるか α をとるかによって自分がBまたは β をとるという、条件つきの選択へとコミットすることもまた必要となるのである。もし、ある選択へコミットするだけならば、イーストはただ「最初に行動すること」の利益を得るだけである。そして、今回のゲームでは、もし行動がただ単に逐次的に行われるだけならば、

第 2 章　交渉について

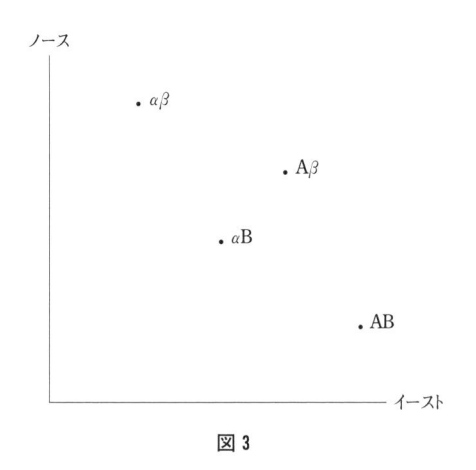

```
        ノース
         |
         |    . αβ
         |
         |        . Aβ
         |
         |      . αB
         |
         |           . AB
         |
         |_____ イースト
```

図 3

だれが最初に行動しようともノースは αB を手に入れることができる（イーストが最初に行動する場合、イーストは β ではなく B を選択するので、ノースには $\alpha\beta$ または $A\beta$ ではなく αB または AB が残され、それゆえノースは αB を選択する。もしノースが最初に行動したとしても、ノースは A ではなく α を選択するので、イーストには $A\beta$ または AB ではなく $\alpha\beta$ または αB が残され、それゆえイーストは αB を選択する）。

図 3 は約束を表している。だれが最初に行動しようとも、または行動が同時に行われたとしても、αB が「ミニマックス」となる。つまり、どのプレイヤーもその結果を自分の意志のみによって実現することができ、そして相手の状態をそれ以上悪くさせると脅すことができない。ただ、両者とも αB よりは $A\beta$ を好ましく思っている。しかし、$A\beta$ で合意するためには、お互いがそれぞれを信頼し合うか、または強制可能な約束を締結できなければならない。だれが先に行動しようと、相手は裏切るインセンティヴをもっている。もしノースが先に A を選択するならば、イーストは AB を選ぶことができる。また、もしイーストが β を先に選択するならば、ノースは $\alpha\beta$ を選ぶことができる。行動が同時にとられたとしても、各プレイヤーは裏切るインセンティヴをもつし、そして相手も裏切るだろうと予測する。その結果、意図された裏切りであれ、相手の裏切りインセンティヴに対する自己防衛であれ、αB が選択されてしまうのである。それゆえ少なくとも、当事者の一方が自制することにコミットしたうえで、相手を先に行動させることが必要となる。もし同時に行動しなければならないならば、強制可能な約束が結ばれなくてはならない。

第 I 部　戦略理論の要素

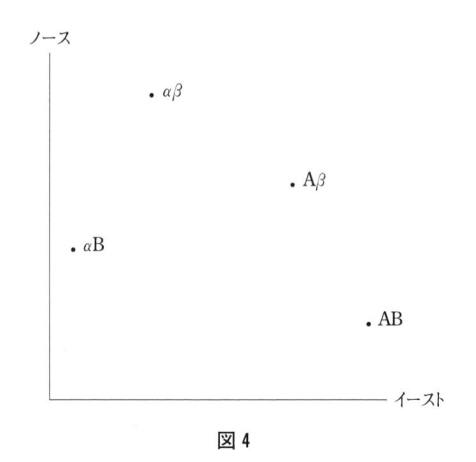

```
        ノース
         │
         │      · αβ
         │
         │           · Aβ
         │
         │ · αB
         │
         │                · AB
         │
         └──────────────────── イースト
```

図 4

　図 4 は、αB が左側に移動したことを除いて図 3 と同じである。この状況でコミュニケーションがなければ、だれが先に行動するか、または行動が同時であるかにかかわらず、ノースは αβ を勝ち取ることができる。しかし、もしイーストが条件つきのコミットメントを相手に伝えることができるならば、イーストはノースに A を選択させ Aβ という結果を得ることができる。ただ、このコミットメントには、単なる約束や脅し以上のもの、つまり約束と脅しの両方が含まれている。つまり、イーストはノースが α を選択するならば αB で脅し、かつ、ノースが A を選択するならば「AB をとらない」ことを約束しなければならないのである。脅しだけではノースに α を諦めさせることはできない。なぜなら、ノースにとっては AB よりも αB の方が好ましく、かつ、イーストが B を自由に選択することができる場合にノースが A をとると、結果は AB になってしまうからである。イーストは、α または A のどちらかがとられた場合、もし自分がコミットしていなかったならばとっていた選択とは反対のものを選択すること── AB の自制と αB の脅し──へコミットできなければならないのである。

　最後に、図 5 と図 6 が表す 2 つのゲームをみてみよう。一つひとつは興味深いゲームではないが、それらが結び合わさると脅迫的な脅しが可能となる。まず、図 5 にはミニマックス解 αB が存在する。つまり、どのプレイヤーも αB を実現することができるが、それ以上に好ましくすることはできず、どんな協調や脅しも不可能である。同様に図 6 も、2 人のプレイヤーの利益配置は図 5 と異なるが、協調やコミュニケーションの必要性、さらにはどんな脅しの可能

第2章　交渉について

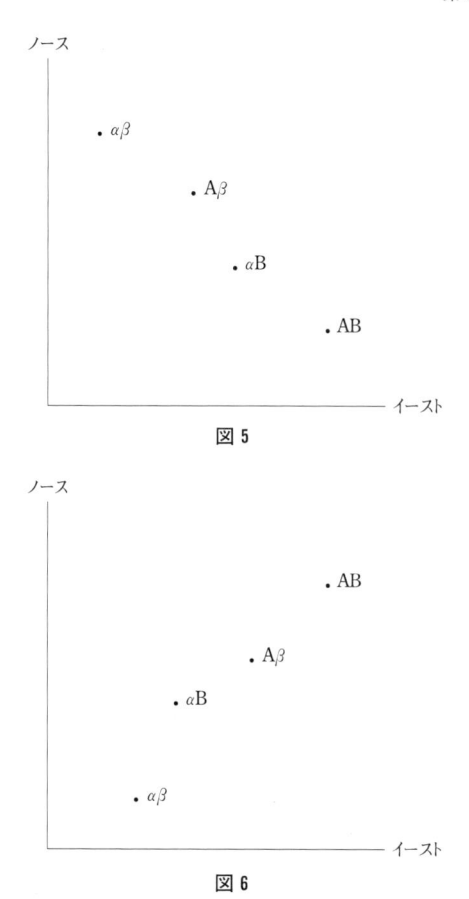

図 5

図 6

性も欠如している。コミュニケーションの有無または行動の順番の有無にかかわらず、結果は AB である。

　しかし、2つのゲームが同時に決定され、かつ、同じ2人のプレイヤーが両方のゲームに関与しているとき、当事者の一方が脅しへコミットできるのであれば、その立場をよりよくすることができる。たとえば、イーストは、ノースがゲーム5でαではなくAを選択しなければ、ゲーム6でBではなくβを選択すると脅すことができる。また、ノースは、イーストがゲーム5でβを選択しなければ、ゲーム6でαを選択すると脅すことができる。もし、ゲーム6における点と点との間隔が十分広くとられ、また、脅しが説得力をもってコミット・伝達されるならば、脅しをかける者はゲーム6でいかなる費用を負うこ

となくゲーム5で利益を得ることができる。なぜなら、そのような脅しは成功するので、実際に行使されることはないからである。また、ゲーム5で望ましい結果を得るのと同様に、ゲーム6でもABを獲得することができる。この結果は、ゲーム6が、本節の冒頭で禁止したもの——つまり「ゲーム外」における行動を用いた脅し——を供給していると言い換えることもできる。ゲーム5からすれば、ゲーム6は外部の行動であり、それはノースがゲーム5でAをとらなければノースの家を燃やすとイーストが脅しているのと同じである。しかし、こうした純粋な脅迫的な脅しをとることは必ずしも簡単なことではない。しばしばそれは、コミュニケーションの機会、対象、手段が必要であったり、違法性や非道徳性の非難を受けたり、かなり強い抵抗を受けたりする。それゆえ、そのような理不尽な脅しが実行不能であるときにのみ、2つの交渉を同じ交渉議題へと結びつけることができるのかもしれない。

　もしノースが脅しへコミットすることができず、それゆえイーストによる脅しを防ぐことのみを望むのならば、コミュニケーションが不可能であることがノースの利益となる。また、もしコミュニケーションが可能であるならば、2つのゲームを同じ交渉議題に載せないことがノースの利益となる。そして、もしそれらを一緒に話し合うことを防げなくても、各ゲームを異なる代理人に委ね、彼らの報酬を各ゲームの結果にのみ依存させることができれば、それはノースの利益となる。もし、ゲーム6を最初に行わせるだけの力をノースがもっているならば、つまり脅しを受けて態度を決めることがノースにとって不可能となれば、脅しを未然に防ぐことができる。もし脅しをかけられる前にノースがゲーム5での選択にコミットできるならば、彼の利益は守られる。しかし、ノースがゲーム5においてコミットできるが、ゲーム6が最初に行われるならば、イーストは、ノースがゲーム5でAに前もってコミットしない限り、ゲーム6でβを選択すると脅すことができる。この場合、コミットできるノースの能力が逆に彼の立場を悪くしてしまうことになる。なぜなら、それはゲーム6が始まる前にノースがゲーム5を「プレイ」させられることを意味するからである。

　なお、図2においてABを垂直方向に$\alpha\beta$よりも引き下げることによって、ひとつの重要な原則を例証することができる。すなわち、ノースにとって「好ましくない」かたちである点を動かすことが、実は彼の結果をよりよくできるかもしれないという原則がそれである。図2においてノースの勝利を妨げているイーストによる脅しは、ノースにとって$\alpha\beta$よりもABの方がより魅力的で

あることに依存している。もし、AB が $\alpha\beta$ 未満になるならば、ノースにとって脅しを危惧する理由はなくなる。それゆえ、脅しがかけられることもなくなり、ノースは αB を勝ち取ることができる。交渉では弱さが強さになりうる。ここで用いた例は、まさにこの原則を抽象的なかたちで表現しているのである。

第3章　交渉、コミュニケーション、限定戦争

　限定戦争は制限を必要とする。また、戦争になる一歩手前で安定するためには、戦略的な作戦行動も制限を必要とする。しかし、制限するためには合意、または少なくとも相互の承認や黙認が必要となる。この合意をとりつけることは容易ではない。なぜなら、不確実性や利害の激しい対立が存在したり、戦時中または戦争開始前に交渉をすることが厳しく制約されていたり、敵同士が戦時中にコミュニケーションをとることが難しかったりするからである。さらに、相手が抱く戦争への恐怖心を増幅させるために、制限について合意しないことが、自分の利益となることもあるかもしれない。また、一方または双方が交渉への意欲をみせると、過度にそれを欲していると解釈されるのではないかと危惧してしまう場合もあるかもしれない。

　それゆえ、暗黙の交渉——つまりコミュニケーションが不完全または不可能な場合に行われる交渉——についての研究は、限定戦争との関係において重要性を帯びてくる。それはまた、制限競争、管轄権の画定、交通渋滞での先行権争い、そして会話のない近所との付き合いなどにおいても重要な役割を担うのである。問題は、当事者の一方または双方が明示的に交渉できなかったりしたくなかったりする場合や、明示的などんな合意についても双方が相手を信頼しようとはしない場合に、暫定的な合意をどのようにして締結するかにある。本章は、暗黙の交渉を基礎づける諸概念および諸原則について検討し、限定戦争やそれと類似する状況について、いくつかの具体的な結論を導きだす。また、この同じ諸原則が、完璧なコミュニケーションと実効性を兼ね備えており、論理的には似つかない、明示的な交渉を理解するうえでも、重要な手がかりとなることをも明らかにする。

　最も興味深く最も重要な状況は、当事者のあいだで利害が対立している状況である。しかし、まずは共通利益をもつ2人以上の当事者が、コミュニケーション不可能な状況で、利益の調整ではなく、相互利益を実現するための行動の

調整にのみ問題を抱えているような、きわめて単純化されたケースから議論を始めることにしよう。この特殊なケースは、当事者間の選好が対立するような暗黙の「交渉」問題を解決するのに役立つ原則を鮮やかに浮かび上がらせてくれる。

暗黙の調整（共通利益）

　離ればなれになったらどこで落ち合うか事前に話し合わないまま、ある男性がデパートで妻を見失ってしまったとする。このとき、彼らが再び出会う可能性は高い。なぜなら、遭遇するのに明白な場所をそれぞれが考えようとするからである。それは、双方にとって「明白」であることが確実である、と相手が考えることが確実だろう、とそれぞれが考えるほど、明白な場所である。どちらも相手がどこへ行くかだけを予測しているのではない。なぜなら、相手は自分が行くだろうと予想される場所へ行こうとするからである。そしてこの推論は、自分が行く所を相手が予想し、さらにそれを自分が予想する……といったかたちで無限に続いていく。「もし私が彼女ならばどうするか」ではなく、「もし私が彼女ならばどうするか。そして彼女は、もし彼女がその悩んでいる私ならばどうすると考えるか。そして私は、もし私がその悩んでいる彼女ならばどうすると考えるか……（以下、無限に続く）」。このような場合、予想を調整したり、共通の状況で同じメッセージを読みとったり、それぞれの予想を収斂させる行動指針を特定化したりすることが必要となる。つまり、互いの予想を調整する一意的なシグナルを「相互に認識する」ことが必要となるのである。それでも、彼らが確実に落ち合うかどうかわからないし、すべての男女が同じシグナルを読みとれるかどうかもわからない。しかし、このような方法によって相手を捜す方が、行き当たりばったりで捜すよりもはるかに可能性は高くなるだろう。

　読者は図7に掲げた地図を使ってこの問題に挑戦することができる。この地図を手にした2人が、相手もこの地図をもっていることを知りながら、予期せずパラシュートでこの地域へ落下してしまったとする。どちらも相手がどこへ落ちたかわからず、直接コミュニケーションをとることもできない。彼らはできるだけ早く合流し救助を待つ必要がある。このとき、果たして彼らは地図を使い自分たちの行動を「調整」することができるだろうか。言い換えれば、この地図は、相手が確信をもって同じメッセージを読みとるだろうとお互いが確

第3章　交渉、コミュニケーション、限定戦争

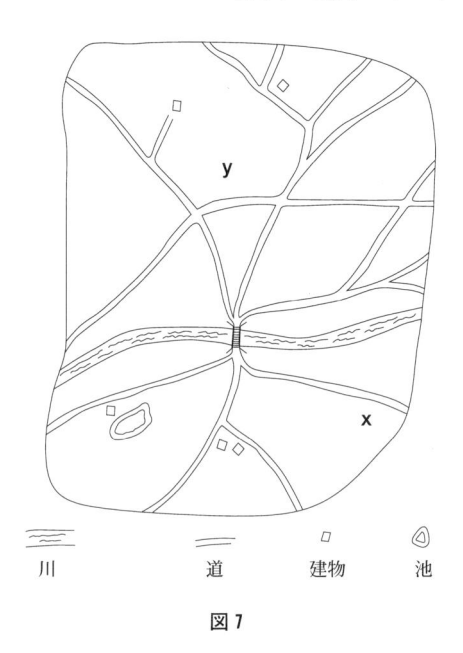

図7

信するほどに明白な合流点を指し示してくれるのだろうか。

　筆者はこれに類似した問題を、科学的に厳密ではないやり方で集めた対象者に対して試したことがある。その結果、人々はしばしば調整することができることがわかった。以下で示す抽象的なパズルは、挑戦する者の多くが「解く」ことのできる典型的なものである。もちろん、その意味で解答は恣意的である。すなわち、十分に多くの人々が「正しい」と考えるならば、どんな解答も「正しい」のである。以下の問題の記録は脚注に記しておいた。読者は、それらと照らし合わせ、自分に調整する能力があるか確かめてみるとよい[1]。

---

[1]　筆者のサンプルでは、問題1に挑戦したうち36人が「表」を選択したのに対し、「裏」を選択したのはたった6人であった。問題2では、全体の被験者数41人のうち37人が最初の3つの数字を選択した（僅差で7が100を上回り、13が第3位であった）。問題3では、全体の被験者数41人のうち24人が一番左上の正方形を選択し、あとの残りは3人を除いてすべてが、一番左上から始まる対角線上にある正方形を選択した。問題4と5については、テストを行ったのがコネチカット州のニュー・ヘブンであったこともあってか、絶対的多数がニューヨークにあるグランド・セントラル駅（の案内所）を待ち合わせ場所として選び、そしてほぼすべての人が待ち合わせ時間としてお昼の12時を選択した。問題6ではいくつかの答えがみられたが、全体の2/5は1を選ぶことによって調整することに成功した。問題7では、41人のうち12人が100万ドルで調整することができ、あとの残りは3人を除いてすべてが10の累乗となる金額を選択した（その3人のうち、2人は64ドルを選択して

第 I 部　戦略理論の要素

問題 1　「表」か「裏」を記入してください。あなたとパートナーが同じものを記入すれば、両方とも賞金を得ることができます。

問題 2　下にある数字をひとつ丸で囲んでください。あなたたち全員が同じ数字を丸で囲うことができれば、あなたたちは賞金を得ることができます。

7　　100　　13　　261　　99　　555

問題 3　下にある16個の正方形にひとつチェックを入れてください。あなたたち全員が同じ正方形にチェックを入れることができれば、あなたたちは賞金を得ることができます。

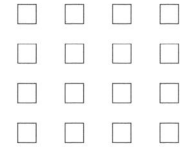

☐　☐　☐　☐
☐　☐　☐　☐
☐　☐　☐　☐
☐　☐　☐　☐

問題 4　あなたはニューヨークでだれかと会うことになっています。しかし、あなたはどこで会うか指示は受けていません。また、どこで会うかについてその人に関する情報も前もってもっていません。さらに、お互いにコミュニケーションをとることはできません。さて、どこに行けば相手に出会えるでしょうか。なお、以上のことは相手にも同様に伝えられているとします。

問題 5　あなたは問題 4 において合流する日にちは教えられていますが、その時間までは教えられていません。あなたたち 2 人は合流する正確な時間を分単位で予測しなければなりません。あなたは問題 4 で選んだ場所へ何時何分に現れますか。

問題 6　正の数をいくつか書いてください。あなたたち全員が同じ数字を書くことができれば、あなたたちは賞金を得ることができます。

問題 7　ある金額を書いてください。あなたたち全員が同じ金額を書くことができれば、あなたたちはその書いた金額を受けとることができます。

いた。そして、より最近行ったテストでは、なんと今度はそれが 6 万 4 千ドルになっていた！）。問題 8 では、41人のうち36人が問題なく半分ずつに分割した。問題 9 では、22人のうち20人がロビンソンに投票した。私は、この問題が同順位の場合にどうなるか調べるために、ジョーンズとロビンソンが第 1 回目の投票でそれぞれ28票ずつ獲得したゲームをつくり、もう一度テストしてみた。しかし、被験者は同順位の困難をものともせず、18人中16人がジョーンズに投票した（おそらくジョーンズの方がリストの前に載っていたため）。そして、前掲の地図とほぼ同じものをテストした際には、8 人中 7 人が遭遇場所として橋を選択した。

問題8　100ドルをＡとＢの２つの山に分けてください。あなたのパートナーも別の100ドルをＡとＢの２つの山に分けます。パートナーの分けた金額と同じ金額をあなたがＡとＢに分けることができれば、あなたたちはそれぞれ100ドルを得ることができます。パートナーの分けた金額とは違う金額を分けてしまった場合、あなたたちは何も得ることはできません。

問題9　１回目の投票で、各候補者は以下のような得票数を獲得しました。

　　　　スミス…………19票　　　　ロビンソン……29票
　　　　ジョーンズ……28票　　　　ワイト…………9 票
　　　　ブラウン………15票

さて、２回目の投票が行われるとします。このとき、２回目の投票で自分が票を入れた者に最も多くの票が集まった場合、あなたは賞金を得ることができます。そして、そのこと以外あなたは何の関心ももっていないとします。同様に、投票者全員も多数派に投票することのみに関心をもっており、全員がそのことについて知っているとします。あなたは２回目の投票でだれに票を入れますか。

　こうした問題は、人為的に作り出されたものではあるが、重要な点を物語っている。お互い相手がそうしようとしていることを知っているならば、人々はしばしば自分の意図や予測を他者に合わせることができるのである。多くの状況、そしてこの種のゲームを行う人々が直面するおそらくすべての状況は、行動を調整するいくつかの手がかりを与えてくれる。つまり、相手がどう予測すると自分が予測するかについての相手の予測を各人がどう予測するかについてのフォーカル・ポイントがそれである。唯一の手がかり、もしくはいくつかある手がかりのうちあるひとつの手がかりを見つけ出すことは（唯一の手がかりであると相互に認識されている手がかりが唯一の手がかりとなる）、論理よりも想像力に依存している。それはたとえば、類推、先例、偶然の配置、対称的・審美的・幾何学的な形状、詭弁的な推論、そしてだれが当事者であり、お互いについてそれぞれが何を知っているか、といったことに依存する。気まぐれは夫婦を「遺失物取扱所」へと導くかもしれないし、論理は不慮の事態に対して事前の取り決めをしていたならばどこで会うと相手が予測するかに関して各人に予測させるかもしれない。彼らがこの問題に対してつねに明白な答えを見つけ出せるとは限らないが、そのチャンスは抽象的な確率論が示唆するよりははるかに高い。

第 I 部　戦略理論の要素

　こうした問題に対する「解答」──手がかり、調整要因、フォーカル・ポイント──の多くは、ある種の傑出性（prominence）や異彩性（conspicuousness）をもっている。傑出性は、時と場所、そして当事者がだれであるかに依存している。周囲が円形の平らな場所で迷った場合、普通の人ならば合流するために中央へ歩を進めるのが自然だろう。数学に精通した人ならば、不規則に起伏する場所の重心でパートナーに出会うと予測するのが「自然」かもしれない。同じく重要なものとしては、ある種の一意性（uniqueness）がある。もし、店内に何個もの「遺失物取扱所」があれば、夫婦は「遺失物取扱所」で出会うことができないかもしれない。筆者はいくつかの地図を使って実験を行ったことがある。その結果によれば、何軒もの家とひとつの交差点が描かれた地図をみせた場合、多くの人々は交差点を選ぶが、多くの交差点と一軒の家が描かれた地図をみせると、多くの人々はその家を選ぶ。これはただ単に、一意性が傑出性をもたらすことを示しているだけかもしれない。しかし、より重要なことは、一意性があいまい性を排除するということである。もしかしたら、もともと家は地図にある他の何よりも傑出しているかもしれない。しかし、もし家が３軒あって、かつ、それらのうちどれもが他の家より傑出しているとはいえないならば、家で合流する確率は1/3である。そして、このことが周知の事実である場合、家が「手がかり」となることはないであろう[2]。

　最後に付け加えるべきは、私たちは、論理と同じくらいに、ここで想像力を扱っているということである。論理はかなりの程度、それ自体ある種の詭弁的性格を帯びている。こうしたゲーム──おそらくそれはチェスよりも「語呂合わせや語句の置き換え」に近い──は論理学者よりも詩人の方がうまく解決することができるであろう。論理は手助けとなるが（問題６で選ばれた数字１の可能性は大部分論理に依拠している）、しかしそれは通常、想像力が具体的で詳細な状況のなかから有効ななんらかの手がかりを選び出したあとになって、はじめて効果を発揮するのである。

---

[2]　なお、これが「正しい」推論であるかもしれないことは、筆者が行った地図の実験でも示唆されている。１つの家と多くの交差点が描かれた地図の場合、家を選んだ11人の被験者はすべて相手と出会うことができたのに対し、交差点を選んだ４人の被験者は、それぞれが異なった交差点を選んでしまったため、相手と出会うことができたのは１人もいなかった。

第3章　交渉、コミュニケーション、限定戦争

暗黙の交渉（対立する利益）

　既述したパラシュート部隊が歩くのを嫌がるとすれば、利益の対立が問題となる。そしてコミュニケーションが認められた場合、どこで合流するかに関する議論・交渉が行われ、それぞれは自分に近い場所やお好みの休憩場所を主張することになるだろう。一方、コミュニケーションが禁止されている場合、自分たちの考えを合致させることが最重要事項となる。ある特定の場所が合流するのに「明白な」場所として注意を惹きつけるならば、ただ偶然その場所の近くにいた者が交渉の勝者となる。なぜなら、そのフォーカル・ポイントから最も遠くにいる者でさえ、そのことを自覚しており、妥協せざるをえず、歩行距離をより公平にするよう要求することはできないからである。地図それ自体がもし交渉のための「提案」を与えてくれているならば、それは唯一の申し出となる。そして、コミュニケーションがなければ、反対提案がなされることはない。この場合、調整することの圧倒的必要性の副次的結果として、紛争は解決されてしまう――もしくは無視されてしまうというべきか。

　ここで、「勝利」や「敗北」という言葉は、それほど正確ではないであろう。なぜなら、コミュニケーションが存在していたならば合意していたと考えられるものと比べた場合、両者はともに損失をこうむるかもしれないからである。もし2人が近くにいるけれども、地図にある1軒の家からは遠くにいる場合、自分たちの位置を両者が特定でき、どこで合流するか明示的なかたちで調整できるならば、その遠くにある家まで歩いて行くことはない。他方、当事者の一方が「勝ち」、そして当事者のもう一方が前者の勝利分以上に「負ける」といったこともあるかもしれない。両者が家から同じ方角にいたとして、その家まで歩いて行くならば、彼らは必要以上に長い距離を歩くことになる。しかし、相手と話し合わなければならなかった場合と比べれば、家から近い者の方がより良い結果を得ることになる。

　この最後のケースは、意思疎通が不可能であることが、どちらか一方の利益になりうることを示唆している。とすると、自分に利益があることを知っており、そして自分の予想する「解決方法」に確信があるとき、前もって合流の仕方を意思伝達するコミュニケーション手段を破壊したり協調を拒否したりする動機の生まれる余地があることになる。筆者が行ったテストのひとつにつぎのようなものがある。AはBがどこにいるかを知っているが、BはAがどこに

いるかを知らない（そして、それぞれ相手が何を知っているかを知っている）。自分がBであることを知らされた者の多くは、澄ました顔で腰を据え、自分が無知であることを満喫していた。一方、自分がAであることを知らされた者はほぼ全員が、自分がBのいる所まで行かなくてはならないという厳しい現実を認め歩いていった。同様に、メッセージを伝達することはできるが受信することができない場合にも、利益を得ることができるだろう。自分の伝達装置は動くが受信装置が壊れているならば、相手が到着するまでのあいだに自分は今いるところで待っていると伝えることによって、相手から選択肢を奪うことができる。なぜなら、自分には反対提案を聞く術がないので、相手は効果的な反対提案をすることができないからである[3]。

筆者は、当事者の利益が対立するゲームを多くの人々に試してみた。そのなかのいくつかは、当事者の一方がより多くの利益を得るようにバイアスをかけたものであった。その結果は、全体としてみれば、純粋な協調ゲームにおいて得られるものと同じであった。これらすべてのゲームでは調整を必要とするが、同時にそこでは当事者双方の利益が食い違うようさまざまな選択肢も与える。そして、選択可能なすべての選択肢のなかで、選択を調整するフォーカル・ポイントとして通常考えられるものがいくつか存在する。それが相対的に不利な結果をもたらすとしても、当事者はしばしばその選択肢を選択することになる。なぜなら、彼は自分がそれを選択すると相手が予測することを知っているからである。予測を調整できない選択肢は、コミュニケーションがない場合、実際「利用可能」とはいえない。これらすべてのゲームに共通する面白い特徴は、競争しているどの当事者も相手を出し抜くことで利益を得ることができないという点にある。つまり、自分の行動についての相手の予測通りに自分が行動しない限り、お互い損失をこうむってしまうのである。各当事者は相互予測の囚人または受益者となる。自分がどう行動すると予測されていると自分が予測するかを相手がどう予測するかについての自分自身の予測は、だれであれ認めざるをえない。合意する必要性が潜在的な利益の対立を押しのける。相手に合わせるか、それとも共倒れになるかのどちらかである。こうしたゲームのいくつかは、すでに扱ったいくつかの問題を少し変えることによって導き出すことができる。先述した地図問題で、歩くことの煩わしさを新しく仮定したようにである。

---

[3] これはまさに、第2章で長々と論じたような通常では弱さとなるものが交渉では強さの源泉となるという一般的によくみられるパラドックスの例証である。

第3章 交渉、コミュニケーション、限定戦争

問題1 AとBは意思疎通を図ることなしに「表」か「裏」を選択しなければなりません。もし両者が「表」を選択すれば、Aは3ドル、Bは2ドルを獲得します。もし両者が「裏」を選択すれば、Aは2ドル、Bは3ドルを獲得します。もし両者が異なるものを選択してしまうと、それぞれ何も得ることはできません。自分がA（またはB）だとして、あなたは何を選択しますか（なお、もし両者がランダムに選択した場合、半々の確率でうまく一致するので、その期待値は各人とも1.25ドルであり、それは3ドルまたは2ドルよりも少ない金額となる）。

問題2 あなたと2人のパートナー（またはライバル）には、それぞれA、B、Cの文字のうち1つが割り振られています。あなたたちは、どのような順序でもいいのでこのA、B、Cという3つの文字をリストに書き出します。もし、あなたたち3人の書いた3つのリストすべてで文字が同じ順序で並んでいれば、あなたたちは合計で6ドルの賞金を獲得し、3つのリストにある最初の文字に割り振られている者は3ドル、2番目の文字に割り振られている者は2ドル、そして最後の文字に割り振られている者は1ドルを獲得できます。文字が3つのリストすべてに同じ順序で書かれていない限り、だれも賞金を得ることはできません。あなたに割り振られた文字がA（もしくはBまたはC）だとして、あなたはどのような順序で3つの文字を並べますか、つぎの下線に書き出してください。

___, ___, ___.

問題3 あなたとパートナー（ライバル）には、それぞれ1枚の紙が配られます。紙には2つのタイプがあり、1つは空白で、もう1つはその上に「X」という文字が書かれています。「X」の紙を与えられた者は、それをそのまま「X」にしておくか、それともそれを消すか選択することができます。一方、空白の紙を与えられた者は、それをそのまま空白にしておくか、それとも「X」を書き加えるか選択することができます。意思疎通なしに選択をする場合、あなたたちに配られた2枚の紙のうち1枚に「X」が書かれていれば、その「X」の紙をもっている者は3ドル、空白の紙をもっている者は2ドル獲得します。もし両方の紙に「X」が書かれていたり、どちらの紙も空白であったりした場合、双方とも何も得ることはできません。あなたの紙にはもともと「X」が書かれていたとして、あなたはそれをそのままにしておきますか。それともそれを消しますか（もしくは、あなたの紙が空白だった場合、あなたはそれ

を空白のままにしておきますか、それとも「X」を書き加えますか）。

問題4 あなたとパートナー（ライバル）が、意思疎通を図ることなしに100ドルを分割できた場合、あなたたちは合計で100ドルを獲得することができます。それぞれ紙に自分の要求する金額を書き、もしその総額が100ドルを超えなければ、それぞれ自分が要求した金額を獲得することができます。もし総額が100ドルを超えてしまうと、双方とも何も獲得することはできません。あなたならいくらを要求しますか。＄____。

問題5 あなたとパートナーは、それぞれK、G、W、L、Rという5つの文字のうちから1つを選びとります。もし同じ文字を選ぶことができれば賞金を獲得することができます。しかし、もし違った文字を選んでしまうと何も得ることはできません。あなたが獲得できる賞金はあなたたち2人が選択する文字によって異なります。そして、その賞金は2人のあいだで同じではありません。あなたにとって最高の賞金を生み出す文字は、相手にとっても最も利益になるかもしれないし、そうでないかもしれません。あなたの賞金はつぎの通りです。

K……4ドル　　L……2ドル
G……3ドル　　R……5ドル
W……1ドル

あなたは相手の賞金表がどのようなものであるか知りません。まずあなたにとって最良の文字であるRを相手に提案することから始めます。ところが相手が応答する前に、司会者があいだに入り、当事者間で意思疎通を図ることが許されないこと、そしてこれ以上の意思疎通を図ればお互い資格をなくしてしまうことを伝えました。あなたは単に1つの文字を紙に書かなければならないことになりました。相手が同じ文字を選ぶことを願って、あなたはどの文字を選びますか（後半部分の別のゲームとしては、もう一方の当事者にKが3ドル、Gが1ドル、Wが4ドル、Lが5ドル、Rが2ドルとなっている表をみせ、コミュニケーションが禁止される前に、その「相手」にRを最初に提案させるゲームを考えることができる）。

問題6 2つの敵対する部隊が図7に掲げた地図のXとYに駐留しています。各部隊の司令官は、できるだけ多くの領土を占領したいと望んでおり、相手もそう望んでいることを知っています。しかし、各司令官は、軍事衝突もまた避けたいと望んでおり、相手もそう望んでいることを知っています。それぞれ自分の部隊を、指定した境界線までの領土を占領し、妨害されるようであれば戦

第3章　交渉、コミュニケーション、限定戦争

うよう指令を与えて前進させます。いったん部隊が送り出されると、その結果は2人の司令官が自分の部隊に占領するよう命じた領土の境界線だけによって決まります。もし領土が重なってしまうと、各部隊は遭遇し対戦することになり、それはお互いにとって利益とはなりません。また、両部隊のあいだに相当範囲の非占領地域が残されてしまうと、その状況は「不安定」で衝突が避けられないものとします。各部隊が同じ境界線上で領土を占領するか、そのあいだにほとんど非占領地域が残されないような境界線で占領するよう命令された場合にのみ、衝突は避けられます。この場合、各部隊はそれぞれ占領した領土を獲得することができます。したがって、そこにどのような土地や施設があるかを考えながら最も価値ある領土を占領した方が利益が大きくなります。さて、あなたがX（Y）地点に駐留する部隊に命令を下すとしたら、派兵した部隊に占領させる境界線をどのように地図に引きますか。

問題7　AとBには1年あたりそれぞれ100ドルと150ドルの所得があります。彼らにはお互いの所得が通知され、年あたり合計25ドルの税金を支払うよう伝えられています。この合計の分担について合意することができれば、それぞれ年間の租税額を分担します。その際、どのようなかたちで合意にいたったかは問いません。ただ、彼らは意思疎通を図ることなしに合意に達しなければなりません。各人はそれぞれ租税額の提案を書き、その合計が25ドル以上であれば、それぞれ自分が提案した金額を支払います。しかし、もし提案された分担の合計が25ドルに達しなければ、それぞれ25ドルを支払わなくてはなりません。25ドルを超える分については徴税官の手に入ることになります。あなたがA（B）だとして、いくら支払うと提案しますか。$ ___ 。

問題8　Aがお金を落とし、Bはそれを発見します。一族の掟によって、Aはその発見者とのあいだで適切な報酬について合意するまでは、自分のお金を取り戻すことができません。また、BもAが合意しない限りお金を持ち続けることができません。もし合意がなされなければ、そのお金は一族の所有に帰属してしまいます。いま、落とした金額が16ドルで、対価としてAが2ドルの報酬を申し出たとします。しかし、Bはその提案を拒絶し、お金の半分を要求してきました。このままでは話がまとまらないので、一族が仲裁に入り、それぞれさらなる意思疎通を図ることなしに1回限りで自分の要求額を書くよう諭したとします。もし要求額が合計で16ドルとなれば、それぞれ自分が要求した金額を受け取ることができます。しかし、もし要求額の合計が16ドルを超えてしまうと、そのお金は一族に没収されてしまいます。いくらを書くかそれぞ

れが悩んでいるちょうどそのとき、有名で評判のいい新たな調停者が助けを差し伸べたとします。彼は、交渉に関与することはできません。しかし、「公平な」提案をすることはできます。そしてそのことは両当事者に伝えられます。彼はAに近づき、つぎのようにささやくとします。「2対1の分割、つまり元の所有者に3分の2、発見者に3分の1となるのが、この状況では公平な分け方だと思われます。だいたい11ドルと5ドルくらいになるでしょうか。Bにも同じ提案をしてみます」。Aが何かしらの反応をする前に、彼はBに近づき同じ提案を出します。そしてBに同じ提案を出したことを伝え、また何かしらの反応がなされる前に彼は再びその場から立ち去っていきます。あなたがA（B）だとして、どのような要求を書きますか。

筆者がインフォーマルに行ったテストの結果は脚注に記してある[4]。「あなた」と「相手」、つまり「A」と「B」とのあいだになんらかの非対称性が存在するこれらの問題でも、Aにとっての解決方法とBにとっての解決方法とが一致して、「結果」が導かれる。脚注で詳しく記したように、一般的な結論として、当事者たちは多くの事例において問題を「解く」ことができる。つまり、偶然を利用した方法よりもはるかに良い成績を収めることができる。バイアスのかかったゲームで不利な立場におかれる当事者でさえ、調整に役立つゲームのメッセージに自らを従わせようとするのである。

こうしたゲームにはさまざまな「手がかり」が存在する。「表」が「裏」を

---

[4] 問題1では、22人中16人のAと15人のBが「表」を選択した。Aの選択を所与とした場合、Bにとって最善の選択は「表」であった。また、Bの選択を所与とした場合、Aにとって最善の選択は「表」であった。いずれにせよ、被験者は全くランダムに選択するよりも、かなり好ましい結果を得たことになる。それぞれが3ドルをねらおうとしたら何も得られなかったであろうことはいうまでもない。しかしながら、問題2は、問題1と論理的には同じだがより差別的な構造であるにもかかわらず、12人中9人のAと12人中10人のBそして16人中14人のCが見事にABCの順序で調整することに成功した（のこりの7人のうち5人は、アルファベットの順序に従わず自らに不利となるかたちで文字を並べて、何も得ることができなかった）。問題1と同じ構造をもつ問題3では、22人中18人のAは19人中14人のBと、Aに3ドルを与える点で調整することに成功した。問題4では、40人中36人が50ドルを選択した（のこりの被験者のうち2人は49ドルと49ドル99セントであった）。問題5では、8人中5人の提案者と9人中8人の被提案者がRを選択した。問題6では、22人中14人のXと23人中14人のYがちょうど川に沿って境界線を引いた。この解決方法の「正しさ」は、川を選ばなかった残りの15人のうち14人が14本の異なった境界線を引いてしまったことから明らかといえる。このとき、8×7のありうる組み合わせのうち、55が失敗で成功はただ1つしかない。問題7では、所得が150ドルある6人のうち5人と所得が100ドルある10人のうち7人が、15対10の割合で税の分割に調整することができた。問題8では、お金を落とした8人と拾った7人が、拾った者へ5ドルの報酬しか与えない調停者の提案であっても調整に成功した。

打ち負かすのは、ある種の慣習的な順序づけに基づいているようである。それはまた、A、B、Cの順序に並べるのが——それほど強いものではないが——慣習であることとよく似ている。また最初にXの文字が書かれていると、それが白紙を打ち負かすのは、おそらく「現状維持」が変化よりも明白だからである。Rの文字が勝利を収めるのは、最初の申し出に対抗できる文字が他にないからである。そして地図についていうと、道路は多様性をもち、恣意的な選択の余地を狭めることができ、したがって理論的には川と同じく可能性のある選択肢となるかもしれなかった。しかし、まさにその多様性ゆえに、どの道路を選ぶべきか、地図からはわからず、道路は一意的で疑う余地のない川に打ち負かされてしまうのである（おそらく、均一的な地形を描く対称的な地図であれば、100ドルを50対50に分割した例と同じように、結果は2等分する対角線上での分割となるだろう。しかし地図が不規則である場合、こうした幾何学的な解決方法は除外される）。

　税金の問題は、所得額の提示が強い指針となることを例証している。この問題の抽象的な論理は、100ドルの分割のそれと同じである。事実、それは以下のように言い換えることができる。すなわち、各当事者がそれぞれ税金として25ドルを支払う。そして、還付金の分割方法が合意されれば、その合意された分割額に基づいて25ドルが2人へ還付される。この問題の立て方は、論理的にいえば問題7と同じであり、問題4とは金額が100ドルであるか25ドルであるかの違いしかない。ただ、所得額を問題のなかに組み込んだうえで、その関連性を示唆しそれを傑出したものにすることによって、フォーカル・ポイントが12.5対12.5から10対15の分割へと大きく変えられてしまうのである。所得額が関連するとしても、なぜ完全な比例税の方が累進税よりも明白となるのであろうか。それは、どんな特定の累進税率も疑う余地がないほど明白とはならないからである。そして、もし話すことが不可能であれば、他に方法がないので一意的で単純かつ認識可能な比例原則が採用されるはずである。所得額が50対50で分割する可能性を奪い去り、比例性の単純さが10対15を暗黙に考えられうる唯一のものにするのである。問題7に家族の人数や消費性向などに関する付加的なデータを意図的に付け足した実験も行ったが、この場合、所得に比例して分割することの一意的な誘引力が希薄化してしまったようである。そのため、回答した高所得者と低所得者双方の支配的な対応は、税金の50対50での分割であった。所得に比例して分割するという洗練されたシグナルは「ノイズ」によってかき消されてしまい、平等というより粗野なシグナルだけが生き残ったの

である。

　最後に、問題8も、2人が16ドルを超えない要求を書けば、その金額を獲得できるという意味で、論理的には問題4と同じである。しかし、その制度的な配置は差別的である。すなわち、お金を発見した者と落とした者は、道徳的ないし法的な意味で必ずしも平等ではない。そのため、50対50での分割は必ずしも明白とはならないのである。唯一の可視的なシグナルとなるのは、調停者による提案であるが、額が11ドルと5ドルに四捨五入されても、それが説得的な調整装置であることは、普遍的に受け入れられたことに表れている。

　こうした各状況における結果は、かなり恣意的な何かによって決定されている。その何かは、観察者や当事者の観点からみて、特段「公平」であるとはいえない。50対50の分割でさえ、ある種の明白な数学的純粋性に依存している点で、恣意的である。もし「公平」であるとするならば、それは単に不公平性を判断するための具体的なデータ——たとえば、資金源、相手の要求の相対的な必要性、または要求の道徳的法的な根拠——をわれわれが持ち合わせていないからである。たとえば、誘拐の身代金を折半することは特段「公平」であるとはいえないが、問題4の数学的特性を備えてはいる。

　何がこうした事例における結果を決定するのだろうか。その答えはまたしても調整問題のなかに隠されている。各問題は、どの共同行動を選択するかに関して当事者の利害は対立するものの、それぞれ共通利益を実現するために調整を必要とする。調整装置として役立ちうる選択肢は、通常ひとつかほんの少数しか、存在しない。問題5で扱われた最初の提案を考えるとよい。Rを有利とする最も強い根拠は、「Rでなければ他に何があるのか」というレトリカルな問いかけである。最初の提案が行われたあとで当事者双方がRを避けようとしても、ランダムな偶然以上に、明白な解決方法は他に存在しない。つぎのことを想定すると、この点をよりよく理解することができるだろう。たとえば、最初の提案が行われたことによってゲームの面白さが失われてしまったと考える司会者が、当事者たちを困らせるため彼らの賞金表をとりかえて知らせたとする。つまり、AはBが獲得するはずだった賞金を獲得し、Bは問題5のAの表にある賞金を獲得するのである。このとき、最初になされるRの提案に対して、各当事者の選択は変化するだろうか。あるいは司会者が、〔おなじく最初の提案のあとで〕どの文字であるかを問わず当事者双方が同じ文字を選びとる限り賞金が同じであると、知らせたとしよう。それでも、彼らは選択を調整する唯一の与えられた手段としてRへと期待を収斂していくだろう。ある

いはもしこのゲームの最初に戻ることができ、当初の提案Rが行われないと想定したとしても、たとえば「疑わしい場合にはつねにRを選択せよ。この張り紙はすべてのプレイヤーにみえており、そして彼らの選択を調整する手段となる」と書かれた張り紙が壁に貼られている場合、どうか。この想定は、われわれを再び、デパートの夫婦の話に引き戻す。彼らの問題は、つぎのような人目を惹くサインをいつ目にするかにあるといえる。つまり、「離ればなれになったみなさん、一階の案内所で落ち合ったらいかがですか」というサインがそれである。迷える者たちは何がシグナルとなるか、他とくらべてそのシグナルの魅力は何かなどと選り好みすることはできない。彼らは実際に誘因力となるシグナルが与えられただけよかったと思わなければならないのである。

　ゲーム5において、あなたのライバルはあなたの賞金表を知っているが、あなたは彼のそれを知らないとしよう。このとき、つぎのような最も皮肉な結果が生まれるだろう（実際、問題5をこのようなかたちに修正し、何人かの被験者に試してみた）。あなたには相手の選好を予測する材料が何もないので、彼の利益を考慮しようとしたり、「公平」な妥協を行おうとしたりしても、それは不可能である。したがって、相手と調整するためには、あなたの表から双方がどんなメッセージを読みとれるかを考えなければならない。そうであれば、あなたにとって最も好ましい文字が明白な選択肢となるであろう。あなたはもはや、別の文字を選んだり、どの文字を選ぶか迷ったりする必要はない。なぜなら、相手にとってRより好ましい文字が何であるか知る手だてをあなたはもっていないからである。相手の選好に関するあなたの無知、そして調整するために用いることができるその他の代替肢の不在があなたの選好に関する相手の認識と結びつくとき、相手はあなたの利益になるように選択しなければならなくなってしまうのである（実際、この結果は数少ない対象者にではあったが、行ったテストで確認した結果と一致する）。これは、パラシュートで落下した当事者の一方のみが他方の位置を知っている場合と同じ状況でもある[5]。

明示的な交渉

　ここまでは暗黙の交渉との関係で「調整」という概念を明らかにしてきたが、それをそのまま明示的な交渉に適用することはできないように思われるかもし

---

[5] そしてこれは、前の脚注でも述べたように、「弱さ」が力となるひとつの例でもある。

れない。話し合うことができるならば、心と心を調整しあう必要はないからである。このとき、言葉を使えない場合に思考を調整したり結果に影響をおよぼしたりするのに役立った付随的な手がかりは、ただの付随的なものへと成り下がってしまうのだろうか。

しかし、こうしたもののいくつかが明示的な交渉においても力強い影響力を発揮する十分な証拠がある。たとえば、数量的な大きさが関係する交渉では、数学的な単純さがひきつける強い力となるようである。瑣末な例であるが、「切りのいい数」で交渉結果を表現しようとする傾向はそのひとつの例である。計算によって2,507.63ドルの「底値」をはじきだした自動車の販売員は、おそらく7.63ドルを負けてくれるだろう。「折半」によってしばしば最終的な合意が促進されやすいのも同じ例のひとつである。そうすることで生まれる違いはつねに小さな額ではない。おそらくより印象的なのは、費用便益に関する複雑な数量処理やアドホックな割当てが、最終的に何かしらの共通量（国民総生産、人口、為替取引の赤字等など）に比例したり、論理的な関連性のない先例的な交渉で合意された割当てへと収斂していったりすることがいかに頻ぱんに起こるか、であろう[6]。

先例なるものは、その論理的な重要性や法的な力以上の影響力を発揮するように思われる。しばしば、ストライキや国際債務に関する合意は、それ以降の交渉がディフォルトとしてほぼそのまま従うような「パターン」を設定する。もちろん、同じ結果にいたるには、ある程度同じになるそれなりの理由があるかもしれないし、状況が十分似ているからかもしれない。しかし、それ以上に重要なのは、劇的で傑出した先例があると、交渉を自分たちで一から作り上げていこうとする意志が欠如してしまうことのようにみえる[7]。同様に、しばしば調停者にあたる人に、合意を促進したり合意条件を決定したりするだけの力があるようにみえる場合がある。調停者による提案がしばしば受諾されるのは、調停者が公平であったり理性的であったりする以上に、当事者双方がある種の諦めの念をもつためであるようにみえる。また、「事実調査」の報告も、さも

---

[6] 国連救済復興会議〔UNRRA〕への出資問題に関して多くの解決方法が提案されたが、最終的に勝利を収めたのは、考えられる限りで最も単純で最も概数的な数字、そのままズバリ国民総生産の1％であった。この解決方法はアメリカが推していたものではあったが、おそらくその事実はそれほど重要ではなかったと思われる。

[7] 本段落と前段落の具体例として、第二次世界大戦の数年後に中東での原油採掘権に関する数多くの協定が50対50の分割へと急速に収斂していったことをあげることができる。

なければ存在してしまう非決定の真空状態を埋めてくれる指針を提供するときがある。事実それ自体ではなく、それがある特定の指針を作り出すから、影響力を発揮するかのようである。

　同じく、原初状態や自然の境界線も、強い誘引力を発揮する。最近では、等緯度線でさえ合意のフォーカル・ポイントとして、長期的な効果を発揮するようになった。たしかに、合意された部隊の停留地点として川を使ったり、（今日における重要性はどうであれ）古い境界線を使ったりすることには一定の利便性があるが、しばしばこうした地形的であるようにみえる特徴は、実践的利便性というよりは合意を具現化する力をもっているので、重要であるようにみえる。

　交渉結果が単純で定性的に表現できること、最後の数セント、数マイル、数人といった端数を切り捨てるかたちで小さな調整が行われることだけならば、こうした観察はとるに足らないものとなるであろう。しかし、合意へ向かわせる究極的な焦点は、交渉力のバランスを反映していないだけではなく、むしろ一方の当事者に交渉力を付与しているようにもみえる。事例の価値や議論の内容、さらには交渉における圧力といったものを考慮せずに、合意へと向かうなんらかの「明白な」焦点や状況それ自体に内在する何かしらの強い指針だけから結果をシニカルに予測することがしばしばできるように思われる。妥協するのに「明白な」地点は、しばしばディフォルトによって選択されるが、それはあたかも、ただ単に他の場所での決着に何の論理的根拠がないからであるかのように行われる。「自然の」結果が当事者の相対的な交渉技術を反映しているとするならば、われわれはその技術を好ましい結果を顕著にするようなかたちで状況を設定する力として認めるべきであるかもしれない。ただ、その結果の公平性や、推定された交渉力との一致の度合いは、だれの目にも明らかなほど「顕著」であるとはいえないだろう。

　もし問題の設定自体やフォーカル・ポイントの位置によって結果が決定されてしまうならば、交渉技術が効果的となる範囲は狭いという結論が、導けるかもしれない。しかし、おそらくは、交渉技術が効果的となる範囲は違うところにあるのであろう。「明白な」結果は、問題がどのように定式化されているか、交渉における争点の明確化がどのような類推や先例を思い起こさせているか、争点となっている事柄にどのようなデータが影響を与えられているのか、といったことに大きく依存する。たとえば費用の分担について話し合いを始める委員会は、付託事項を表現するのに、分担されるべき「会費」とするか支払われ

るべき「税」とするか、国民所得や国際収支に関する情報を利用できるか、以前行われた交渉に参加していた委員がそこでの先例をここでも利用しようとするか、2つの争点を同じ交渉議題に含めることがその2つの争点に共通するある性質に特別な傑出性や関連性を与えるのかどうか、といったことによってあらかじめ制約を受けている。つまり正式な交渉が開始される前に、こうした技術の多くはすでに行使されているのである[8]。

もしこれらのすべてが正しいとするならば——しばしばそうであるように筆者には思われるが——暗黙の交渉の分析は、ここでも影響力の作用を理解するうえで役立つだろう。そして、おそらく暗黙の交渉の論理は、その正しさを信じるに足る根拠を付与することにもなると考えられる。暗黙の交渉の根本的な問題は、調整の問題であった。では、明示的な交渉においては何が調整されなければならないのだろうか。明示的な交渉において最終的な合意に達するためには、当事者が抱く予測の調整が必要とされる。これが答えであり、その意味するところはつぎのようになる。

多くの交渉的状況には、合意できないならば譲歩しようと各当事者が望む、実現可能な結果がある一定の幅をもって存在している。そのような状況では、すくなくとも当事者の一方もしくは双方ともが、ある結果に関する合意を実現するために、その結果へ向かって譲歩しようとする意志をもっており、かつ、しばしば相手もそのことを知っている。それゆえ、どんな結果であれ、当事者の一方が自らの要求を貫き通せば、その者にとってさらに好ましい結果を実現できたはずである。しかし、彼が要求を押し通すことがないのは、合意できないならば譲歩するであろうことを相手が知っているもしくはそう疑っているからである。各当事者は、相手が何を受諾し何を要求するかについての予測を自らの戦略の指針とする。ただ、双方とも、相手が相互的な予測を指針としていることを知っている。それゆえ、相手がもはや譲歩しないだろうと相互に予測する点が最終的な結果となる。この予測は、自分がどう予測すると相手が予測するかについて自分がどう予測するか……（以下続く）、を主な内容としてい

---

[8] おそらく、交渉技術がもつもうひとつの役割は、この一般的なアプローチのなかに包含されている。自分の理想点に近づけるかたちで「明白」な結果を定式化して問題を設定することに失敗したとしても、彼は争点を混乱させることができる。つまり、すべての条件についてのさまざまな定義を探し出し、当初の定式化に含まれていた力強いシグナルを「ノイズ」によって掻き乱すのである。こうした交渉技術は成功しないかもしれないが、既述した所得と税についての問題を修正した実験においてはうまく成功した。

る。この流動的で非確定的な状況では、自分が何を予測すると予測されるかについて自分がどう予測するかということぐらいしか論理的に予測することはできないが、それでもなんらかの決定が下されるのである。つまり、こうした無限反射的な予測は、どうにかして一点へと収斂するのである。それは、譲歩するだろうと予測されるとはもはや相手に予測されないだろうとそれぞれが予測する点である。

当事者の予測を収斂させ、交渉を終結させるものは何か。それはある特定の結果に固有の誘引力であるといえよう。その特定の結果は、傑出性、一意性、単純性、先例、あるいはいくつもの代替肢から質的に区別される何かしらの根拠を備えている。または、こうもいえるかもしれない。すなわち、代替的な結果には程度の違いしかなく、そのなかから、自らの決意を誇示するため自己の要求を貫き通さなくてはならないような結果へと収斂していくことはない、と。ある立場について断固たる姿勢をとり続けるには、それなりの根拠が必要となる。そして、連続的で質的差異がないいくつもの立場のなかに、その根拠を見出すことはできない。どんな恣意的な「フォーカル・ポイント」もその根拠は弱いかもしれないが、すくなくともそれは「ここでなければ、他にどこがあるのか」と問いかけることで、自らの立場を守ることができるものなのである。

相互に認識できる予測の終着点の必要性については、まだ少し論じなければならないことがある。譲歩しようとする場合、相手の予測をコントロールする必要がある。つまり、譲歩がどこまで可能であるかについての認識可能な限界を設定しなければならない。譲歩が最終的なものとして解釈されるためには、だれの目にも明らかな終着点を作り出す必要があるのである。それは調停者の提案によって与えられるかもしれないし、新しい立場をその他のものから質的に区別するなんらかの要素によって与えられるかもしれない。それまでの60%を50%の要求に譲歩するならば、それ以上の譲歩を要求されることはないかもしれない。しかし、もし彼が49%まで譲歩してしまうと、相手は彼がそのままずるずると要求を引き下げ続けると予測するかもしれない。

もしある部隊が前掲の地図の川まで退却するならば、そこで留まると予測されると彼らは予測するだろう。なぜなら、川とは、そこよりもさらに遠くへ退却すると予測されることなく退却できる場所だからである。一方、もしその川を越えて退却してしまうならば、断固として留まり続けると予測される場所が他には残されていない。同様に、前進する側も相手を無制限に退却させようと解釈されることなくその川までなら相手を退却させることができると予測する

だろう。安定は、その川においてしか、得られないのである。
　この命題は、直感的に受け入れられるだろう。すくなくとも筆者にはそう思われる。どちらにせよ、フォーカル・ポイントで安定する傾向は、何かしらのかたちで説明されなければならない。しかし、暗黙の交渉に関するより明確な論理がなければ、この命題はぼんやりとした何か超自然的なものとしてとらえられるかもしれない。暗黙の交渉に関する明確な論理は、単なる類推だけでなく、必然的に起こる神秘的現象——予測の暗黙の調整——が現実に起こりうるものであり、文脈によっては非常に信頼できるものであることを示す論理的根拠をも提供する。予測の「調整」は、コミュニケーションが切断された場合における行動の「調整」に似ている。事実、どちらにも共通しているのは、直感的に感じとられた相互予測以外のなにものでもない。それゆえ、調整的予測が果たす論理的役割と同様に、暗黙的交渉ゲームから得られる経験的に実証可能な結論は、予測が調整可能なものであること、そして予測の調整が必要とされる場合に、状況の客観的細部のいくつかが支配的な影響力を発揮することを明らかにする。コミュニケーションが不在のとき、当事者双方は何かを感じとるのである。そしてそれは、コミュニケーションが可能であったとしても、たしかにその力は弱くなるものの、なお知覚可能なものである。コミュニケーションが可能であっても、50対50の非対称性がなくなったり、川の一意性がなくなったり、ABCの並びが不自然な順序になったりすることはない。
　もし、われわれの判断の根拠がすべて暗黙の交渉の論理からくるとするならば、同じような神秘的誘引力が明示的な交渉においても働いていると考えるのは、ただの推測——それも乱暴な推測——にすぎないかもしれない。また、もしわれわれの一般化の根拠がすべて、実際の交渉のとくに「もっともらしい」結果を観察することからくるとすれば、その場の状況の詳細がもつ力を認めようとはしないかもしれない。しかし、これら2つの証左は、互いに強く補強し合っている。だから暗黙の交渉と明示的交渉とのあいだのアナロジーは、強力なように思える。
　100ドルをどう分けるか明示的なかたちで合意する例を考えよう。この場合、50対50はもっともらしい分け方のように思われるが、そう思う理由は多岐にわたる。それは、「公平」と考えられるかもしれないし、交渉力を反映したものと考えられるかもしれない。また、ここで指摘してきたように、50対50という分割は不可避であることを当事者双方に伝える力をもっており、そのため当事者双方がそれを不可避であると認識するだろうと当事者双方が認識しただけの

ことかもしれない。暗黙の交渉に関する今までの分析は、この最後の視点を証拠づけるものである。つまり、もしコミュニケーションなしに100ドルを分割しなければならないならば、当事者は単純に50対50で合意するだろう。だとするなら、われわれは、ほんの少し異なる文脈での暗黙的交渉であっても、われわれの議論が客観的に実証可能な解釈を備えていることを、直感に頼ることなく、指摘することができるのである。

　もうひとつ例をあげて説明しよう。上述した事例のなかで2人の司令官が川の安定性を認識する能力——というよりは認識しないことができない能力——をもつことは、つぎの事実によって実証される。すなわち、もし自分たちの生存が、戦線をどこで安定させようと合意するかに依存しており、かつ意思疎通を図ることが許されないならば、おそらく彼らは川がもつ特性を暗黙の合意の焦点として感じとりそして認識するだろう、という事実がそれである。したがって、暗黙的交渉のアナロジーは、「調整的な予測」という考え方が超自然的なものではなく、むしろ有意義なものであることを明らかにしてくれる。

　さらに議論を進めよう。当事者の評価基準に照らして明らかに「公平」であることが、交渉結果に見出される唯一の顕著な特性であったとする。しかし、そうであったとしても、それは非決定の真空状態を埋めるべく焦点を絞り込んだ「公平」な結果の力が公平性のもつ道徳的な力を大きく補強したと論じることも可能である。また、世論の圧力が明らかに「公平」または「妥当」な解決案を当事者たちに強いるようにみえたとしよう。このとき、こうした「公平」や「妥当」といった特性に、当事者間の予測を調整する力があることを考慮の外においてしまうと、「圧力」を過大評価したり、すくなくともそれが当事者へおよぼす作用の仕方を誤解したりすることになるであろう。言い換えれば、ここまで論じてきたようなメカニズムを通じて作用する、指針を付与する力こそが、世論や先例、そして倫理的基準といったものを効果的にするのである。この見解を裏付けるものとして、われわれは再びつぎのことを想い起こせばよい。つまり、当事者たちは意思疎通なしに最終的な合意に達しなければならず、既述したいくつかの例でそうだったように、彼らは世論や傑出したなんらかの倫理的基準を強い指針を与えるものとして思い描いていたのである、と。問題7における調停者が、それと近いアナロジーであろう。そして最後に、もしかりに当事者を制約するものが、実際には道徳的責任の力や世論への配慮であり、彼らが受け取る「シグナル」ではなかったとしても、それならばそれでいったいどのようにして観衆の意見が形成されたのかという問題に今度は注意を転じ

なければならない。なぜなら、世論形成に必要となる単純で定性的な根拠もまた、いままで論じてきたメカニズムをしばしば反映しているように思われるからである。

さて、もしここまで展開してきたような議論が一般的に妥当性をもつならば、明示的な交渉に関するいかなる分析も、交渉的状況に内在する「コミュニケーション」——つまり問題となっているケースの無味乾燥な細部から当事者が読みとるシグナル——に注意を向けなければならないはずである。そして、このことは、暗黙の交渉と明示的な交渉とが、全く別個の概念ではないことを意味する。つまり、暗黙の交渉、不完全な交渉もしくはコミュニケーションが欠けていたり制限されている交渉、そしてコミュニケーションが完全に成立している交渉というように、すべての交渉は、予測を調整する必要性に依存していろいろな段階にあると考えられる。これらすべてにおいて、ある特定の結果に目がいってしまうことに逆らえないという点で、共通しているのである。

だからといって筆者は、明示的な交渉の結果が、コミュニケーションが不可能ならば生じえた結果へ向かっていく法則があると主張しているわけではない。既述したいくつかの人工的な例を除いて、発話が認められている場合のフォーカル・ポイントは、そうでない場合のものと比べておそらく違ったものになるであろう。しかし、暗黙の交渉において主要な原則であったものが、明示的な交渉の分析においても、すくなくともひとつの重要な原則となることは明らかである。そして、「明示的」な交渉と一般的に呼ばれるものといえども、策略、間接的なコミュニケーション、有利な立場を目指す競争、盗み聞きを承知のうえでの会話といったものを含み、それらはまた、参加する者の人数や多岐にわたる利益といったものによって複雑化する。したがって、予測を収斂させる必要性や予測を調整するシグナルは、明示的な交渉においても大きな役割を果たすのである。

おそらく、多くの社会的安定や利益集団の形成は、地形や環境が付与するのと同じような調整を反映している。たとえば、僅差の相対多数を圧倒的な多数派にまで変えてしまう、政治集会での勝ち馬に乗ろうとする行動。無秩序や政治的空白の時代に、大衆から支持を集めることのできる憲法的正統性の力。反逆者への懲罰を予測させ服従を引き出し、地下社会に秩序をもたらす長老的ギャングの伝説的な力。これらと同じ概念として、社会的行動の分野においてしばしば「集合点 (rallying point)」と呼ばれる考え方がある。また、経済学においても、プライス・リーダーシップ、価格以外でのさまざまな競争、そして

第3章　交渉、コミュニケーション、限定戦争

おそらくは価格の安定自体も、暗黙的なコミュニケーションの重要性を強調したり、状況それ自体から読みとれる質的に識別可能で顕著に明白なシグナルへの依存を強調する考え方と整合的である。さらにいえば、「自然発生的」反乱も同じ原則を反映していると考えられる。指導者を政権の座から引きずり落とす場合、人々は調整するためのシグナルを必要とする。そしてそのシグナルは、すべての人々が他の人々も十分な確信をもって同じシグナルを読みとると確信をもてるほど明白であり、行動の強い指針となるものでなければならない。このようなシグナルによって、各人は多数として行動できるようになるのである（そのようなシグナルが外部から発信される可能性もある。行動の調整に必要な指示を伝達するその能力によって、自らのリーダーシップを主張する者さえ現れるかもしれない）。

暗黙の交渉と限定戦争

　こうした分析は、われわれが直面する暗黙の交渉での実践的問題、とくに戦略的策略と限定戦争の問題に対して、どのような有益な示唆を与えてくれるのだろうか。まず疑う余地なく、明示的な交渉をすることなしに戦争——本物の戦争であれ管轄権争いといったものであれ——へ制限を加えることができるということができる。しかし、このことからは、具体的にそれがどのくらいの確率かについて理解することができない。朝鮮戦争の戦場は朝鮮半島に限定され、毒ガスは第二次世界大戦で使われることがなかった。この2つの事実の方が、限定戦争の可能性についてここまでのすべての議論より説得的である。それゆえ、もし今までの分析に何か有益なものがあるとすれば、それは暗黙の合意の可能性がどれだけあるかを判断することではなく、合意されるための条件をどこに探せばよいかについてよりよく理解できるようになることである。

　重要な結論を導きだすならば、それはつぎのようなものになるだろう。(1)暗黙の合意、または部分的・場当たり的な交渉を通じて到達した合意は、その他のものとは質的に区別され、そしてただの程度論には還元されないような条件を必要とする。(2)不完全なコミュニケーションのもとで合意に達しなければならない場合、状況それ自体が結果に対して大きな制約要因となることを当事者は受け入れなければならない。具体的には、当事者の一方を差別したり、当事者双方に「不必要」な不快感を与えたりするような解決案でしか、当事者の期待を調整できない場合があるかもしれない。

毒ガスは第二次世界大戦では使用されなかった。先例がなかったわけではないが、それは概して暗黙の合意であった。公式のコミュニケーションがない状態で、毒ガスについて何か他の合意がなされえたかを推測してみるのも興味深い（さらにいえば、コミュニケーションがある状態ではどうだったかを推測するのも興味深い）。「ある程度の毒ガス」の使用が合意された場合、どれだけの量が使用されるのか、使用される場所はどこか、そしてどのような状況で使用されるのか、といった複雑な問題が生じる。しかし、「毒ガスを全く使用しない」という合意は簡明であいまいさの入る余地がない。もちろん、軍人に対してのみ、防御する場合のみ、車両や発射体に搭載されている場合のみ、そして事前に警告した場合のみ、などといったいくつかの制限を考えることができるし、そうした多くの制限は戦争の結果に対してより中立的であったかもしれない。しかし、相手がどのようなルールを提案するかは予測することしかできず、最初に調整を失敗してしまうとどこかのレベルで制限する妥協の可能性が奪われてしまうかもしれない状況では、「毒ガスを全く使用しない」ことには簡明性があり、それは合意に到達するほぼ唯一の焦点であろう。

朝鮮半島の物理的形状は、地理的な境界線に沿うかたちで戦争に一定の限界を設定したはずである。海がその周囲を囲み、北方の主要な政治的境界線はだれの目にも明らかなかたちで、川によって引かれていた。38度線は、膠着状態を生み出す強力な焦点となったと考えられる。その代替候補のうち「腰のくびれ部分」も、可能性の高い候補ではあった。それはただ単に防衛線をより短くすることができたからではなく、その境界線まで前進・退却した場合に、それ以上さらに前進・退却しないだろうということが当事者双方にとって明らかだったからである。

台湾海峡は、共産党と国民党の両政府勢力間の境界線を安定化させることに成功したが、それはただ単に海が防衛に役立ち侵略を抑制できたからではなく、島が不可分の単位であり海が傑出した境界線となったからである。島の一部を犠牲にしたり、本土の一部を保持したりしても、その結果として現れる境界線は不安定になっていただろう。水際での攻防以外、どのような軍隊の移動も程度問題に過ぎないが、海を越えた攻撃は「合意」を破棄する宣言に等しいのである。

朝鮮半島では、原子力兵器とそれ以外という質的な区別によって、兵器は制限されていた。暗黙の合意が原子力兵器の規模やその対象選択の制限に関するものであったならば、それを安定化させることははるかに難しかったに違いな

い[9]。なぜなら、「どの対象も禁止する」ということ以外、規模や対象に関するどのような制限であっても、それは明確でも当たり前でもないからである。またインドシナ半島におけるフランス軍へのアメリカの支援が、人材ではなく物資に制限されていたのも説得的であった。たとえば、航空部隊を投入するかたちで支援を拡大していた場合、その拡大を空に制限するものとして相手に理解させることも可能だったと思われる。しかし、航空部隊や地上部隊をどれだけ投入するかについて制限を設けることは不可能だっただろう。地上部隊の投入を控える意図は、地上部隊の投入を完全に控えることによって伝達することができるのであって、部隊をどれだけ派遣するかについての意思疎通を図ったうえである程度の部隊を派遣することは、ほぼ不可能に近いだろう。

　報復戦略は、制限に関するコミュニケーションや調整の必要性によって影響を受ける。局所的に侵略する場合、その範囲が問題となる。偶然や自然の境界線によって、地理的な限界や対象の制限に関して暗黙のかたちで合意に達することができるかもしれない。当事者の一方または双方は、その合意を破るよりも限定的な敗北を受け入れようとするかもしれないし、その意志を相手に確信させるように行動しようとするかもしれない。「ルール」が順守されるのは、いったん破られてしまうと、紛争の拡大を抑制するなんらかの新しいルールがみつかり、それを双方が認識する保証がないからである。しかし、もし報復の手段や場所が報復者の裁量に委ねられてしまうようなかたちで侵略が行われるならば、侵略者が意図した制限範囲をその犠牲となる者へ伝えることははるかに難しくなる。すると、侵略に対する対抗措置が発動される段階で、制限範囲に関する提案を受け入れることもできなくなるであろう。事実、報復されるだろうと予測していた地域以外で報復が行われた場合、それは安定的な相互予測の形成にそぐわない、ある種の独立の宣言となる。このように侵略者の行動が示唆する制限が受け入れられないような場合、相互に認識可能な戦争の境界線を探り出す作業はさらに難しくなってしまう。

　以上を要約すると、限定戦争に関する問題は、当事者の一方にとって最も有利なものから最も不利なものまで可能性が連続的に分布しているわけではない。それは、選択肢の多さに悩まされる量的差異よりも、質的差異をよりよく識別できるような、不連続でかたまりのような世界であり、その各要素が示唆する指針が当事者双方を拘束する力をもってしまうような世界である。同様のこと

---

[9] この点は補遺Aにおいて詳しく述べられる。

は、すべての領域において生じる抑制的な競争全般についても当てはまる、と筆者は考える。

事前の取り決め

　ここまでは、暗黙の交渉を行うことが可能であり、そしてそれを体系的に分析することもまた可能であることを中心に論じてきた。しかし、暗黙の交渉は、ある特別な場合に成功するのか否か、また成功するとして、完全なコミュニケーションが認められていたらありえたと考えられる結果以上に有利な結果を当事者のどちらかにもたらすかどうかは、定かではない。明示的な交渉が行われないと、将来起こるかもしれない戦争において、各当事者が自らの身を守るような相互に観察可能な制限を時間内に見つけ出せるかどうかも、やはり定かではない。それゆえ、よりよい結果を得る可能性を高めるために、暗黙の交渉の前段階で、どのような措置をとりうるのかを検討する必要がある。

　まず明らかなものとしては、コミュニケーション経路を開いておくことが考えられる（つまり、最低でも譲歩の申し出が相手に届き、それへの対応がとられることの保証である）。この原則は、技術的には、つぎのことを意味する。すなわち、メッセージを送ったり受け取ったりするのはだれか、それはどのような権限のもとで、どのような機関を通じて行われるのか、仲裁者を利用するならばそれはどのような者であるのか、そして関係当事者・機関が破壊されてしまった場合にだれがその仕事を引き受けるのか、などを特定化することである。核戦争を抑制的に戦おうとしても、限定戦争として進行しているのか、それともすでに完全戦争が開始されてしまったのか、どちらの側も一瞬のあいだに判断を下さなければならない。相手とどのようにコンタクトをとるかを半日も悩み続けなければならないようでは、限定的な戦闘行動を安定化させる機会を逃してしまうであろう。

　仲裁者や調停者の有用性も十分に考慮に値する。影響力のある仲裁者の判断に同意するためには、それに関する事前了解、または少なくともそれが利用された先例や伝統、そしてそれを歓迎する雰囲気が必要となる。たとえ、その仲裁や調停による決定という事態に関して明示的な取り決めを結んでいなくても、仲裁者や調停者の役割を双方が評価しているならば、そうしたものをわずかに利用したことがあるだけであったとしても、恐ろしい状況のなかでも仲裁や調停を利用することは至極価値のあるものとなろう。

第3章　交渉、コミュニケーション、限定戦争

しかし、すべてのこうした事前準備は、相手がそうする意志をもたなければ成功しない。相手は、合意に達する意志を示すことすら警戒するかもしれない。また、どちらかの側が戦争を抑制されないままにしておいたり、相互破壊の危険性をさらに悪化させたりすることに戦術的利益を見出すことさえあるかもしれない。なぜなら、それこそが脅し、欺き、そして抑止の戦略だからである。戦争を開始したり、戦争を誘発する行動（たとえば侵略やそれへの報復）をとったりしようとする意志をもつかどうかは、戦争を限定的なものにしておくことができると国家指導者が確信できるかどうかに依存している。たとえば、局所的な侵略に対してアメリカが原子力兵器で報復しようとするかどうかは、そのような報復がそれ自体どれだけ限定的になりうると考えられるかに依存し、このことはソ連も知っている。つまり、ある限界があり、その限界の幅が広がり続けるならば、アメリカとソ連のどちらかが敗戦を甘受しようとしているとしよう。このとき、両者が実際にその限界を認識し相互に認識された妥協へといたることができる、ということに果たして確信をもてるかどうかが重要となるのである。それゆえ、もしソ連が限定戦争の可能性を生み出す活動に従事しないことによって、軍事行動をとるアメリカの決意が抑止されるならば、ソ連はアメリカの軍事行動の脅威を削減するために、あえてそのような限界の幅を広げようとするかもしれない。既述したパラシュート隊員のひとりは、合流し助かることができるともうひとりが確信しているならば、その相手が飛行機のなかで浮かれた気分になってしまうだろう、と認識しているかもしれない。その場合、前者が不測の事態におちいった時どうするかについての話し合いを控えれば、相手は眼下に広がる大地で運命の別れが起きないよう静かに席に座り続ける以外にない。

事前の話し合いが、上述した事柄によって不可能となるか、それとも重大な交渉によくある制約によって不可能となるかは別としても、すでに検討してきたゲームのなかからひとつの有益な考えを読み取ることができる。すなわち、予測を調整するための交渉やコミュニケーションが相互的である必要はない、という考えがそれである。一方的な交渉であっても、当事者双方を救い出せるような調整を可能にする。さらに、乗り気でない当事者でさえ、メッセージを受領できない状態に自分を追い込むことが必ずしもできるとは限らない。既述した交渉ゲームでRを提案した人のことを思い出してみよう。パートナーがその申し出を聞いている限り——彼が聞いているのは明らかであるが——、Rが唯一の提案となり、反対の申し出がなければ、それは明示的に受諾されたの

とほぼ同じかたちで調整力を発揮するだろう（たとえ、それが相手によって拒絶されたとしても、そのことはRの傑出性を否定することにはならない。むしろそれは、その傑出性をあいまいにするような対抗要求が提出されない限り、相手がその傑出性を認識していることの証拠となる）。もし飛行機が墜落する前に、パラシュート部隊のひとりが、まさか飛び降りなければならなくなるとは夢にも思わずに、こうふざけていったとする。「万が一、下界でだれかと合流しなければならなくなったら、視界に入るなかで最も背の高い丘へ向かうだろう」と。おそらく相手は、たとえ「おろかだ」、とか「そんなところに登ったら足が痛くなるじゃないか」などといいたくなったとしても、飛行機が墜落する際には、自分が彼の発言を思い出しそこへ向かうだろうと、その発言者は確信すると考えるだろう。なんらかのシグナルが当事者双方にとってどうしても必要となる場合、そしてそのことを双方が知っている場合、性能の悪いシグナルや差別的なシグナルであっても、他のシグナルがないならば、当事者の認識を思い通りにすることができる。当事者双方が不確実性に直面する場合、脅しと抑止のゲームでは対立していた彼らの利益は、合意の焦点が絶対に必要であるという点においてかなりの程度一致するようになるのである。

第II部

ゲーム理論の再構築

第 4 章　相互依存的な意思決定の理論に向けて

　ゼロサムゲームのような純粋な意味での紛争の戦略を分析する場合、ゲーム理論は大きな示唆と知見をもたらしてきた。しかし、さまざまな相互依存関係が含まれているような複雑な紛争に対しては、伝統的なゲーム理論による戦略分析はそれほど貢献することができなかった。このような複雑な要素を内包したゲームは非ゼロサムゲームと呼ばれている。非ゼロサムゲームには、戦争の脅し、ストライキ、交渉、犯罪抑止、階級闘争、人種闘争、価格競争、恐喝などや、官僚内での策略、交通渋滞のなかでの運転、さらには子供のしつけといったものまで含まれる。これらの紛争はゲームとして以下のような特徴をもっている。まず、これらのゲームにおいては、紛争の要因が利害を大きく左右するものの相互依存関係が存在するため、共倒れを防ぐというだけであっても明示的もしくは暗黙にお互いの協力を必要とする。また、これらのゲームは、秘密にしておくことが戦略的な役割を担うものの、各プレイヤーは協調的行動を生み出すため、自分の意図をシグナルとして送信したり、お互いの期待を一致させようとする、といった特徴をもっている。そして、一方のプレイヤーが相互破壊を避けるためにできることがもう一方のプレイヤーがそのために何をするかに影響を与える。そのため、主導権や知識、選択の幅をもっている方が必ずしも有利になるわけではない、という特徴がある。

　伝統的なゲーム理論はこのような非ゼロサムゲームといわれる相互依存ゲームに対しても、ゼロサムゲームにうまく適用できた概念や方法を用いてその純粋な対立の戦略を分析しようとしてきた。しかし、本章と次章では、ゼロサムゲームを出発点としてみなすのではなく、特殊なケースとみなし、ゲーム理論の適用範囲を主に2つの方向で拡大する。1つは、相互に調和的な期待の形成における認知的および暗示的な要素を特定化する。もう1つは、(次章において)実際の戦略ゲームにおいてとられる基本的な「行動」とその行動を導く構造的な要因を明らかにする。その構造的要因には、「脅し」、「強制」、コミュニ

ケーションおよびそれを妨害する能力といった概念が含まれる。

　いままでのゲーム理論は、ゼロサムゲームの分析に夢中になるあまり、これらの2つの方向性に従って発展することができなかった。ゼロサムゲームでは暗示、推論、脅し、約束といった要素は全く影響を与えないからである。ゼロサムゲームには、完全に無害であるような場合をのぞき、必ず一方が不利益をこうむってしまう関係がある。よって不利益をこうむる側のプレイヤーは、ミニマックス戦略を確率的にとることでこの関係を打破しようとする。ゆえに、純粋紛争におけるプレイヤーの「合理的戦略」——その典型は追跡と逃亡であるが——から、相互調和を導くような行動や一方的な利益のために相互依存関係が利用される過程を明らかにすることはできないのである。

　ゼロサムゲームが純粋紛争というひとつの特殊なケースだとするならば、その対極は何だろうか。それは、ゲームの帰結に関して、プレイヤーが一緒に勝ったり負けたりするという意味で同一の選好をもつ「純粋協調」ゲームと呼ぶことができる。集団のなかでの取り分が決まっているか、もしくは集団の獲得利益にしたがって自分の取り分が変わるかは別にして、プレイヤーたちはそれぞれの選好尺度のなかで、異なる結果に対して全く同一の順序づけをしなければならない（なお初期の紛争を回避するため、情報や誤った情報の伝達に関して利害の衝突が起こらないように、プレイヤーの選好が同一であることが明らかになっている必要がある）。

　このような純粋に協調的な関係は、ゲーム理論や交渉とどう関わるのか。このゲームが考慮に値するものであることは、このゲームが非ゼロサムゲームでしばしばみられるコミュニケーションや認識の問題を扱うことができるという点をみれば明らかであろう。コミュニケーションに制約があり、プレイヤーが事前に明示的な計画に従って分業することができないような状況では、ゲームの最中で行動を調整し合うことは簡単ではないかもしれない。プレイヤーは、予測可能な行動のパターンを発見するためにお互いのことを理解しなければならない。そのためにお互いの共通のパターンや規則性を探り合い、自分の意図をシグナルとして送信したり、相手のシグナルに答えるために決まり文句や慣習、即興の暗号などを用いる必要がある。プレイヤーはほのめかしや暗示的な行動によってコミュニケーションを行わなければならない。衝突を避けようとする2台の車や、よく知らない音楽でダンスをするカップルや、戦闘によって分断されたゲリラ要員たちは、そうしてお互いの意図を調和しなければならな

第4章 相互依存的な意思決定の理論に向けて

い。コンサートの観客がアンコールを求めてそのまま喝采を続けるか止めるかを「合意」する場合も同じである。

チェスをゼロサムゲームの一般的な例とするなら、ジェスチャーゲームは純粋調整ゲームの典型例である。また、警察と泥棒の追跡行動をゼロサムゲームとみなすならば、待ち合わせ行為は調整ゲームである。

ムーアとベルコヴィッツによる実験は、これらの2つの極端なゲームの側面をあわせもつよい例である[1]。この実験では、1チーム3人からなる2つのチームがゼロサムゲームを行う。それぞれのチームの3人の構成員は同一利益をもっているが、このゲームのある特別な要素ゆえに1つの実態として行動することができない。その特別な特徴とは、チームの構成員は分断されていて電話でしかコミュニケーションすることができない、というものである。さらにすべての電話は1つの回線によって繋がれていて、会話の内容はチーム内のもう1人の構成員だけでなく他のチームにも筒抜けになってしまう。事前に暗号の取り決めをすることはできない。よって、このゲームは、チームとチームのあいだでは純粋紛争ゲームである一方で、チームの構成員のあいだでは純粋調整ゲームとなっている。

もし、このゲームにおいて「相手のチーム」という要素を取り除き、3人のプレイヤーが単純にコミュニケーションの困難な状況において、勝利戦略を導くため調整しようとしているなら、このゲームは3人純粋調整ゲームとみなすことができる。このような「ゲーム」については、数理的に解析したり実験を用いたりして研究されてきた。実際、この点においては、非ゼロサムゲームと組織理論、あるいはコミュニケーション理論とは実質的に重複している[2]。

---

1 O. K. Moore and M. I. Berkowitz, *Game Theory and Social Interaction,* Office of Naval Research, Technical Report, Contract No. SAR/NONR-609(16) (New Haven, November 1956).
2 調整問題に関する厳密な数理分析は以下の論文に詳しい。Jacob Marschak, "Elements for a Theory of Teams," and "Toward an Economic Theory of Organization and Information," *Cowles Foundation Discussion Papers,* Nos. 94 and 95 (New Series), with Roy Radner, "Structural and Operational Communication Problems in Teams," *Cowles Foundation Discussion Paper, Economics,* No. 2076. 実証研究の例は、Alex Bavelas, "Communication Patterns in Task-oriented Groups," in D. Cartwright and A. F. Zander, *Group Dynamics* (Evanston, 1953), G.. A. Heise and G. A. Miller, "Problem Solving by Small Groups Using Various Communication Nets," in P. A. Hare, E. F. Borgatta, and R. F. Bales, *Small Groups* (New York, 1955), H. J. Leavitt and R. A. H. Mueller, "Some Effects of Feedback on Communication," in *Small Groups,* and L. Carmichael, H. P. Hogan, and A. A. Walter, "An Experimental Study of the Effects of Language on the Reproduction of Visually Perceived Form," *Journal of Experimental Psychology,* 15 : 73-86 (February, 1932).

第Ⅱ部　ゲーム理論の再構築

　第3章で報告した実験が示すとおり、全くコミュニケーションがないときでも選択を調整することは可能である。さらに、そこで示されたように、何らかの行動に収斂する必要性に圧倒されて、行動の選択としての利益の「対立」さえもが克服される暗黙の交渉と呼ばれる状況もある。これらの状況においては、純粋調整ゲームの特殊性が非ゼロサムゲームの本質を区別することになる。

　ゆえに、この調整問題においては、意図や計画の伝達および認識過程に着目すると、それが非ゼロサムゲームの重要な側面をもつことがわかる。しかし、それは同時に、ゼロサムゲームの特殊な例としても同じように位置づけられることがわかる。すなわち、一方は、協調という面を除いた紛争・協調混合ゲームであり、他方は紛争という面を除いた紛争・協調混合ゲームなのである。一方では情報の秘匿が重要であり、他方では情報の公開が重要である。

　さて、純粋調整ゲームは、厳密な意味での戦略ゲームのひとつであることに留意する必要があるであろう。各プレイヤーの最適行動は、他のプレイヤーの行動に対する予測にもとづいている。一方で他のプレイヤーの行動は、自分の行動に対する相手の予測にもとづいている。そしてそのことをお互いのプレイヤーが知っている。このような予測の相互依存的状況を想定しているという意味で、純粋調整ゲームは幸運やテクニックが左右するゲームではなく、戦略ゲームなのである。たしかに純粋調整ゲームでは各プレイヤーの利益は収束し、一方で、純粋紛争ゲームでは各プレイヤーの利益は分裂する。しかしどちらのゲームにおいても、各プレイヤーの賢明な行動は相互の予測に依存して決まるのである[3]。

　よく知られたシャーロック・ホームズとジェームズ・モリアティの事例を思い起こしてみよう。離ればなれの車両に乗り、お互いに連絡することができない状況において、ホームズとモリアティはつぎの駅で降りるかどうかを決断し

---

[3]　これに関して、カール・ケイゼン（Carl Kaysen）はフォン・ノイマン（Von Neumann）とモルゲンシュテルン（Morgenstern）の著作（*Theory of Games and Economic Behavior*）に対するコメントを残している「戦略ゲームはさまざまな主体の行動を扱っている。そこでは、すべての行動は相互依存的であり、プレイヤーは他のプレイヤーの行動を所与として外生的なパラメーターとみなすことが、一般にはできない。実際、パラメーターとして扱うことができないということこそ、ゲームの本質なのである」。同様の言葉はダンカン・ルース（Duncan Luce）とハワード・ライファ（Howard Raiffa）の著書（*Games and Decisions* [New York, 1957]）のなかでも使われている。「直感としては、利益対立の問題はリスクと他者の行動に対する自分の無知からくる不確実性の下での個人の意思決定の問題である」(p.14)。しかしながら、そこでは対立的状況にのみ関心が向けられ、選好が協調的な場合はとるに足らないと考えられている（pp. 59, 88）。そこではプレイヤーは単一の個人であると想定されているのである（p. 13）。

なければならない。ここで3つの利得を考えることができる。第1に、2人が違う駅で降りたらホームズが勝ち、同じ駅で降りたらモリアティが勝利する場合がある。これはお互いの選好が対照的なので、ゼロサムゲームである。第2に、どこの駅でもかまわないが同じ駅で降りたら、ホームズとモリアティはともに利益を得る場合が考えられる。これはお互いの選好が正の相関をしているという意味で、純粋調整ゲームである。第3に、同じ駅に降りた場合ホームズとモリアティはともに利益を獲得するのであるが、ホームズはある特定の駅で一緒に降りたときにより大きな利得を得ることができ、モリアティは別の駅で一緒に降りたときにより大きな利益を得る場合である。そして2人が同じ駅で降りなければ何ももらえないとする。これはよくある非ゼロサムゲームであり、「選好の不完全一致」ゲームと呼ぶことができよう。ここには、現実の交渉がそうであるように、紛争状況と相互依存状況とが混在している。われわれは、第1もしくは第3の状況において、プレイヤーのコミュニケーションや認知システムのあり方を変化させることで、ゲームの重大性やプレイヤー間の関係を変化させることができることをみていくことにする。

　これらの3つの状況には、戦略ゲームの本質を見出すことができる。どちらにとっても最適な選択は、相手の行動をどう予測するかに依存する。そして、相手も同じように考えることを知ったうえで、それぞれは、相手が自分をどう予測するか、相手が自分をどう予測するかを自分はどう予測するか、等などのおなじみの双方的期待のスパイラルがここにはあるのである。

ゲームの再分類

　より詳細な分析に入る前に、さまざまなゲームをもう一度分類し直しておいた方がいいであろう。すでにみてきたとおり、従来のゼロサムゲーム・非ゼロサムゲームという分類は対称的ではない。この分類では、ゼロサムゲームと対立するゲームの特殊ケースをうまく扱うことができない。そこで、新しい分類法を考えよう。横軸にプレイヤー1の効用を、縦軸にプレイヤー2の効用をとる。すると、2人ゲームに関するさまざまなゲームはこの二次元座標の一点として示されることになる。純粋紛争ゲームは傾きが負の直線上に位置し、純粋共通利益ゲームは傾きが正の直線上に位置する。交渉のような混合ゲームにおいては一組の点は傾きが負の直線に、もう一組の点は傾きが正の直線に位置する[4]。

第II部　ゲーム理論の再構築

　純粋ゲームについては、これまでの用語法に従って固定和ゲームや固定比ゲームと呼ぶことができるが、すると、極端なケース以外のすべてを、変数和ゲーム、変数比ゲームと表現することになる。また結果と選好に着目し、完全負相関ゲームや完全正相関ゲームと名づけることもできる。しかし、そうするとより興味深い混合ゲームには、「不完全相関ゲーム」という退屈な呼称が与えられることになってしまう。

　ここで問題となるのは、対立関係と相互依存関係とをともに含むような混合ゲームにどのような名前をつけるかである。実は、興味深いことに、プレイヤー間の関係を示すような一般的な用語というのは存在しない。たとえば共通利益ゲームでは相手のことを「パートナー」と呼ぶし、純粋紛争ゲームでは「対立者」や「敵対者」と呼ぶ。しかし、戦争やスト、交渉などの複雑な状況においては、プレイヤー間の関係は、さらにあいまいな用語を必要とする[5]。そこで本書では、これらの混合ゲームを交渉ゲームもしくは混合動機ゲームと名づ

4　プレイヤーが自分の戦略を確率的に決定する場合や、くじ引きのような確率を含んだ強制的な合意を成立しようと交渉している場合、帰結に対する順序づけがプレイヤー間で対立したとしても、戦略の選択に協力が生まれる余地があることがある。このように確率を導入する場合、x軸とy軸がそれぞれプレイヤーの「効用」の値をとるようにするうえで、より厳しい限定をもうける必要がある。つまり純粋紛争ゲームを示す座標点が数直線上に位置しなければいけないという制約である。このような限定は純粋共通利益ゲームにおいても適用できる。なぜなら純粋共通利益ゲームでは、帰結の順序づけに関してプレイヤーが完全に合意していたとしても、そのようなプレイヤーたちが、たとえばある1つの点を好むのか、それともその点のすぐ上とすぐ下とを1/2の確率で選ぶ方を好むのかについて合意しているとは限らないからである。よって「完全純粋」紛争ゲームや共通利益ゲームでは、この座標平面に存在する直線に従って、すべての混合戦略の（確率から導かれた）期待値としてプレイヤーの効用が示されなければならないことになる。ここで、純粋紛争ゲームの利得は正の傾きをもつ直線上の座標点であり、純粋共通利益ゲームの利得は負の傾きをもつ直線上の座標点によって表される。これはまた、帰結を表す点も、直線によって表されることを意味する。

　もうひとつの問題点として、純粋ゲームでは「サイドペイメント」が認められないことがあげられる。純粋共通利益ゲームにおいて、ある一方のプレイヤーがもう一方に対して賄賂が支払われなければいやがらせ的な戦略をとると脅しをかけると——そのような脅しの伝達や実効が可能であると仮定して——、純粋共通利益ゲームにおいてさえも利益の対立が生じてしまう。実際、賄賂の支払いを可能にするような座標点は正の傾きをもつ直線の左上または右下に存在する。このような状況は、確率を用いた混合ゲームとして考えられる。また、純粋紛争ゲームにおいて、あるプレイヤーが他方に脅しをかけたり賄賂をあげたりする状況が生まれた場合、それは交渉の一部としてとらえられる。そうなるとこのゲームは、もはや純粋紛争的な状況ではなく、脅しや賄賂を可能にする座標点は負の傾きの直線上から離れたところに位置することになる。言い換えれば、すべての可能性が表現されていなければならないのである（たとえば、いま述べた直線上の制約を満たす2つの純粋紛争ゲームが同時に存在する場合、その2つの直線が全く同一でない限り、2つのあいだには交渉の余地が生まれるであろう）。

けて、その本質をとらえることにしたい。「混合動機」とは、自分の選好について混乱していることを表しているのではなく、他のプレイヤーとの関係において紛争と相互依存という両側面、つまりパートナーと競争者としての両側面が混在していることを示す言葉である。また、「非ゼロサム」という言葉は、純粋共通利益ゲームとともに混合ゲームをも含んでしまうので、かわりに、調整ゲームという言葉を用いることにする。調整ゲームという言葉は、そのゲームの問題や行動が端的に示されるので、プレイヤー間で利益が完全に共有されている状況を表すのによい名前である。

調整ゲーム

　本書の中心は混合ゲームであるが、ここでは第3章での議論をもとに、純粋調整ゲームについて簡単に概観することにする。純粋ゲームを概観することは、このゲーム自体の重要性を確認するだけでなく、純粋調整という特殊な状況において最も明確に表れる混合ゲームのなかのいくつかの特質をよりはっきりさせるという意味でも重要である。
　第3章で提示したさまざまな純粋調整ゲームに関する例を思い出してみよう。それらは、調和的な選択を導くフォーカル・ポイントや、調整のための手がかりや、ゲームの参加者の期待の収束に必要な根拠を物語るものであった。そこでは、ある種の手がかりが純粋な調整だけでなく紛争を含む混合的状況でも有効に活用できることが示された。コミュニケーションが完全に禁止されていたなかで行った実験では、このことを確証できた。一方で、純粋な調整自体——たとえばパートナーがだれであるかをつきとめたりパートナーとの計画を調整したりするための暗黙的手続きが発生することが重要な事例もたくさんある。その代表的な例としては、暴徒化した大衆の形成がある。
　暴動が発生するには、潜在的な参加者全員が、いつどこで会うかだけでなく、いつ一斉蜂起するかについて知っていることが重要である。明確なリーダー格

---

[5] 非ゼロサムゲームが、紛争の理論である一方で、協力の理論でもあることは強調するに値するだろう。限定戦争といった現実的な問題を分析する際、敵対者とのあいだにも共通の利益があり、軍事的策略のなかにも「交渉過程」があることを示唆する言葉を用いることには利点がある。後に第9章で触れるが、奇襲攻撃の問題でさえ、論理的には協力者をどう規律づけるかという問題と同じものであることがわかる。もしゲーム理論という言葉が過度に対立を暗示するようなら、代わりとして、混合的状況のみならず、両方の極端なケースを等しく範疇に収めることができるという意味で、相互依存的意思決定理論という中立的な言葉が適切であろう。

の人物がいれば、このような問題は解決されるであろう。しかしリーダーの存在は発見されやすく、しばしば暴動を抑制しようとする当局によって排除されてしまう。つまりここで問題となるのは、リーダー格の人物が不在のなか、参加者はどうやって一斉に行動するか、自分が参加しても自分ひとりで行動することにはならないという確信を得るための共通のシグナルをどうみつけるか、である。そのシグナルとして、暴動に関連する「小事件」の勃発などが考えられる。小事件はリーダーやコミュニケーションの代わりとして機能する。小事件のようなものがなければ、すべての人がいつ行動を起こすかを知らなければならない以上、行動は起こりえない。同じ理由から「明白な」拠点や象徴的な場所のない町においては、大衆が自発的に集合するのは難しいかもしれない。だれにとっても明白であり、だれにとっても明白であることが「明白」であるような場所がないからである。さらに、リーダーの選出や投票行動においてよくみられるバンドワゴン的な行動も、個人の選好の一部に多数派でいたい、あるいはすくなくとも多数派が形成されることを歓迎したいという希望があって、「相互認識」シグナルが働くことの結果なのであろう[6]。

　暗黙の調整や策略の結果として、極端に行動が分極化するという、ときとして悪い結果を招くこともある。たとえば白人と黒人が、ある場所が黒人によって「不可避的に」占拠されることになるだろうと相互に認識するならば、その「不可避性」という認識自体が収斂された期待である[7]。不可避であると直接認識されているのが結果そのものでなく、結果についての期待であっても、それが結果を不可避にするのである。全員が、他のだれもが同様の結果を予想していると考えているならば、その結果を避けることはできない。つまり安定したフォーカル・ポイントとは、つねに極端なものである。暗黙のプロセスが10％、30％、あるいは60％といった値で終わると期待する人はいない。よってこれらの特定の値で、みんなの合意が達成されることはない。伝統的に100％が合意

---

[6] これの類似の現象として、ある人が、みんなの前で発言させられたり、みんなにいじめられたり、みんなが嫌がるような役割を「推挙」で押しつけられたりするのを避けるために、目立たないように行動することがあげられよう。

[7] このような「極化（tipping）」と呼ばれる現象については、M. Grodzins, "Metropolitan Segregation," *Scientific American*, 197：33-41（October 1957）の分析をみよ。期待の収束が急激におこることのより身近な例としては、電気ショックにも匹敵する暗黙のコミュニケーションに基づいて、神経質な集団のなかでのひとつの忍び笑いが結果として収拾のつかない大爆笑を誘導する場合などがあげられる。重要な例としては、フランス第四共和制のバチスタ政権が崩壊した過程などをあげることができる。

点であるとすれば、その伝統は明示的な新たな合意によってしか打ち破ることができない。ゆえに、もし調整が暗黙になされなければならないとすると、妥協の成立は不可能であろう。いうなれば、人々を支配しているのは、不完全なコミュニケーション・システムである。それによれば、(暗黙に) 動くことについての「合意」は容易だが、そこにとどまることについて合意は不可能なシステムである。住宅や学校などを割り当てる制度というのは、極端な「解」しか許容しない暗黙のゲームに、コミュニケーション手段や強制手段をともなう明示的なゲームを代用する試みだと理解することができよう。

　このように考えると、調整ゲームは、制度や伝統の安定性、さらにはリーダーシップという現象を裏で支えるようなものかもしれない。たとえばある対立を収拾する解決策として考えられうるルールのうち、だれもが、他のだれもが適用されると考えるだろうと予測するルールを指し示すのは伝統である。それはいわばディフォルトによって、暗黙の合意では特定されることのない他の選択肢に勝つのである。礼儀や社会的拘束が、(たとえば文章の最後に前置詞を置いてはいけないといったような) 正当性や権威を失ったものも含めて、力を発揮できるのは、調整ゲームに対して「解」を与えるからである。みんながあるルールを守るだろうとみんなが予想している場合、そのルールを守らない人は痛いほど目立ってしまう。服装や車の趣味なども、人々は多数派が形成されるかもしれない状況においては自分が多数派から取り残されないよう望んでいるゲームを反映しているといえよう。社会学において用いられる「役割」という概念には、どのように行動するかについての周りの人の期待、もしくは周りの人の行動に対して抱く自分の期待が含まれるが、調整ゲームで考えられているのと同じ「期待の収束」の安定性としても解釈することができる。人々が特定の役割のなかに閉じ込められたりするのは、その環境のなかではその役割が暗黙の合意によって見出されるからなのである。

　上記のことを示す例として、陸軍や海軍の部隊の団結力 (または団結力の欠如)、カレッジやフラタニティーの価値観の存在があげられる。それらは社会的な有機体として考えることができる。すなわち、集団のなかの個人は時とともに入れ替わるが、構成員になると、その団体特有のアイデンティティーをもつようになる。そしてそのアイデンティティーは、リクルートの仕方における選択やバイアスだけでは説明できそうもない。これらの団体内での個性はほとんど収束する期待の問題であるかのようである。すなわち、新人の期待は、いずれ元からいた人々の期待のなかに溶け込んでいき、そしてそれがさらにあと

から来る人々の期待をも包み込むようになるのである。これは、新しい世代が集団のなかで新しく「社会契約」を結んでいくという意味をもつ。たとえば陸軍の師団や連隊の法的アイデンティティー ——その名前や番号や歴史——は、部隊が消滅するくらいに弱体化しても、意図的に存続するようになっているそうである。つまり、その法的なアイデンティティーに付随する伝統は、将来の立ち直りのために守るべきだ、というわけである。同様の現象として、所得税を容易に集めることができる国家とそうでない国家があることをあげることもできる。もし適切な期待が一般的に存在するならば、人々は、たとえ税を払わない人がいたとしても、それは少数であり政府を脅かすにはいたらないと考え、それゆえ結果的には、互恵的な誠実さゆえ、もしくは逮捕される恐怖ゆえ、いずれ支払うようになるのである。そしてそうすることによって、人々は自らの期待を正当化することができるのである。

調整における思考過程

調整ゲームでは、参加者が「平均的」な人間ならどのように行動するかを予想しているわけではないことに注意する必要がある。暗黙の調整においては、一方は他方が客観的な判断をして行動すると予想しているのではない。自分がどのように行動するかを、相手が予想することを、自分が予想することを……（と永遠に続く）……予想しているのである（たとえば、新聞の私書欄への投稿によって「出会う」ことができる状況なども、こうした相互認識の過程である）[8]。客

---

[8] たとえば、宇宙の彼方からだれかが地球で用いるのと同じ周波数で電波を送信してくる場合もまたこのような「出会い」の一例であろう。「私たちはどのような周波数が宇宙から来るのを探しているのだろうか。ある一定の範囲に当たりをつけないままむやみに弱い電波の受信をねらってもうまくいかない。しかし、ラジオにも好まれる周波数があるように電波周波数のなかにはもっとも独特で、宇宙にいるだれもが認識しやすいような周波数がある。それは中性水素の放出する1,420メガヘルツである」(Giuseppe Cocconi and Philip Morrison, *Nature*, Sept. 19, 1959, pp. 844-846)。後日ジョン・リアーはこの妥当性をつぎのように補強した。「地球に住む天文学者たちはこういうだろう。『1,420メガヘルツに決まっているではないか！ これは中性水素の放出する周波数であり、水素は地球外でもっとも多く存在する物質である。他の地球外生命体がいれば、たとえ彼らが天文学に対する知識があまりなかったとしてもそれを探知することができるだろう』と。」(John Lear, "The Search for Intelligent Life on Other Planets," *Saturday Review*, Jan. 2, 1960, pp. 39-43)。ではどのようにシグナルを探せばよいのか。コッコーニとモリソンは、周波数として単純な計算で導き出せるような、小さな素数の連鎖のパルスではないかという。

また、ここでの議論は、赤と青の光がランダムな順番で光るのをみせられた被験者が、つぎに赤・青どちらが光るかを予想するという実験とも関連がある。被験者はなんらかの根拠にもとづいて規則性を見出そうとするが、完全にランダムな順番で赤と青が出ることを知っている被験者にと

第4章　相互依存的な意思決定の理論に向けて

観的な状況は、それが調和的な選択を導く手がかりとならない限りは、思考から切り離されていく。たとえていえば、人は投票をする際に、単純に大多数の人と同じように投票しようとするのではなく、だれもが大多数とともにありたいと思い、その予想をだれもが知っている場合に、大多数の人とともに投票しようとする、ということなのである。それは1960年のミス・ラインゴールドを予想するようなことではなく、だれもが買うと予想することを皆が知っているような資産や株を買うというようなことである。ダイヤモンドへの投資が、申し分のない例かもしれない。あるいは、貨幣の代替物としての金も、その最たる例である。それはおそらく調整ゲームの「解」としてしか説明がつかない（普段の生活での調整ゲームの状況として、電話のかけ合いがある。ある2人が電話で話していて電話が突然切れた状況で、もし両者が同時にかけなおしたら、その電話は通話中になってしまい繋がらない）。

「数当てゲーム」を考えてみよう。第3章の実験で検証したとおり、正の数字を1つあげよといわれた場合に、3、7、13、100、1などいろいろな数字が出た。しかし、「他の人と同じ数字を当てなさい。ただし他の人たちもあなたと同じように当てようとしていてそのことは皆が知っているとする」といわれた場合、動機は変わってくる。よく出てくる結果は1である。ここには、よい論理的理由もあるようにみえる。正の数字のなかで、すべての人が選ぶ一意

ってそれは「非合理的」な行動様式である。ハーバート・サイモンが指摘するように、「人間は単なる学習する動物ではない。人間は規則性を発見したり概念を形成したりする動物である」（Herbert Simon, "Theories of Decision-Making in Economics and Behavioral Science," *American Economic Review*, 44：272）。では、この実験に協調的なパターンメーカーを導入し、いろいろな制約やランダム性のもとでシグナルを送らせ、パターン好きの被験者に、ランダムな順序から規則性を見出させるのではなく、このパターンメーカーが作っているパターンを見抜くことに努力を傾けさせるようにしたらどうであろうか。われわれは、コミュニケーションをとろうとする2人にとってさらに厳しい条件を課すために第三者をおいた。この第三者は、協力することに利害をもつ2人とは逆に、メッセージを妨害し、一定程度それを変えることができる設定にした。こうすることで、先に紹介したムーアとベルコヴィッツのゲームと似た状況を作ったのである。そこでは赤と青の2種類の選択肢だけでなく、より高度な機械を用いることによって、ゲシュタルト心理学や美学や、高度な問題解決能力とも関係するような真に独創的なパターン形成も可能であるようにした。サイモンが同上論文でいうように、幾何学の定理を証明するうえでは、コンピュータでさえも「想像力やメタファーに似たものを駆使する」ようにプログラムすることができる（p. 426）。このようなパターン探しは本当に興味深い（これは、ゲーム理論家がゼロサムゲームを分析する際、そこに「悪意」を前提とすることがあるが、そのような前提は数学のうえでは適切ではない、ということを思い出させる。しかし、自然界にはヒントがある。自然は、ぎりぎりまで探求し続けないとその規則性をみせてはくれないというよりは、はるかに容易に、パターンの秘密が何であるかを明かしてくれる）。

第Ⅱ部　ゲーム理論の再構築

1	0	0	0	0
0	1	0	0	0
0	0	1	0	0
0	0	0	1	0
0	0	0	0	1

図 8

の「好まれる番号」などは存在しない。人が選びうる選択肢は無限に存在し、「いちばん好まれる」番号やいちばん目立った番号を確定する手段はない。しかし、もしすべての正の数字のなかでいちばん独特なのは何番ですかとか、どのような法則に基づいて数字を選んだら明確な結果にいたると思いますかと尋ねられた場合、すべての正の数字という集合のなかに「はじめの」もしくは「いちばん小さい」数字が存在することに気づくであろう[9]。

調整問題のゲーム理論的定式化

　純粋調整問題を示す利得行列は、図8のようになる。一方のプレイヤーの行動は列にあり、もう一方の行動は行にある。

　各プレイヤーは選んだ選択肢が交差するセルに示されている利得を得る。も

---

[9] ここで、しばしば引用されるケインズの言葉（p. 156）に言及することには意味があるかもしれない。ケインズは、ここでの問題と全く同じ問題を扱っているが、その「解法」は全く同じではない。「また、比喩を少し変えていえば、玄人筋の行う投資は、投票者が100枚の写真のなかから最も容貌の美しい6人を選び、その選択が投票者全体の平均的な好みに最も近かった者に賞金が与えられるという新聞投票に見立てることができよう。この場合、各投票者は彼自身が最も美しいと思う容貌を選ぶのではなく、他の投票者の好みに最もよく合うと思う容貌を選択しなければならず、しかも投票者のすべてが問題を同じ観点から眺めているのである。ここで問題なのは、自分の最善の判断に照らして真に最も美しい容貌を選ぶことでもないのである。われわれは、平均的な意見は何が平均的な意見になると期待しているかを予測することに知恵をしぼる場合、われわれは三次元の領域に到達している。さらに四次元、五次元、それ以上の高次元を実践する人もあると私は信じている」（邦訳『雇用・利子および貨幣の一般理論（ケインズ全集第7巻）』(1983) 塩野谷祐一訳、東洋経済新報社、p. 154）。なお、これらのゲームは、複数均衡が存在する暗黙のプレイでは、プレイヤーの数とパラメータ的な行動とのあいだによくある相関関係が成立しないことを示す。この場合、他人の行動に「パラメトリック」に適応するためには、その行動が想像されたものではなく観察されたものでなければならない。プレイヤーの数がいかに多くなろうと、暗黙の調整のノンパラメトリック性は変わらない。

第4章　相互依存的な意思決定の理論に向けて

し、各プレイヤーの各選択肢に、自分にとっても相手にとっても1つの「勝利」しかないように配列するとすれば、左上から右下にかけての対角線上に勝利の利得1が並ぶことになる。それ以外の選択を行った場合、両者とも0の利得を得る（ここでの目的は調整問題を定式化することなので、各セルに表記されているのが両プレイヤーにとって同じ数字であってもかまわない）。

　ここで、他のゲーム理論からの類推によって導かれるかもしれない公理を排除しておかなければならない。それは（ルースとライファの用語でいえば）行・列やプレイヤーに「ラベル」をつけても行動は結果に影響を与えないという公理である[10]。プレイヤーたちが偶然を超越してこれらのゲームに「勝つ」ことがあるとすれば、それはまさに、何らかの意味で——つまり、ゲームの数学上の構造を超える象徴的ないし暗示的な特性を有するかたちで——戦略がラベル化されるからに他ならない。そして、だからこそ、これらのゲームは興味深いのであるし、重要なのである。

　図8のように行・列に象徴性がほとんどないようなゲームにおいても、上のような利得行列が示されれば両プレイヤーが勝利を手に入れること、すなわちでたらめな思考よりは確実に利得1を得ることはそれほど難しくない（もしこのゲームが、行・列の数を無限大に拡張したとしたら、さらに簡単に勝利することができるようになるであろう。それは、前にも述べた「数当て」ゲームと、形式的には同じものとなる。ただし、「ラベルづけ」が異なるため、3、7、13といった少数派の選択肢が選ばれることはより少ないであろう）。実は、行列を作った時点で、すぐに各選択肢に対して偏見が生じるのである。というのも、どのような行・列の選択肢にも「はじめ」や「真ん中」、「おわり」の選択肢が存在し、それらに注目が行くからである[11]。ただし、各戦略に数字やアルファベットではなく、

10　協力ゲームの分析に際してプレイヤーにラベルづけすることをルースとライファは明示的に排除しているし（pp. 123-127）、またナッシュの対称性の原則によっても事実上排除されている（J. F. Nash, "The Bargaining Problem," *Econometrica*, 18：1550-162 [1950]), "Two Person Cooperative Games," *Econometrica*, 21：128-140 [1953]）。ただ非ゼロサムゲームでの戦略に対するラベルづけに関しては、標準形ゲームの分析に限定して排除されてきた。標準形ゲームは利得行列によって抽象的に表現される（それはゲームの一部というよりもひとつの分析的枠組みであるため、実際の戦略における左一右、上一下、何番目といったラベルを提供するわけではない）。プレイヤーのラベルづけがコントロール要因である例としては、先述した電話のかけなおしがある。そこではどちらがかけ直し、どちらが待つのか、という問題がある。

11　このことは、本書で何度も取り上げたような実験から明らかであろう。「無関係な選択肢の独立性」という仮定は、暗黙のゲームでは信じられないし、またその類推から明示的な交渉ゲームにおいても通用しないのである。考えられうる結果すべては、たとえ選択されることはなくても、選択

個人の名前などが与えられた場合、そこには明確な順序づけはなく、選択を調整するのは名前だということになる。

ここにいたって、戦略を決定する際の思考過程が、純粋紛争ゲームと純粋調整ゲームとでは全く異なることが、明らかになろう。すくなくとも、ゼロサムゲームで確率的要素が入った「ミニマックス」解が認められるならば、両者は別のものとなる。純粋調整ゲームでのプレイヤーの目的は、共有の手がかりを探し求めて、内省的な想像力をはたらかせて相手と連絡をとることである。一方ゼロサムゲームで、ミニマックス戦略が認められる場合——とくに確率的要素が入った場合——の各プレイヤーの目的は、相手と同じ行動をすることを偶然にも起こらないように避けることである[12]。

具体的な例を出してみよう。ある人がジョーカーを除いた52枚のトランプから1枚のカードをイメージし、相手がそのカードの数字を当てるというゲームを想定する。伝統的なゲーム理論は、カードをイメージする人が、相手にその数字を当てられたくないことを前提に、つぎのような提案をするであろう。すなわち、その人は完全にランダムに思い浮かべ、相手に偶然による正解以外を許さないようにすべきなのである、と。しかし、もしその人に当ててもらいたかったら、相手が想像しやすいような数字をイメージすべきなのであって、ラ

の調整に影響を与える。この仮定については Luce and Raiffa, p. 127をみよ。

[12] しかし、戦略が確率的に選ばれることが、たとえば複数の候補者のあいだで票が調整されて分配されることがあるように、有益なこともある。100人の有権者のうち55％の多数派が存在し、それをみんなが知っている場合を想定してみよう。6人中2人の候補者はその会派に属し、投票の結果、3人の候補者が当選することになっている、とする。この場合、1番（もしくは2番）の候補に票が集中しすぎてしまうと22票ずつとった2人の少数派の候補が選ばれることもありうる。しかし、もしすべての多数派の有権者がコインを投げて自分の会派の候補者を選ぶとしたら、それらの候補者が22票以下しか得られない確率は6分の1である。もし少数派にも明確な調整手段がなく同じように確率的に投票したら、多数派の勝利確率は上がる。

部分的に確率を織り交ぜる戦略は、対立の拡大を防ぐ可能性がある。2人の人間がひとつのテーブルの北側の席と東側の席に座っていて、全く同じ仕様の隣のテーブルに移って席を選ばなければならないとしよう。両者は話し合いをせず席を選び、もし別々の席を選んだらそれぞれ1ドルを得るとする。これは単純な調整問題である。しかし、もし相手の右側の席をとった場合2ドルを得るという追加条件を与えると動機は変わってくる。このゲームには均衡解は存在しない。利益は収束しないからである。行動を変化させる動機を相手がもたないような席の配置は存在しない（お互い、相手の左側に座ることを約束しようとしてもその信憑性はない）。ランダム戦略を用いれば、ミニマックス戦略の結果としての1ドルを得ることができる。しかし、純粋共通利益ゲームでどこに座るか決定する場合、コインで決めれば、お互い同じ席にも真向かいの席にも座らないと保証すれば、お互い同じ確率で追加条件の利得2ドルを得ることができる。これは（混合戦略による）均衡の組であり、2ドルの期待利得がある。

ンダムに想定すると暗黙の調整が不可能になるだけである。以前用いたホームズとモリアティの例では、ホームズはコインの表裏によって降りる駅を決めることで駅のもつラベル性をなくすことができるが、その場合、モリアティは半々の確率でしかその表裏を当てることができない。しかし、共通利益がある場合は、偶然よりもうまくいくように、彼らは駅のラベルをうまく活用しようとする。そして、ラベルの活用は、論理性や数学ではなく、想像力や詩的イメージ、ユーモアといったものに依存する。伝統的なゲーム理論では、このようなゲームに「価値」を見出さない。人々がこのようなかたちで行動を一致させようとするのは、体系的な分析に資することが望まれるとしても、先験的な合理性だけからでは見出されない。ゲーム理論のここの部分は、内在的に、実証的根拠に依存するのである[13]。

ここでとくに注意すべきなのは、(ゲームの象徴的・暗示的な詳細としての)「ラベル」がもつ影響やゲーム理論が実証に依存することを強調したからといって、それはゲーム理論が現実の選択についての予測のための理論であるのか規範的理論であるのかという問題とは全く関係ないことである。ここで主張さ

---

[13] このような場合、われわれに課されているのは、あたかもマルシャック(Marschak)のチーム理論のようであるが、プレイヤーが調整のための情報を得ようとしていくら支払うか、どのような情報が調整の可能性を高めるかについて考察することだけである。

「囚人のジレンマ」の一種のゲームを考えてみよう。そこでは2人の共犯者が自分のアリバイを用意する前に逮捕され、個別に尋問されている。このとき、両者はでっちあげたアリバイを一致させなければともに有罪になってしまう。ここで、自白して有罪になる方が自白しないまま有罪になるよりも、刑が軽い、という想定を加えると、興味深い展開になる。それぞれのプレイヤーは「ミニマックス」戦略を用いてどの特定のアリバイが最良のアリバイ戦略かどうかを考えるばかりでなく、それが(相手との一致の確率の上で)どのくらいよいか、そしてそれを一緒に実行するかどうかを考えなくてはならない。利得行列は以下のようなものである。

	−5	0	0	0
	−5	−5	−5	−5
	−5	1	0	0
0				
	−5	0	1	0
0				
	−5	0	0	1
0				

(各セルの左下の数字が行を選択するプレイヤーの利得を表し、右上の数字が列を選択するプレイヤーの利得を示す)

れているのは、人々が象徴的な詳細に影響されていることではなく、正しいプレイをするためには、影響されるべきだ、ということなのである。規範的な理論は、それに従うことによって、最悪でも従わないときと同じ程度の有効な戦略を示せなければ意味がない。それはまた、2人以上のプレイヤーを利することになるゲームの詳細や、それゆえにプレイヤーたちにとって互いに利益となるようなゲームの詳細を省くことがあってもならない。2組のカップルがダンスフロアーでどのように動くかという状況や、2つの部隊が停戦ラインでどのような行動をとるかといった状況において、当事者たちの意思決定のプロセスはその状況に特有の、抽象化しうる何らかの特性によって、拘束されているかもしれないからである。

以上の一般的な論点は、ひとつの具体的な含意を導く。それは、「標準」型（数学的に抽象化された）ゲームは、厳密には「展開」形（特定な）ゲームとは異なるということである。第3章で述べたとおり、ここまで考察してきたことは、明示的な交渉にも当てはまる。だとすると、暗黙の調整ゲームを「非協力」と呼ぶのは、適当でないことがわかるであろう。このゲームでは、独特なかたちで、必死に協力を求めているのである。たとえ、そこに対立や混合動機ゲームを含んだ場合でさえも、そうだといえるのである（この点については、補遺Cで、ゲーム理論でおなじみのいくつかの解概念が調整という概念によって解釈しなおせることを議論する）。

混合動機ゲームにおける提案と相互認識

調整ゲームの理論は、それ自体としても興味深いが、主に混合動機ゲームの本質に光明を投げかける点で、興味深い。調整的な要素は、プレイヤー間でお互いの意図を伝えるようなコミュニケーションや複数の手番が認められていない純粋に暗黙のゲームにおいて、最も明確に表れる。以下では、本書66ページの問題6において示したような例を用いて、考察していく。

あるプレイヤーがシンシナティ市に「配置」され、もう一方のプレイヤーがサンフランシスコ市にいる状況を想定する。彼らは全く同じアメリカの地図をもっていて、2人のあいだで国を分割するため、アメリカを分断するよう線を引くことになっている。その線は直線でも曲線でもかまわないし、物理的または政治的に目立つ何らかのものと関係していてもよいし関係していなくてもよいとする。もし別々の場所に線を引いたら、両プレイヤーは何も得ることがで

第4章　相互依存的な意思決定の理論に向けて

きない。一方、地図に全く同じ線を引くことができたら、両者はともに報酬を得る。その報酬は、境界線で分断された大陸の片側に何が入っているか、すなわち自分が今いる都市が含まれている方に何が入っているかによって決まることとしよう。ここでは、この報酬の内容をあいまいなままにしておく。それは、地域や人口、工業生産、あるいは農業資源といったもので決まるとしよう。そして結果としてプレイヤー間で、報酬に違いが出るかもしれない。言い換えれば、すべての地域には価値があるが、すべての地域に平等の価値があるわけではない。そしてその価値の決まり方には明確な規定を設けられないのである（それゆえ、2人のプレイヤーのあいだで全く対称的な分割を行う線引きが困難だということである）。

　このゲームには、やっかいな調整問題がある。それぞれのプレイヤーは、相手が自分に対してどのような予想を抱いたかを正確に予想した場合のみ、勝利することができる。相手も同じようにしようとしていると考えながら、そうするのである。2人は、同じ線を引かなくてはならない。相手の「裏をかく」ためには、自らをも欺く必要がある。

　第3章での実験が示すとおり、プレイヤーはこのようなタイプのゲームに直面したからといって、全くお手上げになるわけではない。たしかに、地図上に引ける線の可能性は無限にあるが、だからといって「無限」に難しいというわけではない。むしろこのゲームはかたちを少し変えたら、ものすごく簡単になる可能性もある。ただし、両プレイヤーが結果として同じ線を引くことに成功するためには、純粋調整ゲームにおいて支配的な要素を考慮する必要がある。実際、こうしたゲームでもしばしば報酬制度が対立的でなく同一の利害を与えるとしたときに、プレイヤーは同じ線を引くことに成功し「勝利」を得ることがある。ここで問題となるのは、両者が「これだ」と思えるようなシグナルや手がかり、合理的根拠をどうみつけるかである。これらのシグナルや手がかりは、各プレイヤーが自分にとって不利な状態かもしれないと思える場合でも、プレイヤーを規律づけできるようなものでなければならない（たとえば、もし地図がいろいろな手がかりであふれており、そのなかから特定のひとつの要素を選ぶことが困難な状況であったとする。するとかなり恣意的な線が「妥協点」として仲介者により提案され、それが受け入れられなければならないこともある。その線が一方のプレイヤーにとくに有利になることも大いにありうる）。

　調整問題、とくに対立的要素を全く含まない純粋調整問題は、コミュニケーション問題と関連しているようである。プレイヤー同士がコストを払うことな

く簡単に、しかも確実にお互いの行動を合致させることができるならば、純粋調整ゲームは興味を引くような対象ではなくなるし、それは「ゲーム」ですらなくなる。だとすると、疑問となるのは、通常プレイヤー間の会話が認められた明示的交渉のかたちをとっている混合動機ゲームにおいてはどれくらい調整の要素は重要なのか、ということである。

　調整についての原理が重要である理由は大きく分けて2つある。1つめは、第3章で議論したとおり、暗黙の交渉は純粋な交渉状況において、すなわち両当事者にとって合意が不成立であるよりはより好ましい結果がありうる状況において合意が見出される「合理的」なプロセスについての分析モデルを提供できる、という点である。それは、単なるアナロジーにすぎないかもしれないが、現実の心理的および知的現象を特定化するようなモデルである。暗黙の事例のなかでもリアルで重要であると認められる「相互認識」という心理的現象は、明示的交渉の分析においても、役割を担う。それは期待の一致という役割なのである。

　第2には、われわれの分析したい交渉過程やゲーム的状況の多くには、すくなくとも部分的には暗黙の要素が含まれている、という点である。たとえばある運転手が交通渋滞に巻き込まれた場合、その運転手は他の運転手と会話することができない。また、近所づきあいをうまくするためには、お互いの私生活には干渉しないことを大切にし、会話は限定的になる。法に抵触するような取引や第三国に聞かれたら双方にとってまずいような外交交渉においては、相互の意図が明白になっている場合などほとんどない。プレイヤーの数が多くなり、住宅地と商業地区とのあいだに人種を隔てる境界線が生まれるような場合、交渉に明示性をもたせるような制度はないかもしれない。これらの例が示しているように、話し合いも行動もともに交渉の一部であり、ゲームは単に話すことだけでなく「駆け引き」の場なのである。

　さらにいうならば、プレイヤーにとっていくつもの手番があり、交渉中であっても駆け引きに乗ることが得になるようなとき、とくに駆け引きの結果が相手にわかるまでに時間がわかるようなとき、最初から駆け引きが休止されるようになることは考えられない。この場合、交渉がもたれていたとしても、ゲームは進行している。たとえ実際の行動が象徴的な意味しかもたないようなものであったとしても、われわれはそれをコミュニケーションの一部として考えることができる。しかし、一般的には、実際の行動は戦術的に意味があり、それがいったんとられるとゲーム開始当時とは決定的に異なる状況が生まれる。ま

た、実際に行動がとられると、コミュニケーションとしても、純粋な会話以上の戦術的意味をもつようになる。たとえば、ある人が相手に銃を向け、銃に弾が入っていると繰り返しいったとしよう。しかし、本当に弾が入っているかどうかは実際に撃ってみないとわからない。同様に、ある国が敵対国に対し、ある地域は戦略的に大変重要であると繰り返しいったとしても、その地域がその国にとって本当に重要であるかどうかは、犠牲やリスクを払ってまで守ろうとするかどうかをみないとわからない。このように、実際の行動は、プレイヤーの価値観や行動の選択肢について情報を与えてくれる。実際の行動は、その行動をとった人のつぎの行動を制約するが、このような制約は言葉では起こらない。そして、実際の行動は、会議で合意された形式に関係なく、一方的にその進行の速度を変えられる。

つまり、交渉ゲームとは純粋なコミュニケーションを繰り返すことによって合意を成立させるゲームではない。それは、お互いの妥結点を模索する、動的な過程なのである。このことを端的に示すのは、限定戦争において、敵対国が相互に相手の限界をためすかのような動きをとることである。ここでは、前述の室内ゲームを若干修正したものを使ってそれを分析していくことにしよう。

暗黙ゲームの例

ある2人のプレイヤーがそれぞれアメリカ大陸の地図と100枚のチップを受け取り、以下のゲームをするようにいわれたと想定する[14]。まず、各回の「手番」において、プレイヤーは自分の地図上の州に5枚のチップを分配する。その行動のあと、2人の地図上のチップを比べ、もし2人のプレイヤーが同じ州にチップを1枚ずつ置いていたら、そのチップ2枚は取り除かれる。ある州に一方のプレイヤーが1枚、もう一方が3枚のチップを置いた場合、チップが1

---

[14] 後に第6章において言及するように、このようなゲームは例題としての価値に加え、実際に実験を行い検証する価値ももっている。そのため、非ゼロサムゲームの実験でしばしば問題となる、プレイヤーの動機づけに関してはじめにみておくべきであろう。ゼロサムゲームでは、勝利は相手に対しての相対的なものとして測定される。知的な挑戦と両者のあいだの競争だけが、プレイヤーを的確な(そして唯一の)勝利へと導く動機となる。しかし、混合動機ゲームにおいては、「勝利」は個々のプレイヤーの絶対的な利得に依存するのであり、相手の利得には関係ない。もし行動が相互の競争によって支配されてしまったら、プレイヤーの動機には歪みが入っていることになる。だから、本当の報酬が与えられなかった場合、2人以上のゲームでも、2人ずつのプレイヤーの組を順に組み合わせたかたちで実験を行う必要がある。こうすることによって、自分の絶対的な値が相対的なかたちで最終利得に影響をおよぼすようなゲームが想定できる(これが、2人非ゼロサムパーラーゲームが存在しない理由である)。

枚ずつ取り除かれ、その州には2枚のチップが残ることになる。同じことをつぎの回でも行う。そこでは、まだチップが置かれていない州に置くか、もうすでにチップが置かれている州に置くかを選択することができる。もしプレイヤーAが、前回Bが1枚チップを置いた州に、今回2枚チップを置くとすると、Bのチップは取り除かれ、Aのチップ1枚だけが残ることになる。これで、Aはその州を「獲得」することができる。このような行動をプレイヤーのもっているチップがなくなるまで続ける。手持ちのチップがなくなったあと、地図の上にある自分のチップを5枚まで、別の州に移動することができる。そして両者がともにゲームを終了してよいことを、レフリーに告げるまで続ける。

ゲームの終了とともに、報酬が決定する。各プレイヤーは地図上に残っている自分のチップの枚数分だけ1ドル紙幣を受け取る。つまり、ゲーム終了時点で相手プレイヤーに「失った」州ではなく自分が「とった」州に残るチップの数に従って報酬がでる。また、プレイヤーは、自分が「所有する」州、すなわち自分のチップが残っている州に四方を囲まれた州も自分のホームベースとして、たとえそこにはチップがなくても獲得したことになる。

その「報酬」の値は、48州のそれぞれによって異なる。その価値は、だいたいその州のもつ「経済的価値」などから決まる。しかし、2人のプレイヤーのあいだで、州の価値が同じであるとか、高い相関をもっていると考える理由はない。たとえば、一方のプレイヤーにとって州の「価値」が、人口によって決定されたとしても、もう一方のプレイヤーにとってそれはあまり重要でないかもしれない。お互い、相手のプレイヤーがどの基準で州の価値を決めているかをほとんど知らない。たとえ知っていたとしても、どのような要素が影響しているかは知っているが、それが具体的にどの程度影響をおよぼしているかは知らない、というようにである。ゆえに、各プレイヤーは相手のプレイヤーの行動を観察することによってのみ、そのプレイヤーの価値体系を学習することができる。

これはお互いの行動を調停しながら進展する混合動機ゲームである。お互いの調停が失敗した場合、両者ともに損害をこうむってしまう。今回相手がどこにチップを置いてくるかを予想できないときに、州を奪い合うことによって両者とも金をもらえなくなる可能性がある。一方が相手から州を奪うためには、最低でも1ドルを使わなければならない。さらに州を奪われたプレイヤーがその州を取り戻そうと多くのチップを置いたら、より大きな損をすることになるかもしれない。つまり、各プレイヤーは調停の失敗による代償としてドルを失

第4章　相互依存的な意思決定の理論に向けて

うばかりでなく、州を獲得するためにも代償を払わなければいけない可能性がある。このようなチップの消耗戦を繰り返した結果、ゲーム終了時に十分な数のチップを残すことができずに、どちらのプレイヤーのチップも置かれていない州が存在するかもしれない。

　このようなゲームにおいて、プレイヤーはどのように「交渉」するのであろうか。プレイヤーは実際、さまざまな方法でお互い提案を出し合う。提案を受け入れたり、拒否したり、報復したり、さらには脅しや約束をもちかける方法さえも発見するであろう[15]。しかしここで、われわれがプレイヤー間の会話をいっさい禁止したらどうなるであろうか。その場合、プレイヤーたちは、行動パターンによって自分の意図や提案を伝えようとしなければならない。各プレイヤーは、相手が駆け引きによって何を意味しようとしているのかに注意深くならないといけないし、一方で、自分の伝えたい意図を相手に的確に伝えようと、独創的な行動をとる必要がある。たとえば、一方のプレイヤーがある特定の州をどうしても手にいれたいとしよう。その州が彼にとってとても価値のある州であり、その場合、彼はその州にとても固執し、相手のプレイヤーが諦めるまで相当の損失を進んで受け入れると考えられる。このような場合、そのプレイヤーがその州をどうしても欲しがっていることを両者があらかじめ理解していることが、お互いのためになる。また別の例として、あるプレイヤーがどうしても手にいれたい数州と引き換えにそれ以外の大きな部分を「交換」してもよいと考えていたとしよう。このとき、そのプレイヤーは自分にとって重要な数州以外を相手に入手可能であるようにみせなければならない。そして、ある特定のパターンの行動によって、その境界をどこかに引かなければならないのである。

　しかし、そのパターンは、どこから来るのであろうか。われわれは、各プレイヤーの利得に関係する州の価値の情報をわざと不確実にしたが、それは対称性や公平感などがあまり役に立たなくなるようにするためである。だとすると、ゲームの数学的な構造からでは、こうしたパターンがなかなか生じてこないであろう。考えられるのは、各プレイヤーはパターンを、つぎのようなものに見出すのではないか、ということである。すなわち、地図上の自然の境界線や、自分のよく知っている政治組織や州の経済状況といった、価値基準に入ってきそうな要素、ゲシュタルト（形態）心理学、さらには実際にゲームをしている

---

[15]　このことは、このゲームに基づいて行われた予備的実験によって明らかにされた。

なかで役に立ちそうだと考えられる紋切り型の行動や伝統といったものである[16]。

明示的なコミュニケーション

ここでゲームのルールを変更し、プレイヤーはお互い好きなだけ話し合うことができるとしよう。この変更は、ゲームをどのくらい異なるものにするだろうか。ある意味においては、たしかにプレイヤーたちの効率性は向上するはずである。以前のようにあいまいな状況では結ぶことのできなかった取引が結ばれるようになるであろう。また、ドルの浪費をもたらす偶然のチップの重なりをも防ぐことができるであろう。しかし、どちらにとっても損失となる州の奪い合いという行動が相互に抑制されることはないであろう。なぜなら、話し合いができる状況でも、先に州を獲得することの有利さが、プレイヤーにゲームを続行させる動機となる。またプレイヤーは、相手を話し合いによって説得することもできない。彼らの言葉には信憑性がないため、実際にとった行動以外に本意を伝えることができないからである（実際には、われわれはプレイヤーが自分の州に対するランクづけをお互い話すようにした。ただし、嘘をついても罰されることはないし、プレイヤーが互いに見せ合うことのできる文書化された証拠は与えないことにした）。

結局、制限のない会話を許したとしても、特定の結果が変わることはあってもゲームの性質を劇的に変化させることはできない。自分の意図を伝えること、相手の意図を理解すること、予想可能な行動パターンに従って行動すること、ルールや制限を設けることを受け入れることにおいて、お互いに依存し合っているという状況は以前と変わらないのである。

ここで、普通のゼロサムゲームとの比較、とくにミニマックス解を用いたときに表れる自己完結的なゲームの特質は、著しい。ミニマックス解を用いると、ゼロサムゲームは一方的な問題へと還元される。プレイヤーは、敵とコミュニ

---

[16] 隣家の果樹の枝が自分の庭のほうに張り出していて、その張り出した枝に果物がなっているという状況を想定してみよう。その場合、私が自分の庭側のすべての果物をとってしまうとする。この行動を知った隣人が、もし報復しなかったとしたら、彼は将来にわたっても私の暗黙の「提案」を理解して、黙って従うであろう。他方、もし私が自分の庭側からだけでなく隣の庭側の全部からも同じくらいの果物をとったとしたら、あるいは私の家族の人数に見合う分をとったとしたら、隣人は私が何を考えているかわからないであろう（隣人は私が自分の庭側の果物の全部ではなく一部をとったときこそ拒否し報復すべきだと考える可能性もある。なぜなら、それは私が自分の意図を伝えることに失敗した場合と考えられるからである）。

第4章 相互依存的な意思決定の理論に向けて

ケートする必要がないばかりか、敵がだれであるかとか何人であるかとかについてさえ知る必要もない。さらにランダムに選ばれた戦略は、きわめて反コミュニケーション的である。そのような戦略は、コミュニケーション、とくに意図を伝えようとするあらゆるコミュニケーションの可能性を破壊する計画的な手段ともいえよう。利得の数学的な構造以外の要素はゲームから排除され、プレイヤーのあいだでのコミュニケーション的な関係は存在しなくなる。

　たとえば、チェスにおいては、駒のかたちが馬であろうと、僧侶、象、城、あるいはハンバーガーのバンだろうと、ゲームの性質は影響されない。同様に、そのゲームが「チェス」と呼ばれようが、「内戦」あるいは「不動産ゲーム」と呼ばれようが関係ない。さらにマス目が実際の地政的境界のようにねじ曲がっていたとしてもかまわない。プレイヤー同士はお互い知り合いでなくてもいいし、共通言語や共通の文化的背景をもたなくても支障はない。どちらかが以前チェスをやったことがあるかとかその結果がどうであったかとかも、関係のない要素である（もし過去の経験が影響をおよぼすと考えるならば、一方のプレイヤーがミニマックス戦略をとることにより、また必要であればランダム化することによって、それらの影響を排除することができる）。

　しかし、利得構造を変化させ、このゲームを非ゼロサムゲームにしたらどうであろうか。たとえばチェスの駒を何個とったか、自分の駒が何個生き残ったか、どれだけのマス目を支配しているか、によってプレイヤーの報酬が変化するようにする。すると各プレイヤーは、無駄な駒の取り合いによる「全体的な」損失を最小限に抑える利害を共有するようになる。さらに、それぞれのプレイヤーにとって、どの駒やマスが重要な価値をもっているかを不確実にする。そして、つぎの一手を打つまでの時間制限を定めて、話し合う時間を確保するためにわざとつぎの一手を打たないといった状況を作らせないようにする。

　このようにゲームの構造を変化させたら、このゲームを「戦争」と呼ぶか、「ゴールド・ラッシュ」と呼ぶかによって違いがでるかもしれない。また、駒のかたちが馬なのか戦士なのか冒険者なのか、それとも復活祭に興じる子供なのかによって、あるいはマス目が現実の地図や絵などに従っているか、あるいは曲線で描かれているかどうかによっても、ゲームの性質は大きく変わるかもしれない。さらに、ゲームの開始前にプレイヤーにこのゲームについての背景が伝えられたら、それによってもゲームの性質は変化してしまうかもしれない。

　このように修正を加えたゲームにおいては、プレイヤーは、言葉や具体的な行動を用いて交渉を行わなければならない。自分の行動に一定の制限を設けた

り、お互いの意図を伝え合う方法を確立して、双方に不利益となるような行動に陥らないように、明示的または暗黙のうちに心がひとつになるようにしなければならない。その際、「〔ゲームに直接〕関係のないような詳細」が、自分の行動のパターンを相手に示すことになるかもしれない。提案や合意に含まれる、ゲームのシンボリックな要素が、妥協、行動の限定性、そして規則性を生み、結果に影響を与えることになるかもしれないのである。なぜなら、それらはゲームの抽象的な構造を超えて、安定的で相互に破壊したくないよう行動のパターンを認識しやすいかたちで、プレイヤーが見出すことに貢献するからである。つまり、このような根本的には精神的・知的なプロセスこそ、伝統の創造に参画しているプロセスだといえる。伝統が生まれてくる源泉、これが伝統となっていくのではないかという要素を認識したり、その認識を共有するためのものは、ゲームのもつ数学的内容とは全く別のものなのである[17]。

したがって、ゲームの結果は、他人の行動に対する期待によって決定される。各プレイヤーは自分が相手に対してもつ期待もまた結果に影響を与えることを知っている。ゲームの結果やゲームにおける行動のなかから、プレイヤーはそのような相互期待を一緒に発見し、相互に認め合うことが必要なのである。ゲームのプレイヤーは「ゲームのルール」を見つけ出すか、さもなければ一緒に損失をこうむる。

このような意図の伝達にかかわる問題の例をひとつ挙げよう。それは、相手に自分にとっての「許容範囲外」とは何かを提案し、自分にとって「許容範囲外」の行動がとられたときの報復のパターンを説得的に相手に伝えようとする

---

[17] このことを示す代表的な例として、核兵器と通常兵器とのあいだに明確な境界線が存在するかどうかという問題がある。もしその境の基準が兵器の破壊力であったとしたら、両者には重なり合うところがあり、現実にはそこには大きな差はもはやない。しかし、十分に多くの人々がそこには明確な差があると確信する根拠があり、実際に人々がその根拠を信じている場合、そこにはなにかしらの明確な差があるはずである。その差異は人々の期待のなかに純粋に織り込まれている。それは、10年ものあいだ、核兵器は通常兵器とは別格の兵器だとする認識の伝統があったことによる。人々はそのように信じ、他の人もそのように信じていると信じている。だから、たとえ核兵器の破壊力が今や通常兵器と変わらないことを知っている人でも、もし核兵器が戦争で用いられたとしたら、破壊能力からでは説明のつかない動揺を覚えるに違いない。つまりここで問題となる違いとは、伝統の存在なのである。投獄が「残忍でかつ異常な」刑罰でないという認識の伝統と同じである。また、普通選挙による代議制は、それがずっと存在し続けていれば、イギリスの民主主義とみなせるが、もし10年間の空白があったあとに復活したのであれば、もはやそうとはみなせないというのも、同じである。核兵器のもつ特殊性は、多くの伝統もそうであるように、長い時間のなかでぼやけたり、再補強されたりするものである（この点に関しては、補遺Aに詳しい）。

ことである。十分なコミュニケーションができない状況では、自分の意図するパターンを伝えることができるかどうかは、そうした範囲や限界の形成のために利用可能な文脈的要素に依存するだけでなく、相手がこちら側の報復の形態（ゲシュタルト）を認識できるかどうかにもかかっている。歴史的・文学的な先例や、法的または道徳的な意味づけ、さらには数学や美学、生活のさまざまな局面でおなじみのアナロジーなどがこちらの報復のパターンを認識させ、相手の意図を解釈することを可能にする手段を構成する。たとえ完全な会話によるコミュニケーションが許されたとしても、状況はそれほど変わらないだろう。言葉より行動パターンの方が説得的だからである。

このように、ゲームに関する暗示的な詳細が結果に影響を与えること、そしてプレイヤーが、ゲームのなかの手がかりやシグナルに依存していることは、非ゼロサムゲームにおいてプレイヤーがどう行動するか、ということだけに関係するのではない。われわれはここで、プレイヤーはゲームの非数学的な特質に反応するとだけ主張しているのではなく、プレイヤーはそうした特質を考慮に入れるべきである、と主張しているのである。よって、規範的な理論──ゲームの戦略に関する理論──においても、合理的なプレイヤーは、そうしたゲームの特質を活用することが理解されなければならない。そして、たとえ片方の合理的プレイヤーが、そのようなゲームの構造が自分にとって不利であると気づいていたとしても、彼はまた合理的に自分には他にとる選択肢がないことに気づくであろう。なぜなら相手は、彼がゲームの具体的細部に由来する暗示の力に従うであろうと合理的に期待するからであり、相互に痛みをわかちながら彼が協力すると仮定して行動するだろうからである[18]。

---

[18] ここで、交渉状況や純粋な調整問題のなかで、ある特定の結果が有する先天的な磁力ないし焦点化の力といった概念が、形態心理学者による実験によって裏付けられ明らかになっていることに触れておく必要がある。物理的な形態に関してのそうした研究は、重要である。たとえば、ある実験では、目の一部を損傷している人に、不完全な図形をみせたところ、彼らはその図形を不完全なものとは認識せず、完全な図形であると知覚したことがわかった。と同時に、彼らが独自に「完成させた」図形は、単純な原則に従っていることも判明した。彼らは、あまりなじみがなくても「単純な」図形であれば完成させることができる一方で、よく知っているが複雑な図形を完成させることはできなかった。コフカはこれを「単純な図形の自己組織化」と名づけた。われわれの周りには不完全なかたちの長方形がいたる所に存在する。しかし、私たちはそれらの不完全な長方形を、真の長方形からの逸脱として「みて」いるわけでない。なぜなら、「真の長方形はわずかに不正確な長方形よりはずっと完全な図形」だからである。安定的な状況において、人は最大誤差を最小化するという性質を基に、コフカは心理的なプロセスには以下のような性質があることを明らかにした。「少なくとも〔我々は〕単純な条件で生じる心理的体制を選択できるし、それは規則性、対称性、単純性をもつはずであると予測できる。（略）この結論は、生理課程の特徴的側面はそれに対応する意識

架空の実験

筆者がいわんとすることを示すために、つぎのような実験を考えてみよう（うまくいけば、このうちのいくつかは実施できるであろう）。それは、交渉に含まれるさまざまな心理現象の概念的類推として、あるいはもしかするとそうした現象の経験的検証として位置づけられよう。

実験の第1段階は、おそらく嘘発見器の原理を応用したような人間の「認識」や注意、警戒、興奮といった心理的作用を計測し記録できる機械を開発することである。われわれに必要なのは、実際の交渉過程でプレイヤーが可能性のある結果を順序立てて見渡すとき、ある特定の結果がプレイヤーの注意や興奮を喚起するその程度を計測できる機械である。

このような機械ができたら、交渉ゲームを設定する。単純化のために、資源の分配に関して合意点が生まれたら、必ず何らかの得るものがあるゲームを考える。さらに、あとでさまざまな議論、解釈、根拠などが考察できるように「テーマ的な要素」を付与する。すなわち、顕著な中間点が1つ含まれている数学的な範囲だけのゲームではないように設定するのである。

さて、この機械に繋がれた2人のプレイヤーは、自分の計測器の値がみえるだけでなく、相手の機械に繋がれている計測器の値もみることができるようになっている。そして、各プレイヤーは相手も自分の計測器の値をみることができることを知っている。つまり、プレイヤーは特定の結果に対する相手の反応を観察できることを相互に認識しているのである。その計測器には、それぞれの結果に対応して矢印ランプが点滅しプレイヤーの注目を引くスキャナー装置をつくる。それは、何らかのパターンに従って起こるかもしれないし、ランダムに起こるかもしれないようにしてある。さて、そうしてその装置をオンにし、

過程の特徴的側面であるとする同型説の原理（principle of isomorphism）に基づいている」。コフカは続ける。「以上のように、明らかにまだあいまいではあるが、心理物体的体制化の研究化の研究を導く一般原理を得た。研究の進展と共にこの原理をより具現化するつもりである。（略）この原理は（略）次のように簡明に定式化できる。心理的体制は優勢な条件が許すかぎり常に『よい』ものであると。この定義では『よい』という用語が定義されていない。この用語には、規則性、対称性、単純性といった特性や、これからの検討で出合うそれ以外の特性が含まれる」（クルト・コフカ『ゲシュタルト心理学の原理』(1988) 鈴木正彌監訳、福村出版、p. 128）。もし個人の認識や形式の「組織化」がこのような制約に縛られているとしたら、期待の収束にかかわる「相互認識」の過程や「形式の相互的組織化」の過程もまた同様の制約に縛られていると考えることができる。そして、非ゼロサムゲームが究極的には、いってみれば共同の「形式の組織化」を要求しているため、（描述するだけの心理学のみならず）戦略の規範理論も、それらの制約を考慮に入れる必要がある。

第4章　相互依存的な意思決定の理論に向けて

自分と相手の計測器の値をプレイヤーにみせるようにする。さらに、望めば相手の顔の様子もみることができるようにする。

そして最後に、ゲームを実際に試行する。そこにはいくつかのやり方がある。1つめの方法として、明示的な交渉を排除し、スキャナー装置だけを走らせておいて、さまざまな結果を試すというものである。われわれは、そこで両プレイヤーの記録された行動が徐々に1つの結果に収束していくかどうかを調べるのである。つまり、われわれはスキャナー装置が反応を呼び起こすすべての結果のなかから、ある同一の特定の結果へと収束するか、そして2人のプレイヤーの自発的で物理的に検証可能な反応が、何らかの意味で最大化をしているかどうかをみたいのである（比較のためのコントロールとして、まず各プレイヤーに相手がいない状況で一度事前セッションを試行し、プレイヤー間の相互作用がない場面において各プレイヤーがどう反応するかをみておくのも一案である）。もし、両プレイヤーの反応が特定の結果に収束したら、それが霊能的なプロセスかどうかを別にして、われわれは貴重な現象を見出した、ということになろう。すなわち、われわれは以下のことを実証したことになる。(a)交渉の状況に応じてプレイヤーが行動したこと、そして(b)各プレイヤーの反応は、お互いの相互作用の産物であり、それは、お互いの反応が観察でき、自分の期待が自分が実際にとる目にみえる行動に反映していることを知っていることから起こる、ということである（筆者が考えるに、プレイヤーは、ロトの妻のように、しばしば特定の結果に対して、たとえそれが好ましくない結果だとしても注意を向けないではいられないのである。また「フォーカル・ポイント」を無視しようとする意識が、かえってフォーカル・ポイントに向かわせる求心力になるのである）[19]。

---

[19] 信じがたいかもしれないが、ここに示すコフカによる実験結果は的を射ている。「専門家は、サッカーをよく注意してみていれば、かなり大きなゴールの前に立っているゴールキーパーが、敵のシュートを防いでいるとして説明できる回数よりも、体にボールを当てるのが多いことに気づくであろう。これは、ゴールキーパーはなんとかしてボールを途中で捕えようとするという事実を考慮したうえでもそうなのである。ゴールキーパーは、シュートしようとする敵の目を引きつける空間的な要所となっている。もしシュートする選手が視線をゴールキーパーに向けて動作を行えば、たいていボールは彼の近くに落ちるのである。しかし、もしシュートする選手がその場を再構成することを学び、現象的な『引力の中心』をゴールキーパーから他の空間的位置に変えるならば、新しい『引力の中心』は、ゴールキーパーがかつてもっていたのと同じ引力をもつことになるであろう」（コフカ前掲書, p. 52, 訳注：邦訳に多少修正を加えてある。なおコフカの原書によると、この部分はコフカ以下からの引用に基づいている。H. G. Hartgenbusch, "Gestalt Psychology in Sport" *Psyche*, 27：41-52 [1927]. Originally published as: "Beobachtungen und Bemerkungen zur Psychologie des Sports," *Psychologische Forschung*, 7：386-397 [1926]）。

もうひとつの実験方法としては、スキャンと計測をしながら、プレイヤー間で明示的に交渉をさせるというものが考えられる。つまり、交渉を行っているあいだ、両者にみえるかたちで互いの物理的な反応をスキャナー装置が呼び起こすようにしておくのである（もしプレイヤーが望むなら、目にみえる相手の反応を、交渉の戦術として使ってよいという設定にしてもよいであろう。つまり、たとえば、相手の血圧の値から40ドルで妥協するだろうということが明らかであるのに、声高に60ドルという案を言い続けることはできないでしょう、とその相手にいってよいことにするのである）。

この実験からは、3つの仮説が検証できる。第1には、プレイヤーがさまざまな帰結を熟考するうえで、物理的に特定しうる「反応」をもつかどうか、そしてそうした反応は異なる帰結ごとに明白に違うかどうか。第2には、それらの反応が相手の目に赤裸々に映る場合、そうした反応が交渉で暗示的に用いられる手段のようになっていくかどうか。すなわち、2人のプレイヤーの反応が相互に明らかな場合、反応が「交渉過程」のように相互作用するかどうか、である。第3に、交渉過程に似せたここでの現象は、普通定義されるような本当の交渉過程の一部、あるいはそれと関係するものとしてみなせるかどうかである（ここで描かれている実験は、2人以上の人を対象にした場合にはより興味深くなるかもしれない）。

実験は実際には行われていないし、仮説も実証されていない。ここで実験について長々と述べてきたのは、期待の「収束」に関して実際に検証するやり方として、筆者が思い描いている理論構造を操作的に提示するためである。さらに、交渉過程において最終的に発生する収束は、そのプロセス自体の動態に依存するのであって、あらかじめ存在するゲームの枠組みだけに依存するわけではないことを物語るためである。

フォーカル・ポイントによる解決の動態的性格

「フォーカル・ポイント」的解釈は、他の選択肢との質的な峻別を可能にする何らかの特徴に依存しているが、そのことは、重要な動態的考察を含んでいる。そのような解釈によると、たとえば、大胆な譲歩に比べて小さな譲歩はあまり行われないだろうといえるかもしれない。また、フォーカル・ポイントは、だいたいの目安というよりも、当事者にとっては正確に予想すべき結果として説得力がある、ともいえるであろう。たとえば、ある交渉者がずっと50％の取り分を要求し続けており、ずっとうまくいかないでいた場合、彼が47％で妥協

第4章　相互依存的な意思決定の理論に向けて

することはありえないであろう。そのような小さな譲歩は、崩壊の予兆となる。質的な原則というのは妥協しがたいものであって、一般にフォーカル・ポイントは質的原則に依存している。侵略者に対して、国境から数マイルこちら側に入ったところまでで妥協させようとしても、そのような案が彼に受け入れられるとは思えない。なぜなら彼は合理的だと双方が認識するような新しい国境が引かれるまで、こちらが譲歩し続けるだろうとお互いに知っていることを知っているからである。

　実際、フォーカル・ポイントが合意をもたらすには、しばしば、小さな譲歩が不可能であり、小さな侵害がより大きな侵害を誘発するということが必要である。双方にとって明確な国境線が引かれるか、「ここ以外のどこに引くことができるのか」といった修辞的疑問を堂々と投げかけられる明白な原則をもった国境線でない限り、交渉は終わらない。そして、小さな譲歩の破綻が明らかになればなるほど、フォーカル・ポイントは説得力を増すことになる。このことは、ある人がタバコや酒を止めようと努力しているケースを考えれば明らかであろう。このケースを自分自身との一種の交渉ゲームと考えると、「あともう1杯だけ」という小さな譲歩は、明らかに不安定な譲歩案である。一方、毎日少しずつしか吸わないという安定的な譲歩をし続けた人は、タバコをやめることができる確率が高い。はじめに設定した譲歩がいったん破られてしまうと、休止する確実なポイントをどこにも見つけ出すことはできなくなり、予想は完全なる崩壊で収束することになる。そして、そのような理解があるゆえに、完全な禁煙だけがずっとフォーカル・ポイントになるのである。

　なお、ある種のフォーカル・ポイントは、本質的に不安定である。そのようなフォーカル・ポイントは、結果としてではなく特定の結果を導くようなサインというかたちをとる。たとえば、議会での法案に対する「テスト投票」といったものや、継続したゲームでのプレイヤー同士の関係のなかで出てくる「テスト問題」といったものが、それにあたる。また、しばしば相手から服従的な反応や撤退を引き出すのは、挑発的で、大胆で、居丈高な行為であるが、そうした行為はゲーム全体のなかで小さな一部であったとしても、ゲーム全体を象徴し、その時点以降もプレイヤーの期待のパターンを決定するものとなるかもしれない。ゆえに、そうした行為は、そのような意図をもってなされ、うまく練られた戦術となる。さらに、ある場合には、行為や問題が意図されざる象徴的意義をもってしまい、譲歩が不可能になったりする。

　中国における共産主義政府を外交上承認すること、大学に対して忠誠を誓う

こと、基幹産業でストライキが解決されること、パーティを妨害する者に会場を明け渡すこと、政治集会において特定の動議に賛成すること、これらはすべてそのような意味での意義をもっている。ある場合においては、こうした特定の問題に対する帰結が、他のより一般的な問題がどのように決められるかの呼び水となることもある。たとえば、テスト的投票は、本当の議決に対してどれだけ反対が大きいかを示唆する。しかし、特定の問題が、ゲームを完全に代表しているわけではない。その場合、特定の問題の結末は、そのあとに何が起こるかのひとつの手がかりとして暗黙の理解を与えてくれるだけである。プレイヤーは相互の期待という呪縛の囚われの身であり、またそこから利益を受け取る立場になるしかないのである。

この現象は、調整ゲームで実際に用いられるシグナルとして見出される。組織化されていない集団のメンバーであっても、たとえ「合意」がなくても協調的な行動を一緒にとることができる可能性を認識していることがある。人は、他の人がどう行動するか、また自分がやるべきだと思っていることを他の人たちが実際にやるかどうかを知りたいと思っているのである。議会におけるテスト投票や集団的抗議のような特定の同時的行動は、集団の存在を「認証する」手段であるとともに、みんなが一緒に行動することをみんなが期待していることを誇示する手段でもある。このことは2人のあいだの挑発ゲームにおいても成り立つ。心理的に支配の側に立っているか服従する側に立っているかが、交渉ゲームがどう解決されるかということと心理的には全く同じであることが多い。

あるゲームにおける特定の行動や要求や譲歩がそのあとのゲームにおいてプレイヤーの期待が収束するための象徴的重要性をもつというこのプロセスは、心理実験がゲーム理論に貢献しうる領域であるように思える。

数学的な解のもつ経験的意味

ゲームの観察者が認識していることすべてを、ゲームの参加者もまた認識していると想定することはできない。また、観察者なら考えつくだろうすべてのことを、参加者もまた考えつくとみなすこともできない。とくに、ゲームの特性が高度な数学的解法と関係している場合、そうした特性は（解がそれほど難解でない別の方法によって得られる場合を除いては）期待に焦点をしぼり結果に影響をおよぼす力を発揮することがないかもしれない。そのような力を発揮することがあるとすれば、それはプレイヤーが相互に相手を数学者として認識し

ているときだけである。ブレイスワイトやナッシュ、ハルサーニたちが考え出した「解」概念を経験上解釈しようとすると、そういうことになるのであろう。ゲームの美学的、歴史的、法的、文化的、その他の暗示的な要素すべてが、ある当事者たちの期待をある解決へと向けさせるということなのである。ゲームのプレイヤーが2人とも数学的ゲーム理論家であったなら、お互いに相手が説得力ある数学的要素に従った解概念に強く影響されると考える、ということなのである。つまり、彼らは普通のプレイヤーたちにとっては期待の収束を導くであろうと思うような要素をすべて無視することができるし、相手が無視するであろうことも知っているので、ゲームのより数学的な要素に注意を向けることになるのである。

（ここで、多くの場合、それらの数学的要素は非数学的定義や非数学的アピールをもつユニークさないし対称性に置き換えることもできるし、また同等に説得的な非数学的方法によって合理的根拠が与えられるような特定のポイントと対応することもありうる）。

つまり、数学的解法は、期待の収束に影響を与えるひとつの類型でしかない。数学的解法は、期待を収束させる暗示的能力という点においては、他の要素と同じような霊能的メカニズムに従うのである。デパートではぐれた夫婦が、途方にくれることもなく遺失物コーナーに向かって歩を進めるとき、夫婦のあいだには、遺失物コーナーが再会するための「明白な」場所として暗黙かつコミカルに理解されているからである。もしこの2人が数学者であったなら、しかももしお互い相手もまた数学者であることを知っているなら、彼らは、言葉遊びを手がかりにするのでなく、幾何学的にユニークな場所を探すことになろう。

ここで重要なのは、ゲーム理論の「ルール」の下で合理的なプレイヤーが十分な数学的知識をもっているかどうかではない。ここにあるのは、プレイヤー間で共有されている評価、とらわれ、妄想、提案への感受性といったものであり、プレイヤーが必要に応じて引き出してこれる資質ではない。もし期待の収束という「合理的な合意」の現象が、根本的に霊能的であるとしたら、合意にいたる過程について数学的なゲーム理論が重要であるという前提はなくなり、ゆえに、数学的素養が期待の収束過程に影響をおよぼすいちばん重要な資源であるなどと考える根拠もなくなるのである（この問題は補遺Bにおいてより詳細に検討する）。

交渉の当事者たちが交渉過程もしくはその前において、交渉それ自体によってか、あるいはそれ以外の力によってか、どのように期待を収束させていくか

について人々はさまざまな仮説を立てるだろう。しかし、交渉の結果とは、最も直接的に、また最も明快にそして最も経験的に、安定的な期待の収束という何らかの現象として描述できるものということができるであろう。交渉に明示的に合意するか、あるいは暗黙のうちに合意するか、さらにはディフォルトとして受け入れるかは別として、もし冷静さを失わないならば、交渉の当事者は自分の思っていることを相手も同じように思っていてくれるだろうと認識するに越したことはないのである。それゆえ、調整的な交渉結果という現実が観察されたら、そこに期待の収束が生まれたとみなすことは妥当である。

主観的情報の伝達

ここまで述べてきた、相互調整ゲームにおける「暗示的な行動」の役割は、つぎのようなことを考えると、さらに大きなものとなる。すなわち、それは、ゼロサムゲームにおいてはゲームがゼロサムであることをプレイヤーが知っているが、それとは対照的に混合動機ゲームにおいては互いの価値体系について、不確実性がある可能性が高いということである。混合動機ゲームにおいて、実際にとられる行動は、情報としての意味ももっているのである。

いうまでもなく、相手の選好を完全に予期できる交渉ゲームを一般的とするわけにはいかない。お互いが相手の「真の」利得行列について知っていると想定することは、ゲームの制度的環境について特殊な前提を設けていることになる。なぜなら交渉ゲームのいくつかの要素は、特別な状況でない限り、当事者たちには本質的に知ることができないものだからである。たとえば、アメリカは、壊滅的被害を双方がこうむるような全面戦争を避けたいとソ連が願っているかについて知ることはできない。それは、必ずしもソ連がアメリカにそれを知られたくないと思っているという理由だけによるわけではない。逆に、場合によっては、ソ連はわれわれに知ってもらいたいと切に願うこともありうる。しかし、どうしたらそれは可能であろうか。どうしたら、彼らは、彼らの伝えていることが真実であるとわれわれに思わせることができるか。秘密を明かせと拷問にかけられている囚人は、どうしたら秘密を知らないと相手を説得できるか。もし中国が本当に台湾を制圧しようとしているのであれば、どうしたら中国はわれわれにいかなることがあっても抑止されることがないこと、そしてわれわれのいかなる脅しも両国を単に全面戦争へとコミットしてしまうだけだということを、説得できるか[20]。

ただし、ある特別な条件をつければ情報をうまく伝達することも可能である。

カードやチップによってプレイヤーの「価値体系」が表されるような人工的なゲームにおいては、プレイヤーは自分の持ち札を、表を上にして提示すればよい（つまり、ルール上そのような行為が認められていたらそうすればよいし、そうでなければ対戦相手と共同して審判にわからないようにやればよい）。また、嘘をついた者に対して制裁する絶対的な権力が存在すると信じられている社会においても、すべての人がそれも信じているとすべての人が知っていれば、「命をかけて神に誓う」ことによって、自発的に真実を伝えることができる。しかし、これらは、特別な場合であろう。「一般的な場合」においては、プレイヤーは他人の価値体系や戦略のある部分については、ある程度無知であると考えられる。そのような部分は、本質的に知りえないか、伝達することができないのである。

　フォン・ノイマンとモルゲンシュテルンは非ゼロサムゲームの彼らの解概念を、つぎのような例で示した[21]。家の売り手 A が自分の家を10以上の値段で売ると考えているとする。それに対して、買い手 B と C は、それぞれ15、25まで払う用意がある（数字は筆者〔Schelling〕が改変した）。彼らの解の目新しい点のひとつは、C が B に対して交渉の場から退出してもらうための保証金を支払い、C が15以下の値段で家を購入するというものである。ここで彼らは、この場合 B が C から受け取る保証金は最大15−10＝5だろう、と考える──これが彼らの解概念に内在的な限界である──。ところが、おもしろいのは、この解が成り立つための情報要件が、B が自分の支払い限度額が15であることを明らかにしないかもしれない、ということにあるのではなく、B が自分の真

20　真実をテストする手段をもたないことが、互いに相手の効用に正の価値をおくこうしたゲームのじれったさの本質である。たとえば、夫婦が映画を観に行こうかどうか話し合っており、お互いに相手が望むことと同じことをしたいと望み、またそれを自分自身も望んでいるかのようにみせたくもあり、相手も同じように考えてそのような選好を表明しているのではないかと思える……という状況である。なお、パーソナルな関係を含んだようなゲーム理論のある領域では、価値体系の暴露や認知自体が価値に影響を与えることが研究されている。たとえば、隣人が自分を嫌いだと知っていたら、私は少し不愉快になるし、またそのことを隣人が知っていたとしても私はやはり不愉快になるであろう。しかし、そのような事実があからさまに裏付けられることがあったら、痛みはさらに増すに違いない。アーヴィン・ゴフマンはいう。「社交のエチケットとして、男性はあまり早い時期から女性を大晦日のデートに誘ってはならない。なぜなら、そのような遠い未来のデートの誘いに対しては、女性は丁重に断るための言い訳を用意することができないからである」（Erving Goffman, "On Face-Work," *Psychiatry : Journal for the Study of Interpersonal Process*, 18 : 224, 1955）。

21　J. Von Neumann and O. Morgenstern, *Theory of Games and Economic Behavior* (Princeton, 1953), pp. 564ff.

の限度額を正確に伝えたいと思っても日常の世界ではそれができない、という点にあることなのである。完全情報を想定した「解」概念は、(本心から家を欲しいと思い、解の成立を支えたいと思うような人ではなく) 家を欲しがっているふりをして保証金を手に入れようとする投機家の参入の可能性を排除する。そればかりか、このような前提の下では、Cは主観的真実を識別し、Bはそれを明らかにすることができる一方で、(あとにも先にも所有することがないものをめぐり、Bが交渉で純利を得ている様子を横から関心をもって見守る他の投機家) DやEには何もすることができないことになっている。

　もちろん特殊な場合においては、相手のプレイヤーが自分と同じ価値をもち、その対称性から相手の価値を推定できることもあろう。しかし多くの興味深い事例においては、人は、全く異なる価値をもつ人を相手にする。子供を人質にとられた父親にとって、誘拐犯が子供と引き換えに最低限どれだけの身代金を欲しているかどうかを正確に予想することは、立場を入れかえて自分が誘拐犯だったらどうかを考えてみたところで、困難である。イギリスやフランスの政府の役人が旧英領ケニアで反乱を起こしたマウマウ団や、アルジェリアのテロリストたちの立場になって、どのくらいのひどい制裁だったら行動を控えるようになるかを内省的に想像するのも難しい。思春期の男の子がデートに誘おうとしている女の子がどれだけ自分のことが好きであるか、女の子の身になって想像することも、レストランの客がウェイターがどのような客を嫌がるかをウェイターの身になって予想をすることも、困難なのである。

　これは、言葉が行動の代わりにならないひとつの理由である。実際にとられる行動は、明白なコストやリスクを生じさせたり、それ以降の選択の幅を狭めてしまうことで、ゲームの性質を変化させることができる。行動には情報伝達の要素または証拠としての要素が含まれており、単なる会話とは質的に異なるのである。言葉は、安っぽい (cheap) が、行動はそんなことはない (ただし、強制力をもった脅しや約束やコミットメントなどのかたちをとる「言葉」は除く。それらは、ただのコミュニケーションというよりは行動として分析されるべきである)。効率的な結果を導くためには、利益の分配は各プレイヤーのもつ「比較優位」に準拠するように、相互の調整がなされる必要がある。すなわち、プレイヤーが譲歩するのは、他のプレイヤーに比べて彼がそれほど求めていないものを取り引きしようとしているときである。ゆえに、相手をだますことによっても利益が生まれるが、自らの価値体系をいくぶんかの真実とともに相手に伝えることがお互いにとって必要である。自分の価値体系を暴露する行動はわか

りにくいばかりか相手にとって当てにならないが、しかしそれでも、そのような行動は単に言葉を交わすだけでは成しえない、証拠としての力をもつのである。

　相手の価値体系について存在すると考えられる不確実性は、規範的・予期的原則としての数学的対称性の有用性を減らすことにもなる。数学的な対称性は当該のものの半分にしかアクセスできない場合には、認識されることがない。もし数学的対称性がプレイヤーにとって互いの行動を調整するうえで有用だとすれば、基底的な価値よりも、目にみえる文脈に依存するような種類の、より定性的な対称性であることが多いであろう。

第5章　強制、コミュニケーション、戦略的行動

　抑止、核による脅し、恐怖の均衡、先制攻撃の脅威を軽減する公空自由（open-skies）協定といったことを口にするとき、われわれは、奥深くゲーム理論の世界のなかに入り込んでいる。ヨーロッパに展開するアメリカ軍を「トリップワイヤー（trip wire）」や「ガラスのショーウィンドウ（plate-glass window）」などと喩えてみるときも、そうである。あるいは、おびえる敵に面目の立つ退路を提案するとき、脅しをかけている側がその脅しがあまりに強大でそれを使用することを明らかにはばかるように無気力へと流れてしまうとき、そして、少しぐらい傷やへこみがついても全く気にしないことで知られるタクシー運転手たちの運転するタクシーから一般車が距離を保って走っていることを目撃するときも、われわれはゲーム理論の世界に深く入り込んでいるといえるであろう。しかし、これらの問題をわかりやすく考えるうえで、フォーマルなゲーム理論は、ほとんど貢献してこなかった。筆者は、非ゼロサムゲームに関する理論は、あまりに抽象的なレベルに設定されたがゆえに、もっとも有望と期待されていたその可能性を逃してきたのではないか、と考える。コミュニケーションや強制のシステムを無視し、プレイヤー間の対称性を特別ではなく一般的なケースとして扱うことで、ゲームはそれがもっとも有効であるレベルを飛び越えてしまい、典型的な非ゼロサムゲームの本質的要素を見失ってきたのである。非ゼロサムゲームの解を求めることだけに没頭しすぎて、ゲーム理論は典型的ゲーム状況や典型的ゲームモデル、そして非ゼロサムゲームにおける戦略に特有の「行動」を正面から扱ってこなかった、といえるのである。

　たとえば、どの「モデル」が大量報復についての議論をうまくとらえているだろうか。あるいは、脅しが効果的であるための必要条件とは何だろうか。また、「尻に火がつく」という慣用句に呼応するのは、ゲーム理論の何なのか。そして、そのような状況にあてはまる利得構造やコミュニケーション・システム、さらには強制のシステムは、どのように特定化できるのか。歩行者が車の

ドライバーを、また小国が大国を脅すことができるための戦術とは何か。そうした戦術は、どうすればゲーム理論的用語として形式化することができるか。犬、愚か者、幼児、狂信者、殉教者が、脅威を感じることがないための情報構造、コミュニケーション構造、インセンティヴ構造とは何なのか。

　冷戦や核の手詰まり状況のなかでの不安定な戦略は、これまでにもしばしばゲームからの類推によって、表現されてきた。たとえば、谷をはさんでお互いに敵の毒矢の射程内で2人が向かい合っている状況である。このとき、毒矢の毒は巡りが悪いので、双方は、たとえ相手の毒矢を受けたとしても死ぬ前に相手を射返すことができる状況にある[1]。あるいは、狼を追いかけていた羊飼いが、もう逃げることができないようなコーナーに狼を追い詰めたという状況である。このとき、狼は死を覚悟に反撃に出ようとするであろうが、羊飼いが狼に背を向けて撤退することはできない。あるいは、手榴弾しかもっていない追っ手が、彼から逃亡しようとする被害者に近づきすぎてしまった状況である。このとき、この追っ手は、自分の武器を使えない。あるいは、隣人同士が相手の地下室にダイナマイトを仕掛けた状況である。この2人は、電気スイッチと起爆装置の配線を変えて、相互の安全を確保しようとしているであろう[2]。これらのゲームの構造を分析し、一般的なモデルとの親近性を発展することができれば、われわれは理論を用いてより現実的な問題に対して洞察を与えることになるかもしれないのである。

　このことを例示するために、ひとつの事件を題材にしよう。20人の人たちが、1人の男によって強盗の人質にされているとする。この男は銃をもっており、そこには6発の弾が込められている。人質たちは、もし6人の犠牲を出すことを厭わなければ男を捕まえることができるが、その場合には、20人のうちどの6人が犠牲になるかを決定する方策がなければならない。もし人質たちが6人の犠牲を覚悟で捕まえにくると男に信じさせることができれば、そして同時に捕らえた後その男に死刑を執行することはないと約束しそれを信じさせることができれば、彼らは犠牲者をだれひとり出すことなく事態を解決できるであろう。一方、その男はどんな脅しをかけられても必ず発砲することに明白にコミ

---

[1] C. W. Sherwin, "Securing Peace Through Military Technology," *Bulletin of the Atomic Scientists*, 12 : 159-164（May 1956）を参照。

[2] Herman Kahn and Erwin Mann, "Game Theory," The RAND Corporation, Paper P-1166 (Santa Monica, 1957), pp. 55ff を参照。この論文において著者たちは、ダイナマイトや起爆装置や抑止に関連する数多くの問題に取り組んでいる。

第5章　強制、コミュニケーション、戦略的行動

ットできたら、またどんな約束でも信じないことを示せたら、人質たちからの脅しを未然に防ぐことができる。もし、人質たちが自分たちの脅しをうまくかけられない状況であるならば——たとえばその男が外国語しか理解できないとしたら——、言葉によって男を退かせることはできない。また、もし脅しをいっせいにかけるという合意が人質たちのあいだで成立しなかったら、そのような脅しをかけることはできない。だとすると、もし男が、会話をした者は問答無用で撃つと脅せば、そのような合意の成立を阻むことができることになる。さらに、もし20人の人質のあいだで撃たれるリスクをうまく分担する方法がみつからなかったら、彼らの脅しをいちばん初めに実行に移す者が現れることはなく、彼らの脅しに信憑性を加えることはできないであろう。このような状況において、男が「いちばん初めに動いたものを撃つ」などと公言したら、「いちばん」になるものなしに皆が一緒に行動する何らかの方法を考案しないかぎりは、男は人質たちを抑止することができる。他方、もし人質たちの14人が他の6人を力でねじ伏せ先に動けと指示したら、その結果男を圧倒することが示せることになるであろう。この場合、脅しは成功し、男は降参し、結果として6人の「消耗品扱い」の者たちも、自らの悲運を避けられないという彼らの能力の欠陥ゆえに、命を失わないですむことになる。さらに、もし20人の人質たちが男を圧倒できると示せたとし、しかしその男に退路が断たれていたとしたら、男に対して罪を追求しないと約束することが必要になってくる。人質たちが、将来において男を特定し彼が裁かれる法廷で証言できてしまうとすれば、男には捕虜のだれか1人を連れて逃げてもらうことが必要になるかもしれない。もちろん、こうしたことが可能であるためには、その最後の人質としてだれが選ばれるにせよ、他の全員が沈黙を保つという合意を自らに課すことが必要になってくるであろう。こういったゲームのいくつもの状況から重要な要素が何であるかを特定できれば、われわれは、不人気な専制君主や組織化された少数派による支配の力の源泉が何なのか、そして、反乱が成功するためにはどのような条件が整わなければならないのかといった問題の理解へと、一歩近づくことになるのである。

　本章では、ゲーム理論の枠組みのなかで検討されるべき、典型的な行動や構造的要素のいくつかを提示する。そのなかには、「脅し」、「約束」、「コミュニケーションの破壊」、「決定の委任」などといった行動や、コミュニケーション、強制のための規定といった構造的要素が含まれる。

第II部　ゲーム理論の再構築

代表的な行動例

　標準的な「行動」の例は、第3章で詳しく分析したコミットメントである。たとえば、提示した金額を後日修正すると大きな罰金が科せられる制度的状況のもとで、買い手が唯一の「最終的な」金額を提示できる——つまり買い手がコミットすることができる——としよう。すると、売り手には、唯一のほぼ決まった意思決定が残るだけである。それは、提示額で売るか、あるいはその取引を水に流すかである。コミットメントの可能性は、こうして決定不可能な交渉状況を2つの手番のあるゲームへと変化させる。そこでは一方のプレイヤーがコミットメントとして提案を出し、相手のプレイヤーは最終決定をする。こうして、そのゲームは決定可能なものとなるのである[3]。

　第3章で詳しく分析したこの行動について言及するのは、それが典型的な行動のなかでもとくに単純な例として考えることができるからである。第3章で述べたことを繰り返すが、この行動のもつ有用性および有効性は、ゲームのコミュニケーション構造やコミットメントを締結する能力、すなわち自分自身に対してコミットメントを「強制」することに関するプレイヤーの能力に左右される。さらに、ここでは、ゲームの行動がプレイヤーごとに非対称的であるという仮定がある。「勝者」とは、コミットすることができた人である。コミットメントを複数のプレイヤーがとりつけたときには、いちばん初めにコミットメントを宣言した者が勝利する（特殊な例としてコミットメントが同時に成立す

---

[3]　先述したフォン・ノイマンとモルゲンシュテルンによる不動産の例を見てみよう（p.119）。もし（最大15まで支払うつもりだった）買い手Bが、20を支払って家を自分のものとするか、さもなければ家を破壊することに自らをコミットする何らかの手段を見つけたら、その場合には（損を出すことになると知りつつCに転売することができないという状況であれば）、Bは（25まで用意できる）買い手Cから引き出すことのできる限度額を引き上げようとするであろう。Bは、Cが最終的に支払う金額Pとの差額のうち利ザヤとして獲得できる割合があらかじめ決められているのでない限り、そうするはずである。この場合、Bは自分の「本当の」限度額を変更しているのであり、それゆえCから引き出しうる限度額も上昇するのである。もちろん、DやEがここに参入し、同じことを試みるかもしれないが、いちばん初めに適切なコミットメントをできた者、もしくは3人のうち1人だけがコミットできるような手段を提示した者が勝者となる。また、Dは、その家に全く興味がないとしよう。しかしDがその家のために22まで払うことを確約できたら、彼は本当の限度額22をもった正真正銘のゲームのメンバーとなる。彼のこの正真正銘さは、たとえ主観的な価値判断がともなっていなくても、コミットメントが明白であるならば、Bがはじめもっていたものよりも大きいのである。

第 5 章　強制、コミュニケーション、戦略的行動

る場合を考えることもできるが、対称性の前提をおいてそのような同時性を所与とみなすのではない)。

　ところで、こうしたゲームは、一方が先にコミットすればその「解」を単純に求めることができるという意味において「決定可能」として描かれるものの、それは依然として戦略的なゲームである。たしかに、勝者は先にコミットメントを達成した者である。しかし、ゲームは単純な徒競走とは違う。なぜならゲームのルールの下では、コミットメントを達成できたからといって、それが物理的にも法律的にも自動的に勝利をもたらすわけではないからである。ゲームの帰結は、コミットメントがとりつけられた後でも、依然として後手のプレイヤーにかかっており、そのプレイヤーに対してはじめに行動したプレイヤーは直接的なコントロールをもっていない。コミットメントとは戦略的行動なのであって、それは相手プレイヤーを自分の意に添った行動へと導くものである。それは相手プレイヤーの期待に影響を与えることで、その選択を拘束するのである。

　この種のゲームにおいて自分を何かにコミットすることで得る力は、「先手」をとることに等しい。もし制度的環境が法的・契約的な意味で後戻りできないコミットメントをとりつけることを許さないならば、プレイヤーは自らの選択の幅を狭めるような不可逆的な策謀によって同じ効果を達成できる。たとえば、人は「事前に」ほかの約束を入れてしまうことで、誘われたくない人からの誘いを断ることができる。そうでなかったら、その人は無理やり風邪を引くしかない。ルースとライファは、似たような戦術が、たとえばダイエットしたいのに自分自身の意志の強さを信用していない人に当てはまると指摘している。「彼は自分のダイエットをする意志を公言したり、ダイエットを続ける方に金を賭けることによって、後に自分の意志を変化できなくし、その時々の嗜好に従って自らの行動を最適化する自由を手放すのである」[4]。同様のことは、コミットメントでなく策略を用いても達成できる。たとえばタバコを止めたいと思っている人が、わざとタバコをもたずに山奥へと旅行に出かけるように、である。

4　*Games and Decisions*, p. 75.

脅　し

　脅しのもつ際立った特徴は、相手の行動によって引き起こされるある状況が起こったとき、その状況のもとでは明らかにやりたくないだろうと思えることをやる、と主張することである。コミットメントと同様に、脅しは、選択の幅を狭め、代替的な行動を放棄することである。そうすることで、脅しをかける者は、その戦術が失敗した場合、必要以上に自ら損をする状況に陥らせる。脅しもコミットメントも、合理的である後手プレイヤーが、先手側がインセンティヴ構造を変えたことを知ることができ、その知識が行動を拘束する可能性を基に成り立っている。また、普通のコミットメントと同様、脅しは、すくなくとも一見義務に駆られているかのような印象を相手に伝えなければ、相手を拘束することができない。たとえば、私がだれかに対して、窓を閉めないと自分ともども一緒に吹き飛ばすぞと脅しをかけたとしよう。そのとき、相手は、私がこの件で自分自身に全く選択の余地を残していないようにしているのでもない限り、私がその脅しを実行に移さないことを知っているのである[5]。

　しかし、脅しは、自分の行動パターンを相手の出方次第で決めるという意味において、コミットメントとは異なる。コミットメントは行動の軌跡を固定するものであるが、脅しは、反応の軌跡、すなわち相手に対する応答の軌跡を固定するものである。コミットメントは、ゲームで先手をとって有利になろうとする手段であるが、脅しは後手のための戦略へのコミットメントなのである。

---

[5]　一般的な用語では、「脅し」とは、ある人が敵対する者に対して、従わないと損害を与える行動をとることを示唆したり、想起させたりすることをさす場合もある。しかし、その人がそうした行動をとるインセンティヴをもつことが明白でなければならない。たとえば、家への侵入者に対して警察を呼ぶと「脅す」ことは、これに当てはまる。一方、その者に対して撃つぞというのはこれに当たらない。こうした後者のケースについては、違う言葉を用いる方がよいかもしれない――私は「脅し」でなく「警告」という言葉を用いることを提案する。「脅し」は、結局行動へといたらず不必要である場合もあるが、真の情報を伝えることでその状況に特有の情報構造やコミュニケーション構造をもたらすこともある。そうだとすると、脅しは、後手の側の理解を改善しどちらも望まない結果を回避できるので、相互に利益をもたらす行動である。こうした「脅し」の場合と「警告」とのあいだの類似性に関しての分析上重要な問題は、真の情報を信憑性をもって伝えることの難しさ、また事後的に実際に行動するという主張を裏付ける証拠を提示することの難しさである。実際のところ、コミットするという行動がコミュニケーションという行動のなかに含まれておらず(そのような状況はしばしばあるが)、コミットメントが脅しに先行して伝えられ、それが信憑性をもって受け入れられているとするならば、脅しの過程のなかでのこの第1段階は「真」のインセンティヴ構造を変化させるようなものであり、第2段階は事実上「警告」である。

したがって、脅しが有効であるのは、相手プレイヤーが先手をとるか、もしくは相手プレイヤーに先手をとらせることができる場合に限られる。ただ、物理的な意味で自分が先手をとったり、あるいは同時に動かなくてはならない場合であっても、制度的に相手に「先手」を与えたのと同じにすることはできる。すなわち、──約束を実現可能にするコミュニケーションや強制のための構造をゲームが備えており、脅された方がそれらの構造を破壊することができない場合には──相手に対して、どのように行動するかをあらかじめ約束しなければならないと要求し、その要求をするときに脅しをかけるのである。たとえば、強盗が金持ちの人を襲ったとき、その金持ちの人がたまたま現金を持ちあわせていなかったとしよう。この場合、強盗は、身代金をもらうまでその人を人質にとらない限り、目的を達成したことにはならないが、そのような身代金の要求がうまくいくためには、強盗は説得力あるコミットメントを達成する手段をみつけなければならない。すなわち、自分の顔がばれたり捕まえられたりしないかたちで、人質を返せるという説得的なコミットメントを、その強盗は達成しなければならないのである。

　脅しの裏にはある種のコミットメントが、あるいはすくなくとも一見コミットメントにみえるものが必要であり、それが脅しをかけられる側にうまく伝えられなければならない。この事実は、ゲーム理論においてよく現れる考えと矛盾している。つまり、脅しをしてみようと思ったり脅しが実行可能であるためには、脅す側よりも脅されている側により大きな損害を与えることができなければならない、という考えである。これこそが、ルースとライファの見解である。彼らは、脅しを特徴づけるうえで、「私を傷つける以上にあなたを傷つける」というフレーズを用いて、脅しがプレイヤー間の相対的な利得の比較に依存すると明示的に述べている。彼らによれば、もし両方のプレイヤーがともに実行可能な脅しをかけた場合、その帰結を予測することは不可能であり、そこではプレイヤーの「交渉に際しての性格」が重要な意味をもつようになる、という。「心理学もしくは経済学の観点からプレイヤーを分析せずに、ゲームの帰結を予期することはなんとおろかな方法であろうか」[6]、と。

---

[6] Pp. 110-111, 119-120, 143-144. 国際関係領域にゲーム理論を適用したモートン・A. カプラン（Morton A. Kaplan）も「プレイヤーたちに対する脅しにかかる異なる重みを測るものは、プレイヤー間の効用である」という立場をとっている（*System and Process in International Politics* [New York, 1957]）。ルースとライファが、どちらか一方のプレイヤーしか「実効可能な」脅しをかけることができないという見解にいたったのは、彼らが議論を2×2の利得行列に限定したことが影響しているかもしれない。2×2の利得行列では、両方のプレイヤーが脅しをかけようとする

第II部　ゲーム理論の再構築

しかし、ここで問題をより単純にそして正確にみておこう。まず図9の左側の利得行列に注目する。もし、列側のプレイヤーが「先手」をとるとすると、脅しという戦略がなければ、列プレイヤーは簡単に「勝利」することができる。列プレイヤーは戦略Ⅰを選択し、行側のプレイヤーに対して1か0の利得を選ばせるよう仕向ける。その結果、行プレイヤーは戦略 i を選択し、列プレイヤ

ゲームを表現することが不可能である。脅しとは、本質的に、後手のプレイヤーが条件付選択を信憑性をもって主張することである。脅しが利益をもたらすのは、先手の動きや後手の動きだけよりもよい結果が得られ、実際にもしくは約束として相手プレイヤーが先に動くよう仕向けることができる場合だけである（もし後手の動きだけでも同じくらいよい結果が得られるならば、脅しをかける必要はない。また、もし先手の動きだけでも同じぐらいよい結果が得られるのであるならば、条件付選択へのコミットメントではなく、自分の戦略に対して条件のないコミットメントをすればよい）。ここで、2×2の利得行列においては、もし一方のプレイヤーがそうした選好をもっているとすれば、相手プレイヤーがそれと同じ選好をもつことはありえない。この点を議論するうえでルースとライファが用いた利得行列では、プレイヤー2には「実行可能な」脅しという戦略がない。それは、プレイヤー2の絶対利得や絶対損失がプレイヤー1の絶対利得や絶対損失よりも確実に上回っているとか下回っているからではなく、プレイヤー2にとっては脅す意味がないという、より単純な理由による。プレイヤー2は、先手をとったら必ず勝つ。プレイヤー2はもし後手になったとしても勝つ。そして彼らのゲームでは、もし同時手番だったとしても、プレイヤー2は勝つことになっている。唯一脅しのようなものがプレイヤー2を利するのは、相手の脅しを未然に防ぐためのものである。しかし、そうするためには、プレイヤー2は自分の好ましい戦略に無条件にコミットするだけでよい。それは、制度的には、相手の脅しに先んじて「先手」をとることに等しい。さて、J. F. ナッシュも、脅しについて考察をしているが、それもここで議論している脅しと異なる。ナッシュの考える「脅し」戦術は、効率的な解が連続した範囲に存在する交渉ゲーム――あるいはくじ引きの当たり確率を合意することでそうした解があるように作られたゲーム――に適用されているが、そこでは、脅しをかける側は相互の被害を覚悟したうえである特定の結果がもたらされることを主張しているわけではない。単に効率的な範囲のなかにある結果のどれかがもたらされることを望んでいるのである。すなわち、脅しをかけたプレイヤーは、「合意なし」に相当するゼロ点をシフトさせているのである。このような脅しを導入する動機は、合意なしの利得を変化させることで、数学的に決定可能であるようなある特定の結果への期待が生み出されることにある。これは、ルースとライファが「非対称的」ゲームのなかで仮定している脅しでもある (p. 139)。彼らのゲームにおける暗黙の制度的構造では、取り返しのつかないコミットメントなるものがないことになっている（さもなければ、どちらであれ、最初にコミットメントを宣言した方がすぐにゲームに勝つことになる）。ここには制度上の「欠陥」があり、どちらのプレイヤーも、どのような結果についても相手と明示的に合意することができ、そうすることで自分自身のコミットメントをあとになって翻すことができる。このような条件の下では、取り消し可能なコミットメントは合意なしのゼロ点をシフトできるのみであり、ある結果への明示的な合意が達成されないかぎり、「現状維持」が支配的になる。ルースとライファによって示されたこのゲームのもつ「非対称性」は、暗黙に普及している特定の制度的構図の特徴を表している。たとえば、現実には、それは合意が実現できないと、合意ができない場合に一般大衆がこうむるコストに加えて――一般大衆は何であれ合意さえあればその合意が何をもたらすかには関心がないものである――、（おそらくプレイヤー間で非対称的であるような）費用や制裁を課されるといったように、社会的に認めてもらえない事態が生じることに相当する。

第5章　強制、コミュニケーション、戦略的行動

	I	II
i	2 / 1	1 / 2
ii	0 / 0	0 / 0

	I	II
i	10 / 9	9 / 10
ii	8 / 0	0 / 0

図 9

ーが利得 2 を獲得する。しかし、行プレイヤーに脅しという戦略をとることを認めると、どうであろうか。彼は「列プレイヤーがIIという戦略をとらなかったら、私は戦略 ii を選択する」と宣言することができる。すなわち、彼は自分自身に対する条件付コミットメントをすることによって、列プレイヤーに（ii、I）か（i、II）の利得のどちらかを選ばせることができる。しかしながら、列プレイヤーが戦略 I をとったら、行プレイヤーにとって戦略 ii より戦略 i の方が好ましいことは明らかである。そしてそのことを両者は知っている。とすれば、こうした戦術が成功するのは、「自分が I をとったときに行プレイヤーは ii をとる」と列プレイヤーが信じている場合においてのみである。

列プレイヤーは、これを信じているかも知れないし、信じていないかも知れない。もし列プレイヤーが信じていなかったら、「脅し」は全く意味をなさない。そうであれば、彼は先手をとり、そして先手としての「最適の」行動つまり戦略 I をとるであろう。他方、もし列プレイヤーが、行プレイヤーは（i、II）か（ii、I）かを選ばせる戦略をとってくるだろうと信じていたとしよう。その場合、列プレイヤーは、1 よりも 0 の利得を嫌がるので、結果として戦略 II を選択する。このような状況は、どのような数字がはいっていようと、同じ選好順位を反映している行列であればいつでも生まれる。たとえば図 9 の右の利得行列もそうである。ただこちらは、脅しのもつ特徴をより劇的に表している。なぜなら列プレイヤーが非合理的に行動した場合の、行プレイヤーに与えられる懲罰が大きいからである。合理性と完全情報のことを除き、行プレイヤーが心配することはない。列プレイヤーの選好は明快である。もし行プレイヤーが列プレイヤーに対して脅しをかけることで（ii、I）か（i、II）というペアからの選択を迫ったら、列プレイヤーがどう動くかについては疑いがない。たとえば、私がある人に対してトーストの最後の一切れをくれなかったら、その人の新しいスーツに脳みそをぶちまけると脅したとしよう。彼が私にトーストをくれるかどうかは、私がそのような脅しを実行できるように用意を整えたことを知っているかどうかにかかっている。脳みそでなく「スクランブル・エ

ッグを投げつけるぞ」と脅した場合でも、それは全く一緒である[7]。

ここで問題となっているのは、一方もしくは双方のプレイヤーがゲーム自体を後戻りできないように変えてしまう行動をとることを認めるかどうかである。こうした行動を認めると、利得行列や選択の順序、ゲームの情報構造が変化することになる。相互に合意することおよび合意することを拒否すること以外に、ゲームが定義上そのような行動を全く許さないとしたら、ゲームの帰結は、たしかにプレイヤーの「個性」によって決定される、ということになるかもしれない。それは、「手番のない」ゲームにおいては、プレイヤーの期待は純粋に心理的なプロセスで収束する、という意味においてである。しかし、もし脅しが単に主張すること以上の力をもって、相手プレイヤーに対し何かを訴える意図でなされるのであるならば、われわれはその脅しのもつ意味についてより深く考察する必要がある。そして、そこにはコミットメント──真実のものであれ虚偽のものであれ──の概念が含まれることになる。

ここでいう「コミットメント」は広く解釈されるべきである。たとえば、コミットメントにはさまざまな戦術が含まれる。第1には、不履行という選択肢がもはや存在しない地点へとプレイヤーを連れて行く戦術がある（たとえば、止まろうとしても間にあわないくらいのスピードでドライバーが車を運転し他車を怖がらせる場合）。第2には、最終決断を、事後的に履行を望むインセンティヴ構造をもつ第三者へと移してしまう戦術がある（たとえば、懲罰する権限をわざとサディストに与えたり、損害賠償や保証の訴えを保険会社へと委託するような場合）。第3には、不履行という結果に陥ったときの自分の利得を単純に「悪く」

---

[7] エドワード・バンフィールドは私に、インドの西方で吟遊詩人としてあがめられているバーツやチャランスたちについての、つぎのような非常に興味深い引用を教えてくれた。「グザート〔インドの地名〕は、屈強な護衛を雇ったとしても守ることができないような広大な土地であるが、彼らはそこで大量の金の延べ棒を運ぶ役についていた。彼らは、また、各部族の首長同士のあいだでの、そして政府との合意を保証する立場にあった。

バーツとチャランスらの力の源泉は、彼らの神聖なる性質と、彼らの自暴自棄な盟約にあった。すなわち、財産を運んでいるときに近寄るものがあれば、彼らはトラーガと呼ばれる約束を果たすことを宣言する。それは任務をうまく遂行できなかった場合は、いかなる時でもつぎのようにすると脅すのである。すなわち、仕事をうまくできなかったら、自分の胸を剣で突き、さらには心臓まで刺す。もしくは自分の子供の首をはねる。約束を締結した者が複数いた場合には、だれがいちばん初めに仲間によって首を切られるかをくじ引きで決める。このような手続きのおぞましさ、そして詩人たちの血がみずからの頭に飛び散ってくることの恐怖によって、どのような怖いもの知らずも理性に従うようになった。彼らの忠節は模範的で、自分たちの大切な身分がかかった支配力を維持するために命を犠牲にすることをためらわなかった」（The Hon. Mountstuart Elphinstone, *History of India* [ed. 7 ; London, 1889], p. 211）。

第5章　強制、コミュニケーション、戦略的行動

	I	II
i	2 / 4	1 / 1
ii	2 / 4	3 / 3

図10

して、相互に損失が発生する履行でもその方が魅力的であるようにしておくという戦術がある（たとえば、約束を公言しても履行しなかったら臆病者のそしりを受けるようにしておく場合、あるいは大切な陶磁器をショーウィンドウのすぐそばに置いておく場合、あるいは守りぬくことが無理であるような拠点を死守すると宣言して、そこに兵士の妻や子供を住まわせる場合）。より日常の例としては、アーヴィン・ゴフマンが示した例がある。「セールスマン、とくに〔マルチ商法などにおける〕末端のセールスマンたちは、客が商品を購入しない限りは、明らかに嘘だとわかってしまうような売り文句を使う。なぜなら、彼らは、そうすると、乗り気でなかった客でも、そのセールスマンの面目を保ち、嘘がばれないようにしてやろうという思慮深さから商品を買おうとすることを知っているからである」[8]。

　脅しへのコミットメントというこの概念は、いくつかの方法で有用に広がりをもたせることができる。まずひとつの方法としては、どんな状況であったとしてもすでにコミットした行動を履行した方がいいと思わせるくらいに大きな罰をもたらす、「揺るぎない」コミットメントについて理解することがあげられる。このようなコミットメントによってもたらされる罰は、自分がコミットする以外の行動をとったときに、自発的、不可逆的、可視的に科される無限の（または十分以上の）罰である。さらに、この脅しへのコミットメントという概念は、有限の大きさをもち、それゆえどんな状況でもその目的を実現できるとは限らないような罰を想定することによっても、広がりをもたせることができる。たとえば、図10では、行プレイヤーが戦略 i にコミットしない限り、列プレイヤーは先手をとることによって勝利を収める（ここでのコミットメントとは、行プレイヤーが「先手をとる」ことであった）。しかし、もしここでのコミットメントが、戦略 ii に対して有限の罰を科し、それゆえ戦略 ii から得られる行プレ

---

[8] ゴフマンの論文は、ゲーム理論に関連する駆け引きについてのすばらしい研究である。彼は、礼儀や騎士道精神、外交儀礼さらには法律といった定式化された行動様式がもつゲーム理論的要素を例証した先駆け的存在であるといえよう。

第II部　ゲーム理論の再構築

	I	II	III
i	−5 −5	−1 −2	−1 −2
ii	−3 −4	3 0	2 2
iii	−3 −4	1 1	0 3

図11

イヤーの各利得からある有限の値を取り除くことを意味するならば、その罰が2よりも大きい場合に限り、コミットメントは効果を発揮する。罰が2以下の場合だと、列プレイヤーの戦略IIに対して、行プレイヤーはそのコミットメントにもかかわらず戦略iiで反応することになる。この場合、行プレイヤーにとってコミットメントとは、利得の損失以外の何ものでもない。それゆえ、行プレイヤーは2以下の罰を科すようなコミットメントを利用しようとはしない。

　同じことは脅しについてもいうことができる。図11において脅しがない場合、解は(iii、II)となる。ルール上、行プレイヤーが先手をとるか、列プレイヤーが先手を取るか、もしくは同時手番かは関係がない。しかし、各プレイヤーは、後手をとり相手に脅しをかけることができれば勝利する[9]。列プレイヤーは行プレイヤーの戦略iiiに対して戦略Iを用いて脅し、行プレイヤーは列プレイヤーの戦略IIに対して戦略iを用いて脅すのである。一方、脅しが罰によって保障されるなら、列プレイヤーが有効な脅しをかけるのに必要な罰の下限は4である。罰がこれ未満の場合、行プレイヤーの戦略iiiに対して、列プレイヤーは戦略Iよりも戦略IIを好む。また、行プレイヤーの脅しが有効であるため

---

[9] 列プレイヤーが行プレイヤーに対して、物理的に先手をとらせることができない場合であったとしても、行プレイヤーが戦略iiを選択すると約束しない限り戦略Iを選択すると脅すことによって「制度的に」それを強制することができる。このケースを十分に分析するためには、脅しだけでなく約束に対する罰についても考える必要がある。物理的・制度的な約束(つまり、相手プレイヤーに対するコミットメント)の取り決めは、一般的に一方的なコミットメント(つまり、相手プレイヤーが自由にその解除を行うことができないコミットメント)とはかなり異なった性格をもつ。それゆえ、脅しと約束に対して与えられる罰も大きく異なる場合がある。それは、一般的に先手プレイヤーと後手プレイヤーとのあいだで罰も異なりうるのと似ている。図4の利得行列では、列プレイヤーまたは行プレイヤーによる約束に対して少なくとも1の罰が科せられなければならない。脅しから約束が引き出される場合、自分自身の契約違反に対して罰を科すことができるということ(つまり契約を履行できるということ)は脅迫する者の利益となるが、脅迫される者にとっては不利益となる点は注意を要する。

に必要な罰の下限は3である。もし、脅しにかかる罰が両プレイヤーにとって同じ「サイズ」であるならば、罰が3未満だとそれはだれにも用いられることはなく、帰結は（iii、II）のままとなる。罰が4よりも大きい場合、それはどちらのプレイヤーにとっても意味のある脅しとなり、ゲームの「勝者」は最初に脅しをかけた者である。最後に、罰が3以上4未満の場合、その脅しは行プレイヤーによってのみ用いられ、行プレイヤーが勝利を収めることになる。この最後の状況では、脅しが成功しないことによってより大きな傷を負う者がいたとするならば、それはその者が脅しをかけることができなかったからだ、ということになる。それは、自分自身に対して十分大きな罰をかけられなかった、というパラドックスのゆえ、なのである。

「より大きな傷を負う」と述べたが、これは行プレイヤーの脅しによって行プレイヤーと列プレイヤーのどちらがより大きな被害を受けるか、ということを意味するわけではない。そうではなく、それは列プレイヤーが脅しをかけた場合に列プレイヤー自身が受ける被害と比較して、行プレイヤーが脅しをかけた場合に行プレイヤー自身が受ける被害の方が大きいかどうか、ということを意味している。実際、上に掲げた行列において、行プレイヤーによる効果的な脅しの履行は、列プレイヤーに対するよりも行プレイヤー自身に対してより大きな損害を与える。その一方で、列プレイヤーによる効果的ではない脅しの履行は、行プレイヤーよりも列プレイヤーにより小さな損害しかもたらさない。

脅しの概念を広くとらえるもうひとつの方法は、合理性の前提を取り去ることである。たとえば、プレイヤーRとプレイヤーCが、ミスを犯したり、非合理的な行動をとったり、または相手が利得を読み違えたために自分が相手の予測を裏切って行動する確率をそれぞれPrとPcとおく[10]。このようなゲームでは、自分が完全にコミットした脅しが相手に認識されない可能性があり、脅しへとコミットする際には、その可能性によって起こりうる利得の増減を考慮しなければならない。それゆえ、プレイヤーのどちらか一方がより大きな脅しの期待損失を抱える場合、間違いを犯す確率Pと脅しの罰が両プレイヤーにとって等しいという意味では対称的であっても、あるプレイヤーは脅しをかけるが、その相手は「間違い」の可能性を考慮して脅しをかけない、という非対称的な状況が生じることがあるかもしれない（いくぶん同じような計算は、両プレイヤーが脅しをかけるチャンスをもつ場合に、相手のコミットメントを観察し

10　このような状況は第7章と第9章で詳細に分析される。

損なうことで、両プレイヤーによる同時的なコミットメントが行われてしまう危険性が存在する場合にも働くだろう)。

　合理性仮定に関して脅しの概念を修正することは、上述した「より大きな傷を負う」という基準とも少なからず関係している。ただ、全体として、ゲーム理論は交渉の戦略に関する知見を新たに提供するものである。つまり、直感的な第一印象と異なり、それは、脅しの履行によって脅迫者が被脅迫者よりも小さな被害を受けるかどうかはさして重要な問題ではない、という劇的な真実を強調している。戦争をするという脅し、価格競争をしかけるという脅し、損害賠償訴訟の脅し、「騒動」を起こすという脅し、さらには重犯罪や軽犯罪を訴追しようとする組織化された社会による脅し、恐喝や抑止といった概念のほとんどは、プレイヤー間の効用を比較する基準を拒絶することなしには、理解することができないのである。実際、脅しを興味深い分析対象とするのは、脅しの状況におかれた2人のプレイヤー間における非対称性である。しかし、そこで問題となる非対称性とは、コミュニケーション・システム、脅しや約束の強制可能性、コミットメントのスピード、行動の合理性などに関する非対称性を意味するのであって、最後に(ある場合には)相対的な被害の大きさにも関係するにすぎないのである。

約　　束

　約束が強制可能であることは自明ではない。合意は、強制可能な条件に基づいて成立しなければならないし、強制可能な行動が合意の対象でなければならない。強制可能性は少なくとも2つの要素に依存する。何らかの権威をもった主体による罰や強制と、その罰や強制の必要性を判断する能力がそれである。第二次世界大戦後の軍縮や査察に関する議論から得られる教訓は、たとえ両者が切実に望んでいたとしても、強制可能な合意に達したり効果的な強制手段を見つけ出したりすることがいかに難しいかである。当事者のどちらも相手を信頼せず、両者とも相手が信頼していないことを認識し、それゆえどちらも相手の履行を期待していないとき、問題はさらに難しくなる。軍事査察に関する技術的な問題の多くは、約束を強制できる現実的な手段が存在するか、もしくは世界中のすべての国々が忠誠を無条件に誓う非現実的な権威主体が存在すれば解決されるだろう。しかし、不履行を発見することが不可能かもしれないため、たとえ罰が保証されていたとしても、履行約束を強制することはできないだろ

第5章　強制、コミュニケーション、戦略的行動

	I	II
i	0　　0	－1　　2
ii	2　－1	1　　1

	I	II
i	0　　0	－1　　2
ii	0　　0	1　　1

図12

う。また、合意を破ることで、不履行国が罰の実施を自動的に受けなければならないような場合を除いては、そのような罰が実際に実行される保証はないので、問題は二重に難しくなる。さらに、合意は、定義の操作化が明確でなければならない。客観的な査察を可能にする条件が客観的に定義されたときのみ、両当事者を分け隔てなく扱うような合意がうまく機能するのである。

　一般に、約束は双務的（契約的）なコミットメント——しばしば約束の相互供与のかたちをとる——として理解することができる。しかし、相互利益をもたらす選択を相手にさせることができるならば、一方的な約束を行う誘因が存在することもある。図12の左側の利得行列においては、行動の選択が同時手番の場合、約束が両プレイヤーによるものである場合にのみ、相互利益［ii, II］を実現することができる。一方、右側の利得行列では、行プレイヤーの一方的な約束のみによって利益を実現することができる——このとき、列プレイヤーは心配することなく戦略IIをとることができるので相互利益が実現される（左側の利得行列で行動が逐次手番の場合、後手をとったプレイヤーが約束をする能力をもつことになる。それゆえ、行動順序について合意しようとする場合、当事者の一方のみが約束できるならば、他方が先手をとることに両者は合意するであろう。右側の利得行列と比較した場合、この約束は相手プレイヤーの行動に条件づけられている点が特徴的である。右側の利得行列では無条件の一方的約束がカギとなるが、逐次手番の左側の利得行列ではそうではないのである）。犯罪の目撃者は、密告を防ぐため犯罪者が自分を殺そうとする場合、〔密告しないという〕一方的な約束を行う動機をもつ[11]。また、相手国を完膚なきまでに破壊する絶対的な奇襲攻撃兵器の開発に成功することが目前に迫っている国家は、相手国が死に

---

[11] このような考えは、ジョン・コリアの「雨の土曜日」のなかで披露され、近年ではアルフレッド・ヒッチコックがテレビのなかでそれを再現した。殺人現場を偶然に目撃した者が、口封じのために自分の指紋やその他の犯罪証拠を現場に残すよう銃を向けられ指示される。遺体が見つかったときに、その目撃者が疑われるようにするためである。しかしながら、このときその目撃者は、本物の犯人と罪を共有するようなかたちで証拠を捏造するよう強く要求すべきだった。いわば彼はうまく騙されたのである（*Short Stories from the "New Yorker"* [London, 1951], pp. 171-178）。

第II部　ゲーム理論の再構築

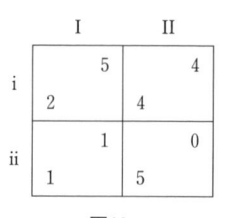

	I	II
i	5　　　2	4　　　4
ii	1　　　1	0　　　5

図13

もの狂いの奇襲攻撃をしかけてくるのを抑止するために、兵器開発を最終段階のまま凍結することを一方的に約束するインセンティヴをもつかもしれない——もちろん、何らかの約束手段が存在すればの話だが。

　脅しとは違い、約束には確固たる定義が存在しない。確かに、図12の2つのゲームで表現したように、約束とは相互利益をもたらし、相手にも歓迎される（条件つきまたは無条件の）コミットメントとして考えることができるようにもみえる。しかし、図13は行プレイヤーが脅しと約束を組み合わせなければならない状況を表している。つまり、列プレイヤーによる戦略Iに対して行プレイヤーは戦略iiで脅しをかけ、戦略IIに対しては戦略iを約束する。この行プレイヤーの約束によって、列プレイヤーは戦略IIを選択すれば0ではなく4の利得を得ることができる［i，II］。その意味で、列プレイヤーにとってこの約束は魅力的である（さらにそれは行プレイヤーの利得を1単位犠牲にして成立している）。しかし、もし行プレイヤーが約束を行えない場合、列プレイヤーは利得5を得ることになる［i，I］。なぜなら、約束がなければ脅しは実際に履行されず、効果がないからである。戦略Iに対する戦略iiの脅しはそれ自体何の意味ももたない。なぜなら、戦略IIは列プレイヤーに1ではなく0の利得を与えるだけで［ii，II］、脅しによって列プレイヤーに戦略IIをとらせることはできないからである。それゆえ、行プレイヤーの脅しは約束の後ろ盾があってはじめて効果を発揮するのである。約束によって脅しを効果的にすることで、列プレイヤーは5ではなく4の利得を獲得し、行プレイヤーは2ではなく4の利得を獲得する^{訳注}。スパイや陰謀者あるいは社会的疫病にかかっている人を、容赦のないしかしコストのかからない追跡の脅しのみで表の世界に出てくるように強制することはできない。彼らにそうさせるためには、表の世界に出てきた者に対して免責を与える旨の約束をしなければならないのである[12]。

　約束とは、相手プレイヤーによって左右されるコミットメント——すなわち

訳注　原文では「行プレイヤーは2ではなく5の利得を獲得する」となっているが「4の利得を獲得する」の誤り。

相手プレイヤーが自由に強制したり解除したりできるコミットメント——として理解するのがよりよいのかもしれない。しかしそうだとしても、約束を表明するタイミングが重要となる。上述した約束は脅しが完全にコミットされたあとで効果を発揮する。しかし、もし約束の被害者（列プレイヤー）が前もって約束を無効にすることができるならば、それゆえ列プレイヤーが戦略Ⅱの結果として利得0を予測することを行プレイヤーが知っているならば、行プレイヤーによる脅しは抑止される。そして、脅しと約束が「制度的に」分離できないようになっていたら、あるいはそれらが何らかの操作によって不可逆的に達成しまうとするならば、約束に対して確固たる定義を与えることは難しくなる（実際、約束と一般に考えられているものが「制度的な」コミットメントではなく、何らかの取り消し不能な行為によってなされる場合、それを定義することは不可能に近くなる）。

　事実、行動の選択肢が2つよりも多くある場合、脅しと約束は一方が他方に提示する「反応パターン」として同時に利用されることが多い。それゆえ、脅しと約束は、同一の選択的かつ条件的なコミットメント戦術——その成否は相手当事者の利害によって左右されやすい——の異なる側面を表す2つの名称として理解するのがよいのかもしれない。

強制の枠組み

　合意は、それを強制する外部の権威主体が存在しなかったり、その不履行が発見されない場合、強制することはできない。それゆえ、裏切り誘因を与えずに、不履行を自動的に発見し、強制可能性を担保する罰則を生みだすような合意形式や合意内容が問題となる。2人のパートナー間での「信頼」の可能性をつねに否定する必要もないが、それを当然視すべきではない。この点、信頼それ自体もまたゲーム理論の枠内で適切に考察することができる。しばしば信頼は、プレイヤー間の関係の継続性や、当事者間で長いあいだ培われてきた信頼関係の価値——それは将来における長期的な合意の継続を可能にする——が短期的な裏切りの価値を上回るという認識を土台に成立している。であるならば、単一の非連続的な事象であっても、もしそれがいくつかの段階に分解することができるならば、そうしたなかにおいて「信頼」が確立できるかもしれない。

　しかし、ある特別なゲーム的状況では合意に強制可能性を与えることができ

12　これと関連する例としては、口の堅い証人に対して免責を約束することによって、自らを有罪に導くような危険を除き、ただの法廷遅延行為としての訴訟手続きへと道を開いてやることである。

る。そのひとつは、ある種の調整や相互補完性に基づく合意である。たとえば、夕食をどこで一緒にとるか２人の意見がバラバラだったり、２人の犯罪共犯者がどの共通のアリバイで押し通そうとするか考えをすり合わせられなかったり、企業の取締役がどの価格をつけるかで意見を対立させたり、フットボール・チームのメンバーがどの戦術をとるかで言い争ったりしたとしても、彼らは自分たちの行動を最終的には一致させることに究極的な利益を見出す。合意が正式に成立した場合、それはそれ以後の暗黙的な調整のための唯一のフォーカル・ポイントとして機能することになる。つまり、予想される行動から逸脱しようとする一方的な選好をだれももたなくなるのである。もし強制手段が何も存在しない場合、当事者たちはこの相互依存的な期待という特徴を備えた合意を探し出す努力をしてみるのがよいのである。必要ならば、調整の失敗が過酷な危機的状況をもたらすような条件を、ただそれだけの目的で合意のなかに組み入れてもよいかもしれない。なじみ深いそうした例としては、宝物さがしの地図を半分に引き裂いたり、パートナーの一方が拳銃をもち他方が弾薬をもつことがあげられる。

　人質の制度は、古代から存在する技術であるが、それはゲーム理論を用いた研究に値する。同じ杯からワインを飲んだり、公衆の面前でギャングが話しあうことで殺しあいを防止したりする習慣などと同様である。また、麻薬組織の摘発に麻薬中毒者だけをエージェントもしくは組織の一員として送り込むことがあるが、それもよく報告される一方的な人質の一例である。

　もし相互破壊を必死で防ごうとするならば、お互いに憎みあっている２カ国はその国民をそれぞれ交換しあうといいかもしれない。また、小さな島に両国の政府機構を移動させ、街の区画を交互に占領しあうようにしたりするのも、ひとつの手であろう。すでに言及したが、合理的行動仮説に依拠した場合、人質交換の主たる問題は、お互いの価値体系を各当事者が完全に把握することができないかもしれない点にある。たとえば、自分の娘を人質として敵国の王室に送った王であっても、実は自分の娘をただ嫌っていただけなのではないか、という敵国の疑心を完全に晴らすことはできないかもしれない。ソ連にアメリカの奇襲攻撃に対する安全保障を与えるためには、幼稚園レベルでの「子供海外教育プログラム」のようなものを採用すればよい。すなわち、もしすべてのアメリカの５歳児がソ連の幼稚園に通うならば――文化交流ではなく明確に「人質」を目的としてのみ計画された施設として――、そしてその卒業生たちがアメリカに帰ってくる前に新入生がそこに入園するようになっていれば、ま

第5章　強制、コミュニケーション、戦略的行動

さかアメリカがソ連に対して核攻撃をするなどということはないであろう。ただ、ソ連がそう思うかどうかはわからない。さらに、もしソ連が同じプログラムを採用したとしてもソ連に対してこの相互プログラムが抑止となるかどうかについても不確実である。たとえソ連政府が自分たちの子供を傷つけることを危惧していたとしても、残念ながらそのことを私たちに納得させることはほとんど不可能に近いだろう。しかしながら、奇襲攻撃の多くの状況において、一方的な約束は何もしないよりは望ましい。もちろん、人質が対称的に交換されることはなかなか起こることではないが、それでも人質を研究することに価値を見出すことはできるだろう[13]。

　この人質という考えは、論理的には、大国間での軍縮協定が防衛兵器や防衛のための枠組みに関連している場合にその効果が大きくなる（そしてより技術的なコントロールに服する）という考えに等しい。防衛能力を削減することは、実質的には、国民全体を相手国の物理的な所有物とすることなしに人質化することである。つまり、われわれの子供たちをソ連のコントロール下におき、同時にソ連の子供たちに対してわれわれも同様なパワーを得るためには、憲法上の権利を犯して子供たちを物理的に交換し不快な気持ちにさせる必要はないのである。子供たちを十分に守ってはやれない状況におくことで、あたかも彼らを手中に収めたかのように、相手が子供たちに大きなダメージを与えられる可能性があれば、それで十分なのである。しばしば言及される「恐怖の均衡」とは——もしそれが存在し安定的ならば——、考えられるすべての人質を完全に交換しあうことと同義である（なお、このアナロジーは均衡が安定的であることを前提としている。つまり、どちらの当事国も奇襲攻撃によって相手国の反撃能力を破壊することはできないが、相手国の市民に対して大きな苦しみを与えることはできる状態が必要となる）[14]。

---

[13] 人質を厳密に定義することはやや難しい。なぜなら、それは脅しと約束の両方に関わる概念だからである。たとえば、ヨーロッパに駐留するアメリカ部隊はアメリカがヨーロッパでの紛争に関与することを避けられない、ということを主に示すための人質として理解することができるだろう。たとえ、そのアメリカ部隊の兵士たちを人質としてとらえることができなくても、すくなくとも彼らとともに暮らす妻や子供たちは人質としてとらえることができるだろう。いやむしろ、その妻や子供たちの方が部隊そのものよりも、より信憑性のあるコミットメントまたは「トリップワイヤー」である、といえるのかもしれない。一般的な原則として、侵略を試みようとする国は、その侵略対象国の観光シーズンは避けるべきかもしれない。さもなければ、偶然にも人質を提供してしまうことになる多くの国を敵にまわすことになるからである。

[14] この概念は第10章においてより詳しく検討される。

強制の否定

　約束を強制できるかどうかは、当事者間での効率的な結果を妨げようとする第三者の影響力とも関係している。非合法活動を禁止するためのひとつの強力な手段は、契約の強制力をなくすように、そうした行動に対する法的保護を奪うことである。たとえば、ギャンブル契約、貿易規制に反する契約、禁酒法時代のアルコール類の受け渡し契約などの履行を強制できないものとすることは、つねにそういった行為をやめさせることの一環として行われてきた。もちろん、こうした行為を禁止することで、しばしば、契約を強制できたり強制可能な約束を行うことができたりする者が巨大なパワーを握ることになる[15]。たとえば、禁酒法時代のアルコール類のラベルに関する著作権の否定は、巨大なギャング組織のみがアルコール類の品質を保証できる状況を生み出し、それゆえこの業界での彼らの独占をさらに拡大させることになった。その反対に、ブランドやラベルを保護する法律は、不文契約に基づく商取引を促進するメカニズムとして理解することができるだろう。

主導権の放棄

　脅しや通常のコミットメントの実施を難しくし、またそれらを興味深い研究対象とするのは、コミットメントの手段や自分自身の不履行に対して発動される利用可能な「罰」を見つけ出すことが難しいという問題である。どのように行動・反応すべきかに関する自由がもはやない状態へと自分自身を追い込む戦術には、いくつかのものが考えられる。こうした戦術の目的は、やっかいな主導権を自分が放棄することで、ゲームの結果を相手プレイヤーの選択のみに依存させる点にある。

　このような戦術こそまさに、国務長官ジョン・フォスター・ダレスがつぎのように語る際に探し求めていたものである。

---

[15] 犯罪組織のもつ重要な機能のひとつは、法の枠組みから外れた合意を強制することにあるとしばしばいわれてきた。シカゴの衣服業界における価格引き下げは、店の爆破という罰をともなうものであった。そして、この爆破にかかる費用は価格固定を図る組織によって支払われる。R. L. Duffus, "The Function of the Racketeer," *New Republic* (March 27, 1929), pp. 166-168参照。

第 5 章　強制、コミュニケーション、戦略的行動

　将来的には、強大な報復能力に基づく抑止に頼る必要性は少なくなるだろう（中略）。1950年代とは異なり1960年代には、中国・ソビエトとの境界線に位置する国家は通常兵器による大規模攻撃に対して効果的な防御能力を持つようになる。よって、侵略者は侵略を諦めるか、防御国に対して核攻撃を始めるかといった究極的な選択に直面する。このようになると立場は大きく変化する。いままでは防衛目的で全面核報復能力に依存する被侵略国が核戦争の最終決定権を握っていたが、今度は、もはや通常兵器による侵略ができない侵略国が、核戦争の決定権を握ることになるからである[16]。

　このようにダレスは、1950年代と1960年代における抑止の違いを、核戦争の最終決定権の所在の違いに還元して考えた。この違いは重要である。なぜなら、アメリカはある種の侵略に対する大量報復の脅しへとコミットする説得的な手段をみつけたり、それを信じることができないでいるからである。

　最初の原子爆弾が落とされてから間もない時期、つぎのような噂がジャーナリズムを通して広がった。つまり、地球の大気が耐えうる核分裂には上限がある。それゆえ、ある閾値を超えた核爆発が起こってしまったら、強大な連鎖反応によって地球の大気が破壊されるかもしれない、と。このことが本当ならば、そしてこの閾値を正確に計算できるならば、n－1個の核爆弾を世界に対して劇的に爆発させる自動プログラムを開発することで核兵器を無力化させることができるかもしれない、とまで主張する者までいたようである。

　相手プレイヤーに責任を押しつけるというこの戦術は、スティーブンソン・B. キャニオン空軍中佐（当時少佐）によって見事に成し遂げられた。彼は、中国共産党の戦艦に拿捕される寸前の中国国民党の戦艦を守るため、戦闘機を利用した戦術を編み出し、それを風刺画というかたちで公表した。敵対関係を生み出したくもなければその権限も与えられていないアメリカ軍戦闘機は、信憑性ある脅しをかけることができないことを知っていた。そこで彼が提案したのは、敵軍の近くで燃え盛る炎にめがけて戦闘機の燃料を投げ捨てることであ

16　J. F. Dulles, "Challenge and Response in U. S. Policy," *Foreign Affairs* (October 1957)。同じことは、ヨーロッパでの適切な防衛能力の役割についてディーン・アチソンによっても語られている（Dean Acheson, *Power and Diplomacy* [Cambridge, Mass., 1958], pp. 87-88）。彼によれば、小規模ではなく大規模な攻撃を敵がするよう仕向けることによって、報復がなされることを相手に信じさせることができる。なぜなら、「その場合、敵が私たちの代わりに意思決定をすることになるからである。（中略）つまり、適度のヨーロッパ防衛能力をもつということは、すべてのリスクをかけるような決定を防衛側から攻撃側へと移譲することを意味するのである」。

った。そうすることによって、敵艦は延焼を避けるためエンジンを逆回転せざるをえない立場におかれた。つまり、敵軍艦めがけて燃料を投げ捨てることもできなければ、そう脅すこともできない状態であったとしても、自らの主導権を投げ捨てることによって、目的を達成することができたのである。

同様の戦術は、「受動的な抵抗」もしくは「能動的な不抵抗」とでも呼ぶことのできる劇的な戦術のなかに見出すことができる。たとえば、ニューヨーク・タイムズが伝えるところによると、「今日、日本において300以上の駅の線路で鉄道職員による座り込みのストライキが行われた。それによって、48の旅客列車と144の貨物列車が足止めを食らった」ようである[17]。

もっと劇的な例、それもまたしても日本の事例だが、同じ新聞のなかで報道されている――「イギリスの水素爆弾実験予定地であるクリスマス島の進入禁止海域へ『死をもって直訴する艦船』を送るべきかどうか、今週日本で議論が行われた（中略）。その遠征の第一の目的はイギリスによる爆弾実験を止めさせることにある」[18]。

〔タイプの〕識別

どんなゲームであっても、各プレイヤーが相手の価値体系をどれだけ知っているかが重要となる。これと同様の情報問題は、〔タイプの〕識別に関しても生じる。たとえば、外部の協力者を見つけ出せたときのみ銀行強盗を行おうとしている銀行職員と内部共犯者を見つけ出せたときのみ銀行強盗を行おうとしている泥棒がいたとしよう。このとき、彼らが協力できる可能性は低い。なぜなら、目的を共有しない人に強盗の意志を打ち明けてしまった場合、厳しい罰が待っているため、それぞれ〔のタイプ〕をうまく識別できないからである。

---

[17] "Rail Strikers Sit in Tracks," *The New York Times* (May 13, 1957), pp. 12L f. このような戦術に対する適切な対抗策としては、つぎのようなものを考えることができるだろう。まず、機関士がスロットルを調整して列車の前進スピードを遅くする。その後、彼はストライキをしている人たちの目に入るかたちで、走行中の列車から飛び降り駅を歩き、列車が彼に追いついたところで再び機関室に飛び乗るのである。列車を運転している彼が抱えている弱点は、ストライキをしている人たちが線路から身を引くよりも自分の方が早く列車を止めることができてしまうという点にあり、それは短時間のうちに線路から身を引けないよう線路上で群をなす場合に顕著な弱点となる。しかし、ストライキをする者たちは、自分たちを線路上に縛りつけ、その鍵を捨て去ることによってこの鉄道側の対抗策をも阻止することができる。もちろん、そのことは機関士が列車のコントロールを放棄する前に、信憑性のあるかたちで伝えることができなければならないが。

[18] "Japan Debating Atomic 'Suicide,'" *The New York Times* (March 5, 1957), p. 16.

第5章　強制、コミュニケーション、戦略的行動

女の子をデートに誘おうとしているが、もしかしたら断られてしまうかもしれないと二の足を踏んでいる男の子も、同じような状況に直面している。同様に、金持ちと貧乏人を前もって識別できない場合、誘拐犯は自らの仕事を適切に遂行することはできない。人種差別反対を掲げる南部の少数派は、自らの立場を公言すると罰を受けるため、自分の他に多くの賛同者がいるのかどうかわからないかもしれない。

　コミュニケーションの場合もそうだが、〔タイプの〕識別もつねに相互的であるとは限らない。また、識別は可逆的であるかもしれないし、そうではないかもしれない。目的対象物に関する自らの利益を公言した場合、もしかしたら当初求めていた以上に〔タイプを〕識別できるようになるかもしれない。シェイクスピアの『尺には尺を』がよい例である。公爵の代理人であるアンジェロは、公爵が処刑を命じた囚人を看守している。アンジェロは彼を拷問にかけることができるが、そうするインセンティヴを彼自身はもっていない。その囚人には妹がいて、兄の命乞いをしに駆けつけてくる。その妹に心を惹かれたアンジェロは彼女に対して不名誉な交渉をもちかけるが、彼女はそれを拒絶する。それゆえ、アンジェロは彼女がその提案をのまなければ兄を拷問にかけると脅したのである。この時点で、ゲームは〔タイプの〕識別の問題とコミュニケーションの問題によって、拡張してしまった。アンジェロがその囚人を拷問にかける唯一の利益は、そう脅すことによって彼が得られるかもしれないもののなかに存在する。その脅しを相手に対して効果的に伝えることができるならば、拷問の可能性はアンジェロにとって価値のあるものとなる。つまり、拷問それ自体ではなく、その脅しに価値があるのである。一方、その妹は兄の命乞いをしに駆けつけることによって負の利益を得てしまった。なぜなら、彼女が兄の命乞いを必死で求めていることをアンジェロにわからせてしまっただけでなく、脅しのメッセージを受け取れる状態に自らをおいてしまったからである。自分が何を求めているのかを秘密にするか、もしくは脅しが発せられる前に群集にまぎれて姿を消してさえいれば、彼女は受けなくてよかった災難を回避することができたのである。

　数年前にニューヨーク郊外で起こった事件も、〔タイプ〕識別に関する興味深い例である。そこでは、ある特殊なIDカードを携帯しているバイク乗りたちがそれを警官に見せて、自分がある特定のクラブのメンバーであることを示していた。彼らは逮捕された際にそのIDカードを警官に提示し賄賂を支払っていたのである。そのIDカードは、賄賂のやり取りを秘密にしておくタイプ

145

であることを警官に識別させる役割を果たしていた。つまり、それはバイク乗りたちが約束を守るタイプであることを相手に知らせる ID カードだったのである。その ID カードはバイク乗りが逮捕されたあとでしか機能しない。もし警官が一目見て ID カードを携帯するバイク乗りであることを識別できるならば、カード携帯者のみに目をつけて集中的に逮捕するであろう。なぜなら、そうすることによって違反切符か賄賂かの選択を迫ることができるからである。その ID カードは、バイク乗りが自ら選択できる条件つきの〔タイプ〕識別手段として機能していた。約束と〔タイプ〕識別の議論に関するこうした状況についてサザーランドはこう言及している。「多くの警官は盗人に対して完璧なまでに公平な扱いをするわけではない。なぜなら、むしろ多少異なる扱いをする方が、もうけになるからである。彼らは、金に困っているときにはプロの盗人を捕まえたら恩情をかける。しかし、プロでない盗人に対して恩情をかけることはありえない。なぜなら相手がプロなら警察上層部に伝わる可能性は低く安心だが、アマチュア相手だとその可能性がないこともないからである」[19]。

〔タイプの〕識別は、生産や交換に関する通常の経済学のなかで無視されやすい重要な経済的事実とも関連している。すなわち、破壊活動の可能性と、それに支えられた恐喝的な脅しがそれである。知的能力が平均よりもわずかに低い健康的で普通の高卒者が、年間3,000ドルから4,000ドルを稼ぐためにはかなりの重労働が必要となる。しかし、もしその気になったら、筆者の簡単な計算によれば、彼はその100倍もの価値を破壊することができるだろう。もし、破壊することができるかもしれない価値のほんのわずかでも見返りとしてもらえる代わりにその破壊活動を自制する、という制度的取り決めがあるならば、彼は技術者や店員ではなく恐喝者として生きようと強く心に思うだろう。この点、恐喝が行われるためには通常、恐喝者自身が自己〔のタイプ〕を明らかにし、明示的なコミュニケーションをとらなければならないのは幸いである。

自己識別の大切さは、告発者がだれであるかを被告に知らせ、反対尋問できる機会を与えるべきとする原則の重要性によってすでに実証されている。またそれは、被告が証言者に対して威嚇しないように、また犯罪者が逮捕されるまで犯罪目撃者の身元を秘密にしておくために、大陪審で非公開証言が行われる点にもみてとることができる（法や法の強制そして犯罪抑止はゲーム理論が豊富に応用されるべき分野である）。

---

19 E. H. Sutherland, *The Professional Thief* (Chicago, 1954), p. 126.

委　任

　利用されることの多いもうひとつの「行動」としては、自分の部分的または全体的な利益もしくは決定の主導権をゲームの新たなプレイヤーとなる（もしくはすでになっている）代理人へ委任することが考えられる。たとえば、保険制度は、利害を共有することを土台として成り立っている。しかし保険会社は、被保険者とは異なるインセンティヴ構造をもち、それがために被保険者をうまく脅したり抵抗したりすることができる。小切手に複数の署名を必要とするのも、また同じ目的のためである。会社が債務回収業者に仕事を依頼するのは、債務者との関係で双方的ではなく一方的なコミュニケーション関係を作り出し、それゆえ債務者からの懇願や脅しに耳を傾けられない状態を作り出すためである。韓国の軍隊に武器を供給したり、韓国側が捕虜を一方的に解放できるよう彼らに捕虜収容所の管理権を認めたりすることは、アメリカが自らのもつやっかいな決定権を放棄するための戦術的な手段となる。なぜなら、そうしなければ強要的または抑止的な脅しをアメリカがかけざるをえなくなるだけでなく、その脅しから手を引く能力もまたアメリカの手に残しておくことになってしまうので、効果的に脅しをかけることが結局できなくなってしまうからである。

　中国国民党政府との相互防衛協定は、意志の固さがより明らかな第三者へと行動決定権を委任する手段として理解することができるかもしれない。また、最近ヨーロッパ諸国に核兵器を与える提案がなされたが、そこではアメリカよりも意志の固い諸国に報復する明白な能力を移すと抑止が効果的になる、と公然と議論されていた。

　恐喝金の回収や囚人の監視に乱暴者やサディストを利用したり、明白な動機をもつ軍隊の司令官に権限を公然と委任したりすることがあるが、これらも、脅しの目的を達成できなかった場合に脅しの内容が実行されることをためらったり、そうする利益を感じなかったりするような当初の意思決定に対して信憑性を付与する一般的な手段である（このように非合理的なパートナーや代理人を利用することはプレイヤーにとって合理的となりうる。それは、自分の合理性が前提とされるがゆえに相手がかけてくる脅しを抑止したり、さもなければコミットメントできなかったような脅しに信憑性を与えたりするために、自らの合理性を破壊することが合理的となりうることと同じである）。

　図14の利得行列をみよう。カッコのなかの数字を無視するともし行プレイヤ

第II部　ゲーム理論の再構築

	I	II
i	3 (2) 5	2 (1) 0
ii	4 (1) 0	5 (0) 1

図14

ーが後手をとるならば、結果は右下のセルに落ち着き、彼は負けることになる。一方、列プレイヤーは自分にとって最善の結果を得ることになる。さてここで、意思決定権限をもっていない第三者が、ゲームの副産物としてカッコ内の利得を得ることになっているとしよう。このとき、もし行プレイヤーがその第三者に自らの行動決定権を不可逆的なかたちで委任できるならば、行プレイヤーは勝者となることができる。つまり、第三者が後手をとると、ゲームの結果は左上のセルに落ち着き第三者にとって最善の結果となるが、それはまた行プレイヤーにとっても最善の結果となるのである。たとえ第三者のカッコ内の利得が行プレイヤーの利得から捻出されなければならないとしても（それゆえ行プレイヤーの利得はその分だけ減少する）、なお行プレイヤーにとって自らの決定権を自らの利得とともに第三者に移譲することは理に適った行動となる——権限を委譲しなければ行プレイヤーは右下のセルで1の純利得を得るが、委譲すれば彼は左上のセルで3の純利得を得ることができる。

調　停

　調停者の果たす役割もまたゲーム理論の分析のなかでひとつの位置を占める。ゲームのルールに基づいて最初から存在するか、もしくは効率的な結果を生み出すためにゲームのプレイヤーによって採用されるかに関係なく、調停者はコミュニケーション構造の一要素として、もしくは自分自身の利得構造をもちコミュニケーションの支配を通して影響力を発揮する第三者として理解することができるだろう。しかし、調停者は提案や反対提案の順序を規律するなどしてコミュニケーションに枠をはめるだけの存在ではない。なぜなら、彼は自分自身の考えに沿ってゲームの文脈を変えることで効果的な提案を行うことができるからである。つまり、調停者はプレイヤーたちが無視できないようなかたち

第5章　強制、コミュニケーション、戦略的行動

で、自分自身の主導権に関する他のプレイヤーの予想に影響を与えることができる。たとえば、合意に関するフォーカル・ポイントがない場合、調停者は自分の力を使って劇的な暗示をし、それを作り出すことができる。交通整理とは何も関係ない第三者が、突然交差点に飛び込んで各ドライバーに交通指示を与え始めたとしよう。このとき、この人は、車の流れが効率的になることで、ドライバーたちに指図する力を勝ちとる。その指図によって最も差別的な待遇を受けるドライバーであっても、その力を認めることになるであろう。この第三者がもっているのは、ただ単に提案する力でしかない。しかし、調整には提案の発信源に関する共通の了解が必要となるのである。同様に、たとえスクウェア・ダンスの参加者がダンスの指示者から指示されたダンスを不満に感じていたとしても、その指示者がマイクをもっている限り、だれも他のダンスを踊ろうとはしないだろう。道路の真ん中を走る白線は、まさに調停者そのものである。それはかなり高い割合でどちらか一方の車道を走行するドライバーに不公平となっているが、ドライバーはその不公平を否定しようとはしない。サマータイムの議論もまたよい例である。すべてを1時間早く行いたいと思っている多数派であっても、立法府から時間に関する同意を得ない限り、組織的にそれを行うことはできない。しかし、いったん立法府からの賛同を得たとたん、今度はたとえどんなに組織化されたサマータイム反対の少数派であっても、起床・食事・仕事の時間変更を打ち消すことは通常不可能となるのである。

　調停者は、合理的なプレイヤーが自らの合理的能力のいくつかを捨て去る手段としても機能する。たとえば、調停者はコミュニケーションを促進するだけでなく、プレイヤーの記憶能力を妨げることができる（この点、調停者の役割はまさにコンピューターによって果たされる）。たとえば、調停者は各プレイヤーからの提案を比較したうえで、それらの内容を秘密にしたまま、彼らの提案が両立可能かどうか公表することができる。彼は、入ってきた情報の一部を抑圧することもできるスキャン機能を備えているのである。どのプレイヤーも何かを記憶から無くすことにコミットすることは難しい。調停者は、この人間の精神的能力の限界を超えたかたちで、提案の比較を行うことができるのである。

　取得した情報を一方で効果的に捨て去り他方で必死に求めるという問題は、つぎの例のなかにうまく表現されている。政府のある部門は統計プログラムを作成するため所得について正確なデータを収集するが、一方で政府の別の部門もまた課税したり脱税を告訴したりするために同じデータを収集する。このとき、政府は、統計部門が収集した情報を税務部門へ渡さないようにするのが重

要であることに気づくであろう。さもなければ、そもそも正確な所得情報を収集できなくなるからである。また、明示的な調停者を利用する類似の事例としては、自社の企業秘密を政府の統計部門に譲り渡す会社の例が考えられる。統計部門は企業秘密を提供してくれた会社の利益のため、得られた情報を合計・平均して世間に公表したあと、個々のデータを破棄することにコミットするのである。また、政治的または性的行動に関する個々人の私的データを表に出さず、その総計だけ公表する公的な世論調査機関も同様な例としてあげることができる。さらに、個人情報の特定を回避するために調停者を利用する方法は、莫大な資産を保有する買い手もよく使っている。だれがそれを手に入れたいと思っているかを売り手に知られなければ、高級絵画や公用地を安く手に入れられるだろうと推測できるからである。

　各プレイヤーが権限の譲渡を不可逆的に行った場合、調停者は仲裁者にもなることができる。しかし、仲裁協定が強制可能なものとなるためには、各プレイヤーが裁定者に罰の権限を与えたり自分たちの価値体系にとって重要な部分を彼に譲り渡したりして、仲裁のリスクを自発的に負う必要がある。また、各プレイヤーは仲裁者を信頼していなければならないし、彼から強制可能な約束を引き出せなければならない。しかし、どんな場合であれ、仲裁者は、強制可能な約束を作り出す可能性を高める。お互いに信頼しあっていない2人であっても、お互いが信頼できる第三者を捜し出して、彼に利害の処理を任せることはできるかもしれないのである[20]。

コミュニケーションとその破壊

　多くの興味深いゲームの戦術と状況は、コミュニケーション構造、とりわけ非対称的なコミュニケーションやコミュニケーションを開始したり破壊しようとする選択肢の非対称性と深くかかわっている。脅しはその存在を相手に伝えられなければ効果を発揮しないし、恐喝は他の選択肢が存在することを相手に伝えられなければならないのである。「泣き止まなければ、もっと泣かせるぞ」という脅しであっても、子供がその脅しを聞こえないくらいに大きな声で泣いていれば効果を発揮しない（しばしば子供はこのことを知っているかのようであ

20　筆者の聞いたところでは、商業的倫理の伝統があまり強くない国々では、正直さや公平さが共通の文化的特徴となっている国や、そうしたものに対する評判が高く評価されている国から、ビジネスのパートナーや役員を何人か連れてくるようである。

第5章　強制、コミュニケーション、戦略的行動

る)。法廷での証言者は、何を証言するかだれからも指示されないようにという保護を受けている場合、たとえ脅しの内容を理解したとしても、怖がることはない。

　ゲームの結果が調整に依存する場合、コミュニケーションの破壊をタイミングよく行うことが勝利の決め手となることがある。ある夫と妻が夕食をどこでとるか電話で話し合っているとしよう。その妻は自分がどこへ向かおうとしているかを告げ、電話を切ってしまえば、議論に勝つことができる。同様に、補聴器を耳から外すなどしてそれ以上の話し合いを回避すれば、その人は現状路線を維持できることになる。

　本章のはじめの方で紹介したように、群衆行動の成否はコミュニケーションの可否にしばしば依存する。というのも、群衆行動の成否は、3人以上の集団が集合するのを禁止する能力を公的権威が持っているかどうかにかかっているからである。一方、群衆自体もまた、公的権威を特定し彼らとコミュニケーションを図れる場合、彼らを威嚇することができる。もし警官が群衆に顔を知られていたりその地域で生活をしていたりする場合、村八分や暴力の暗黙的な脅しが暴動を図った群衆から事後的にかけられる可能性がある。このような場合、コミュニケーションに外部の第三者を利用することによって、公的権威に対する群衆からの威嚇的な脅しは回避できるかもしれない。なぜなら、それは事後的な脅しを実行する可能性を減少させるだけでなく、群衆と警察とのあいだで暗黙的なコミュニケーションを成立させることを難しくさせるからである。〔アメリカの市民権運動の展開において重要な役割を果たした〕リトル・ロックの連邦軍は、地元住民との暗黙的なコミュニケーションの外に身を置き、地元警察ほど地域特有の価値体系に精通していなかったため、地元住民からの脅迫から一定の距離を保つことができた。また、1943年にデトロイトで発生した人種暴動においても、地元警察が鎮圧に失敗したあと、州の軍隊は見事鎮圧することに成功した。ムーア人やシーク教徒などの外国人部隊が地元の反乱に投入されることで鎮圧に成功するのは、おそらく彼らが敵や犠牲者がさもなければ伝えようとする脅しや約束を受け取る能力に欠けているからである。軍隊で将校が一般の兵士たちから分離されているのも、おそらく脅しを受けたり認識したりする能力を将校から奪うことで、彼らが脅されないようにし、それゆえ威嚇的な脅しを抑止するためである。

　脅迫者がその脅しを相手に伝えられるかどうかを知っているかどうかは、もちろん、重要な問題である。なぜなら、もし自らの脅しが相手に伝わると彼が

考えているのに実際は伝えられないならば、脅迫者は脅しをかけるが目的を達成できず、その結果彼自身と対象者の両方にとって望ましくない結果をもたらすことになってしまうからである。それゆえ、暴動者を鎮圧する兵士は、彼らにとって見ず知らずの者でなければならないし、彼らの一部に「顔を知られ」ないよう十分動き回っていなければならないだけでなく、どんなメッセージであれ自分たちの所には届かないことを彼らに示すため冷酷無情な振る舞いをしなければならない。兵士は群衆のだれとも目を合わせてはならず、罵声怒号に動揺してはならず、群衆のだれかが目立つ行動をしたとしても彼がどこのだれであるかをあたかも識別できないかのように振る舞わなければならないのである。文字通りとまではいかないまでも比喩としていえば、まさに彼らはマスクをかぶるべきなのである。この点、兵士の画一的な制服は個人の特定化を避け、それゆえ相互的なコミュニケーションを困難にしている。

証拠の伝達

「コミュニケーション」とは、メッセージの伝達以上のものである。なぜなら、脅しを相手に伝えるためには、それに付随するコミットメントや約束と一緒に伝えなければならないからである。そして、コミットメントを相手に伝えるためには、言葉の伝達以上のものが必要となる。つまり、コミットメントが存在することの・証・拠を伝えなければならないのである。それゆえ、相手が直接何かを見るように仕向けたり、主張を裏付ける仕掛けを相手に見つけ出させたりしない限り、脅しを相手に伝達することはできない。署名済みの小切手を郵送で送ることはできるが、電話で小切手に本物の署名がされていることを証明することはできない。同様に、拳銃に弾丸が装填されたことをただ口でいっただけでは証明することはできない。ゲーム理論の観点からすると、パリの・気・送・郵・便は普通の電報システムとは異なるし、テレビもまたラジオとは異なる（おそらく、調停者はプレイヤーが互いに為した言動を証明する役割を果たすことができるだろう。たとえば、身分証明に関する識別コード・システムは電話越しでも安心して資金の移送を行えるようにする。なぜなら、受取人は、電話越しで話している相手が実際に銀行であり、そして銀行が送金者の身元を識別コードによって判別できたこと、それゆえ取引が終了したことを知ることができるからである）。証拠を伝達することの重要性と難しさは、アイゼンハワー大統領の「公空自由」提案や、奇襲攻撃の相互恐怖によってもたらされる不安定性を削減するための提案のなかにも見出すことができる。この点、レオ・シズラードは、外国のスパイ

第5章　強制、コミュニケーション、戦略的行動

は訴追するのではなく免責をもって歓迎する方がいいというひとつの逆説に言及している。というのも、スパイは、われわれが奇襲攻撃を開始するための準備を何もしていない、という重要な真実に関する説得的な証拠を相手国に伝えるためのほぼ唯一の手段だからである[21]。

　興味深いことに、民主主義政治も証拠の伝達が不可能なゲーム構造の上に成り立っている。票を売る力を投票者から奪うことなく秘密裏に投票する制度はありうるだろうか。投票者からその力を剥奪するためには、ただの秘密投票ではなく強制的な秘密投票が必要となる。この場合、投票者は自らの投票を秘密にしておくことができるだけではなく、そうしなければならなくなるのである。投票者は自分の投票先が明らかにさせられてしまうような策略から自由でなければならない。そして、このようにして投票者が失うのは、売ることのできる一票という資産だけでなく、彼が威嚇される可能性である。つまり、彼は恐喝の要求に応えるための能力を失うのである。自らの投票を自分で自由に競売できるならば、彼に対して威嚇される暴力の程度は底なしに大きくなるかもしれない。なぜなら、投票者を脅すのに十分な脅しがかけられれば、その脅しが実行に移される危険性はないからである。しかし、もし投票者が脅しに従ったかどうかを証明する能力を欠いている場合、投票者と脅迫者はともに、どんな罰を科そうとしたところでそれが実際の投票と関係がないことを知るにいたる。その結果、役に立たないことがわかったその脅しは、利用されることなく終わる。

　暗黙的で非対称的なコミュニケーションの興味深い例としては、自動車の行き来が激しい交差点で警官が交通整理をしていることを知っているドライバーの例があげられる。もしドライバーが警官の指示を確かに確認したがそれを無視した場合、彼は指示に従わなかったことになる。すると、警官にはそのドライバーに違反切符を切る誘因と義務が生じる。しかし、もしドライバーが警官から目をそらし、それゆえ警官の指示をみられないかたちで無視するならば、たとえ指示に反する走行であったとしても、警官は彼をただの馬鹿者と考えるだけで違反切符を切る誘因も義務ももたないだろう。反対に、ドライバーが警官の指示を知りながらそれに従わなかったことが明らかな場合、警官はそのドライバーから目をそらすことに利益を見出すだろう。なぜなら、そうしなければ、警官は警察全体の評判を失墜させないために、そのドライバーに対して違

21　L. Szilard, "Disarmament and the Problem of Peace," *Bulletin of the Atomic Scientists,* 2 : 297 -307 (October 1955).

反切符を切らなければならなくなるが、そうするためにはその場の急務を放棄しなければならないからである。子供は親からの警告のまなざしから目を背けることに長けている。というのも、もし親の警告を知りながらそれに従わなかった場合、親は子供に罰を与えなければならないことを彼らは知っているからである。同様に、大人もまた拒否されることがわかっている要求をあえてしないことに長けている。明示的な拒否は、より厳しい罰を意味し、拒否した側に違反を見逃さないようにする義務を生じさせることを知っているからである[22]。

　コミュニケーション構造の有効性は、プレイヤーに埋め込まれた合理性の種類に依存する。このことを「熊の尻尾づかみ」として知られるゲーム状況で、明らかにしてみよう。効率的な結果をもたらすのに最低限必要なのは、捕えかけの熊が強制可能な約束をする能力をもち、そしてその約束にコミットしているという信憑性のある証拠を猟師に伝えることである。たとえば、約束に違反した場合には罰を受けたり、または（自らの牙や爪をはぎ取るなどして）約束を不履行にする能力を自ら破壊したりすることによってそれは可能となる。しかし、もし熊が限定的に合理的だった場合、つまり代替肢のなかから合理的で一貫した選択を行う能力をもってはいるが、ゲームの解を求める能力までは持ち合わせていない場合——つまりパートナーがどの選択肢をとるか内省的に予想する能力を欠如している場合——、パートナー〔猟師〕からのメッセージを熊が受け取れるようなコミュニケーション・システムの構築が必要となる。このとき、パートナーは熊のために提案（選択肢）を整理しそれを相手に伝達し、熊がその約束に合意するだけで猟師の提案に反応できるようにお膳立てしてあげ

---

[22] コミュニケーションの「法的位置づけ」と呼ばれるものがゴフマンによってうまく提示されている。つまり、「商売のコツは、暗示的な言葉——ほのめかし、あいまいさ、絶妙な間の取り方、うまく練られたジョークなど——を用いてビジネスをするという暗黙的な合意にある。このような非公式のコミュニケーションは次のようなルールに基づいて行われる。まず、情報の送り手は、自らが内容をほのめかしたメッセージを正式には送っていないかのように振る舞わなければならない。一方、情報の受け手は、そのほのめかされたメッセージを正式には受け取っていないかのように振る舞う権利と義務をもつ。それゆえ、ほのめかしのコミュニケーションとは、否定可能なコミュニケーションでもあるのである。」彼は、また、会話のやりとりに現れる「承認されていない」参加についても言及している。「ある人がだれかの話を相手に気づかれないように立ち聞きしていたとする。しかし、その会話の主たちは、実は彼が立ち聞きしていることに気づいていたならば、彼らはあたかも彼が立ち聞きしていないかのように振る舞うこともできるし、彼が立ち聞きしていることを知っているというインフォマールなシグナルを送ることもできる。」ゴフマンは、たとえば偶然にも耳にしてしまった自分への侮辱的な発言に対してどう反応するかは、その立ち聞きが「承認」されたかどうかにかかっていると指摘している (pp. 224, 226)。

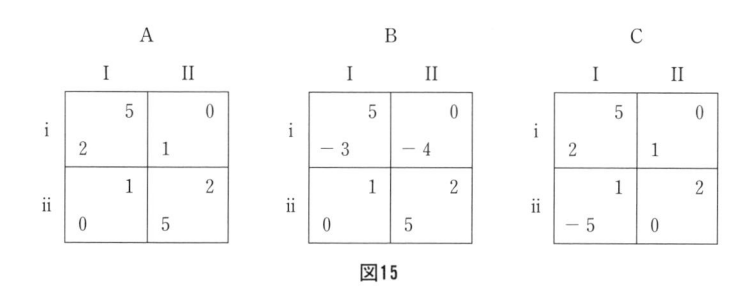

第5章　強制、コミュニケーション、戦略的行動

	A			B			C	
	I	II		I	II		I	II
i	5 / 2	0 / 1	i	5 / −3	0 / −4	i	5 / 2	0 / 1
ii	1 / 0	2 / 5	ii	1 / 0	2 / 5	ii	1 / −5	2 / 0

図15

て（この場合、熊は何が「ゲームの解」であるかすでに理解している）、その後は熊が猟師に証明済みの証拠を送り返せばよいようにすることが必要となる。

ゲームの利得行列への行動の組み込み

フォーマル分析は、脅し、コミットメント、約束といった行動をその分析対象とする。それゆえ、このような行動がゲームに含まれる場合、それらを伝統的な戦略型表現を用いて、つまり元のゲームの利得行列を拡大するかたちで、表すことができなければならない、と考えるであろう。

ここで第1に注意しなければならないのは、コミットメント、約束、脅しといった行動が、通常つぎのようなかたちで特徴づけられるという点である。すなわち、これらの行動をとるためには、プレイヤーは選択的に——明示的および不可逆的に——自分自身の利得のいくつかを少なくしなければならないのである。自分自身の利得を少なくするコミットメント、約束、脅しといった行動を表現しようとすれば、そうなるのである[23]。また、こうした行動は、相手の選択を予想したうえで、ある戦略を前もって公然と選択するものであるといえる。しかし、そこには選択すること以上が必要となる。つまり、プレイヤーは、前もって選択した特定の反応戦略を自分が実行できなかった場合に、罰を自分に対して科さなければならないのである。そして、ある戦略を実行しなかったことへの罰を数学的に表現すれば、その戦略以外の選択に対応する自分自身のすべての利得から一定の値を差し引くことを意味する[24]。

たとえば、図15Aの利得行列において、行プレイヤーは戦略iがもたらす利

---

[23] ダニエル・エルスバーグ——戦略に関する彼のいくつかの研究は第1章においてすでに言及した——は、彼独自のやり方で、脅しやコミットメントに関するまさにこれと同じ定式化、つまり戦略型行列における自分自身の利得のいくつかを選択的に減少させることを見出した。

得から十分に大きな値——たとえば5——を差し引くことによって戦略iiを支配戦略、つまり相手プレイヤーがどの戦略をとったとしても自分にとって最適となる戦略とし、それゆえ戦略iiへとコミットできるようになる。そして、この結果は図15Bの修正された利得行列によって表現することができる（一方、利得5を罰として戦略iへコミットしたのが図15Cで表現される）。さて、ここで問題となるのは、図15Aのような元のゲームのなかで、実際にどの行と列が選択されるかどうかだけでなく、コミットメント、脅し、約束といった戦略までをも表現するような拡大された利得行列を作り出すことが果たしてできるかどうかである。もし、どのような行動が可能であり、そしてそれらがどのような順序でなされるのか、を明確にすることができるならば、答えはイエスである。そこで、行プレイヤーが前もって明示的なコミットメントを行う能力をもち、そして列プレイヤーが元のゲームで先手をとるゲーム、つまり行プレイヤーが最終的な戦略の選択をする前に列プレイヤーが自らの戦略を選択するゲームの原型を考えてみることにしよう。

元々のゲームでは、後手の行プレイヤーは4つの戦略を利用できる。つまり、

---

24 脅し、約束、無条件のコミットメントについてはすでにいくつかの例を紹介したが、より一般的な「反応関数」については、以下に示す利得行列を例にとって説明しよう。星印のついたセル以外の結果に対して適当な罰を科すことができるならば、行プレイヤーは列プレイヤーに対して、列プレイヤーが第3列を選択することが列プレイヤー自身の最適化となるよう仕向けることができる。このとき、行プレイヤーはほぼ満足できる結果を得ることができる。具体的には、行プレイヤーは、自分自身の「ミニマックス値」以上の利得を列プレイヤーに対して与える全セルのなかで、最も自分にとって望ましい結果を得ることができる。これはまさに、単純な2通りまたは3通りの選択によって、「コミットメント」、「脅し」、「約束」としてとらえられる戦術の一般化である（さらなる一般化はランダム化戦略を含むことになり、それらは第7章において紹介される）。

	I	II	III	IV	V
i	6 1	10 11	2 10	9 2	7 10
ii	9 8	4 * 12	0 25	1 20	15 3
iii	20 9	15 2	6 * 16	1 * 18	17 14
iv	2 * 6	10 8	7 7	4 5	3 * 20

第5章　強制、コミュニケーション、戦略的行動

相手の戦略にかかわらず戦略 i を選択するか、相手の戦略にかかわらず戦略 ii を選択するか、相手の戦略 I に対して戦略 i を選択するが戦略 II に対しては戦略 ii を選択するか、それとも相手の戦略 I に対して戦略 ii を選択するが戦略 II に対しては戦略 i を選択するか、の4つである。つぎに、コミットメントまで考えた場合、行プレイヤーは最初にコミットメントに関する選択を行った後、最初の各行動と上記の4つの最終行動とを結びつけることになる。たとえば、彼は戦略 ii にコミットしたうえで相手の戦略にかかわらず戦略 ii を選択することもできるし、戦略 ii にコミットしたうえで相手の戦略にかかわらず戦略 i を選択することもできるし、戦略 ii にコミットしたうえで相手の戦略 I に対しては戦略 i を選択するが戦略 II に対しては戦略 ii を選択することもできるし、戦略 ii にコミットしたうえで相手の戦略 I に対しては戦略 ii を選択するが戦略 II に対しては戦略 i を選択することもできる。その結果、行プレイヤーには、全部で12の戦略の組が存在することになる。

一方、列プレイヤーには8つの戦略の組が存在する。なぜなら、行プレイヤーの最初の3つの行動（戦略 i へのコミットメント、戦略 ii へのコミットメント、コミットメントをしない）に対して、彼は2つの行動（戦略 I と II）で反応するからである。

これらの戦略を利得行列の中に組み込むと図16のようになる。12×8の行列をもつ図16は、元のゲームをどのようにプレイするかに関する各プレイヤーの私的な決定に対応する暗黙（「非協力的」）ゲームを表している。たとえば、列プレイヤーに利用可能な8つの戦略は、原型ゲームをプレイする代理人に列プレイヤーが与える8つの完結した指示の集合とみなすことができるだろう。つまり、行プレイヤーがはたしてコミットしたのか、またどのようにしたのかに対して、2つの列戦略のうちどれをプレイするか、である。この拡大されたゲームを各プレイヤーが暗黙にプレイしていると考えたとしても何ら損なわれるものはない。なぜなら、相手プレイヤーの事前的行動に対して各プレイヤーがとる適応は、拡大されたゲームのなかで新たに作り出された戦略の組によって十分表現されているからである。つまり、それらこそ、この拡大されたゲームのなかで、反応または適応の戦略なのである。

図16のような利得行列はこのことを表現している。前述したように、2つの選択肢をもつ元のゲームで列プレイヤーが選択できる行動は I と II であり、行プレイヤーは i と ii である。さらに、図中で「2」と表示されているのは、行プレイヤーが ii にコミットしたことを表しており、「1」は i へのコミットメ

第Ⅱ部　ゲーム理論の再構築

		I	II	III	IV	V	VI	VII	VIII
		0－Ⅰ 1－Ⅰ 2－Ⅰ	0－Ⅰ 1－Ⅰ 2－Ⅱ	0－Ⅰ 1－Ⅱ 2－Ⅰ	0－Ⅰ 1－Ⅱ 2－Ⅱ	0－Ⅱ 1－Ⅰ 2－Ⅰ	0－Ⅱ 1－Ⅰ 2－Ⅱ	0－Ⅱ 1－Ⅱ 2－Ⅰ	0－Ⅱ 1－Ⅱ 2－Ⅱ
ⅰ	0；Ⅰ-ⅰ、Ⅱ-ⅰ	5 2	5 2	5 2	5 2	0 1	0 1	0 1	0 1
ⅱ	0；Ⅰ-ⅱ、Ⅱ-ⅱ	1 0	1 0	1 0	1 0	2 5	2 5	2 5	2 5
ⅲ	0；Ⅰ-ⅰ、Ⅱ-ⅱ	5 2	5 2	5 2	5 2	2 5	2 5	2 5	2 5
ⅳ	0；Ⅰ-ⅱ、Ⅱ-ⅰ	1 0	1 0	1 0	1 0	0 1	0 1	0 1	0 1
ⅴ	1；Ⅰ-ⅰ、Ⅱ-ⅰ	5 2	5 2	0 1	0 1	5 2	5 2	0 1	0 1
ⅵ	1；Ⅰ-ⅱ、Ⅱ-ⅱ	1 －5	1 －5	2 0	2 0	1 －5	1 －5	2 0	2 0
ⅶ	1；Ⅰ-ⅰ、Ⅱ-ⅱ	5 2	5 2	2 0	2 0	5 2	5 2	2 0	2 0
ⅷ	1；Ⅰ-ⅱ、Ⅱ-ⅰ	1 －5	1 －5	0 1	0 1	1 －5	1 －5	0 1	0 1
ⅸ	2；Ⅰ-ⅰ、Ⅱ-ⅰ	－5 3	0 －4	5 －3	0 －4	5 －3	0 －4	5 －3	0 －4
ⅹ	2；Ⅰ-ⅱ、Ⅱ-ⅱ	1 0	*2 5	1 0	*2 5	1 0	*2 5	1 0	*2 5
ⅺ	2；Ⅰ-ⅰ、Ⅱ-ⅱ	5 －3	2 5	5 －3	2 5	5 －3	2 5	5 －3	2 5
ⅻ	2；Ⅰ-ⅱ、Ⅱ-ⅰ	1 0	0 －4	1 0	0 －4	1 0	0 －4	1 0	0 －4

図16

ント、そして「0」はコミットしないことをそれぞれ表している。この拡大されたゲームにおいて列プレイヤーが選択できる個々の「戦略」は、たとえば「0-Ⅰ、1-Ⅱ、2-Ⅰ」——つまり「コミットしない場合はⅠ、1にコミットした場合はⅡ、2にコミットした場合はⅠを選択する」——のような3つの要素から構成されている。一方、行プレイヤーの戦略は上述した0、1、2の決

第 5 章　強制、コミュニケーション、戦略的行動

定に加えて、列プレイヤーの各選択に対してどう反応するかの決定から構成されている。たとえば、「1：I-i、II-i」という戦略は「iへコミットしたうえで、列プレイヤーのどの選択に対しても自分はiを選択する」ことを意味する。原型ゲームである図15Aの利得表をもとに、各プレイヤーは拡大されたゲーム（図16）における利得を特定化できる。すると元のゲームを行プレイヤーと列プレイヤーが直接プレイするのではなく、どういう場合にどう行動すべきか（つまり拡大されたゲームでどの戦略をとるか）指示された代理人を各プレイヤーがそれぞれ送りあうものとして考えることができる。どのような指示を送るかについては、各プレイヤーは図16の利得表を参照するわけである。これは、代理人にメッセンジャーとしての役割だけを与えて、各プレイヤーが暗黙のうちに拡大されたゲームをプレイすることを意味している。

　この拡大された暗黙ゲームの「解」はどのようになるのだろうか。いや、そもそも原型ゲームの明白な解を特定することはできるのか。そして、もしできるならば、それは拡大されたゲームのなかでどのように現れてくるのだろうか。合理的プレイヤーを仮定するならば、原型ゲームは明白な解をもっている。つまり、(A)もし行プレイヤーがコミットメント違反に対して自ら5の罰を科しiにコミットするならば、列プレイヤーは自分の選択にかかわらず行プレイヤーがiを選択するだろうと考える。よって、列プレイヤーは上の行のなかで自らの利得を最大化する左上のセル（i, I）を選択する。それゆえ、行プレイヤーは自分がiにコミットすると左上のセルの利得2を得られることを知る。一方、(B)もし行プレイヤーが（iから得られる利得から5を差し引くことで）iiにコミットするならば、列プレイヤーはIではなくIIを選択する。それゆえ、行プレイヤーは自分が利得5を得られることを知る。最後に、(C)もし行プレイヤーがコミットしなければ、列プレイヤーは自分の選択した列に基づいて行プレイヤーがその利得を最大化すると考える。つまり、列プレイヤーがIを選択するならば行プレイヤーはiを選択し列プレイヤーは利得5を得るが、列プレイヤーがIIを選択するならば行プレイヤーはiiを選択するので列プレイヤーは利得2を得る。よって、列プレイヤーはIを選好するので、このとき行プレイヤーの利得は2となる。そして、これらのことを行プレイヤーは予測する。したがって、行プレイヤーはiiにコミットすることで利得5という最適な結果を獲得するし、これが明白な「解」となる——そこでの利得の組み合わせは（5、2）となり、行プレイヤーは（2：I-ii、II-ii）を選択し、列プレイヤーは（2-II）を含む4つの戦略から1つを選択する（行プレイヤーが0か1を選択し

ていたならば列プレイヤーがどう動いたかという問題は行プレイヤーが先手である限り重要ではない)。第10行において星印のついた4つのセルが、このゲームの解となる(行プレイヤーの最初の行動選択は、彼が後手をとる図15のA、B、Cの3つのゲームのうちどのゲームをプレイするかに関する選択であるとみなすことができる)。

　図16の「解」を表すセル——戦略の組——は、どのような特徴をもっているのだろうか。それらは、完全弱支配と呼ばれる種類の解である[25]。拡大された行列の枠組みのなかで、それらは「支配される」いくつかの行と戦略を何回か消去することによって得ることができる。ある行が他の行によって支配されるとは、行プレイヤーにとって、他の行の利得がある行のすべての利得よりも少なくとも小さくはなく、そしてそのうち少なくとも1つの利得がその行の利得よりも大きいことを意味する。この基準を適用すると、まず第1行は第3行によって支配されるので第1行は消去される(第3行の利得は少なくとも第1行のどの利得よりも小さくはないだけでなく、そのいくつかは第1行の利得よりも大きいので、行プレイヤーは安心してそれを消去できるのである)。同じように、第2行も、また第4行も、第3行によって支配されているので消去される。結局、第10行以外のすべての行は、第3行によって支配される。第3行と第10行はどちらがどちらを支配するという関係にはないので、この時点では両者を消去せず残しておく。列を比較すると、もともとどの列も他の列を支配する関係にないが、第3行と第10行以外の行が消去されたあとでは(つまり行プレイヤーはそれらをもはや選択しない)、列プレイヤーは第3行と第10行の列だけを比較すればよいことになる。そうすると、第2列が第1列、第3列、第5列、第7列を支配することがわかる。それでは、これらの支配される列を消去したうえで、再び第3行と第10行の比較に戻ろう。すると、最初はどちらも支配する関係にはなかったが、第1列、第3列、第5列、第7列が消去されたあとでは、第10行が第3行を支配するようになる。そして、この支配される第3行を消去すると、後に残るのは4つの列と交差する第10行にあるセルだけとなる。この交差する4つのセルの利得は、すべて同じであるが、これは行プレイヤーが第10行をプレイする限り、列プレイヤーが4つの戦略のうちどれを選んでも結果が変わらないことを意味している(つまり、列プレイヤーが予測するようにいったん行プレイヤーが図15Aの2×2行列のうち第2行にコミットすれば、実際には起こ

---

[25] 以下の文献も比較参照せよ。Luce and Raiffa, pp. 106-109.

第5章 強制、コミュニケーション、戦略的行動

らない残りの2つの状況に関して列プレイヤーがどのような指示を代理人に与えようとも違いをもたらさないのである)[26]。

　まさに上述したようなやり方で、元の逐次行動ゲームは、静的(「動きのない」または同時決定—暗黙選択)ゲームの枠組みを使って表現することができるのである。ここでの解は、支配戦略——つまり各ステージで生き残った戦略——という考えを用いて、被支配戦略を消去して到達することができた。それは、決定可能な解をもつ逐次行動ゲームに対応する、拡大された暗黙ゲームの

---

[26] 行や列を消去する順序が「解」を左右することに注意しなければならない。本文中の手続きでは、まず第3行と第10行以外のすべての行を消去した。つぎに、第1列、第3列、第5列、第7列が消去できることがわかったので、それらを消去した。この時点で、第3行は支配されるので、それを消去した。その結果、第10行と4つの列からなる、同じ利得を生み出すセルが残った。しかし実際には、4つの列を消去した際に、さらに2つの列(第6列と第8列)を消去できたのである。なぜなら、第3行との関係で第6列と第8列は第2列と第4列よりも列プレイヤーにとって低い利得を生み出すからである。つまり、この時点で第3行、第6列、第8列は、すべて消去できたのである。しかし、もし最初に第3行を消去し、それから列の消去にかかろうとすると、第6列と第8列はともに被支配戦略とはならなくなってしまう。それゆえ、ある意味で、ゲームの「解」は私たちの恣意的な消去手続きに左右されてしまうのである。利得が同じ2つのセルが最終的に残るか、それとも利得が同じ4つのセルが最終的に残るかは、恣意的な選択に依存する。しかし、どちらのケースも利得は同じである。その理由は、つぎのようなものであるかもしれない。つまり、ある段階を経ると、列プレイヤーはそれ以上の推論を重ねることが無意味であることに気づくのである。なぜなら、列プレイヤーがそれ以上彼の選択を狭めても、行プレイヤーは列プレイヤーのその努力を意味のないものにする明白で決定的な選択肢をもっていることを列プレイヤーは理解するからである。ただし、列プレイヤーがこのことをどの段階で認識するか、そしてどの列を消去せずに残しておくかは、彼がどのような推論のルートをたどるかにかかっている(戦略選択を狭めるのにコミュニケーション・コストがかかる場合、列プレイヤーはたとえば(2−II)をともなう戦略のみを選択するかもしれない。つまり、行プレイヤーの0や1をともなう戦略にどう反応するかは明らかにしないままにしておくのである。反対に、もし行プレイヤーが、自らの戦略を誤って記録したり、それを誤って伝えたり、あまり深く考えずにそれを選択したりするといった可能性がある場合、列プレイヤーはそうしたリスクを軽減するために、たとえば行プレイヤーの(0−I)をともなう戦略に対してどう反応するか明らかにしようとするだろう。後者の場合、列プレイヤーは、第3行が第10行によって支配されるからといって行プレイヤーがそれを絶対に選択しない、とはもはや考えなくなる。さらにいえば、もし他の行が実際に選択されたにもかかわらずゲームの審判がそれを「第5行」と聞き間違えやすいと列プレイヤーが疑う場合、彼はさらに自分の選択をたとえば(0−I)、(1−I)、(2−II)をともなう戦略へと狭めようとするかもしれない。そうすれば、均衡解は第10行と第2列の交差する点になる。なぜなら、第5行と第6列の交差する点は、第5行と第2列の交差する点に比べて少ない利得となり、それゆえ、列プレイヤーは自分の選択をさらに洗練しようとするからである。一般に、さまざまな種類のエラーが起こるリスクや、戦略を明確化することにかかるさまざまなコストといったものがあると、より興味深い問題が生じるのであり、それぞれ異なった結論が導かれることになる。ランダム化された行動、エラー、誤報といった問題を扱う第7章と第9章では、このような結果に関してより詳細な分析が行われる)。

解の一般的なかたちとして、理解することができるだろう。実際、行と列の消去は、つぎのようなプロセスと同一のものとして理解することができる。まず、最後の手番における合理的な行動を、その最後の手番以前のすべての可能性のある行動を考慮に入れながら計算する。つぎに、この最後の手番における合理的な行動が何であるかを念頭に置きながら、最後から2番目の手番における最適な行動を、この最後から2番目の手番以前のすべての可能性のある行動を考慮に入れながら計算する。そして、このプロセスをゲームの最初の手番における最適な行動を求めるまで続けていくのである。

さて、脅し、コミットメント、約束といった戦術がどのようにして拡大された抽象的「スーパーゲーム」(「標準型」ゲーム)の枠組みのなかに取り込まれていくのかを理解することは、示唆に富むとともに知的好奇心を刺激することである。しかし標準型としてすでに表現されているゲームを分析するだけではこのような戦術について何も理解することはできない点は強調されるべきであろう。なぜなら、われわれの分析対象であるコミュニケーションや強制をともなった脅し、コミットメント、約束といった戦術、そしてそうした行動がとられる時間的順序は、ゲームが標準型で表現されたとたんに、その姿を消してしまうからである。われわれに求められているのは、ゲームの手番構造を構成するさまざまな一般的要素を体系化する理論である。モデルがあまりにも抽象的だと、そうしたことをうまくとらえるには適していないのである[27]。

しかしながら、逐次行動ゲームを行列で表現すると、たとえゲームの「決定可能な解」が戦術的な行動を利用して解を探し出すようなものであったとしても、それが実は戦略ゲームとしての性格も兼ねあわせもっていることを明らか

27　一般にいって、あるゲームをスーパーゲームの行列形式で表現することは実現可能な分析手法ではない。なぜなら、かなり単純なゲームであっても、列と行の数(つまり逐次的な行動戦略の数)が天文学的な数にふくれあがってしまうからである。たとえば、列プレイヤーが先手をとる3×3の行列を考えてみよう。そして、この列プレイヤーの行動に対する部分的または完全な反応戦略へ事前にコミットメントの機会を行プレイヤーに認めるとしよう。最後に、脅しに対する「防衛」を分析するために、より前の段階でコミットメントの機会を列プレイヤーに認めるとしよう。つまり、まず列プレイヤーは無条件的なコミットメントに関する選択を行い、そのつぎに行プレイヤーが条件つきのコミットメントに関する選択を行い、それから列プレイヤーが実際にとる列を選択し、最後に行プレイヤーが自分の行を選択する。このとき、利用できる罰のサイズに制限を設けたり、コミュニケーション・システムの不確実性や不完全性を導入したりして、ゲームをさらに複雑化しないようにしたとしても、この「単純な」ゲームは「10の100乗(1の後に100個の0がつく数)」よりも多い数の列をもつことになってしまうのである。もちろん展開型表現を使えば、分析するのはそれほど困難なことではない。

にするのに役立つ。脅しが「勝利」を収めゲームの結果を決定するのは、それが自分の利益になるようなかたちで相手プレイヤーに行動をとらせるときのみである。しかし、その場合であっても、相手プレイヤーは元来もっていた選択の自由を保持しており、その選択は脅迫者の最終的な選択に関する予測になお依存している。それゆえ、脅迫者の最初の選択――脅しをかけるかどうか――は、脅迫者がどう最終的に行動すると被脅迫者が予測すると脅迫者が予測するかにかかっている。つまり、このようなゲームであっても、ゲームにおける相互的な予測の重要性はそのままである。無条件のコミットメントと同様、また行動の選択肢が多く存在する場合の「反応関数」というより広い概念についてもそうであるが、脅しは、自らのインセンティヴを操作し、それゆえ相手プレイヤーの予測に制約を課すことによって作用するのである。

戦略的優位という逆説

　勝利を求めて意図的に自らの利得を減らすのと同じかたちで、最初から利得行列の利得が減らされていた場合、そのプレイヤーは何らかの公然とした行動をとらなくても勝利を収めることができるのはもちろんである（これはまさに第2章の最後の段落で図解した点であり、交渉では弱さが強さとなるという原則の抽象的な例である）。可能性のあるいくつかまたはすべての結果が悪化し、またそのどれもが現状よりも良くはならないことによって、結果的にその不利なプレイヤーが明確な――場合によっては劇的な――利益を得るという、この原理ほど混合動機ゲームの本質を見事に表現する原理は、ゲーム理論のその他の原理を探してもおそらく見当たらないだろう。恐喝金の支払いに対して過酷または確実な罰を設けることによって潜在的な被害者を恐喝から守ることができたり、敵と対峙しているときに背後の橋を燃やすことによって敵の心をくじき退却させることができたり、かなり昔の時代の話ではあるが、ある物を隠し持っている女性がそれを自分の胸のなかに入れることによって追っ手からの追及を拒むことができたりするのは、このような原理が働いているからであると説明できる[28]。

　朝鮮戦争の最中に、共産化した中華人民共和国の保有する金融資産が凍結された際、アメリカ財務省は共産中国ではない中国人たちの資産もまた凍結したことが、非公式的にではあるが報じられた。これは、中国国内に親戚を残している資産所有者に対して威嚇的な脅しがなされないよう保護するためであった。

全く同様に、アメリカに住む資産所有者が共産中国へ資産を移転した場合に科せられる罰もまた、威嚇的な脅しから彼らの身を守る手段として機能した。法違反から逃れることが難しくなるようなかたちでの資産保有、違法な資産移転の厳罰化を求めるロビー活動、そして自らの資産が凍結されるようにみせかけるために自分が共産主義のシンパであるかのように振る舞うことさえ、威嚇的な脅しから前もって身を守るための戦術として考えることができるだろう。

同じような原理は、日本が自らの領土を他国へよりよい条件で移譲した場合にアメリカが一定の権利を主張できることを明記した、日本との講和条約第26

28 相手プレイヤーにダメージを与えるという選択をとらない「約束」が、実はその被害者に歓迎されないかもしれないことも、同様に説明できる。なぜなら、ある選択を安心してとることができることを相手プレイヤーに認める約束をすると、こちらは彼がその選択をするだろうと確信し、彼がその選択をとることを前提に、彼にとって不利益となる選択を前もってとることができるようになるからである。同様に、相手プレイヤーの利得を選択的に増やすことによって(そのような手段がある場合の話だが)、彼の立場を悪くすることもできる。下の利得行列において、行プレイヤーが先手をとり、行プレイヤーは(ⅰ, Ⅱ)の結果が生じた場合に列プレイヤーに対して自分の利得から捻出した〔利得3の〕補償を一方的に与えるとする。こうすると、行プレイヤーは「勝利」を収める——たとえば、列プレイヤーを犠牲にして彼は利得7を得る——ことができる。もし行プレイヤーが列プレイヤーに対して利得2の補償を約束するならば、彼は利得8を得ることができる。一方、このとき列プレイヤーは利得3しか得ることができない。しかし、もしこのような補償を約束しなければ、行プレイヤーは戦略ⅰを選択することができないので、ゲームの結果は(ⅱ, Ⅰ)となり、行プレイヤーと列プレイヤーはそれぞれ1と10の利得を得ることになる。それゆえ列プレイヤーは、「利益」を与えるコミットメントを行プレイヤーが行えないことを明らかに好む(もし脅迫者が、自分の要求額と、脅迫に屈することで被脅迫者が支払わなければならない罰金の合計金額が、脅迫の内容以下になるよう、自らの要求額を小さくすることができない場合、脅迫者は犠牲者のためにその罰金を支払おうとするかもしれない。なぜなら、そうすることによって、被脅迫者が脅迫に対してどう反応するかを予測できるようになり、それゆえ犠牲者の不利益となるようなかたちで脅しをかけられるようになるからである)。

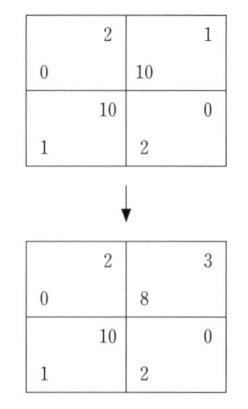

	2	1
0	10	
	10	0
1	2	

↓

	2	3
0	8	
	10	0
1	2	

164

第5章　強制、コミュニケーション、戦略的行動

条のなかに見出すことができる。1956年に日本がソ連からさらなる領土を移譲するようにという圧力を加えられたとき、国務省長官ジョン・フォスター・ダレスは記者会見のなかで当該条項について触れ、──「この条項があることを日本に念を押した」と語った[29]。これは明らかに、日本の抵抗能力を強化することを目的としたものであった。そしてダレスは、記者会見の席でそう語ることによって、ソ連に対しても、また当該条項の存在について「念を押した」のであり、そうすることによって日本に交渉でおなじみの慣用句を伝えたのである──「もしひとりに対してそれをやってしまえば、他のみんなにも同じことをしなければならなくなってしまう」。それはすでに用いた言葉を使えば、アメリカに対して約束を違反した場合に受ける罰を利用して担保した「コミットメント」だったのである（逆説的であるが、戦術が失敗した場合にアメリカが本当にその約束違反によって生じる権利を行使する気がなければ、日本にとってはその交渉戦術から得るものはないのである）[30]。

「戦略的行動」

　戦略ゲームの本質が、相手が何をするかに関する予測に基づいて自らの最適な行動をとることにあるならば、「戦略的行動」をつぎのように定義するのが便利であろう。すなわち、戦略的行動とは、自分がどう行動するかに関する相手の予測に影響を与えることによって、自分自身の利益になるよう相手の行動を左右することである。そこでは、自分の行動を制約することによって相手の行動も制約するのである。その目的は、相手の最適化解が自分にとっても最適なものとなる、ある行動様式（相手の行動に対する条件付き反応も含む）を打ち立て、それを相手に説得的なかたちで伝達すること、そして同じことをする能力を相手から奪い去ることにある。
　おそらく、混合動機ゲームと純粋対立ゲーム（ゼロサムゲーム）の最大の違いは、相手プレイヤーに自分の戦略を知られ理解されることがもたらす結果の

29　ダレス国務長官の会見での発言。*The New York Times* (August 29, 1956), p. 4 から引用。
30　法制度によって、ある人の立場がひどく弱まってしまうことがある。これは、自分自身の命をコントロールする権利を不治の病に侵された人々に与える、安楽死合法化の議論のなかで辛辣に指摘された。「自分の周りの者が自分に早く死んでほしいと願っているのではないか、と不安に思っている不治の病に侵された老人たちは、安楽死が合法化されることによってどのような影響を受けるのだろうか」(John Beavan, "The Patient's Right to Live‐and Die," *The New York Magazine* [August 9, 1959], pp. 14, 21-22)。

違いにある。ゼロサムゲームの本質は、まさに「知られない」ことにあるのであり、相手プレイヤーによる演繹的な予測を狂わせるような行動様式を採用することが重要となる[31]。一方、混合動機ゲームにおける戦略的行動の本質は、何より、相手が当然のこととして予測するような行動様式を採用することの利益にある。

　もちろん、ゼロサムゲームであっても、相手に自分がとる行動を予測させることが利益となる場合があるが、それは相手が誤って信じているときだけである。しかし、混合動機ゲームでは、自分の行動に関して相手に真実を伝えることが利益となる。つまり、予測されたように勝利を収めるべく、自らの行動を制約することに成功した場合、そうなのである。

　混合動機ゲームのもうひとつの逆説は、相手が認識しそれを考慮に入れたうえで行動を決定するならば、知らないどころかプレイヤーの利益になりうるという点にある。この逆説は、調整ゲームや脅しからの保護といった問題のなかで生じるが、それに対応するものはゼロサムゲームにはない。同様に、完全情報を有する合理的なプレイヤーのあいだで繰り広げられるゼロサムゲームでは、先手をとる（フォン・ノイマンとモルゲンシュタインの言葉を借りれば「マイノラント・ゲーム（minorant game）」をプレイすること）ことが利益となることは決してありえない。しかし、混合ゲームでは、それが十分ありうるのである。

---

[31] この点に関して、フォン・ノイマンとモルゲンシュテルンはつぎのように語っている。「われわれが分析の中心的課題としてきたのは、自分の戦略が相手に知られる危険性に対してプレイヤーが抱く懸念である」(p. 147)。

第 6 章　ゲーム理論と実験

　ここまでの議論は、交渉ゲームの研究に適した方法論にかかわるいくつかの結論を提示している。第1に、利得関数に関する数理分析が交渉ゲームの分析において絶対的な位置を占めるべきではないことがあげられる。第2に、より一般的には、過度の抽象化は危険だ、ということである。ゲームを分析する際、そこに含まれる文脈的な詳細を大幅に変更したり、相手の価値システムに対してもつプレイヤーの不確実性を割愛したりすると、ゲームの本質を変えてしまうことになるのである。しばしば、このように捨象された文脈にこそ、プレイヤーが安定的な、もしくは相互破壊を防ぐような帰結にたどりつくのを手助けする要素が含まれている。前に扱った例をとりあげていうならば、ホームズとモリアティが同じ駅で降りることができるのは、そのゲームのもつ数理構造のおかげではなく、そこに数理構造以上の何かが存在しているからである。それはたとえば、電車のなかにあるものかもしれないし、駅にあるものかもしれない。もしくは彼らの共通の背景に潜むものかもしれないし、電車が止まったときにスピーカーから聞こえてきた何かかもしれない。このような調整を導く何かについて、科学的な一般化をすることは難しいが、われわれは、高度に抽象化した分析においては捨象される詳細のなかに、ゲームの結果を決定する種類の何かが隠されていることを認識する必要がある。

　第3の結論として、混合動機ゲームに関する研究のいくつかの本質的な部分は実証的でなければならないということである。この結論は、コミュニケーション構造が不完全であるときや、戦略の選択やお互いの価値システムが不確定であるとき、さらにゲームの結果が順番に行動したり順番に策略の応酬があって決められるときに、とくに当てはまる。これは、とくに知的能力の限界を超えるような複雑なゲームのような混合動機ゲームにおいて、実際の人間がどのように行動するかという実証的問題をいっているだけではない。実証の必要性というとき、プレイの成功や、戦略についての原則、さらには規範理論の命題

は、事前的考察に基づく純粋に分析的な方法から導くことはできない、というより強い主張が込められているのである。

ゼロサムゲームにおいては、分析者は単純に1つの意識の焦点、つまり単純に1つの意思決定を扱っている。もちろん、実際には2人のプレイヤーがいてそれぞれが自分の意識構造に従って行動を決定している。しかし、ミニマックス戦略はこの状況を一方的な2つの意思決定を含む1つの状況に転化してしまう。この分析には、2人のプレイヤーのあいだの認識を刺激しあうものはない。認識の共有も必要でない。ヒントが示唆されることもない。印象、イメージ、理解といったものが比較されることもない。さらに、社会的な認識も関係ない。しかし、混合動機ゲームには、2つかそれ以上の意識がお互いに依存しあっている状況がある。そこでは、何かが伝達されなければならない。すくなくとも、なにかしらの刺激によってプレイヤー間の認識が行き交うことが必要である。未熟または暗黙であるかもしれないが、ある程度の社会的活動が必要となる。両方のプレイヤーは、社会的な認識と社会的な相互作用がうまく機能することに依存している。たとえ完全に分断された2人のプレイヤー間でのゲームにおいてさえ、そして完全に意思疎通ができず相手がだれであるかも全くわからない場合でも、暗黙に意識の合致をとりつけなければならない。

結局、分析者が内省によってあるいは公理を基にしてすべての意思決定過程を再構築する方法などないのである。2人以上の意思決定主体の相互作用を分析するときに、彼らの行動や期待を完全に数理的演繹作業から導いてモデル化することはできない。分析者は、ある1つの合理的な意識体についてであるならば、その意思決定の基準を知ることによって、意思決定過程を演繹することが可能であるかもしれない。しかし、その分析者は2つの意識のあいだを行き交うものを純粋な数理分析によって明らかにすることはできない。そのようなことをするためには、最低限2人の分析者が必要となる（2人の分析者がいればできるが、それは彼らを実験の被験者とすることを通してのみ可能である）。ヒントに気づくという行為は、公式のコミュニケーションを数理的に解読することや数学の問題を解くこととは本質的に異なる作業である。それは、特定の印象や関連性を共有していると考える相手のプレイヤーがある文脈のなかに埋め込んだメッセージを発見する作業なのである。よって実証的証拠なしに、戦略的な非ゼロサム的な策略のゲームのなかで何が理解されているか演繹することはできない。それは、あたかもあるジョークがなぜ面白いのかを数理的演繹によって証明できないのと同じである。

第 6 章　ゲーム理論と実験

例を出そう。ひとつのインクの染みをみて、2 人の人間が同じ絵やサインを思い浮かべることができるであろうか。2 人はお互いに相手が自分と同じ絵やサインを思い浮かべようとしていることを知っているものとする。この問題に対する答えは、実際にやってみなければわからない。もし彼らが同じものを思い浮かべることができるなら、彼らは純粋な数理ゲーム理論が考慮に入れることのできない何かをやり遂げたことになる。つまり彼らは、完全な演繹的ゲーム理論の予測よりもうまくやった、といえるだろう。そして彼らがうまくやることができるなら、すなわち純粋な数理ゲーム理論の限界を超えることができるなら、規範的、政策提言的、そして戦略的理論も完全な数理分析だけに頼ることはできないことになる。また、「ヒントに気づく」というような合理的プレイヤーができない種類の知的プロセスを含んだ前提をもとに記述的な理論や規範的な理論を組み立てることは不可能である。合理的プレイヤーが個人としてあるいは集団として純粋な数理ゲーム理論の予測や、そのような理論から出される戦略的な原則よりもうまくやることができるかどうかは、実証的な問題なのである[1]。

1　ゲーム戦略の、コミュニケーションや認識の側面についての研究には、M. M. フラッドによる実験がある。彼は被験者に 2×2 の利得行列に対応した非ゼロサムゲームを 100 回プレイさせた。このゲームの利得行列の面白い特徴は、各プレイごとにある特定のセルを協調して選ばなければ両者とも勝利できないということ、しかしその勝利のためのセルは利得が行プレイヤーと列プレイヤーで異なる 2 つがあり、100 回のプレイを通して獲得したものを分かち合うためには、その 2 つのセルを何らかのパターンで交互に選ぶことが必要であるという点にある。分配をめぐる交渉を行うための唯一の手段は、実際にゲームをプレイしながら自分の行動パターンによって相手に自分の意図を知らせるという方法しかない。この「コミュニケーション」をしている段階では、お互いの行動を一致させることができないので両者の利得はともに減少する。またその後の段階でも相手を欺こうとして自分の行動パターンから逸脱したりそれに対する報復パターンの罰を加えたりすると、両者とも利得は下がってしまう。M. M. Flood, "Some Experimental Games," *Management Science,* 5：5-26 (October 1958).

このような状況において、相手に有効な提案をいかにして伝えるか、また相手の行動に隠されたプレイのパターンをいかに読みとるかは、プレイヤーが共有するパターンの相互認識に依存する。それは、パターンの一部をみてその全体像を描き切る能力をお互いが、認め合っているかどうかにかかっており、以前脚注で述べたようなゲシュタルト心理学による実験が明らかにしたような過程に似ている。コミュニケーションに関する純粋な数理的理論は、合理的プレイヤーが達成すべきコミュニケーションにおける「効率性」の最低限の基準を明らかにする。しかし、その基準よりもプレイヤーたちがよりうまく立ち回れるかどうかは実証的問題である。どのくらい上手にヒントに気づくか、どのような種類のヒントが成功を導くのかは、おそらく実験研究に適した、社会的認識についての実証的問題である（同様の問題がオークションにおいても起こる。2 人の男が互いに相手よりも高い額を提示し競い合っていると、値段が吊り上がり、両者にとって不利益となる。しかし、結託していることの明らかな証拠がないように、もし何らかの互恵的なパターンに収斂し、入札し

繰り返すが、このような考察がゼロサムゲームで起こりえない理由は、ゼロサムゲームにおいては社会的な相互作用によって両方のプレイヤーが利益を受けることがありえず、合理的プレイヤーの少なくとも一方は確実にそのような社会的なコミュニケーションを破壊する動機と能力をもっているからである。しかし、非ゼロサムゲームでは、考えられうる結果のなかのどれが効率的かについて不確実性があり、そのような結果へいたるために何らかの相互的調整が必要である。それゆえ、合理的プレイヤーは社会的プロセスから自分を隔離することはできない。合理的プレイヤーは、余計な情報を知りそれに束縛されたくないからといって、補聴器の電源を切ることはできない。音の全く出ないラジオが効率的な協力を不可能にしていたとしてもである。同様に合理的プレイヤーは相手から受け取った手紙を封も切らないで放置しておくことはできない。なぜなら手紙を送った時点で相手のプレイヤーは、すでに自分がその手紙を読み手紙に従って行動してくれるだろうと期待しているからである。

ここで浮かぶひとつの疑問は、ゲーム理論の発展が将来社会心理学の領域全体にかぶさるように、多様に分岐していくか、それともゲーム理論はより専門化し、限定された分野になるだろうかということである。混合動機ゲームにおける協調的行動に関して、実験や観察で発見される一般的命題は存在するのだろうか。そして、それらは、交渉状況全般に、広く当てはまる知見を与えてくれるのであろうか。成功が確約されているわけではないが、研究する価値のある前途有望な分野があることは間違いない。万一、普遍的命題をみつけられなかったとしても、すくなくとも現在普及している命題のいくつかを反証することになるであろう。現在のゲーム理論は実験という側面においてはひどく遅れをとっているように思えるのである。

以前にも触れたような、地図を使っての遭遇や非ゼロサム的なチェスゲームについて考えてみよう。これらは「限定戦争」というゲームを表現しているとみなすことができる。そこではプレイヤーは、相互破壊戦略を両者が避けることによって、ともに多くの利得を得ることができる。相互破壊を回避できるかどうかというプレイヤーの能力は、ゲームのさまざまな詳細によって、両者の意図を調整に導く手段がどれほど提供されているかにかかっている。たとえば、地図や道路の配置、チェスの駒の名前、ゲームに関連ある先例や伝統、ゲームが始まる前にプレイヤーがあらかじめもっている想定や言外の背景といったも

ないことを交互に行うことができれば、両者とも金を節約し、貯金と新しい品物を分け合うことができるはずである)。

のである。つまり、両者が認識上の問題を考慮に入れてプレイをすること、そして意思伝達に成功することが要求されるようなかなり複雑なゲームである。このようなゲームを作るうえでの技術的な問題を解決できるとして、分析したい問題は何か、検証したい仮説は何かについて思いをめぐらすことは有意義であろう。

　ひとつの問題は、以下のようなものである。一般に、プレイヤーは相互破壊を避けるような効率的な解へとたどり着くことはできるのか、たどり着けるとしたら、それは以下の３つの場合のいずれのときであろうか。(a)完全もしくはほぼ完全なコミュニケーションが許されている場合、(b)自分の行動によって意図を伝える以外にほとんど実質的なコミュニケーションが認められていない場合、そして(c)コミュニケーションがプレイヤーのあいだで非対称的な場合、つまり、一方のプレイヤーは自分が受け取るよりも多くのメッセージを送ることができる場合である。このような問題に、単一の普遍的に適用可能な答えがある保障はない。にもかかわらず、コミュニケーションの役割に関するいくつかのかなり一般的で妥当な命題が発見されるかもしれない。この問題がいかに重大な意義をもっているかは、限定戦争について現在繰り広げられているいくつかの論争からも明らかであろう。すなわち、戦争を限定的なものにしておく可能性は、お互いのあいだで十分なコミュニケーションがある場合に高くなるのか、それとも片方の国から前もって一方的な宣言がある場合に高くなるのか、もしくは交戦国のあいだで明確なコミュニケーションがほとんど存在しない場合に高くなるのか、という論争である[2]。

　さらに、国際紛争かどうかを問わず、限定戦争に関わる他の一連の問題もある。それは、安定的で効果的なゲームの帰結を生み出すのは——行動やチェスの駒やボード上の対象物に明確に付与されている名前や解釈といった——ゲームのさまざまな暗示的含意が、プレイヤーにとってなじみのあるものである場

---

[2] あらかじめ誤解を解いておくが、筆者は限定戦争を実験室で再現できるとか、限定的なプロセスについての実験の結果が、直接外的世界の問題へと適用可能であると提案しているわけではない。上記で記述した類の実験は「基本研究」の範疇に入る。そして、そこでは主に、問題の認識的側面やコミュニケーション的側面に焦点が当たることになるであろう。よってプレイヤーの動機が社会認識に影響をおよぼさない限り、プレイヤーの動機といった側面には、触れることにはならないであろう。ただ、このような実験研究の結果が現実にも適用できるかもしれないと思えるのは、たとえば、限定戦争におけるコミュニケーションの役割や最も観察されやすい限定の種類について現在行われている理論化自体が、内省的にプレイされている暗黙の実験ゲームとして描写されるものに基づいているからである。

合か、それとも、プレイヤーのあいだで似たような感覚を想起させることがないような耳慣れないものである場合か、という問題である。これは——特定の展開形ゲームとしていえば——合理的プレイヤーが戦争を限定化し続けることができるのは、東南アジアにおいて通常兵器もしくは核兵器を使う場合か、もしくは月面で未知の敵と奇妙な生物兵器を使う場合のいずれであろうか、と言い換えることもできる。これらはゲーム理論の中心にあるようなとても重要な問題である。そしてこれらの問題に対して適切な答えを生み出すためには実証研究が不可欠である。いうまでもなく合理的プレイヤーはゲームの詳細部分を乗り超え、それらを無視することができる知的能力をもっている。こうして詳細部分が重要であるのは、それらが両方のプレイヤーにとってこのうえなく利益となり、合理的プレイヤーがそれらの詳細を相互的な調停を導く手がかりとして用いる必要があると知っているからである。

　この他にもさまざまな問題が提起される。たとえばプレイヤーの気質に関しては同じような性格、同じような気質や育ちをもつプレイヤー間の方が、それらが全く異なるプレイヤー間よりも効果的・安定的な帰結が生まれやすいのだろうか。経験豊富なプレイヤーのあいだと新人のプレイヤーのあいだ、さらには一方が経験豊富でもう一方が新人である場合のうちでは、どれが最も安定的で効率的な解をもたらしやすいのだろうか。もしこの3番目の場合が正しいとするなら、どちらのプレイヤーが優位に立つのだろうか。

　この種のゲームにおいて、いちばん初めの行動というものはどれほど重要なのであろうか。「ゲームのルール」、つまり安定的行動パターンがあらかじめわかってない場合に、プレイヤーたちは自力で安定的行動パターンをみつけることができるのか。お互いに利のある帰結とルールの厳しさとは、どのような関係にあるのだろうか。すなわち、プレイヤーが「厳しい」ルールやかなり「限定」された兵器や資源をもとにゲームを始めて、状況によって少しずつそれらを緩めていく方がよいのか。それとも、ゲーム開始当初からルールを緩く設定しておき、あとになってからルールを緩めるという慣行を避けた方がよいのか。

　「仲裁者」の存在はこの種のゲームの帰結に、どのくらい影響を与えるのだろうか。また、どのような種類の仲裁がいちばん効果的なのであろうか。仲裁者がゲームに関して固有の利害関係をもつことは、プレイヤーにとっては邪魔となるのか、それとも助けとなるのか。仲裁者は、安定的で効率的な結果を生みつつ、どの程度まで片方のプレイヤーを贔屓_{ひいき}することができるのだろうか。

　こうしたゲームにおいては、プレイヤーに自分と相手についての評価をつけ

させてみるのも興味深いであろう。たとえば、ゲームをプレイする際、どちらがより攻撃的にプレイしたか、あるいはどちらがより協力的にプレイしたか、ゲームの帰結に影響を与えた「ルール」は何だったと思うのか、またゲームの帰結について影響を与えた「ルール」が相手は何だったと思っていると思うか、といったことである。さらに、2者間でどちらが「勝利した」と思うか（もっとも相手の価値体系についておおかた無知であればだれが勝利したかはプレイヤーの解釈の問題となるが）、いつゲームは「決定的な」瞬間にたどり着いたと思うか、戦略上の「革新」はいつ起こったと思うか、相手による特定の行動が「報復」もしくは新しい攻撃と解釈されるべきはどういうときだと思うか、といったことを評価させるのもおもしろいであろう。

「報復のルール」は、本質的に詭弁的である。また、いかなる形態の「限定戦争」において相互に認識された自己抑制も、伝統に似た心理的、社会的な何かをもとにしているのである。そして、詭弁や伝統といった要素は、しばしば実際に起こっているゲーム的状況には適用できなかったりする（たとえばヨーロッパで限定的な核戦争が起こりソ連とアメリカとのあいだで段階的な核報復が起こったとか、人種間での暴力が最近起こってないところの小中学校で爆発が起こったとか、特定の産業において新しいかたちの非価格的競争が導入された、とかいったゲーム的状況である）。このようなことを踏まえると、ゲーム理論の実証的部分は、ムザファー・シェリフが用いたような実験を含むことになる。彼は、実験において被験者を規定するような規範が存在しない場合、被験者が自発的にそうした規範を生み出すことを発見した。そして、同じプロセスのなかで2人の被験者が規範を作る場合、一方の規範作りはもう一方の規範作りに影響をおよぼすことがわかっている。ここには価値に対するプレイヤーの真摯な学習プロセスがみてとれる。プレイヤーは、自らの価値体系を相手に適合させて、自らの価値体系を形成していくのである。「客観的」基準によって完全なルールを生み出すことができない場合において、すなわちゲームが「非決定的」な場合においては、何らかの規範が発展し、相互に認識され、受け入れられなければならない。行動や反応のパターンには、正当性が付与されなければならないのである[3]。敵対者たちは、ほとんど無意識のうちに協力するかのように、何をもって革新的であるとみなすか、また挑戦的行動や攻撃的行動、さらには協

---

[3] 規範が実際に形成された顕著な例——そして分析の対象となりうる例——として、1957年の軍縮協議のなかでどのような査察が行われるにせよ、その査察は北極点を頂点としたパイ型の領域から選ばなければならないと合意にいたったことをあげることができる。

調的ジェスチャーとは何かについて、相互に認識された定義にいたらなければならない。そして、ルール違反が発生した場合に、その罪にふさわしい報復は何であるかに関する共通の規範を発展させなければならないのである[4]。

たとえば、プレイヤーの一方を「攻撃者」として識別するような「シナリオ」があるとしよう。そのようなシナリオは、他のプレイヤーたちによって行われた同一のゲームで過去の行動の結果を与えてくれるかもしれない。あるいは、そのようなシナリオは、もともとの「現状維持」に相当する特定の領土分割を促した背景を明らかにしてくれるかもしれない。また、そのようなシナリオは、ゲームボードのこの部分は自分の物だと主張しあっているときに、一方のプレイヤーに一種の道徳的正当性を付与することになるかもしれない。これらの背景的な情報は、ゲームの論理的・数学的構造には何の影響も与えない。それらは、何かを暗示させる力以外の力を全くもたないと考えられる。たとえば、いま、ゲームのボードを、違う2人のプレイヤーたちによって行われていた同じゲームのある途中の状況に相当するように設定し、新しくプレイすることになる2人のプレイヤーに、ゲームが開始されたときのラインアップがどうなっていたかを教えるとする。はたしてこのような情報を与えることで、結果は変化するだろうか。もしプレイヤーたちが、原初状態を理解して、ゲームの現在の状況を読み解く「規範」を発展させるとするなら、そのような規範は、

---

[4] ゲーム理論を分析するものとしては、ゲーム理論に適用できる類の実験心理学とその他の社会心理学とのあいだに明確な境界線が引かれることを望むかもしれない。ゲーム理論は、紛争に関わる行動すべてを分析しようとするわけでなく、戦略の理論を構築することを目指すからである。しかし実は、どのような境界線が引けるかについては明らかではない。たとえば、「敵意」という概念は、感情的かつ気まぐれなものなので、ゲーム理論の分析からはずすべきであるようにもみえる。しかし、もしゲームにおいてあるプレイヤーが敵意をもっていることによって相手のプレイヤーの意図を汲みとる能力が制約されてしまっているとしたら、敵意は「コミュニケーション構造」の一部を構成するものになる。ドイッチュの実験は、この問題の核心をついている。彼は、あるプレイヤーの組に（利得行列に基づいた）非ゼロサムゲームをやらせた。このゲームには「協力」的選択肢、「非協力」的選択肢の両方がある。他のプレイヤーが協力的行動をとったのに非協力的行動で応じたプレイヤーは、第2手において、暗黙の協力に対して応答する機会が与えられる。しかし、「他の人の選択に対する期待に確証がもてなかった場合は、その人は相手の行動が無関心の産物か、もしくはどのようにゲームがプレイされる『べき』かに関しての理解を欠如させていることによってもたらされたであろうと解釈する傾向がある。（中略）このようなグループにおいては、相手の選択に関する知識には意味づけがなされ、相手の意図について前もってもっている否定的な感情を強化することになる」。詳しくは以下を参照。Morton Deutsch, *Conditions Affecting Cooperation*, Research Center for Human Relations, New York University, 1957（本書で参照した部分は含まれていないが、この論文をもとにした文献は以下である。"Trust and Suspicion," *The Journal of Conflict Resolution*, 2: 265-279 [December 1958]）。

全く異なる仮定の出発点を示唆するような背景を、何の「根拠もない」ように語るだけで、ゆがめられてしまうものであるかもしれないことがわかる[5]。

　興味深いのは、相手が自分の決意を「テスト」しているのかどうかや、自分に「挑戦」しているのかどうか、などといったことを各プレイヤーが本当に判断できるのかということである。そして各プレイヤーがゲームにおいてある特定の行動が自分の役割や名声を作り上げていくことをどう認識しているか、特定の種類の遭遇がどのようにして象徴的な意味をもつようになるかのプロセスを研究することはできるかもしれない。

　分析することが可能だと思われるゲームのもうひとつの側面は、行動や価値体系に含まれる漸進主義の重要性であろう。たとえばボード上である駒を動かしたり、ある地形において軍隊を動かしたりするゲームを考えてみよう。プレイヤーが交互に行動し、1度に1駒を1マスしか移動できないとする。このときゲームは小さな変化によってゆっくりしたテンポで進む。ボード上の状況はプレイが進むにつれてその特性を変えるかもしれないが、それは小さな変化の連続によって起こるのであり、そうした変化は観察され解読され、そしてそれに対して適応したりすることができるものである。そして、そうした過程では、多くの時間をかけて、両方のプレイヤーの価値を破壊してしまうようなどちらかのもしくは相互の失敗も、観察され、解読され、そしてそれに対して適応することができる。もし両者のあいだにコミュニケーションの可能性があったとしたら、プレイヤーが口頭で交渉し、相互破壊をもたらすような行動を避ける余地も生まれよう。しかし、かわりに、駒が一度に何度も、どんな方向にも、そしてどんな距離でも行動できるとし、一方もしくは両方のプレイヤーにとって敵対的衝突がかなりの破壊をもたらす帰結を生むルールであったらどうであろうか。このとき、ゲームは、もはや漸進的ではない。さまざまなことが突然発生する。先制攻撃の誘惑もあるかもしれない。ある特定の時点において、一方のプレイヤーが現在の状況はどのようなものであるかを把握できたとしても、1手先あるいは2手先以上の状況を想定することはできない。ゲームのペースが大変早く、多くの経験や理解が得られる前にゲームが先に進んでしまうので、暫定協定や信頼、さらにはどちらが支配的でどちらが服従的かという役割づけが生まれる可能性はあまりない。では、より漸進的ゲームの方が協調を簡単に達成できるのだろうか、それとも漸進的なゲームの方がより危険な行動様式を

---

[5] 第3章 (pp. 67-70) で触れた所得税に関する問題は、この暗示する力に関連している。

招くのだろうか。こうしたことは、どのような種類の人々がプレイヤーであるか、そしてゲーム自体にどのような暗示的要素を埋め込んだか、といったことに依存するのであろうか。決定的な要因は、ゲームのなかの行動の漸進性なのか、あるいはプレイヤーのもつ価値体系（すなわち、評価のシステム）の漸進性なのか。さらに、これら2つの漸進性は、比較可能で、ゲームの1つの次元における漸進性を導入することによってもう1つの次元における漸進性の欠如を補うようにすることはできるのだろうか。これらが現実的問題であることは、さまざまな論争によって明らかであろう。すなわち、限定戦争における核兵器の役割についての論争、相互抑止に依存する状況において先制攻撃の誘惑のもつ重要性についての論争、現代における戦争の速度を緩和すべく地域的に隔離したりするためのさまざまな提案についての論争、さらには西ヨーロッパで限定戦争なるものがありうるのかどうかといった論争である。ひとたび実験や観察によって実証分析のため基準が規定されれば、漸進主義は数理分析にとっても比較的なじみやすいといえるかもしれない[6]。

　これらの問題は、仲裁者が介入できる可能性があることを除いては、2人ゲームを中心に分析されてきた。同じようなゲームは、3人またはそれ以上のプレイヤーによっても行うことができる。筆者の考えでは――すくなくとも「成功」を収めたプレイヤーのあいだでは――プレイヤーの数が増えるにつれて実証結果の多くはより鋭いものとなっていくのではないかと思う。より一般的には、群集や同盟の形成に関わる調整は実験研究の題材となっていくであろう。いままでのゲーム理論では、同盟の形成を分析する際、プレイヤーに関して単純化し、対称性を仮定してきた。しかしこれからは、ある種の非対称性、先例、行動の順番、不完全コミュニケーション構造、さまざまな言外の詳細といったものを意図的にゲーム理論に導入して集団の結晶化を研究することも興味深いであろう。さまざまな種類の非対称性や不完全コミュニケーション構造が集団形成に与える影響は、体系的な実験研究の題材となっているのである[7]。

---

[6] 「限定戦争では、最も極端な暴力行為を阻止する手段を見付けなければならないばかりでなく、またお互の作戦が余りにも迅速に成功してしまうため、政治目的と軍事目的の間に関連が生じないようなことのないように、現代戦のテンポをおそくするようにせねばならない。この関係が失われると、どんな戦争でも予想もできない段階で大きくなって全面戦争になってしまいそうである」（H. A. キッシンジャー『核兵器と外交政策』(1958) 佐伯喜一校閲、田中武克・桃井真共訳、日本外政学会、p. 277)。

第6章　ゲーム理論と実験

7 アレックス・バベラス（Alex Bavelas）はつぎのような純粋調整ゲームの実験について書いている。まず5人の相互に分断されたプレイヤーが、幾何学的なピースをお互いに渡し合っている。5人はそれらのピースをそれぞれに組み合わせ、合計で5個の正方形を作り上げることを指示される。ピースはかなり細かく分断されているので、たくさんの「間違った」正方形が形成されてしまう可能性がある。間違ったピースで1つの正方形を作ってしまうと、残りのピースを使って4つの正方形を作ることができなくなってしまうようになっているのである。バベラスは、このような誤った「成功」が起こったとき、どうなるかに興味をもった。「1つの完全な正方形をすでに完成させた人にとって、それを再びばらばらにするのを嫌がるのは当然である。彼がそのような「目的からはずれた」行動をとるのは、そのプレイヤーが全体の状況をどう把握しているかによる。この点に関しては、コミュニケーションのパターンがかなり確実に影響をおよぼすと推測できる。（中略）予備的実験によれば、（中略）自分の正方形を守りたいという拘束力は非常に強力で、十分なコミュニケーションの下でも、問題の解決は不可能であることが明らかになった」("Communication Patterns in Task-oriented Groups," in D. Cartwright and A. F. Zander, *Group Dynamics* [Evanston, 1953], p. 493) いくつかの非常に示唆的な実験、とくに「何が平等であるについてのプレイヤーごとのゆがんだ認識」に関するものは、以下の文献に詳しい。Charles E. Osgood, "Suggestions for Winning the Real War with Communism," *Journal of Conflict Resolution,* 3：304-05（December 1959）。

第III部
ランダムな要素をともなった戦略

第7章　約束と脅しのランダム化

　純粋に対立するゲーム（ゼロサムゲーム）理論において、中心的な役割を担うのがランダム化された戦略である。ランダム化された行動の潜在的な可能性が、過去5年から10年、ゲーム理論の関心の多くを占めてきたといっても過言ではない[1]。2人ゼロサムゲームにおけるランダム化の最も重要なポイントは、自分の行動ルールを相手に予測させないことにある。つまり、自分がどのように意思決定を行うか相手に演繹的に予期させず、自分の行動の秘密の規則性やふとしたときに現れてしまう偏った選択を相手に知られないようにするのである。一方、利益の共通性と対立性とが並存するゲームでは、ランダム化された行動が中心的な役割を担うことはなく、それは異なった役割を演じることになる[2]。

---

[1] 「優れた戦略の存在に関する基本定理」――つまり、混合戦略まで含めれば、有限個の純粋戦略をもつすべてのゼロサムゲームはミニマックス・マックスミニ均衡（「解」）をもつという定理――について、ジョン・フォン・ノイマンはつぎのように語った。「私の見る限り、優れた戦略を指し示すゲームの理論はこの定理の他にはありません。……この「ミニマックス定理」が証明されるまで、公刊するに値するものは何もなかったように思っていました」("Communication on the Borel Notes," *Econometrica*, 21 : 124-125［January 1953］)。

[2] ゼロサムゲームにおける混合戦略を、つぎのようなものとして解釈することもできるだろう。すなわち、純粋戦略での鞍点が存在しないような非連続的な戦略ゲームに戦略の連続性を導入し、鞍点が存在するようなゲームへと変換させるものとしてそれを解釈するのである。このように解釈すれば、ゼロサムゲームにおいて混合戦略が果たす役割は、非ゼロサムゲームのなかでそれが果たす役割とほとんど同じになる。コインを上へ投げるとき、相手は表か裏を確信をもって当てられないような状態にあるともいえるし、「平均化する」ことで（期待利得の観点から）表と裏を半々の確率で選択する戦略を作り出す状態にあるともいえる。どちらの解釈も有益である。後者の方がより洗練された解釈である一方で、前者はゲームをプレイしている者が直面するように、問題の真髄をよりよくとらえているということができる。また前者は、ランダム化をともなう場合であったとしても、実際に選択する戦略を相手に予測させてはならないことが問題なのだということ、その選択のメカニズムや選択の記録・伝達手続きそしてランダム化によって結果を導くために必要な予備的作業を、相手にわからせてはいけないということが問題なのだということを、われわれに思い出させてくれる。

これらの(「非ゼロサム」)ゲームの理論でランダム化が語られる場合、自分の戦略を相手に予測させないことに主たる関心があるわけではない。先述したように、これらのゲームでは、自分の戦略を偽ることにではなく、自分のプレイの仕方を相手に正しく予測させることに、より多くの関心が払われる。

もちろん、より規模の大きなゲームのなかにゼロサムな要素が含まれている場合があるかもしれない。たとえば、限定戦争を例にとってみよう。そこでは、遵守すべき制限を偽ることよりも、それをお互いに伝え合うことに多くの関心が払われるかもしれない。しかし、それでもその制限の範囲内では、敵に与える戦術的情報を最小化するために、戦闘機がランダムに出撃していくかもしれない[3]。つまり、情報のサンプルが交わされたり、そうしたサンプルに基づいて合意の履行が図られたりするが、相手に完全な情報を与えることはない。たとえば軍備管理協定の履行・不履行を明らかにするためには、相手が協定を順守しているかどうかを確認できるぐらいの軍事情報をサンプルとしてお互いに与え合わなければならない。しかし、多くの情報を相手に与えれば与えるほど、奇襲攻撃を受ける可能性は高まってしまうので、それは与えすぎてもならない。

しかし、非ゼロサムゲームについての伝統的な研究のなかで、ランダム化が果たす主要な役割は、これとは違ったものである。それは、分割不能な対象物を分割可能なものに変えたり、異質なものを同質なものにしたりする手段として理解されている。たとえ対象物が分割可能でなくても、くじを使えばその「期待価値」を分割可能にすることができる。コインの表裏でだれがその物を獲得するかを決められるし、負けたらいさぎよく2倍を払う「ダブル・オア・ナッシング」の賭けをすることだってできる。そして、すべての者を短期間の兵役に服させるよりも少数の者を長期間の兵役に服させようとする場合、くじ

---

[3] 情報を秘匿するか明示するかの選択に固有な悩ましいジレンマが存在する。ある脅しにコミットしていることや、実際にその脅しを実行できることを証明するためには、そのコミットメントや脅しを実行する能力を相手側に誇示しなければならない。しかし、そうした情報を提示してしまうと、脅しに対抗するのに有用な情報を相手側に与えてしまうおそれが出てしまう。敵の防衛を打ち破るのに十分なほど強力な攻撃手段をもっていることを証明するためには、その攻撃手段を、あるいはその一部を相手に示し、それが利用可能であることを証明する技術的情報を与えることが必要となるかもしれない。しかし、そうした情報は敵に防衛を整備するうえで助力を与えてしまうだろう。また、どこで戦うのか予測できない場所で局地戦を遂行する意志があることを証明するために、部隊を前もってそこに駐留させなければならないとするならば、敵はわれわれの正確な位置を特定することができ、もはや全方向に部隊を配備する必要がなくなるだろう。

第7章　約束と脅しのランダム化

引きによって市民の義務を平等に分割することができるだろう。

　この役割からすれば、ランダム化は約束と明らかな関連性をもっている。約束の際に供しうる唯一の恩恵が必要以上に大きくかつ分割不能である場合、恩恵を与えることに対して、くじで確率を割り振れば、約束の期待価値および約束を行う者の負担を軽減することができるだろう。ある人に対して、何かが起こったとき、ある確率で大きな援助を施すことと小さな援助を確実に施すことはほぼ同じことである（確率で物事を決める方が、何かが起こることとその人の必要性とが合致しているという追加的な利益もあるかもしれない）。

　しかし、この点において、約束と脅しは異なる。なぜなら、約束はそれが成功した場合にコストがかかるが、脅しはそれが失敗したときにコストがかかるからである。成功した脅しとは、実行されなかった脅しである。もし私が相手に何か誘因を提供するために必要以上のものを約束した場合、そしてその約束が成功した場合、私は必要以上に多くを支払わなければならない。他方、「過大な」脅しは、コストのかかるものになるというよりは、むしろ余計なものになりやすい。小さな打撃でも不快感を与えるのに十分であるのに、もし私がお互いを粉々にしてしまうような打撃を食らわすと誤って脅しをかけたら、あなたはそれでも確かに脅しに従うだろう。このとき、実際には不快感も殺人もおこらないので、誤りによるコストはゼロである。催涙ガスがあればいいがお互いを吹き飛ばす手榴弾しか手元にないとき、私のいうことに従わなければ手榴弾をある確率で爆発させる、と脅しをかけることによって、私は手榴弾を催涙ガスの「大きさ」にまで小さくすることができるかもしれない。しかし、そうすることの必要性は、超過分の価値がすべて損失となってしまう約束の場合ほど、明白ではない。

　脅しをかけること自体にコストがかかり、大きな脅しをかける方が小さな脅しをかけるよりも大きなコストがかかるならば、脅しの大きさが問題となる。手榴弾で脅す必要がなく催涙ガスで脅せば十分で、催涙弾が手榴弾よりも安価であり、そして実物を実際にみさせなければ脅しが説得力をもたないのであるならば、安価な催涙弾で脅した方がよい。しかし、手榴弾の方がより安価であることもある。そうであるならばインセンティヴは逆を向くであろう。多くの興味深い脅しが支払う最大のコストは、それを実行しなければならないことのリスクである。より日常的な意味での「コスト」が、重要な役割を演じることはないのである。

第Ⅲ部　ランダムな要素をともなった戦略

失敗のリスク

　ところが、失敗するリスクがあると、過度な脅しを穏健な脅しにとって代えようとするインセンティヴが生まれてくる。実行できる唯一の脅しが、身の毛のよだつようなおぞましい行為であるならば、くじによってその大きさを軽減しようとするかもしれない。つまり、両者にとってそのおぞましい制裁が確実に実行されると脅しに自らコミットするのではなく、相手が従わなければある確率でそれが実行されると脅すのである。

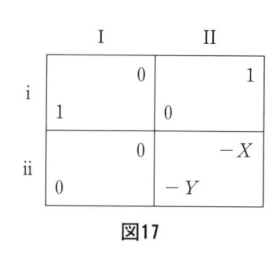

	Ⅰ	Ⅱ
ⅰ	0 1	1 0
ⅱ	0 0	$-X$ $-Y$

図17

　このことをわかりやすく表現するために、図17の行列を用意した。まず、列プレイヤーが先に選択を行い、その後に行プレイヤーが続く。しかし、行プレイヤーは事前に脅しをかけることで列プレイヤーの選択を制約することができる（なお、X と Y は正の数字である）。つまり、行プレイヤーは、列プレイヤーがⅡを選択するならば自分はⅱを選択する、と脅すことができる。行プレイヤーがこの脅しをかけなければ、行プレイヤーがⅰを選択することを見越して列プレイヤーはⅡを選択する。一方、もし行プレイヤーが脅しをかければ——そして行プレイヤーがその脅しにコミットし、かつ、そのことを列プレイヤーが知っていれば——列プレイヤーのⅡという選択は双方にとって魅力ある選択肢にならないので、列プレイヤーはⅠを選択すると期待できる。

　ただし、ここにはある条件がある。それは何事もうまくいくと行プレイヤーが確信しているならばという条件である！　もしかしたら、行プレイヤーは列プレイヤーの利得を完全に読み違えてしまうかもしれない。また、この列プレイヤーという特定のプレイヤーが、つぎのような集団から選ばれていることもある。すなわち、その集団のなかでは、ほぼすべての者は上記の行列のような選好をもっているが、その集団の一部は左上より右下を好むような逸脱者も含

まれている場合である。さらに、脅しにコミットした行プレイヤーが、そのことを説得力あるかたちで列プレイヤーに伝えることができず、それゆえ列プレイヤーが誤って脅しを無視してしまい、右下のセルが運命の行き着く先となってしまうかもしれない。逆に、IIを選択することにあらかじめコミットしていた列プレイヤーが、そのことを考慮に入れるよう行プレイヤーに正確に事前に伝えることができなかったりするかもしれない。また、列プレイヤーが何らかの事情でIを選択できないことを行プレイヤーが知らなかったりするかもしれない。こうしたとき、行プレイヤーによるコミットメントは、両者にとって最悪の結果を招いてしまう。理由はなんであれ、脅しが失敗する可能性は少なかれ存在する。それゆえ、右下のセルの「懲罰的」な利得が、それほど悪いものにならないことを行プレイヤーが願う根拠もありうるのである。

　行プレイヤーが「純粋」戦略しか使うことができなければ——つまり偶然や勘違いに依拠することなく脅しやコミットメントを行わなければならないならば——右下のセルにある数字がそんなに悪いものにならないことを、行プレイヤーはただ願うしかない。しかし、もし行プレイヤーがその脅しをランダム化することができるならば、失敗したときに生じる高いコストを「軽減する」ことができるようになる。たとえば、行プレイヤーは、列プレイヤーがIIを選択してきた場合に、iiを確実に選択するのではなく、それを50％の確率で選択することにコミットすることができる。その場合、行プレイヤーは、列プレイヤーにIを選択させることができるかもしれないだけでなく、さらにそれが失敗したときのリスクを軽減することもできるかもしれない。

　より厳密に表すとつぎのようになる。まず、理由はなんであれ脅しが失敗する確率を P とする（この確率は行プレイヤーの戦略に依存しない「外生的」なものである）。つぎに、列プレイヤーがIIを選んだ場合に、行プレイヤーが脅しでiiを選択する確率を π とおく。つまり、列プレイヤーが脅しに屈しない場合、行プレイヤーがiiを選択して両者に悲劇的な結果がもたらされる確率は π であり、行プレイヤーがiを選択して両者が救われる確率は $1-\pi$ である。このとき、π に関して、行プレイヤーはどういった値を選ぶべきだろうか。

　第1に、外生的な確率 P にかかわらず、脅しが実効的であるためには、つまり脅しが絶対に失敗しないためには、π の値はどれだけ大きくなければならないだろうか。これは、π のリスクに直面した列プレイヤーの選択に関する問題である。もしIを選択すれば列プレイヤーは0の利得を得る。一方、列プレイヤーがIIを選択すれば、その期待利得は1と $-X$ を $(1-\pi)$ と π とで加重

平均したものになる。この平均値が0より小さいならば、列プレイヤーにはI
を選択する動機がある。――ただし、Iを選ぶ動機があるにもかかわらず、何
らかの理由により彼が外生的な確率PでIIを選んでしまうという条件のもと
である。それゆえ、脅しが実効的であるための条件は、

$$0 > (1-\pi) - \pi X$$

すなわち、

$$\pi > \frac{1}{1+X}$$

である[4]。

　第2に、この式で決められる下限以上である確率πの脅しが$1-P$の確率
で成功し、Pの確率で失敗する場合を考えてみよう。もし脅しが成功すれば、
行プレイヤーの利得は1である。もし失敗すれば、その期待値は0と$-Y$を
$(1-\pi)$とπで加重平均したものとなる。それゆえ、脅しが十分に実効的であ
る場合の行プレイヤーの期待利得は、

$$(1-P) + P(0-\pi Y) = 1 - P - P\pi Y$$

となる。明らかにこの値は、πの値が低ければ低いほど高くなるので、行プレ
イヤーは第1の条件を満たす範囲内でπの値を最小化する。よって、脅しが
価値のあるものであるためには――つまり脅しをかけない場合の利得0よりも
大きな期待利得を行プレイヤーが得るためには――、

---

[4] ここでの分析は、2人のプレイヤーが別々にもつ利得の絶対値の差を比較することのみに依存し
ているので、各プレイヤーの最も望ましい利得を+1、そのつぎに望ましい利得を0と設定したとし
ても問題はない。したがって、$1/(1+X)$の完全な解釈はつぎのようになる。すなわち、それは(1)
列プレイヤーの右上と左上の利得の差と(2)(a)彼の右上と左上の利得と(b)右下と左上の利得の差の合
計の比、として解釈することができる。このように式を単純化できるのは、上述したように設定し
た単純な利得を使用したからである。この場合、たった1つのパラメーターによって、3つの利得
の関係を特徴づけることができる（左下の利得が重要になる後述する問題では、4つすべての利得
が重要となり、別のパラメーターがもう1つ必要となる。しかしその場合であっても、左下の利得
を他の利得の1つと同じものにすることによって、問題の核心を変えることなく単純化することが
できる。完璧な知識を得ることはできないかもしれないが、そうすれば0や1を増やせる）。このよ
うな数字の解釈については、A. A. Alchian, "The Meaning of Utility Measurement," *American
Economic Review*, 43: 26-50（March 1953）あるいはLuce and Raffia, pp. 12-38参照。

第7章　約束と脅しのランダム化

$$1 - P - P\pi Y > 0$$

すなわち、

$$\frac{1-P}{P} \cdot \frac{1}{Y} > \pi$$

とならなければならない。したがって、この例における実効的な π の範囲は、

$$\frac{1-P}{P} \cdot \frac{1}{Y} > \pi > \frac{1}{1+X}$$

となる。反対に、この2つの境界の間に間隔が全く存在しないということは、

$$\frac{1-P}{PY} < \frac{1}{1+X}$$

すなわち、

$$\frac{P}{1-P} > \frac{X+1}{Y}$$

であるが、その場合は、脅しがかけられる意味はない。単に「分割」された脅し（1未満の π に基づく脅し）が行われるためには、

$$\frac{1-P}{PY} < 1$$

すなわち、

$$\frac{P}{1-P} > \frac{1}{Y}$$

でなければならない。

　これは、分割された脅しを実行する方が脅しを確実に実行するよりも優れていること、そして、後者は実行する価値がないが前者は実効する価値がある場合の存在を表している。ただ、この議論は失敗するリスクに依存しており、そのリスクは π の大きさと独立なものとして仮定されてきた。しかし、これはいくぶん特殊な仮定である。右下のセルを回避しようとする相手の選好を誤って過大に評価してしまう確率として P を解釈するならば、この仮定に従うと相手の属する母集団の利得が二項分布に従っていることになる。すなわち、行列にある数字通りの利得をもつ人間か、それとも、（$\pi = 1$ までの範囲でどのような値をとろうと）どんな脅しも効き目がない人間か、そのどちらかしかこの世には存在しないことが前提とされることになるのである。反対に、右上と右下にある列プレイヤーの利得がベル型に分布しており、列プレイヤーが母集団

187

からランダムに抽出されると仮定するならば、行プレイヤーの脅しが成功するか否かは π の値に直接依存することになる。この世にいるすべての強盗のなかからランダムに選ばれたある強盗が、ある確率に基づいて実現する逮捕および有罪判決によって抑止される確率は、明らかに、その逮捕・有罪判決の確率に従って変化するだろう。先ほど扱った単純なモデルでは、強盗が2つのタイプに分割されているだけである。つまり、金を盗もうとはするが利得行列の数字通りに確実に抑止の効くタイプと、愉快犯的に強奪を行い右下のセルに行き着くことの脅しを全く恐れないタイプ、の2つである。しかし、失敗する確率を、たとえば相手とのコミュニケーションが閉ざされてしまう確率として解釈するならば、失敗する確率を脅しとは無関係なものとしてとらえることができるかもしれない。

興味深いことに、ある確率で脅しを実行するということは、先述したモデルでいえば、脅しの大きさを軽減するのとほぼ同じことを意味する。このことを理解するために、右下のセルにある X を、脅しが実行された場合に両方のプレイヤーに科せられる罰金として、たとえば両者がムチ打たれる回数とか刑務所に入れられる年数として、解釈してみよう。このとき、行プレイヤーが脅すことのできる罰金の額、ムチで打たれる回数、または刑期の最大値を X によって表し、その最大限度の範囲内でどれだけ大きな制裁を行プレイヤーが実行しようとするかを π で表すことにする。たとえば、π の値が0.5ならば、両者は最大値のちょうど半分の大きさの罰を受けることにするのである。もしこのように行列を解釈したとしても行プレイヤーにとって最適な脅しとなる π の値は何かを考えると、前と同じ分析と同じ結論となる。つまり、最小値 $1/(1+X)$ を目指して π は可能な限り小さな値となるのである。したがって、π は、脅しを実行する確率として解釈することもできるし、確実に実行される脅しの大きさとして解釈することもできる。2つの方程式が同じ結論を導き、私たちは π をそのどちらとしても解釈することができる。よって、この場合、ランダム化の役割を、さもなければ大きすぎて分割不能だった脅しを分割可能なものにしたり、さもなければ利用可能でなかった「より小さな」脅しを可能にしたりするもの、としてとらえることもできるだろう(ただし、脅しを実行する確率を減らしてしまうと、双方のプレイヤーにとって結果の期待値も比例的に減少してしまうが、脅しの大きさを減らしたとしても、両当事者の価値や効用に変化は見られないかもしれない)[5]。

第7章　約束と脅しのランダム化

意図せずに実行してしまうリスク

　脅しを軽減しようと人を動機づける「コスト」の要素は他にもある。自分のいうことに相手が従おうとしていた（または脅しがあやまって実行されなければ従っていた）にもかかわらず、脅しを意図せずに実行してしまうリスクがそれである。強盗や容疑者に向けられた銃は、従うチャンスを相手に与える前に、暴発してしまうかもしれない。侵入者に牙を向ける番犬は、侵入者以外の者に対しても牙を向けてしまうかもしれない。

　ヒッチハイカーから銃を向けられた車の運転手が、銃を窓から投げ捨てない限りアクセルを全開にして致命的な事故の道ずれにしてやると脅した場合、ヒッチハイカーがその脅しを理解し従う前に事故が起こってしまう可能性がある。このとき、意図せずに脅しが実行されてしまうリスクは、その脅しにとっては欠くことのできない要素である。なぜなら、脅しをかける唯一の手段が、それを実行し始めることだからである。運転手が実際にスピードを上げるまで、ヒッチハイカーがその脅しを信じる理由はない。スピードが上がったあと、ヒッチハイカーが脅しに従っても、運転手がスピードを緩めるまでには多少の時間がかかる。それゆえ、とても短いかもしれないが、リスクをともなう時間が存在する。スピードを速くすることにともなうリスクは、運転手に受け入れられるぐらい小さなものでなければならない。ところが、時速60マイル未満なら絶対に安全だが、それ以上のスピードになると確実にスリップしてしまうような場合、つまりリスクの程度が異なる場合、運転手はスピードを危険な水準まで上げようとはしないだろう。そして、それを知っているヒッチハイカーは、スピードを上げるぞとただ口でいっただけの脅しには、応じようとしないだろう。このとき、運転手にとって役に立つのが「分割された脅し」、つまり死のリスクはあるが、それが確実に発生するわけではない脅しである。ただ、それを実効的にするためには、運転手が死のリスクを一定期間負わなくてはならない。

　このような状況において、ヒッチハイカーの例のように、意図せずに実行されてしまう脅しのリスクが、相手が従わないときに脅しを実行する確率（π）に比例するとしよう——つまり番犬が無実の通行人に対して牙を向ける確率が、

5　ランダム化は、脅しの準備それ自体や、脅迫者が好むと好まざるとにかかわらず意思決定プロセスとも密接に関連しているかもしれない。したがって、脅しの規模を操作するものとしてランダム化を解釈できるのは限られた場合のみである。

敷地に侵入してきた者に対して牙を向ける確率と比例するとする。このとき、すでに導いておいた方程式とほぼ同じ方程式がここでも成り立つ。前回と同じ行列を使い、意図せずに脅しが実行されてしまう確率を $a\pi$ で表すと、π の最小値は前回と同じものになる（今回は脅しが失敗する確率を無視する）。すると、次式の左側が行プレイヤーにとっての期待利得であり、行プレイヤーが脅しをかけるためには、その値が0を上回っていなければならない。

$$(1-a\pi)-a\pi Y>0$$

つまり、

$$\frac{1}{a(1+Y)}>\pi>\frac{1}{1+X}$$

とならなければならない。すでに触れたように、最適な脅しは下限をほんのわずか上回るものである。また、この π には1未満でなければならないという上限値がついている。そして、X と Y の相対的な大きさと「コスト」のパラメーターである a の大きさによって、最適な π が存在する場合もあるし存在しない場合もある。

コミットメントのランダム化

「分割された脅し」の根拠を明らかにしたところで、つぎに「無条件のコミットメント」戦術について考えてみることにしよう。「無条件のコミットメント」は、それを確実に行うとしない方が、有利となることがある。第2章〔訳注：原著では第3章となっているが誤り〕と第5章ですでに論じたように[6]、純粋なコミットメント──つまりある純粋戦略に対する明示的なコミットメント──とは、2人のプレイヤーが非同時に行動を決定するゲームにおいて、2番目に行動するはずだった者が「先手」を打てるようになることと同等である。すなわち、コミットメントとは、先手を得る手段である。ただここでは解釈を緩めなければならない。すなわち、ゲームの始まる前にコミットするかどうかを決定できる行プレイヤーが、iとiiに対してそれぞれ50％の確率でコミットするというような場面を想定するのである。つまり、後手で行動する権利を維持しながらも、ゲームの開始前にコミットするという方の権利をうまく利用す

---

[6] Pp. 49, 127.

第7章　約束と脅しのランダム化

るのである。絶対に何らかの先手を打たなければならないという想定では、ランダム化されたコミットメントの可能性はなくなってしまう（ランダム化されたコミットメントとは、プレイヤーによって設定された確率に従ってランダムに決定される「先手」のことであり、相手が行動する前に知っているのはその確率であり、プレイヤーがどの行動を実際にとったかではない）。

　同じ利得行列図17〔訳注：原著では図1となっているが誤り〕を使ってこの状況を例証するために、ゲームをつぎのようなかたちに変えてみることにしよう。すなわち、列プレイヤーが行動を選択する前に、その選択に依存することなく行プレイヤーが無条件のコミットメントを行う（ただし、行プレイヤーは、列プレイヤーの選択をみて自分の選択をすることを許されているわけではない）、というようにゲームを変えてみるのである。行プレイヤーが ii に対して固いコミットメントをすれば、列プレイヤーにⅠをとらせるが、それは行プレイヤーにとっては無駄な努力となる。なぜなら、コミットした結果現れる左下のセルは、行プレイヤーにとって何の利益ももたらさないからである。行プレイヤーにとっての問題は、列プレイヤーにⅠをとらせるためには ii を選択しなければならないが、列プレイヤーのⅠから利益を生み出すためには i を選択しなければならないことにある。ここで妥協をもたらしてくれるのが、ランダム化されたコミットメント——つまりランダムに選ばれた選択肢へのコミットメント——である。列プレイヤーが行動を選択したあとに、もし行プレイヤーが半々の確率のコインを投げて i か ii を選ぶことにコミットすれば、X が1よりも大きい限り[7]、列プレイヤーはⅠを選択しようとするだろう。その場合、行プレイヤーは0.5の期待利得を得る。もし行プレイヤーが、（ii を選択する確率）π を $1/(1+X)$ よりもほんの少し大きな値に設定すれば、列プレイヤーがⅠを選択したときの自分の期待利得を最大化することができる（もし左下のセルにある

	Ⅰ	Ⅱ
i	4 / 2	1 / 1
ii	0 / 3	2 / 2

図18

---

[7] つまり、列プレイヤーの右上の利得が左上の利得を超過するのとちょうど同じ分だけ、彼の右下の利得が左上の利得におよばない、その限りでということを意味する。詳しくは、脚注で先述した利得のスケーリングについて参照。

列プレイヤーの利得が 0 ではなく、たとえば0.5や−0.5であったならば、最適な π の値を求める方程式は少し違ったものになる)。もし左下のセルにある行プレイヤーの利得が−1であれば、50％よりも大きな確率でⅱにコミットすることは自分の利益にならない。そして、もしその利得が−Xかそれよりも悪い場合、ⅰとⅱを混合するどんな確率も自分の利益にはならなくなってしまう。なぜなら、列プレイヤーにⅠをとらせる十分大きな値の π は、行プレイヤーに正の期待利得をもたらしてはくれなくなるからである。

　コミットメントを分割する理由はもう1つある。ちょうどいま論じたなかで、行プレイヤーが π の値を最小化しようとするのは、上側のセルにおいてⅠが選択されることが自分の利益となるからであった。図18は、ある確率でⅰが選択される、つまり π の値が分割されることが列プレイヤーの利益になる状況を表している。ⅱへの固いコミットメントは列プレイヤーにⅡを選択させ、ⅰへの固いコミットメントは列プレイヤーにⅠを選択させるが、何もコミットしないと、列プレイヤーはⅡを選択する。そして、列プレイヤーがⅠを選択しなかったらⅰを選択するという行プレイヤーの脅しは、ⅱを選択しないことを行プレイヤーが約束しない限り、実効性をもたない。このようなすべての「純粋戦略」の下で行プレイヤーが最終的に獲得できる利得は2である。しかし、コミットメントに確率を付与することによって、行プレイヤーは自分の利得を少しだけ増大させることができる。なぜなら、行プレイヤーと列プレイヤーはⅠに関して共通利益をもっており、ただⅠが選択された場合に行プレイヤーがどう動くかについてだけ利益が対立しているからである。たとえば、もし行プレイヤーがⅰとⅱを半々の確率でとるならば、Ⅰから得られる列プレイヤーの期待利得は2となり、Ⅱからのそれは1.5となるので、列プレイヤーはⅠを選択する。そして、そのとき行プレイヤーは2.5の期待利得を得ることができる。行プレイヤーはⅱをより好むので、列プレイヤーにⅠを選択させるよう動機づけられる限りで、π の値を最大化しようとする。つまり、行プレイヤーは以下の式を満たす π の最大値を求める。

$$4(1-\pi) > (1-\pi) + 2\pi$$

すなわち、

$$3/5 > \pi$$

がそれである。

この特殊な確率づけコミットメントは、分割された約束と分割された脅しの組み合わせと呼ぶことができるだろう。つまり行プレイヤーは、列プレイヤーがIIを選ぶならばかなり高い確率でiを選ぶと「脅し」、列プレイヤーがIを選んでくれるならばかなり高い確率でiを選んであげると「約束」するのである。

　行プレイヤーは、πを列プレイヤーの選択に依存させることができれば、よりよい結果を得ることができる。もし列プレイヤーの選択IIに対して行プレイヤーがiを選択して報復することが確実であるならば、列プレイヤーがIを選択してくれたときに、75%までのどのような確率でiiを選択したとしても、行プレイヤーは列プレイヤーにIを選択するよう動機づけできる。しかし、約束を良くする以上に脅しを悪くすることができない——つまり約束と脅しに同じ確率を割り振らなければならない——ならば、実効的なπの上限値は0.6となり、そのとき行プレイヤーは2.6（列プレイヤーは1.6）の期待利得を得ることになる。一方、約束にだけ別のπの値を割り振ることができれば、πの上限値は0.75となり、そのとき行プレイヤーの期待利得は2.75となる（一方、列プレイヤーは1.0の期待利得しか得ることができなくなってしまう）。

第8章　偶然性に委ねられた脅し

　戦略的な脅しの典型的な特徴は、脅しがうまくいかず実行されると、その懲罰的な行動によって当事者双方が痛みやコストを負ってしまう点にある。目的は、事前に抑止することであって、事後的に復讐することではない。脅しに信憑性を付与するためには、脅しを実行しなければならないこと、またはそうするインセンティヴが自分にあることもしくは実行しなければ懲罰が自分に科せられるので、そうせざるをえないことを証明しなければならない。ヨーロッパにアメリカが軍隊を「トリップ・ワイヤー（trip wire）」として駐留させているのは、アメリカの動きをソ連がどう予測するかに関係なく、とにかくヨーロッパで戦争が起こればアメリカが必ず参戦すること、つまり、コミットメントからの逃亡が物理的に不可能であることをソ連に確信させるためである。

　脅しが失敗すれば必ず実行する、と脅さなければならないのが原則であって、おそらく実行すると脅すだけでは不十分である。おそらく実行するということは、もしかしたら実行しないということであり、それは意思決定をする力を保持し続けている、つまりはまだコミットしてないということを告白しているに等しい。確実に実行すると宣言するのではなく、おそらく実行するという脅しは、自分と相手を本当に罰しようとするのか、それとも今回はパスするのではないか、と相手に想像させてしまう。脅しを――確実にではなく――おそらく実行すると相手に告げて、相手が脅しを本気にしなかったとしよう。このとき、脅しを実行しないとどうなるのか。それは、脅迫者に実行するかどうかの選択が委ねられた場合には実行しない方を選ぶと、相手に確信させるだけである（絶対に実行するとは一度も告げていないので、ブラフを見破られたわけではないというのが彼にとってはせめてもの救いになるのであろう）。

　しかしながら、こうした逃げ道を用意していたとしても、実効的な脅しとなる場合がある。ただそれは、確実に実行することへ強くコミットする場合と比べて、より複雑なプロセスをたどる。さらに、それは突発的に起こり、意図せ

ざる行動をともなうこともあるため、認識したり理解することが難しい。

　この脅しにとって重要なことは、脅された者が従わなかった場合に脅しを実行するかどうかは別として、脅す側に最終決定権が完全に委ねられていない点にある。つまり、「実行するかどうかを自分で決める」タイプの脅しではなく、「実行するかどうか自分にもわからない」タイプの脅しがそれである。

　決定におけるこの不確実性はいったいどこから生まれてくるのだろうか。それは、脅す側がコントロールできるもの以外から生じてくるはずである。「偶然性」、事故、第三者からの影響、意思決定メカニズムの不完全性、また、完全には理解されていないプロセスなどなど、どう呼ぶにせよ、それはコントロールが脅す側にもそして脅される側にも委ねられていない状況を作り出す。このひとつの例として、意図せざる戦争（inadvertent war）という脅しをあげることができる。

意図せざる戦争という脅し

　全面戦争は意図せざる結果としても——たとえば、何らかの事故、誤警報、機械の故障、人の恐怖心、狂気、いたずら心、敵国の意図の読み違い、自国の意図を相手が読み違えているのではないかという正しい理解などによっても——起こってしまうという見解がある。これはあまりうれしい見解ではない。一般的に、人はこうした可能性を最小化しようとする。事態が緊迫し戦略部隊を特別警戒態勢につかせたり、相手国からの先制攻撃を想定して迅速な対応をとるインセンティヴを高めたりする場合、衝動的な決定や誤った判断、そして不審な行動やあいまいな行動を回避しようと心がけなければならない。人間と機械の双方に由来する理由から、意図せざる戦争の確率は、危機においては上昇するのである。

　しかし、こうしたメカニズム自体が一種の抑止力をもった脅しであると考えることはできないだろうか。たとえば、ソ連は、自らが攻撃的な行動をとると、いつも緊張感を高め、自国が迅速に対応する態勢に入ると知っているとする。また彼らは、しばしば主張される見解、すなわち相手または自分がもつ報復能力が増大すると、相手または自分が偶発的に事故を起こしたり、警報を誤って鳴らしたり、何らかのハプニングが起きたりして、戦争の危険性を高めてしまうという見解を信じていたとする。だとすると、彼らはこのとき、全面戦争のリスクが自分たちの行動に依存している、つまり自分たちが攻撃的態度をとっ

第8章　偶然性に委ねられた脅し

たり脅しをかけたりすると全面戦争のリスクが高まり、他国への圧力を和らげればそのリスクが低くなる、と考えないだろうか。

　この特別なメカニズムを考えるうえで注意しなければならないのは、そこで生じるのが、全面戦争をアメリカが決定するリスクではなく、意図するか否かを問わず戦争が発生してしまうリスクであるという点である。誤った行動をとっても、アメリカは意図的な報復を行わないとソ連が予想していたとしても、彼らはなお、自分たちの行動が全面戦争を引き起こしたり、大規模戦争や大幅撤退を導くダイナミズムを始動させてしまったりするのではないかという不安を拭い去ることはできない。彼らは、緊急事態においてアメリカとソ連の行動がどういう結果をもたらすかをわれわれも彼らも予測できない、それゆえ状況をコントロールできない、と考えるだろう。

　このようなメカニズムが存在するならば、確実に大規模な行動をとることではなく、そのような行動をとってしまうかもしれないということが脅しとなる。そして、その信憑性はかなり高いものとなるだろう。その信憑性は、ソ連による攻撃が行われた場合、われわれは大規模戦争の発生をもはや冷静な判断によってだけ決定するわけではないという事実に関係する。それゆえ、その脅しは、意図的な脅しが作用する領域や事象以外でも力を発揮する。ソ連による漸進的な侵略行動が既成事実を作るように行われたとしても、われわれが全面戦争を好むかどうか、またそれにコミットしているかどうかは重要な問題ではなくなる。なぜなら、最終的な決定は「偶然」に委ねられているからである。ソ連にできることは、彼らとわれわれがこのような状況で戦争をどれだけうまく回避できるかを推測することだけである。

　このような偶然的な行動メカニズムを「脅し」と呼ぶことができるなら、それには、いくつかの興味深い特徴がある。まず、それはわれわれが認識しているか否かにかかわらず存在する。過去数年間にわたって、われわれの大量報復の脅しがソ連の小規模な攻撃を抑止してきたかどうかを疑問視している人々は、それにもかかわらずなぜソ連はもっと悪い行動をとらなかったのかを不思議に思っているかもしれない。そのような人々は、われわれが声高に発していた脅しが、われわれ自身と関係なくソ連の行動によって引き起こされてしまうかもしれないもうひとつの暗黙的な脅しによって支えられていたことに気づくだろう。さらに、意図せざる戦争の可能性をわずかでも生み出したくないとわれわれが願ったとしても、そしてこのメカニズムを意図的に利用しようとは思わなかったとしても、その「脅し」はわれわれが強いインセンティヴを感じる他の

行動の副産物であるかもしれない。われわれ（とソ連）が危機の深刻さに応じて用心深くなると、望むと望まないとにかかわらず、このような脅しが姿を現すことになるかもしれない。このことを知るソ連は、そのリスクを考慮に入れなければならない。最後に、たとえソ連が戦争を引き起こさずに自らの目的を達成したとしても、この脅しの信憑性が低まるわけではない。危機を引き起こすと、意図せざる戦争の可能性がとても小さな状態からそれほど小さくない状態へと上昇するとロシア人たちが推測していたとしよう。このとき、危機を引き起こしたが大規模な戦争が起こらなかったとしても、彼らは最初の予測が誤りであったとは思わないだろう。ましてや、繰り返して危機を引き起こすことにリスクがないなどとは思いもしないだろう。それはちょうど、ロシアン・ルーレットの1発目を生きのびた者が、それを危険な遊びだと思わないことがないのと同じである。

リスクを製造するものとしての限定戦争

　抑止のひとつとして限定戦争を位置づけた場合、大規模戦争の確率を高めるものとしてそれを解釈する必要がある。ヨーロッパに駐留する西側陣営の部隊は、どのようにしてソ連からの攻撃を抑止し、彼らによる侵攻に抵抗するのか。このような問いに対する答えは、普通一連の意思決定という観点からなされる。中規模の攻撃があった場合、われわれは相互壊滅へといたらないようにしながら、限定戦争を行う決定を下すかもしれない。われわれが小規模なかたちでソ連に抵抗した場合、彼らは降参するか、それとも暴力のレベルを増大するかの決定を下すしかない。そして、限定戦争から全面戦争へと非連続的に飛躍する点がどこかに存在し、われわれはそれを選択することをもって、彼らと対峙しないと考える。たとえこれが典型的に想定される一連の意思決定ではなかったとしても、それは計画的な決定をともなうという点で典型的な意思決定のようにみえる——計画的な決定とは、ある行動をとるかとらないか、戦争を始めるか始めないか、暴力のレベルを増大するかしないか、挑戦に応じるか応じないか、といった決定を意味する。

　しかし、限定戦争に関しては別の解釈も成り立つだろう。全面戦争の危険性は、限定戦争の発生や拡大によって、ほぼ確実に上昇する。もしそうならば、限定戦争を実行するという脅しには、2つの側面があることがわかる。1つは、犠牲者、戦争費用、領土の損失、面汚しといった直接的なコストを相手に押し

つけることになるという脅しである。もう1つは、高められた全面戦争のリスクを相手(そして自ら)にみせつけるという脅しである[1]。

　この後者の脅しも、相手がある行動をとった場合に、全面戦争が確実に起こるのではなく、それが起こるかもしれないという脅しの一種である。全面戦争が起こるかどうかについて、脅しをかける者はコントロールできない。全面戦争がどのように起こるのかについて——過失、きっかけそして誤解といったものがどこで発生するのか——は確かではない。大国間での限定戦争にリスクを付与するものがなんであれ、そのリスクは両当事国が払拭しようとしてもできない正真正銘のリスクである。最終的な決定、つまり不可逆的なプロセスを始動させる決定的な行動は、意図されたかたちで行われる必要はない。全面戦争が引き起こされるかどうかは、「偶然」によってある程度決定される。そして、その確率は、限定戦争の性質やそれが引き起こされた文脈によって異なるのである。

　攻撃を抑止しようとする場合に、なぜ全面戦争の脅しでなく限定戦争の脅しをかけるのか。第1に、ここまでの分析によれば、限定戦争の脅しは、全面戦争の確実性ではなく、全面戦争が起こるかもしれないというそのリスクを脅しに用いる。それゆえ、それは大規模報復の脅しよりも脅威の低い脅しであり、いろいろな場面でより好都合である。第2に、限定戦争の脅しがもつ中間的な性格は、敵がこちらの意図やコミットメントを誤って解釈した場合に、その長所を発揮する。なぜなら、敵の誤った判断を全面戦争へと直接結びつけることなしに、両者にとってのリスクを作り出すと脅していたまさにそのようなリスクを作り出すかたちで、限定戦争へと関与することができるからである。全面戦争のリスクはより小さな代償であり、それは敵が撤退したり譲歩したりすればなくなるのである。

　第3に、敵が非合理的または衝動的であったり、われわれが敵の動機やコミットメントを誤って解釈したり、敵の攻撃的な行動が停止できないまでに勢いづいてしまったり、敵の行動がコントロールのおよばない傀儡政権や衛星国によって遂行されたりする場合、確実性で脅すよりはリスクで脅した方が思慮深い決定であるとも考えられる。敵の行動を止めるのにまだ遅くないと信じ、実際そうであるときに、全面戦争の脅しをかけてしまったら、われわれはそのま

---

[1] 同じ点は Glenn H. Snyder, "Deterrence by Denial and Punishment," (Research Monograph No. 1 : Princeton University Center of International Studies, January 2, 1959), pp. 12, 29でも強調されている。

ま突き進むか、それともその脅しの信憑性を低下させるかのどちらかでしかない。しかし、相手が行動を進めたら20分の1の確率で起こる全面戦争の脅しをかけることができれば、たとえ相手が行動を進めたとしても、まだ20分の19の確率で全面戦争は起こらないと祈ることができる。もちろん、われわれにとってのリスクを小さなものにすれば、相手にとってのそれも小さなものになる。それゆえ、そのような脅しはあまりにも安全なものとなり、脅しとしての効果を期待できなくなってしまう。しかし、ある行動に対する敵のコミットメントを完全に誤って解釈したり、敵の同盟国や軍の指揮官、さらには国を代表する者たちに対するコントロール能力を完全に誤って解釈したりするおそれがある場合、リスクの低い脅しをかけた方が、敵のコントロールの及ぶ行動を抑止するには都合がいいかもしれない。

　このように限定戦争を解釈できるのであれば、同じような解釈を戦争の拡大や戦争拡大の脅しについてもできるであろう。ここまでの議論からすれば、限定戦争に新兵器を投入するという脅しは、軍事的・政治的な優位性を即時に確保するだけではなく、意図的に戦争を拡大するリスクを発生させるものとしても評価されることになる。緩やかな限定戦争も30日経てば大規模戦争の可能性を高めるのと全く同じように、従来型の兵器から新しい兵器への移行もまた大規模戦争の可能性を高める。

　同じ解釈は「トリップ・ワイヤー」についても可能である。ヨーロッパに駐留する限定戦争用のわれわれの軍事力は、いままでの議論からすれば、うまく作動すれば全面戦争を確実に勃発させ、うまく作動しなければそれに失敗するものとして解釈されるべきものではない。それは、敵がワイヤーからワイヤーへと移動するにつれて戦争勃発の確率が日ごとに増す偶発的メカニズムを備えた、いくつかの段階からなるトリップ・ワイヤーなのである。その重要な特徴は、全面戦争を勃発させるかどうかが——すくなくともある程度——われわれのコントロールの外にあり、そのことをソ連側が知っている点にある。

　同じような解釈は台湾の金門島についてもあてはまる。中国やソ連が抑止されてきたのは、限定戦争で負けてしまうことや、たとえ勝ったとしてもそのときに支払う莫大なコストを憂慮していたからではなく、それが大規模戦争へと発展してしまうことをおそれていたためだったということができよう。彼らは、もし戦争が起こってしまったら、われわれが自分たちのもつすべての技術と注意を用いてそれを限定的なものにするし、また彼らも自分たちがもつすべての技術と注意を利用する用意があると確信していたとしても、どちらも戦争の規

模が徐々に拡大していくプロセスを、完全に理解・予測できず、そのリスクが数字的には小さなものであったとしてもそれを相当なものとして感じとっていたのかもしれないのである。

限定戦争でのリスクある行動

　すると、限定戦争の機能のひとつは、全面戦争の可能性を意図的に作り出すことによって敵を畏怖させ、限定的な目的追求を相手に諦めさせるように大きなリスクを生み出すことにある。しかし、そうだとするならば、限定戦争における行動についてよく語られる教義は修正されなければならない。つまり、究極の目的は、戦争を確実に限定的なものにとどめておくことにあるのではなく、むしろ全面戦争の可能性をゼロよりは少し高い程度にとどめておくことにあるのである。すくなくとも、これは限定戦争で「負ける」可能性のある側が用いる戦略のはずである。敵の攻撃的な侵攻を限定的かつ局地的なものに抑えることができなければできないほど、相互的なリスクを意図的に作り上げようとする動機は強まるだろう（逆に、局地的な抵抗が全面戦争を引き起こすよう、侵略者の方が自らの侵攻を設計できればできるほど、局地的な抵抗を試みようとするインセンティヴは小さくなるだろう）。

　全面戦争の可能性を意図的に高める戦術は、限定戦争の文脈に合う戦術である。もちろん、ただ言葉でリスクを高めるといっても実際に高めることはできない。たとえば、敵に対して、全面戦争に突入する確率が昨日は２％しかなかったが、今日は７％もあるので注意せよ、とただ宣伝するだけでは効果がない。自分も相手も戦争を限定的なものにとどめておきたいと考えているのなら、戦争が自分たちのコントロールからほんの少し遠ざかってしまったと、すべての当事者が信じるような行動がとられなければならないのである。

　単純にいえば、ここには、限定戦争とは自分たちの手から少しずつ離れていくもの、という考え方がある。われわれはいろいろな局面でそれがどれだけ「コントロールから遠ざかった」かに関する見解や感覚をもつ。そして、たとえば、技術革新、境界侵犯、「責任喪失」の表明、挑戦的・強行的な行動、脅威を感じさせる戦略的態勢の導入、強情な同盟国や協力国の取り込み、相手に対するからかいや嫌がらせ戦術、新兵器の投入、部隊投入や紛争地域の拡大といった行動は、ほぼすべての当事者に事態が「われわれのコントロールから離れていった」と思わせることができる。このようなリスクの高まりを敵と共有

することで、敵がそうした行動を控えようと強く動機づけられるかもしれないのである。したがって、できるだけ不可逆的な作戦行動やコミットメントによって共通のリスクを生み出すことが望ましいのである。そうすれば事態を沈静化させるためには敵が撤退するしかない、といった状況を作り出すことができるからである。ただ、それでも敵が撤退しなければ、当事者間で神経戦が繰り広げられることになる。

報復と嫌がらせ

　脅しのひとつのタイプとして意図的にリスクある行動が使われるのは、限定的な局地戦争の文脈だけではない。大量報復の脅しと限定戦争の脅しとのあいだには、大量報復にはいたらない段階的報復の可能性を考えることができる。しかし、この限定的な報復をともなう戦争に関しては真剣な分析がほとんどなされてこなかった[2]。ソ連の軍隊がある国を侵攻したら、ソ連の1つの都市を「奪い」、彼らが侵攻を止めるまで毎日1つずつ「奪い」続けるという考え方は、ジャーナリスティックには言及されてきたが、いままで体系的に検討されてはこなかった。同様なものとしては、船舶を沈没させたり、港を封鎖したり、通信を妨害したりといったさまざまな小規模の敵対行為もある。

　ソ連による攻撃的・敵対的な行動のすべてが、限定戦争の舞台を設定したり大量報復を引き起こす劇的な行動となるわけではない。たとえば、中立国やアメリカの同盟国に対する嫌がらせや脅迫、あるいはそうした国々を封じ込めようとする試み、早期警戒レーダーなどを妨害しようとする平和時の作戦、核兵器を背景とした神経戦、NATO諸国における破壊活動の煽動、内乱へのあからさまな援助、自分らの衛星国で起こった暴動を鎮圧するために常軌を逸した暴力を使用すること、などもある。このような行動に対して、われわれが同様な行動で対抗することはよくない。また、憤慨に駆られて大量報復に踏み切るべきだと主張するのも賢明ではない。もし何かをしなければならないのであれば、小さいが感知可能な確率で全面戦争の可能性を意図的に生み出すことを検討するべきである（あるいは、すくなくともソ連が働いた悪事の目的と深刻さが、全面戦争の共有リスクを作り出し、われわれに対して脅威となっていると解釈すべ

---

[2] 最近行われた真剣な議論としては、Morton A. Kaplan, "The Strategy of Limited Retaliation," (Policy Memorandum 19 of the Center of International Studies; Princeton, April 9, 1959) がある。

きである)。

　敵国の領土への核による限定的な報復は、劇的な行動であるが、それはどのように解釈することができるのだろうか。限定戦争での場合と同様に、敵が負う「コスト」には2つの種類がある。1つは、犠牲者数、破壊、屈辱などといった直接的なコストである。そして、もう1つは、作り上げられた全面戦争のリスクである。ある国が核兵器を敵国で使用したときいったい何が起こるのか、だれにもわかっていない。その行動が、他とは切り離されたものであり、意図が限定されており、相手国の報復能力に対する大規模攻撃や奇襲攻撃として行われたものではないと認識されるなら、被害国がその痛みと侮辱に対して全面戦争で対抗しようとするのは賢明な判断ではないかもしれない。しかし、たとえ被害国がそうしようとは意図しなくても、結果的に全面戦争を導く行動がとられてしまうかもしれない。やられたらやり返すといった行動がただ単純にとられる場合、プロセスは徐々に収束していくか、それとも暴発するかのどちらかとなる。したがって、各当事者が注意深く行動をとろうとしていたとしても、相手がどのように反応してくるのかを誤って予測してしまうと、最終的に全面戦争へといたるようなダイナミックなプロセスを始動させてしまうことになってしまう。

　もちろん、そうならない可能性も高い。既述したように、われわれがここで議論しているのは、全面戦争を引き起こすかもしれないし、引き起こさないかもしれない行動である。その最終的な帰結は当事者の完全なコントロールの範囲外にある。したがって、全面戦争の可能性は判断の問題となる。そのような可能性に言及したとしても、それは全面戦争を提案しようとするためではない。ただ、その可能性をどう解釈すべきかを指摘しているのである。何らかの危害を被害国に加えようとするとき、そこには目にみえるかたちで全面戦争の可能性が高まるという制裁があり、それは脅した側も共有しなければならないのである。

リスクある行動と「強要的」な脅し

　一般的に、相手に何かをさせる（またはすでに何かやっていることを止めさせる）脅しと、相手が何かはじめようとするのを止めさせる脅しとのあいだには違いがある。その違いは、タイミング、最初に行動する主体、そしてだれの行動が試されるかの違いである。敵の侵攻を脅しによって抑止するためには、敵

と遭遇したときに自分の背後にある橋をただ燃やすだけで十分かもしれない。しかし、脅しによって敵に後退を強要するためには、自分が前進するということにコミットする必要がある。そうするためには、敵のいる方向へ風が吹くなかで、自分の背後に広がる草むらを燃やさなければならないかもしれない。私はあなたの目の前に私の車をもってくることで、あなたの車の進行を阻止することができる。私によるこの抑止の脅しは、衝突するかどうかの決定をあなたに委ねる点で受動的である。他方、前方にいる私が動かない限り衝突するとあなたが脅したとしても、あなたは私のもつような優位性を享受することはできない。衝突するかどうかの決定は依然あなたに委ねられており、私は抑止に成功するだろう。なぜなら、あなたは、私が動かない限り衝突しなければならないように状況を設定しなければならないが、それはより複雑な作業を要するからである。

　それゆえ、抑止する脅しとは違って、強要するための脅しでは、相手が行動するならば罰を与えるという形式ではなく、相手が行動するまで罰を与えるという形式がしばしばとられる。その理由は、多くの場合、ある行動へ物理的にコミットする唯一の方法が、その行動を開始してしまうことだからである。たとえ共有する痛みでも、脅迫者が苦痛を背負うことによって、効果的な脅しをかけることができる。とくに、相手が脅しに従うまでその共有された苦痛が取り除かれないようなかたちで、脅迫者がそれを開始できるのであればなおさらである。しかし、痛みが共有される場合に、確実に生じる災難を不可逆的に開始してしまうのは賢明ではない。このような場合、相互に災難が降り掛かるほどほどのリスクを不可逆的に開始すべきである。なぜなら、比較的早い段階で相手が遵守することが期待されるならば、それまでに累積されるリスクを脅迫者にとって受認可能な程度にまで小さくすることができるからである。甚大な災難が１％の可能性で起こるリスクを、脅しが遵守されなかった週ごとに相手（と自分自身）に負わせるということは、その災難の１％規模のダメージに等しいものを相手（と自分）に毎週負わせるのといくらか似ている（なお、ここでの「等しいもの」や「いくらか」といった言葉は、非常に柔軟に解釈していいだろう）[3]。

---

[3]　リスクある行動を不可逆的に開始したとしても、敵に対して「勝利」を収められるわけでは必ずしもない。なぜなら、後者はそれでもまだ自分がぶれない行動をとることによって、前者がその行動を取り下げてくれると望むかもしれないからである。相手がこのような行動をしばらくとってくる場合、「神経戦」で勝利を収めなければならなくなる。しかし、すくなくともこの対称的な状況は、どちらか何もしなければ自動的に相手の勝利となるような非対称的な状況よりは、まだましな状況

第8章　偶然性に委ねられた脅し

　ひとつのいい例として「ボート揺らし」がある。「あなたがこがなければ、ボートをひっくり返して私とあなたを溺れさせるぞ」と私がいったとしても、あなたは私の言葉を信じないだろう。しかし、もし私がボートを揺れ動かして、もしかしたらひっくり返ってしまうようにすれば、あなたは私の言葉により多くの注意を払うだろう。つまり私が、私とあなたの双方に対して死にいたらない痛みを付与できないとしても、ボートが転覆する小さな確率という「ほんの少し」の死とほぼ同じものを与えることはできるのである。もちろん、そうするためには、実際にボートを危険な状態にしなければならないのであって、私たちの双方をボートから投げ落とすかもしれないとただ口でいうだけでは説得的ではないのである。

　この目的からすると、理想的なのは、私が小さな黒い箱をもち、そのなかにルーレットと全面戦争を間違いなく引き起こす装置が入っていることである。私はこの箱を下に置き、ソ連に向かってこう伝える、1日に1度このルーレットが回り、ある一定の確率（ソ連も知らされている特定の数値）で全面戦争が引き起こされるように装置を起動した、と。また、私はこうも伝える——あるいは、彼らに行動でもって明らかにする——、その小さな黒い箱は、私の要求が履行されるまで起動し続け、それを途中で止める術を私はもっていない、と。ここで注意すべきは、その箱に決定的なときが訪れるとき私が全面戦争の決断を下すとか、意図的にそれを開始するなどといっているのではないという点である。そうではなく、私は、もし正しい（あるいは間違ったというべきか）組み合わせになったら自動的に戦争になるよう箱にすべてを委ねたのである[4]。

　もし敵が脅しに従おうとしたとしても、相手が準備を整えて命令に従う前に、その箱が全面戦争を引き起こしてしまうリスクは少なからず存在する。このことからしても、ある特定の日に全面戦争が確実に引き起こされるわけではないようにしておくことには、理由がある。通常の抑止の場合——つまりこちらの要求に反する行動を相手がとらない限り何も起こらないならば——、脅しを過剰にかけることは不必要であっても、自己破滅的となることはない。しかし、いまのケースの場合——つまりこちらがコミットしたとたんに、ある期間ある確率でそのかけた脅しが実行されてしまうならば——、過剰な脅しはその目的

である。

[4] メカニズムが自動的であればあるほど、その戦術のリスクは小さなものとなるだろう。なぜなら、それが自動的であればあるほど、リスクが存続する期間を引き延ばし神経戦で私の意図をテストしようとするインセンティヴを敵はもちにくくなるからである。

の実行を阻むものとなってしまうかもしれない。それゆえ、小さな確率の脅しは大きくて確実な脅しの代替となりうるだけでなく、それよりも優れた必要不可欠な脅しなのである。

　ひとつ例をあげてみよう。中レベルの核報復能力を獲得したあるヨーロッパの国がソ連に対して、ハンガリーから手を引け、さもなければ多大な損害を与えるぞ、と伝えたとしよう。このとき、ソ連はその脅しを無視するだろう。なぜなら、その国にはそのような自殺行為を､､､､､､､しなければならないように自らを追い込む説得的な手段がないからである。一方、核兵器と起爆装置を搭載したミサイルを1日に1つずつソ連に向けて発射し、それは撃ち落とされない限りソ連のどこかで、ある確率に従って爆発すると脅した場合はどうだろうか。ソ連は、脅迫国がそんなことをするはずはないと強がるかもしれない。しかし、実際に脅しが実行されたとしよう。ソ連は抗議し相手に脅しをかけるが、そのつぎの日には脅迫国は脅しを実行する。ひとつのミサイル、またはいくつかのミサイルが敵国までたどり着き爆発するかもしれないし、どのミサイルも敵国までたどり着くことなく爆発しないかもしれない。いくつかのミサイルが敵国までたどり着き爆発するならば、いくつかの都市や多くの人々が住む地方の街を吹き飛ばすかもしれないし、無人の砂漠地帯が吹き飛ばされるかもしれない。そして、その後も脅迫国は脅しを実行し続けるとする。

　さて、いったい、この国は何を行っているのだろうか。ソ連に損害や屈辱を与えるということに加えて、その脅迫国が行っていることは、近い将来に両国（そして世界の国々）をどちらも望んでない全面戦争に引きずり込むという痛々しいリスクの醸成である。つまり、「ハンガリーから手を引かないならば、われわれは全面戦争を引き起こしてしまうかもしれない｣､､､､､､ことを、この脅迫国は効果的なかたちでソ連へ伝えているのである。いつまでにソ連は手を引くべきか。手を引くのが早ければ早いほど、（このことに起因する）戦争のリスクをより早く解消・減少させることができる。プレッシャーをかけている国は「手を引け、さもなければ意図的に戦争をはじめる」といっているわけではない。決断するのは脅迫国ではなく、結果はその国が最終行動をとる固い決意をもっているかどうかに依存しないのである。ソ連側は、そのような状況を作り出した国が、全面戦争を回避するためにできるすべてのことを試みるだろうと予測するかもしれない。しかし、同時に彼らは、頭上を飛び交うミサイルが爆発し、それに対して自分たちが対策を練らなければならない緊迫した状況のなかで、全面戦争をどのように回避するのかを相手や自分が知っているかどうか確実に

はわからないこともまた頭に入れなければならないのである。
　これは、全面戦争のリスクがそのとき起こっている状況の不可欠な一要素として認識されにくい場合のひとつの例である。より差し迫った例として、ベルリンへの地上からのアクセスが断たれ武装部隊がベルリンへ派兵される場合、あるいはベルリンへの交通規制が厳しくなり交通ルートを確保するために部隊が派兵されたりする場合を想定してみよう。そしてこのときの行動が、意図してか否かは別として、東ドイツでの暴動の可能性を生み出したとしよう。ここで、ソ連へのプレッシャーがどのようなものであると分析すればよいのだろうか。筆者の意見ではその答えは当事者双方が望まない戦争のリスクに彼らは直面し、しかもどちらもそれを回避できない、というものである。それ自体では目的の多くを実現できない規模の直接行動であっても、それを実行することに理由があるとするなら、それはソ連の人びとと共有するリスクを意図的に生み出すことになり、彼らに、リスクを解消するような行動をとるか、それともこちらの目的に沿って撤退するかという選択肢を突きつけることになるからである。
　もちろん、このような行動についての解釈はこれが唯一ではない。小規模の戦闘ならばわれわれが軍事的な勝利を収めることができ、ソ連にとってはその限定的な戦争を拡大するためには大きな飛躍を選択しなければならないということもあるかもしれない。ソ連にとってはそのような飛躍は怖くてできないものであることも考えられる。もしそうだとすると、当初の限定戦争には、戦争の拡大に対する「抑止的」な脅しが含まれているということになる。小規模な戦争の脅しであってもそれが効果的となるのは、そのような小規模な戦争が大規模戦争の確率を小さいが目にみえるかたちで増大させるからである。その確率についてソ連は、西側諸国がリスクを作り出すのに躊躇しないほどには十分小さいと信じている。しかしソ連は、そのリスクが生まれるとソ連にとって不利益となるほどには十分大きな値の確率だと信じているのである[5]。
　このような解釈からすれば、戦勝確率が低くても限定戦争の脅しは効果的となりうることに留意すべきである。限定的な局地戦争はただの局地的な軍事行動ではない。それは、ソ連本土への「報復」──小さな規模の報復ではなく、大規模戦争の小さな確率──という要素を含んでいるのである。

---

[5] 私見によれば、1958年のアメリカによるレバノンへの派兵は、リスクが存在しかつそれが成功した例であるばかりか、リスクの存在ゆえに成功した例である。ここでのリスクが、共産主義者たちが自分たちの反応によって減少・増大させることができたリスクだったからである。

第III部　ランダムな要素をともなった戦略

瀬戸際外交

　さてわれわれは、これまでの議論に基づき、瀬戸際外交を定義し、「戦争の瀬戸際」を概念化できる。ここまでの議論からすれば、瀬戸際とは、足を踏ん張りながら眼下に視線をおろし、そこから飛び込むかどうかを決定するような崖の先端のようなものではない。そうではなくそれは、滑り落ちるリスクのある湾曲した坂のようなものであり、前に進むほど傾斜が深くなり、滑っていくリスクは高くなる。しかし、傾斜と滑り落ちるリスクは不規則である。つまり、そこにたたずむ人も、そしてそれを外から見守る人も、リスクがどれほどなのか、また坂を少し下るとリスクがどれだけ増えるのかについてよくわからないのである。だれかが制止する前に身投げできるほど崖の先端にたたずむ人がおり、その人がジャンプすると意を決すれば、ロープで結ばれている相手を怖がらせることができるといったような状況は、瀬戸際ではない。どんなに努力したとしても落ちてしまう坂の上に、相手とともに立つことこそが、瀬戸際外交なのである[6]。

　それゆえ瀬戸際外交とは、認識できるものの完全にコントロールできない戦争のリスクを意図的に作り上げることである。それは、自分の手から状況のコントロールを意図的に切り離す戦術であり、そうすることによって耐えられなくなった相手から譲歩を引き出すのである。つまり、リスクの共有によって、相手を苦しめたり怖がらせ、こちらの期待しない行動を相手がとれば、こちらが欲すると否かを問わず瀬戸際から一緒に滑り落ちる運命にあることを示して、相手を抑止するのである。

　こちらの反応、とくにこちらが反応するかどうかを、「敵に考えさせ続ける」べきであるという見解があるが、この見解は上述した議論に合致したかたちで解釈されなければならない。敵に対して確実に報復や抵抗をするという脅しをかける必要はなく、反撃するかもしれないという可能性で相手を怖がらせれば十分であると、しばしば主張されることがある。しかしそれが、ソ連と対峙するときに、決定の機会が何らかのかたちでわれわれに委ねられていることを意味するならば、それは誤った見解であるといわざるをえない。なぜなら、実際に事が起こったあと、とくにその攻撃がそれほど激しくなかった場合、反撃す

6　子供たちはこのことをよく知っている。

るのをこちらがためらうだろう、とソ連は推測するからである。反撃しなければならないような状況を設定することをためらったり、確実に反撃すると言葉に発することさえためらうならば、逃げ道が残された場合のわれわれの選好がどのようなものであるかについて相手の理解に確証をあたえてしまうことになる。それゆえ、脅しに対する絶対的なコミットメントが失敗し、本当はコミットしたくもない行動が起こるかもしれないことを怖れるならば、脅しを実行するかを決定できるといったところで、相手が説得されることはなくなってしまう。

　しかし、逃げ道が残されているかもしれないし残されていないかもしれないことに十分な理由があるとソ連側が考えていれば、状況は違ってくる。ある中立国が侵略を受けた場合に、そのときの状況に合わせて報復するかもしれないししないかもしれない、敵にその決定を下させることはせずどのような決定が下されるかを相手に予測させもしない、とわれわれがいったとしても、相手はただブラフととるだけかもしれない。しかし、軍隊やその他のコミットメント手段を中立国やその近隣諸国に深く関与させ、侵略が起こった場合に戦闘を回避できるかどうかわからなくすれば、敵に推測させ続けることができるであろう。

　要するに、われわれの動機以外のことであれば、敵に何かを考えさせ続けることには意味がある。もしわれわれの理解やコントロールを超えた何らかの事象やプロセスによって結果がある程度決まってしまうならば、われわれは相手にとって本物のリスクを作り出しているのである。

決定の不完全なプロセス

　報復する「かもしれない」し戦争を引き起こす「かもしれない」というこの脅し——つまり自分のコントロールを超えた決定——という観点からすれば、政府が行う最も重大な決定のいくつかが、完全には予測できていなかったり、完全な「コントロール」から外れていたり、完全に意図的ではないプロセスによって行われていることがわかる。「不完全」な意思決定プロセスによって、ある国が意図せずに大規模戦争へと突入していくことさえ、起こりうるのである。ここで「不完全」というのは、不測の事態への反応がどのようなものになるのか事前の計算によっては正確に予測できないということ、あるいは不測の事態が無作為・偶発的なプロセスによって引き起こされるということ、そして

誤った情報、誤ったコミュニケーション、誤解、権限の誤用、パニック、人的・機械的失敗が存在するということなどを意味する。

このような考えは、決定プロセスに関してのひねくれた見方を示しているわけではない。第1に、決定とは、そもそも不完全な証拠とあいまいな警告に基づいて下されなければならないものである。それゆえ、取り返しのつかない行動が誤った警告に基づいて決定されてしまう危険性を原理的に否定することは適切ではない（さらにいえば、この危険性がどのくらい高ければより大きな危険性を引き起こしてしまうのかどうか見極めるために、誤った警告が発令される確率に神経を集中し続ける必要もまたない！）。

第2に、戦争は、当事者双方がそこから一歩も引き下がろうとはしない妥協しがたい立場へと、自分たちをコミットしてしまうことから生じることがある。とくに、譲歩することによって、たとえ瞬間的であったとしても軍事的な脆弱性を受け入れなければならないとすればなおさらである。そして、両政府が互いのコミットメントを誤解することがありうると考えても、それはひねくれた見方にはならないであろう。

しかし第3に、冷静沈着な信頼できる指導者を有する秩序だった政府であったとしても、とくに危機の際には不完全な決定システムになってしまう。これには多くの理由があるが、そのひとつは、完全に中央集権的な独裁制以外の政府においては、価値体系や敵の意図に関する判断、そして軍事能力に関する評価を共有しない多くの人々が決定に参加しているということである。危機においてすばやくとられる決定は、だれがその場にいるか、特定の分析が完了しているかどうか、予測してなかった刺激に反応した特定の指導者や助言者の指導力と力強さ、などに依存する。決定のいくつかは、権限の委任によって行われる場合もある。しかし、その決定を託された者は、大統領や首相や内閣が議会や国会のリーダーたちと協議していたならば到達していた決定を選択できるとは限らない。さらにいえば、決定プロセスには必然的な矛盾さえ存在するかもしれない。たとえば、前もって解決しておくことが不可能で、不測の事態のために十分な準備をすることさえ難しいような憲法上の問題があるだろう。法や先例を侵犯することの必要性は、暗黙的にしか受け入れられないのであり、明示的にその侵犯を準備することはできない。最後に、秘密を維持する必要性が、不測の事態に対処する事前準備に制約を課してしまうこともある。

このような理由によって、不測の事態のすべて——または予期しうる重要な不測の事態のすべて——をカバーする、政府の「揺るぎない」計画、目的そし

第 8 章　偶然性に委ねられた脅し

て政策などというものは存在しない。将来の危機において、検討材料がどのように積み重ねられ、利害がどのように関係し、集団決定の手続きがどのように作動するのかを、前もって完全にみきわめることは不可能である。

　くわえて、戦争の瀬戸際で、危険な行動に従事する政府の意思決定者は、通常の人と同じく知的・感情的能力に限界をもっていることを認めるならば、つぎのことは自明である。つまり、うまく難局から脱することができるようにみえたとしても、そこから脱することができないリスクが存在する状況へと——自分に許された範囲内でどんなに努力をしたとしても——国家が引きずり込まれてしまうことがある、と。

　難局から抜け出すことができないことを政府が自ら認めることはないし、また戦略を遂行するうえで自らの行動を完全にはコントロールできていないことを、政府が敵に伝えることもない。また、パブリック・リレーションズという観点からすれば、破滅的に誤った判断や誤報に少しでも影響されているなどといったり、危険な状況からどのように脱出すればいいのかよくわからないなどと、敵にわざわざ伝えることもありえない。さらに、限定戦争をはじめた政府がその軍事行動を展開するのは、それによって全面戦争の起こるリスクが期待できるからだ、と口にすることもないだろう。こうしたことは、あえていう必要もないほど明白である。

　しかし、偶然的なものに脅しを委ねるという基本的な考え方は、たとえわれわれがそれを意識して使っていなかったとしてももしくは使用しないことに無自覚であっても重要である。なぜなら、第1に、それはわれわれに対して用いられるかもしれない。第2に、たとえわれわれが全面戦争のリスクを認識していなかったとしても、敵に対してそれは重大な影響を与えるかもしれない。そのため、そのリスクの存在を認識し損ねてしまうと、われわれが用いる戦術のいくつかを正確に解釈することができなくなってしまうだろう。たとえば、偶然的なものに脅しを委ねるというこの考え方が、限定戦争用にヨーロッパに駐留する軍事力の重要な役割の一部であり、われわれがこの事実を見失ってしまうならば、その役割についてのわれわれの分析は深刻な誤りを含むものになってしまう。通常の見解によれば、トリップ・ワイヤーは作動するかしないかのどちらかであり、ソ連がそれを作動すると予測するかしないかのどちらかである、という2つの極端な可能性がただ単純に想定されるだけであるが、それは誤りである。なぜなら、可能性の幅は、より複雑な範囲に存在しているからである。

第Ⅳ部

奇襲攻撃：相互不信の研究

第 9 章　奇襲攻撃の相互的恐怖

　夜中に音がしたので、銃を握りしめ階段を下に降りていくと、銃をもった強盗と鉢合わせになってしまった。このとき、相互に望まない結果が起きてしまうかもしれない。たとえば、何事もなくその場を去りたいと強盗が望み、また私もそうなることを願っていたとしよう。それでも強盗は、私が銃を撃つ、しかも先に撃つと考えるかもしれない。いや、強盗は、彼が銃を撃ちたいと私が考えるだろうと考えるかもしれない。または、私が撃ちたいと彼が考えるだろうと私が考えると彼は考えてしまうかもしれない。そして……（以下続く）。自分にとっての「自己防衛」が、相手が自己を防衛することによって撃たれないことだとすると、「自己防衛」なるものはあいまいになる。

　これが奇襲攻撃の問題である。奇襲であることによって有利になるのであれば、相手にその利を与えないように、自分が先に攻撃することには価値がある。たとえば、こちらが攻撃を仕掛けるだろうという誤った信念を相手がもっていたとしよう。このとき、攻撃を仕掛けられるかもしれない恐怖から、こちらは攻撃を仕掛ける動機をもつ。そして、このことが相手の動機をも正当化してしまう。しかし戦争の回避が、奇襲攻撃の成功よりも大きな利益を生み出すことができるならば、両当事者にとって攻撃を仕掛ける「根本的」な理由は存在しないはずである。それにもかかわらず、先制攻撃を仕掛けようとする小さな誘惑は——はじめは攻撃を仕掛ける動機とはならないほど小さいが——相互的な期待の連鎖を経て次第にその大きさを増していく。つまり、「向こうが攻撃するとこちらが考えるだろうと向こうが考える……ということをこちらが考えるだろうと向こうが考えるとこちらが考えるだろうと向こうは考える。よって、こちらが攻撃を仕掛ける、と向こうは考える。だから、彼は攻撃を仕掛けようとする。それゆえ、こちらは攻撃を仕掛けなければならない」といった連続的なサイクルである。

　この問題は、ソ連とアメリカ、または強盗と私のように、利害が対立する状

況のなかで最も劇的なかたちで生じるが、興味深いことに、それは、相互に信頼しあっていない2人以上のパートナーが抱える問題と論理的に同じ構造をもっている。すなわち、お互いが共同資産を持ち逃げする動機をもち、相手にもその動機があるのではないかとそれぞれ疑い、そして相手も同じような猜疑心をもっていることをそれぞれが認識している場合、奇襲攻撃の問題と同じ利得行列を描くことができる。マフィア組織の一部のメンバーが警察によって捕まりそうになっているとき、その他のメンバーは彼らによる密告を危惧して彼らを殺害しようとするかもしれない。そして、その捕まりそうになっている者たちは、自己防衛のために、密告しようとするかもしれない。このように、「予防的な正当防衛」の構造は、「パートナー間の信頼」と同じ構造をもっているのである。

　本章の目的は、相手の恐怖心に対する恐怖心が相互に奇襲攻撃の可能性を「乗数」的に増やしていく、という直感的な考えを分析していくことにある。とくに分析したいのは、このような現象が、自らのおかれた状況をよく理解する両当事者による合理的な確率計算や合理的な戦略選択によって、生まれるのかどうか、もしそうだとすればどのようにして生まれるのか、という問題でもある。この直感は、たとえそれが客観的には誤っていたとしても、本当に存在する現象かもしれないし、実際に人の行動を動機づけているかもしれない。つまり、自らのおかれた状況が本質的に暴発的であると漠然と感じとる人々は、実際に暴発的な行動に訴えてしまうかもしれないのである。私がここで明らかにしたいのは、この「複利的に増大する期待」という現象を、合理的な決定プロセスとして表すことができるかどうかである。相互の期待を支配する論理の犠牲者となってしまう2人の合理的プレイヤーの状況を、われわれは明示的にモデル化できるのだろうか[1]。

無限に連鎖する確率

　まず、問題を以下のように提示することから始めよう。プレイヤーは、いくつかの確率、もしかしたら無限に連鎖するかもしれない確率に基づいて、行動を決めるとする。最初にくる予測確率 P_1 は、相手が「本当に」攻撃したいと

---

[1] ゲーム理論家たちは、ここで扱うゲームが、ゼロサムゲームの一種である「決闘ゲーム（dueling game）」の非ゼロサムゲーム版であることに気づくであろう。そして、この非ゼロサムゲームは、いつ発砲するかではなく、そもそも発砲するかどうかの問題を扱うのである。

欲する確率、つまり攻撃されることを相手が危惧していなかったとしても相手が攻撃しようとする確率である。2番目に続く確率 P_2 は、私が「本当に」相手を攻撃したいと考える確率、つまり攻撃されることを私が危惧していなかったとしても私が攻撃しようとする確率である。3番目に続く確率は、相手が「本当に」攻撃すると私が考えるだろうと相手が考える確率 P_3 である。さらにそのつぎに続く確率は、私が「本当に」攻撃するだろうと相手が考えると私が考えるだろうと相手が考える確率 P_4 である。以下、5番目、6番目、7番目……は、「相手は考える」と「私は考える」の結びつきに、それぞれ別個の確率を割り振り、長くしていけば作り出すことができる。したがって、相手が攻撃する最終的な確率は、

$$1-(1-P_1)(1-P_2)(1-P_3)\cdots\cdots$$

となる。

　この定式化は、この級数を作り出す法則があるわけではない、という問題をかかえている。つまり、それぞれの確率は、ある特定の状況におけるある特定の情報構造に関する追加的なデータからアドホックに推測されたものにすぎない。それゆえ、最初のいくつかのデータをもとに、そこから無限に連鎖する級数の全体像を推測することはできないし、数学的な演算を施すこともできない。この級数における項の数は、その推測に費やすことのできる時間や知的体力をプレイヤーがどれだけもっているかに依存する。なぜなら、級数の各項は、それぞれ独立した推測過程によってしか見出せないからである。もちろん、級数をうまく定式化する情報構造をもった特定のゲームを作ることは可能かもしれない。たとえば、ルーレットの回転にあわせて、私の「本当の」価値体系が相手に知らされるかどうか、私がそのことについて知らされるかどうか、そして相手が知らされたかどうかを私が知らされたかどうかについて相手が知らされるかどうか、が決定されていくようなゲームがそれである。しかし、こうしたゲームは特殊な状況のみに当てはまるものであり、われわれが解明しようとしている一般的な状況を表現するにはふさわしくないかもしれない。われわれが求めているのは、級数における最初の項または「客観的な」項を表すいくつかの恣意的なパラメーターを用いることを許すような定式化である。この定式化ができれば、「私が何を考えると相手が考えるか」の無限連鎖級数における、その他の項の値を自動的に決定することができるようになる。つまり、各人の期待が相手の期待の関数となるかたちで問題を定式化しなければならないので

ある。

「厳密に解のある」非協力ゲーム

　手はじめの試みとして、2人のプレイヤーそれぞれに、・攻・撃・す・べ・き・で・な・い・の・に攻撃する基本的な確率パラメーターを割り振ってみよう。このパラメーターの各値は両プレイヤーに完全に知られており、また各プレイヤーが知っていることもお互い知っている。ここで「すべきでない」という言葉の意味は、つぎの2つの行動仮説に含まれている。

　第1の行動仮説は、2人のプレイヤー双方にとって相互に攻撃しないという結果がその他の結果のなかで最も好ましい場合、各プレイヤーはこの「解」を認識し攻撃を控える、という仮説である。たとえば、利得行列が図19のようになっていたとしよう。

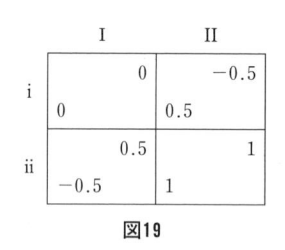

	I	II
i	0 / 0	−0.5 / 0.5
ii	0.5 / −0.5	1 / 1

図19

　このとき、各プレイヤーはお互いを信頼しあい、両当事者にとって最も好ましい結果となる戦略を選択する。この仮説は、かなり緩やかな合理性をプレイヤーに要求しているように思われる[2]（この仮説が疑わしいとすれば、それは、おもにつぎのような場合であろう。すなわち、相互に攻撃を回避できることの優位性が、一方的奇襲攻撃のそれをほんのわずかだけしか上回らず、それゆえ両プレイヤーがお互いを完全に信頼しあえる場合である。万が一のことを考えてある当事者が規律を破る誘惑にかられたり、相手が万が一のことを考えるのではないかという恐

---

[2]　ルースとライファの用語に従えば、ここでの非協力ゲームが「厳密な意味で解」をもつならば、そのような「解」が選ばれることが仮定される、ということになる（*Games and Decisions*, p. 107 参照）。実際のところ、本章ではいくらか強い前提をおいている。なぜなら、ここでの解は他のすべての均衡点よりも好まれるというのではなく、他のすべての結果よりも、両当事者にとって解が好ましくなければならないからである。

怖心からそうしたりする可能性は、以下の第2の行動仮説のなかで取り上げる)。

　第2の行動仮説では、攻撃回避を選択すべきプレイヤーRとプレイヤーCが、第1の行動仮説に反し、攻撃を選択してしまう確率をそれぞれP_rおよびP_cとおくことにする。この確率は、攻撃「すべきでない」ときに攻撃してしまうかもしれないという、上述の考えを表している。いまのところ、このパラメーターが具体的にどのようなかたちをとるのかについては保留にしておこう。もしかしたらそれは、プレイヤーが非合理的である確率、利得行列が誤って解釈される確率、プレイヤーが「本当は」一方的な奇襲攻撃を望んでいる確率、だれかが間違って軽率にも軍隊を派遣してしまう確率、などとして理解することができるかもしれない。ここでのモデル化では、このパラメーターは各プレイヤーにとって「外生的」であると仮定する。言い換えれば、それは外から与えられるデータであり、両当事者の相互作用によってそれが生み出されるのではない。

　このP_rとP_cの値は、両当事者に完全に知られていると仮定する。つまり、パラメーターに関して秘密や推測は全くないものとする。一見、この前提はわれわれがこれから答えようとする問題を棚上げしてしまうようであるが、実はそうではない。この2つの外生的な攻撃確率は、実際にプレイヤーが攻撃する確率と同じではない。それらは、そのひとつの要素にすぎないのである。重要なのは、こうした不確実性を所与としたうえで、両当事者による期待の相互作用が追加的に攻撃への動機を生み出すかどうかを確認することにある。この作業を遂行するためには、すくなくとも何らかのデータを期待や推測の問題へと投入しなければならない。そして、投入される任意性を最小化するためには、各プレイヤーがパラメーターの値を完全に観察できると仮定する必要があるのである。この仮定を外してしまうと、各当事者はパラメーターの値をどう予測するのか、相手がそれをどう予測すると各当事者は予測するのか、そして自分の予測について相手がどう予測すると各当事者は予測するのか……について予測しなくてはならなくなる。すでに述べたように、それはアドホックな特定化による無限級数を考えることになり、確率分布の確率分布に関してどう処理すればよいかという余分な困難を生むだけである。しかし、簡明化のための、そして相手が何を危惧するかについて各当事者がどう危惧するかの計算に関しての分析を前進させるための唯一の方法は、各プレイヤーがこの不確実性の値を完全に知っていると仮定することが必要となるのである。われわれの興味は、この基本的不確実性の「客観的」源泉から、各当事者の不安感に関する主観的

な不安感がどのようなかたちで生み出されるかという点にある。

これでようやく、われわれは複利的に増大する自衛状況を生み出しているかのような状況を考えることができるようになった。各プレイヤーは、相手が本当に攻撃してくるか検討しなければならないだけでなく、相手も同じような恐怖心を抱いているかどうか検討しなければならない。たとえば、自分が「非合理的」に攻撃を仕掛ける確率がゼロであり、そのことをだれもが知っていたとしても、私は、相手が攻撃を仕掛けてくる可能性を検討しなければならない。なぜなら相手は、非合理的な理由によって攻撃を仕掛けてくるかもしれないし、または、その相手の攻撃を危惧する私によって行われる先制攻撃を危惧して、相手は私に奇襲攻撃を仕掛けてくるかもしれないからである。このようにすれば、われわれは各プレイヤーの動機が複利的に増大されていく様子を見出せるかもしれない。

しかし、話はここでは終わらない。以上からではわれわれはまだ、「乗数」効果がどのように規則性をもって生まれるのかを明らかにすることはできない。両当事者による攻撃確率は、攻撃することが確実であることを生み出す場合を除き、相互作用によってより高い確率を生み出すことはない。たしかに、このゲームは両当事者による「非合理的」な攻撃の確率から話が始まっている。しかし、このゲームの帰結は、奇襲攻撃への恐怖心が引き起こす攻撃確率の増幅ではなく、相互攻撃か相互回避のどちらかである。言い換えれば、それは、決定の組み合わせであり、行動に関しての確率の組み合わせではない。

この点をより詳しく明らかにするために、「非合理的」な攻撃に関する2つのパラメーターを使い、もとの利得行列を修正することにしよう。まず、行列の左上のセルはそのままである。一方、右下のセルは4つのセルの加重平均をとって計算しなおさなければならない。なぜなら、両当事者が攻撃回避（右下のセル）を選択しようとしたときに、実際に両当事者が攻撃回避を選択できる確率は $(1-P_c)(1-P_r)$、プレイヤーRが攻撃を仕掛けプレイヤーCが攻撃を回避する確率は $P_r(1-P_c)$、プレイヤーRが攻撃を回避しプレイヤーCが攻撃を仕掛ける確率は $(1-P_r)P_c$、そして両当事者が攻撃を仕掛ける確率は P_cP_r となるからである。同様に、左下のセルは、左の列にある利得の加重平均をとって再計算しなければならない。なぜなら、プレイヤーRが攻撃回避を選択しプレイヤーCが攻撃を選択する場合（左下のセル）、攻撃を選択するプレイヤーCは確実に攻撃を仕掛けるが、攻撃回避を選択するプレイヤーRが実際に攻撃を仕掛ける確率と回避する確率はそれぞれ P_r と $(1-P_r)$ になるからである。こ

第9章　奇襲攻撃の相互的恐怖

のようなかたちで利得行列を変化させ、各プレイヤーによる非合理的な攻撃確率（P）の値をそれぞれ0.2とするならば、利得行列は図20のように修正することができる[3]。プレイヤーCが非合理的に攻撃する確率を0.8とし、プレイヤーRのそれを0.2とした場合の利得行列は図21のようになる。そして、両プレイヤーの非合理的な攻撃確率を0.8とした利得行列は図22のようになる。

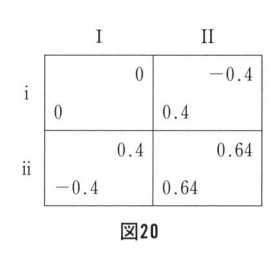

	I	II
i	0 / 0	−0.4 / 0.4
ii	0.4 / −0.4	0.64 / 0.64

図20

	I	II
i	0 / 0	−0.1 / 0.1
ii	0.4 / −0.4	0.46 / −0.14

図21

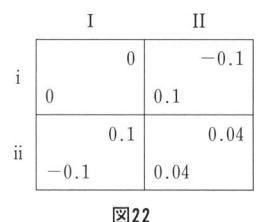

	I	II
i	0 / 0	−0.1 / 0.1
ii	0.1 / −0.1	0.04 / 0.04

図22

　1番目の修正行列における非合理的な攻撃確率、すなわち各プレイヤーに割り振られた0.2の確率は、戦略の選択に関して何の影響も及ぼさないことがわ

---

[3]　事実上これは——ゲーム理論の専門用語を使えば——プレイヤーが1つの「純粋」戦略と1つの「混合」戦略（自立的なパラメーターによって特定化された混合的な確率）を選択することを意味している（もちろん、さらに純粋戦略と混合戦略の混合を考えることもできるが、本章の範囲ではそこまで考える必要はない）。

かる。なぜなら、たしかにそれは新しい利得行列をもたらすが、それでも以前と同じように右下が「厳密な意味での解」となるからである。たしかに、この2つの基本的な確率によって、各プレイヤーにとってのゲームの価値は減少する。ただ、確率を予測しあうことが互いのいらだちをもたらすことはない。各プレイヤーは、その確率を考慮に入れたうえで、なおまだ攻撃回避という相互にとって望ましい解が存在していることを見出し、そして上述した仮説からその戦略を選択するのである。

各プレイヤーへ0.8の確率を割り振った最後の修正行列は、対称的かつ不安定である。つまり、各プレイヤーは、相互的な攻撃回避を望むのではなく攻撃を仕掛けようとし、また相手もそうすることを知っている。これは、ゲーム理論で知られる「囚人のジレンマ」に対応する、困った状況である。唯一の効率的な解は、攻撃回避の拘束的な合意がなければ実現できない（それでも、各プレイヤーの利得は0.04という小さな値となってしまう）。そして、このような拘束的な合意は、それを保証する制度的な枠組みが存在したり、合意へといたる機会を各プレイヤーに与えるためにゲームの進行を強制的に延期したりすることによってしか実現できない[4]。

2番目の修正行列もまた不安定ではあるが、しかしそれは対称的ではない。プレイヤーＣの高確率の非合理性に直面したプレイヤーＲは自衛のために攻撃を選択する。そして、そのことを予測するプレイヤーＣも攻撃を選択する[5]。

---

[4] ゲーム理論における「囚人のジレンマ」とは――強制履行可能な合意が不在のときに――双方のプレイヤーにとってより好ましい結果があるにもかかわらず、その反対の選択が両当事者の支配戦略となるように利得が配列されたゲームである。この名前は、2人の囚人が別々に尋問を受ける際の問題からつけられている。彼らは、中程度の犯罪を告白するか、相手に重い罪をかぶせるかを選択する。後者を選択した囚人は、自分自身が相手によって重い罪をかぶせられない限り、自由の身となることができる。一方、罪をかぶせられた囚人（囚人たち）は、重い方の刑を受けなければならない（Luce and Raiffa, pp. 94ff 参照）。

[5] もしP_rの値を0.2としP_cのそれを0.6とするならば、少し違うかたちで興味深い状況を示すことができる。この修正行列はつぎのようになる（プレイヤーＲのみ）。

0	0.2
−0.4	0.12

ここでもまだプレイヤーＲは攻撃が「支配戦略」となっている。つまり、プレイヤーＣがどんな戦略をとってこようが、彼は攻撃を回避するよりも仕掛ける方が高い利得を得ることができるのである。しかしこの場合、図21の状況とは異なり、どちらも攻撃を仕掛けない状態と比べてプレイヤーＲの利得は低くなっている〔訳注：原文では図21ではなく図19と記されているが、どちらも攻撃を仕掛けない状態と比べてプレイヤーＲの利得が低くなっていないのは、図19ではなく本注が付されている図21の状態であるので訂正を施した〕。なぜなら、プレイヤーＲの支配戦略を知っているプレ

第9章　奇襲攻撃の相互的恐怖

2つのパラメーター（P_rとP_c）がその値を超えると、不安定な状況を作り出し、相互攻撃をもたらしてしまう上限の値はつぎのように計算できる。つまり、一方的な奇襲攻撃を行うことによって得る価値をh、一方的な奇襲攻撃を受けることによって得る価値を$-h$、相互攻撃の価値を0、そして相互的な攻撃回

イヤーCが攻撃を仕掛け、両者の利得は0となってしまうからである。プレイヤーCの「非合理性」（P_c）は、プレイヤーRに「自衛」目的で攻撃する動機を付与する。しかし、その動機には自衛以外の「不純物」も含まれており、奇襲攻撃を成功させ、相手からの攻撃を単に受けて立つよりもよりよい結果を得るプレイヤーRの可能性がそれである。もしプレイヤーRがたとえ仕掛けようとしても奇襲攻撃を仕掛ける能力をもっていない場合、もともとの行列における右上の彼の利得は0.5ではなく0となる。そして、その修正された行列はつぎのようになる。

0	0
−0.4	0.08

この修正行列において、プレイヤーRは、右列両方のセルの利得を「悪化」させてしまっているが、上側のセルの方がその落ち込み具合はより大きい。このとき、プレイヤーRは攻撃回避を選択し、プレイヤーCはそれを知るので、相互的な攻撃回避が結果として現れる。つまり、より「非合理的」なプレイヤーが攻撃能力を奪われた場合だけでなく、「犠牲となる側」が「自衛」目的で奇襲攻撃を仕掛ける能力に欠ける場合も、2人のプレイヤーは状態をより良くすることができるのである。そして、この特別な状態が起こるための条件を本文のつぎの段落で用いられるパラメーターを用いて表現すると）、

$$1-h<P_c<1/(1+h)$$

となる。この点は一般化するとつぎのようになる。戦争に「勝利」する価値（h）が1よりも大きな値をとるとしよう。もしそうならば、そして相手が攻撃しないときに攻撃することがつねに勝利戦略ならば、双方のプレイヤーの支配戦略は「攻撃」になる。このとき、両当事者の利得は0になり、それは攻撃を同時に控えることができれば得られた利得よりも小さなものとなる。さらに、奇襲攻撃が成功する（それゆえ戦争に勝利する）確率をQで表すならば、一方的な攻撃の期待利得はQhとなる。このQhの値が1未満ならば、相互的な攻撃回避が厳密な意味で解となる行列へとわれわれは立ち戻ったことになる。このとき、いままでと同様に「非合理的」な攻撃の可能性も認めるならば、

$$P_c<1-Q_ch$$
$$P_r<1-Q_rh$$

という条件が満たされれば、攻撃回避の安定的な状態が生じる。もしP_rとQ_cがこのうち最初の条件を満たしているとしよう。すると、2番目の条件も満たすことが、プレイヤーCのみならずプレイヤーRの利益となる。それゆえ、P_rの値を自由に操作できない場合、プレイヤーRは敵に奇襲攻撃をかける自らの能力Q_rの値を$(1-P_r)/h$未満であることを願うだろう。その場合のみ、2人のプレイヤーは0よりも大きな利得を得ることができる。プレイヤーRが、自らの出費で「敵」の警報システムを改善したり、奇襲攻撃を仕掛ける自らの能力を目に見えるかたちで削減したりしてQ_rの値を極限まで小さくしたりすることができるならば、彼はそうすべきである。ここにはまさに、いくらか不信感を抱く2人のパートナーが金庫の鍵をそれぞれが別々にもっている状態と同じ原則が働いている。一方が鍵をなくしてしまった場合、他方は自らの出費で新たに鍵を作ってあげなければならない。そうすることによってのみ、彼らは共同してビジネスを行うことができるのである。

避の価値を1.0で表すと、

$$P_c < 1 - h_r,$$
$$P_r < 1 - h_c$$

となる[6]。

　図23は、Pの1つが0から1.0へ変化するときに、各プレイヤーおよび各戦略にとっての「ゲームの価値」がどう変化するかを表現したものである。ここでは、P_rの値を0.2に固定したうえで、P_cの値が変化するとプレイヤーCとプレイヤーRにとってのゲームの価値がどう変化するかが表されている（図19の行列に基づいている）。このゲームは$P_c = 0.5$において不安定（相互攻撃）となり、そのとき各プレイヤーにとってゲームの価値は0となる。

　しかし、このゲームは、前述した「確率の複利的増大」にうまく対応しているとはいえない。それは、2つのパラメーターの値が異なるとき、その小さな値のパラメーターをわれわれが無視できることに表れている。双方が限界値を下回る場合、それらがどんな値をとるかは重要ではない。一方、どちらかが限界値を少しでも上回る場合、もう1つのパラメーターの値が0でも1.0でも関係はなくなる。それゆえ、この2つのパラメーターは、相互的な攻撃回避の価値に影響を与える以外にも大きな役割を演じる。なぜなら、その値によっては、プレイヤーの戦略が攻撃回避から攻撃開始に変更されうるからである。ただ、この変化は全か無かの変化であり、その中間は存在しない。攻撃の可能性は、外生的な非合理性確率の値に制限されるか、または、確実な攻撃開始もしくは確実な回避となるかのどちらかである。

---

[6] 非対称的な状態も包括する一般的な定式化はつぎのようになる。プレイヤーRの列1行1、列1行2（以下続く）における各利得をそれぞれ$R_{11} R_{12} R_{21} R_{22}$とするならば、

$$\frac{P_c}{1-P_c} < \frac{R_{22} - R_{12}}{R_{11} - R_{21}}$$

となる。分子は誤って攻撃することの「コスト」であり、分母は誤って攻撃しないことの「コスト」である。この基準は、Pと$1-P$を「合理的」な行動パターンから逸脱する確率とそれに従う確率ではなく、プレイヤーが意図的にそのように選択を決定する確率として解釈したとしても同じく適用することができる。

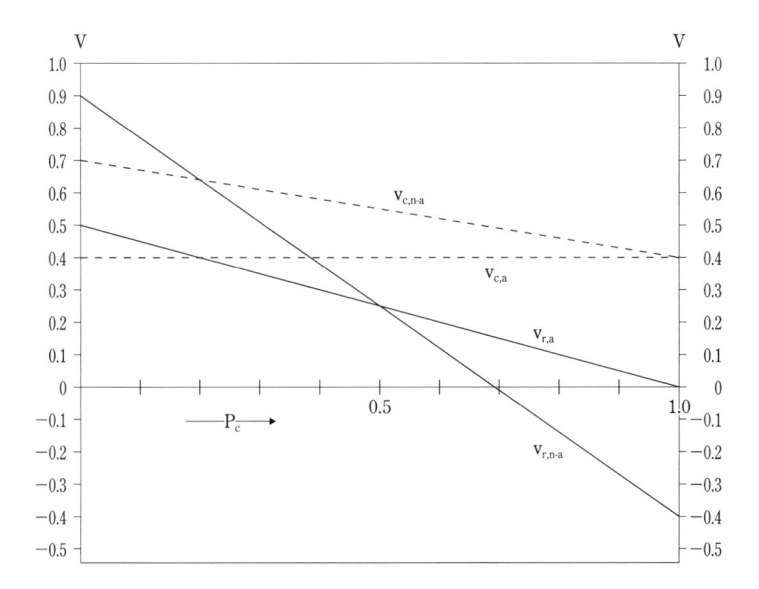

図23 P_cの関数として表されたプレイヤーRとプレイヤーCのゲームの価値（$P_r=0.2$）。$V_{r,n-a}[=0.9-1.3P_c]$：プレイヤーRにとっての相互的な攻撃回避の価値。$V_{r,a}[=0.5-0.5P_c]$：自分は攻撃するが相手は攻撃しないことのプレイヤーRにとっての価値。$V_{c,n-a}[=0.7-0.3P_c]$：プレイヤーCにとっての相互的な攻撃回避の価値。$V_{c,a}[=0.4]$：自分は攻撃するが相手は攻撃しないことのプレイヤーCにとっての価値。

逐次行動ゲーム

　上述の利得行列のもとで、ゲームを非同時決定に修正したとしても、結論は変わらない。たとえば、攻撃するかどうかをプレイヤーRが先に決定し、プレイヤーCはその決定を待たなければならないとする。プレイヤーRが自らの行動を決定したあとのみ、そしてプレイヤーRが攻撃を選択しなかった場合のみ、プレイヤーCに順番が回ってくるとするのである。また、このゲームを土台にして、プレイヤーRよりも先にプレイヤーCが行動を決定するゲーム、すなわち最初にプレイヤーC、つぎにプレイヤーR、最後にプレイヤーCが決定するゲームを作ることもできる。さらに、そのプレイヤーCよりも先にプレイヤーRが行動を決定するゲームも同様に作り出すことができる。つまり（どのプレイヤーも攻撃を選択しない限りにおいて）最初にプレイヤーR、つぎにプレイヤーC、再びプレイヤーR、最後にプレイヤーCが決定するゲームである。

第Ⅳ部　奇襲攻撃：相互不信の研究

　このようなゲームは、どのような結果を生み出すのだろうか。プレイヤーＣの最後の手番における利得行列が図19のようなものであったとすると、プレイヤーＣは攻撃回避を選択するので、実際にはＣは確率 P_c で攻撃を仕掛けることになる。プレイヤーＲはその最後の手番において、プレイヤーＣがつぎに何を選択するか知っており、確率 P_c に基づいて自らの予測されるべき行動を決定する。すると、その１つ前の手番において、プレイヤーＣはつぎに相手が何を選択するか知っており、確率 P_r を考慮に入れて自らの予測されるべき行動を決定する。さらに、その１つ前の手番においてプレイヤーＲは、まだ２つ残っているプレイヤーＣの手番において相手が何を選択するか知っており、その２つある手番のうちのどちらかでプレイヤーＣが攻撃を仕掛ける確率 $1-(1-P_c)^2$ を考慮に入れて、自らの行動を決定する。そして……（以下続く）。各プレイヤーに n 個の手番があり、各手番で非合理的な攻撃が仕掛けられる確率は P_r または P_c であれば、このゲームの結果は、$P_c=1-(1-P_c)^n$ および $P_r=1-(1-P_r)^{n-1}$ が前節であげた条件を満たすかどうかに依存する。もし条件が満たされるならば、各プレイヤーは相手が攻撃を仕掛けることはないと知るので、自分自身も攻撃を仕掛けようとはしない。しかし、どちらか一方の P の値が限界値を超えてしまうと、そのプレイヤーは攻撃を仕掛けようとし、他のプレイヤーはそのことを知ることになる。それゆえ、どちらのプレイヤーであろうと、最初に手番の回ってくるプレイヤーが、ただちに攻撃を仕掛けることになるのである。

　まさにここには複利的な確率を見出せるが、しかしそれでも依然としてそれは効果が全か無の世界であり、どのプレイヤーもその複利的計算過程において、双方の非合理性に関するパラメーターを互いに結びつけてはいない。最初のプレイヤーが攻撃を仕掛けるようになるのは、すくなくとも当事者の一方の非合理性確率が十分大きく、ゲームが十分長く続く場合のみであり、それ以外はだれも攻撃を仕掛けることはない。さらに、各手番における非合理的な攻撃確率を $1-(1-P)^{1/n}$ とし、非合理的な攻撃が行われる総合的な確率を手番の数から切り離して考えてみよう。このとき、複利的に増大する確率は P_c および P_r であり、ゲームの結果は手番の数から影響を受けなくなる。このゲームを「彼が考えて私が考える」状況、すなわち各手番で猜疑心のスパイラルが発生する状況の類推として考えるならば、このゲームは、相手の恐怖心に関する連続的かつ相互的な恐怖心が違いをもたらさない状況をモデル化したものであることがわかる。つまり、プレイヤーの１人が攻撃しようとする「客観的」な状況が

存在するか、またはすべてのプレイヤーが攻撃を回避するかのどちらかのみが存在するのである。

問題の再考

　階下に潜む強盗の話に戻っても、同じことがいえるように思える。強盗が前述の行動仮説に従い「合理的」に行動するならば、強盗は、私が本当に心からそうしたいという理由で発砲する可能性を考慮する必要があるだけでなく、強盗が本当に心からそうしたいという理由で発砲する可能性を危惧する私が発砲するかどうかも考慮する必要がある。しかし、この2つの基本的な（外生的）「可能性」をどちらも完全に知っているならば、この2つの可能性以外について考えを巡らせる必要はなくなる。なぜなら、この基本的な確率のうちどちらかが十分大きな値をとると、私たちのどちらかが先制を期して攻撃を仕掛けるからである。このとき、2つ以上あとの手番における恐怖心はゲームの結果には影響を与えない余計なものとなる。同様に、この基本的な確率のうちどちらかが十分大きな値をとらなければ、どちらかが自衛目的で攻撃を仕掛けることはないので、そのことを知っている私たちは外生的な確率以外について恐怖心を抱く必要はない。このように、相手が「本当に」発砲したいと考える外生的な確率を危惧して当事者が発砲しようと動機づけられないならば、そしてそのことを私たちが完全に知っているならば、どちらも相手による予防的な行動に恐怖心を抱く必要はないこと、および、相手がそれに恐怖心を抱くと各当事者が危惧する必要もないこと……（以下続く）、を私たちは知るのである[7]。

　しかし、もし私が計算からではなく不安感から発砲するならば、状況は異なってくる。私がどれだけ恐怖心を抱いているかによって、私がどれだけ不安になるかが決定されるとしよう。また、相手による発砲がどれだけ可能性のあることなのかに関する私の考えによって、私の恐怖心が決定されるとする。そして、相手も同じようなかたちで行動していると仮定する。このとき、相手が本当に心からそうしたいという理由で発砲する外生的な確率に思いを巡らせると、私は不安感を抱くことになる。そして、この不安感ゆえに、たとえそうしたい

---

[7] たとえば、各プレイヤーにコミュニケーションが許され、相手の理解を確認することができるならば、相手を欺くインセンティヴが残らないかたちで、発砲を回避するインフォーマルな合意を取り決めることができるかもしれない――ただ、2つの基本的パラメーターの値を両当事者が完全に知っていることが依然として前提である。

とは望んでいなくても実際に私が発砲してしまう可能性は高まってしまう。このことを知る相手もまた不安感を抱くことになる。それは私をさらに不安にし、より高い確率で発砲してしまうかもしれない。さらに、この私の恐怖心が増幅されていく様子を観察する相手は、自分の恐怖心をも増幅させていき、それがさらに私の恐怖心を増幅させ、結果的に私による発砲の可能性はさらに高まっていく。このように考えると、われわれは、各当事者の不安感を相手の不安感の関数として表し、発砲の可能性を各当事者による不安感の関数として表すことができ、本章の分析目的である現象を正確に描き出す簡潔な同時微分方程式の組を得ることになる[8]。

そのような意味において、このモデルが有意義なのは、それが決定についての判断基準を含んでいないからである。つまり、このモデルは、各プレイヤーが2つの戦略のうちどちらを選択するかに関する行動仮説を含んでいない。そのかわり、この「不安感モデル」は、自分自身が攻撃する可能性の変化に応じて自分自身が攻撃される可能性も変化することに、各プレイヤーがどう対応するかを問題とするのである。決定のルールに焦点を合わせるのではなく――つまり、各プレイヤーが自分の最適戦略を計算しそれに従うモデルを考えるのではなく――各プレイヤーによる決定の確率に焦点を合わせることによってのみ、本章の冒頭部分で述べた「相互悪化」現象を表現することができるようになるのである。

ということは、われわれが興味を抱く現象は、合理的で決断力のあるプレイヤーによって表すことができないのだろうか。以前より「いくぶん可能性の高くなった」何かを実行しようと決定することによって、身の回りの環境の変化や新しい情報の追加へ反応するプレイヤーを、われわれはどう描いたらいいのだろうか。合理的な人間でも不安感に陥ることはある。その意味でわれわれの理論は、知的というよりは生理学的な理論となる。では、強盗を見てから自らのルーレットを変化させるような、合理的なプレイヤーをわれわれは描き出す

---

[8] ここで定式化した問題には1つの重大な非対称性が存在している。すなわち、いままでは発砲すべきではないのに発砲してしまう可能性があり、相手がその可能性を知っていることを前提としてきたが――「不安感」のケース――反対に、発砲すべきなのに発砲しない可能性が存在し、相手がその可能性を知っていることを前提としてはこなかった（たとえば、強盗の弾薬が湿っていたり、拳銃に弾丸を込めるのを忘れていたりする可能性がそれであり、そのことを私が知っていることを彼は知り、そして……〔以下続く〕）。この可能性を前提とすると、明らかに、意図しない攻撃または非合理的な攻撃の外生的確率を引き下げるだけでなく、実際に攻撃を決定する確率を引き下げる効果をもつであろう。

ことができるのだろうか[9]。

　もちろん、個人の決定と集団の決定では、話が違ってくるかもしれない。さまざまな価値体系をもったさまざまな個人の投票によって集団の意思決定が行われるとしよう。このとき、攻撃される可能性に関する各個人の反応はそれぞれ異なった閾値をもつ。それゆえ、攻撃することへの投票総数は、攻撃される推測確率の関数となる。さらに、投票がたとえば投票日の不在者数といった偶然的な要素によっても大きな影響を受けるとすれば、攻撃という決定に必要な多数派が形成される確率は、敵の決定に関する確率の増加関数となる。そして、その敵の決定自体はまた、こちら側の集団的決定に関する確率の関数となっているのである。このように、さまざまな価値体系と1つの投票システムからなる集団的プレイヤーを合理的と想定できるならば、本章の目的である現象を当てはめることができるだろう。

　しかし、われわれのモデルは、単一的かつ決断力をもった合理的なプレイヤーに適応することもできる。それは、パートナー間の関係から奇襲攻撃の問題まで適用可能な、高い一般性をもっている。またそれは、軍事的な奇襲（不完全な警報システムへの決定の依存）の重要な部分と、決定プロセスにおける「タイプ1」および「タイプ2」のエラーの双方の可能性を直接的に扱うことができるのである。

不完全な警報システムがもたらす確率的行動

　おそらく、奇襲攻撃を受ける危険性は、警報システムを使うことによって引き下げることができる。しかし、間違いを犯さない警報システムは存在しない。この間違いには2つのタイプがある。1つは、攻撃機をカモメと判断し何の対策もとられないというエラーである。もう1つは、カモメを攻撃機と判断して、敵への意図しない攻撃が発動されてしまうエラーである。どちらのエラーの可能性も、警報システムへ多くの費用を投入しその精度を上げることによって減らすことができるであろう。しかし、予算額を一定とした場合、一般には、一方のエラーに関する判断基準を厳格にすると、必然的に他方のエラーに関する判断基準は緩やかなものになってしまう。「報復」する前に必要とされる敵の攻撃の立証を緩やかにするのであれば、自らの攻撃機を無闇に飛び立たせない

---

[9] なおここでの議論は、混合戦略に関する通常の正当化――すなわち、決定のルーレットを合理的に再調整すること――とは何の関係もない。

ために敵の攻撃機だと思っていたものが実はカモメであったというより多くの証拠が必要となる。

しかし、いまや、われわれは攻撃される予測確率に対して、行動するか回避するかを決定することによって反応するのではなく、自分自身が間違って攻撃してしまうかもしれない可能性を調節することによってその予測確率に反応する合理的決定者モデルを考えることができる。たとえば、攻撃される確率が増大したとしよう。このとき、この合理的決定者は、反応しないという誤りの可能性を減少させる方向で、つまり「報復」を起動させる警報が誤って鳴る可能性を増大させる方向で対応する。このように、奇襲攻撃を受ける危険性が増大した場合に、各プレイヤーが意図しない攻撃の発動基準を緩和させるならば、各プレイヤーによる攻撃の確率は相手のそれの増加関数となる[10]。この警報システムは、強盗と鉢合わせになったときの、合理的で機械的な不安感の一側面を表している。

それでは、そのような合理的なモデルを作ることにしよう（単純化のため対称的なモデルを作る）。まず、前述したように、戦争に「勝利する」価値をh、戦争に「敗北する」価値を$-h$、同時攻撃の価値を0（勝利と敗北の確率は半々だとする）、戦争回避の価値を1.0とする（なお、図24にある$(1-R)h$が1未満の値をとる場合、hは1よりも大きな値をとることができる。しかし、多大なコストを支払って得た「勝利」の場合、hの値は小さくなるだろう）。さらに、成功した奇襲攻撃は戦争の勝利をもたらすと仮定する。なお、ここでいう「成功した奇襲攻撃」とは、相手が攻撃しないのにこちらが攻撃を仕掛け、さらに、相手の警報システムが作動しない誤りを犯すことをさす。そして、各プレイヤーの警報システムの信頼度、すなわち相手の攻撃を探知し奇襲攻撃を回避する確率をRで表すことにする。このゲームの利得行列は図24のようになる。

---

10 以下で記すように、これは必ずしもそうではない。攻撃される危険性の増大が、奇襲攻撃に対する敵の脆弱性の減少と結びついているならば、本文中で記した方向とは反対の反応が予測されるかもしれない。

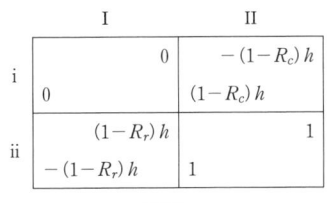

	I	II
i	0 / 0	$-(1-R_c)h$ / $(1-R_c)h$
ii	$(1-R_r)h$ / $-(1-R_r)h$	1 / 1

図24

　攻撃すべきではないのに攻撃してしまう確率、つまり（上述したような意味で）攻撃を回避「すべき」ことが合理的選択なのに攻撃を仕掛けてしまう確率は、2つの部分から構成されている。1つは、非合理的な攻撃の外生的な確率であり、Aで表される。この確率は、誤報によって攻撃を仕掛けてしまう確率を含んではいない。そしてもう1つの確率が、この誤報によって攻撃を仕掛けてしまう確率であり、Bで表される。それゆえ、警報システムに関する2つのエラーは、それぞれBと$(1-R)$によって表現することができる。このモデルの主要な前提は、$B=f(R)$および$f'(R)>0$である。つまり、エラーの1つの源泉である$(1-R)$の値を減少させるためには、エラーのもう1つの源泉であるBの値を増大させなければならず、逆もまた同様である。

　各プレイヤーの戦略選択は、期待損失を最小化するような、言い換えればゲームの期待価値を最大化するようなBとRの値を求めることである。プレイヤーRにとってのゲームの期待価値をV_rで表すことにする。このとき、プレイヤーRにとっての警報システム問題は、$B=f(R)$と整合的になるかたちで、以下の式を最大化するRとBの値を求めることである[11]。

$$\begin{aligned}V_r &= (1-P_c)(1-P_r) + P_r(1-P_c)h(1-R_c) - P_c(1-P_r)h(1-R_r)\\ &= (1-A_c)(1-B_c)(1-A_r)(1-B_r)\\ &\quad + (A_r+B_r-A_rB_r)(1-A_c)(1-B_c)h(1-R_c)\\ &\quad - (A_c+B_c-A_cB_c)(1-A_r)(1-B_r)h(1-R_r)\end{aligned}$$

さらに、前述の行列を使った分析に従って、プレイヤーRはこの「最適」な

---

[11] ここでは、表現方法の簡便化のため、誤報による意図しない攻撃と前もって計画された攻撃とを奇襲攻撃の成功確率に関して、同列に、すなわち同じ確率をもつとして扱う。また、ここでは時間軸も捨象している。しかし、たとえば、Bは1単位当たりの時間における誤報の確率として解釈すべきかもしれないし、$(1-R)$は1単位当たりの差し迫った攻撃に対するエラーの確率として解釈できるかもしれない。そして、Aはその両方の要素を兼ね備えたパラメーターであるとも理解できる。このように、このモデルでは時間軸が固定されているのである。

R_r と B_r の値、および観察された（または予測される最適な）R_c と B_c の値から作られる「修正」利得行列を使って、攻撃回避が他の結果よりも好ましい結果となるかどうかを検査する。このとき、最適に調節された警報システムの下での、相互的な攻撃回避の条件は、

$$P_c = (A_c + B_c - A_c B_c) < \frac{1 - h(1 - R_c)}{1 - h(R_r - R_c)},$$

$$P_r = (A_r + B_r - A_r B_r) < \frac{1 - h(1 - R_r)}{1 - h(R_c - R_r)}.$$

となる。R に対称性があれば、各式における右項の分母は 1 になる。

　実のところ、以下で示すように、この 2 番目の検査は不要かもしれない。なぜなら、特定の行動仮説に従えば、（$R = 1$ 以外のすべての値における）R と B の「最適」な調整は、修正行列における攻撃回避の安定条件を必ず満たすように働くからである。

　それでは、具体的にプレイヤーはどのように行動するのだろうか。大まかにいって、「パラメーター的行動（parametric behavior）」、「暗黙のゲーム」、そして「交渉ゲーム」の違いに応じた 3 つの行動仮説を明らかにすることができる。

動態的調整（パラメーター的行動）

　まず、攻撃される確率が各プレイヤーにとって所与と仮定する。つまり、各プレイヤーはその確率を自らの損失関数のなかで、変数としてではなくパラメーターとしてとらえるのである。また、相手の警報システムの信頼度も各プレイヤーにとって所与と仮定する。つまり、各プレイヤーは、相手の B と R の値を直接観察したうえで、自らの期待損失を最小化する B と R の値を選択するのである。この仮定により、各プレイヤーによる B の選択は、多くの場合相手による攻撃確率の増加関数となる（それはあくまで「多くの場合」である。なぜなら、以下で述べるように、それに応じて変化する相手の R の値によっては、インセンティヴが相殺される可能性も存在するからである）。各プレイヤーは、相手の B と R の値に注意を傾けながら、自らの B と R の値を調整するが、各プレイヤーは、攻撃される現在の可能性をパラメーターとしてとらえるのであり、相手の行動を自分の行動の関数としてはとらえない。すると、ここには、単純で動態的な「乗数」システムを見出すことができる。このシステムが安定

的であるか、暴発的であるかは、パラメーターの値と f 関数の形状によって決定される。われわれは、相手の最適な B の値の関数として各プレイヤーの最適な B の値を表し、その2つの方程式を解き、攻撃が回避されるための均衡条件を導出することができる。また、各プレイヤーの B および R の値の変化を、f 関数の変化やパラメーター A の変化と関連づけて、「乗数」を計算することもできる。

より具体的に、プレイヤーRの「パラメーター的行動」関数を見つけ出すためには、$B_r = f(R_r)$ の制約のもとで、B_c と R_c は定数とみなして、R_r に関して V_r を最大化する。つまり、V_r に関する前述した式より、

$$f' = \frac{P_c h(1-B_r)}{(1-P_c)[1-h(1-R_c)] - P_c h(1-R_r)}$$

となる。なお、$h(1-R_c) < 1 > h(1-R_r)$、および $f'' > 0$ である。

すでに仮定したように f' は正の値をとるので、$R < 1$ で V_r を最大化すると、分母も正の値をとるはずである。そして、分母が厳密に正というこの条件は、プレイヤーRが相互的な攻撃回避を望むような値に P_c がなっていなければならないことを意味する。それゆえ、各プレイヤーが $R < 1$ に関する最適な調整を行った場合、R と B の最適値は相互的な攻撃回避が望まれる状態と必然的に一致していなければならない。

この行動仮説の下での B_r と B_c の関係、すなわち B_c の値を所与とした場合におけるプレイヤーRの最適な B の値を生み出す関数の傾斜は、上の方程式の両方の項を微分することによって求めることができる。

$$\begin{aligned}\frac{dB_r}{dB_c} &= \frac{dB_r}{dR_r}\frac{dR_r}{df'}\frac{df'}{dB_c} \\ &= \frac{f'}{f''}\frac{df'}{dB_c} \\ &= \frac{f'}{f''}\left(\frac{\partial f'}{\partial B_c} + \frac{\partial f'}{\partial R_c}\frac{dR_c}{dB_c}\right) \\ &- \frac{f'}{f''}\left(\frac{\partial f'}{\partial B_c} + \frac{\partial f'/\partial R_c}{\phi'}\right),\end{aligned}$$

なお、$B_c = \phi(R_c)$ はプレイヤーCの対応する関数を示す。

$\partial f'/\partial R_c$ は負の値をとるため、ϕ' が小さな値になるとプレイヤーRの dB_r/dB_c は負の値をとる。攻撃されるリスクの増加分を上回るほど、意図せざる攻

撃の「コスト」が増加するからである。言い換えれば、B_r は B_c の関数であるだけではなく $\phi(B_c)$ の関数でもある。B_r は B_c の増加に応じて増加するが、R_c の増加に対しては減少する傾向にある。そして、B_c が増加すると R_c は増加する。

攻撃が回避される安定的な均衡が実現されるためには、プレイヤーRの dB_r/dB_c とプレイヤーCの dB_c/dB_r の積が1未満にならなければならない。つまり、垂直線上に B_r をおき水平線上に B_c をおいたときに、プレイヤーCの曲線が下方からプレイヤーRの曲線と交差していなければならない。B と R の変化を関数の変化（または A の値の変化）と関連づける一般的な「乗数」式は、この積の値を1から引いたものを分母にもつ。

すでに触れたように、不安定な行列の条件へと h の値が近づくにつれ、f' に関する式の分母は0に消滅していき、R_r、B_r、f' の値は急上昇していく（行列ゲームの安定性はパラメーター的行動における均衡の安定性とは区別されるべきで、それはパラメーター的行動仮説のもとでは不適切な概念である。行列を勘案することは相手の行動を予測することであって、相手の行動を観察し、それに適応することではない）。

また、プレイヤーRは自らの計算において A_r を無視できることにも留意しよう。つまり、B_r と R_r の最適値を求める方程式に A_r は組み込まれていないのである。これは直感的にいえば、R_r と B_r の値のどちらかが、違いを生むのは、プレイヤーRが「非合理的」な攻撃をしないという場合だけだからである。プレイヤーRが「非合理的」な攻撃をする場合、B と R の値は彼にとって関係のないものとなる（しかし、安定的な行列における攻撃回避の条件に対しては、A_r は影響を与える。なぜなら、P_r が満たすべき条件の計算のなかに A_r は含まれているからである。それゆえ、プレイヤーCによるパラメーターの調整を予測する場合、プレイヤーRは A_r を考慮に入れなければならない。しかし、プレイヤーCの B_c と R_c をただ観察するのではなく、その行動を「予測」するのであれば、プレイヤーRの行動がパラメーター的ではないことを意味し、前述の行動仮説と矛盾してしまう。たとえば、プレイヤーRが自分の警報システムを改良するのに必要な費用について考慮する場合、A_r の値はたしかにその計算のなかで重要な位置を占める。なぜなら、それはシステムがどれだけ機能するかに関する確率に影響を与えるからである。しかし、そうした考慮はここで紹介したモデルの想定外にある）。

暗黙的ゲーム

　つぎに、もうひとつ別の行動仮説から、同じ結論を導きだしてみよう。各プレイヤーは、相手が R と B の値をどう調整したかを観察し、それらを所与のものとして反応すると仮定するかわりに、各プレイヤーは相手の技術的な側面——R と B の関数的つながり——については知っているが、相手が具体的に R と B の値をどのように調整するかについては信頼できるかたちで観察することはできないと仮定しよう。言い換えれば、各プレイヤーは相手の警報システムがどう作動するかについては知っているが、そのシステムがとらえるものをどう解釈すべきであると相手が指示したか——つまり相手の意思決定ルール——については明確ではないと仮定するのである。この行動仮説はつぎのような非協力ゲームを生み出す。すなわち、相手がどの値に調整したかは知らないがその利得行列は知っている状態で、自分の B（それゆえ R）の値を決定するというゲームである。

　このゲームには、パラメーター的行動仮説のもとで攻撃回避の均衡解だったちょうどその点が「均衡点」となる利得行列が存在する[12]。言い換えれば、パラメーター的行動仮説のもとで「解」だったものが、この非協力ゲームの下でも「解」のひとつの候補となりうるのである（どちらの場合も、均衡点は必ずしも一意ではない。そして一意でないとき、第1の行動仮説のもとでは、結果は初期条件と「ショック」に依存することになる。一方、第2の行動仮説のもとでは、「解」を導く戦略を特定化する知的問題は複雑となる）。

　もちろん、この解は2人のプレイヤーにとって非効率的である。なぜならこのゲームは、上述（p.222）した「囚人のジレンマ」の一例だからである。B の値を増大させると相互的な攻撃の可能性を上昇させてしまうが、両当事者にとってはより小さな B の値の方が好ましい[13]。たとえば、両当事者による意図的な奇襲攻撃の確率（A の値）が等しいとしよう。このとき、警報システムを完全に設置しない、つまり誤報の確率をゼロにするという合意は、もし両当

---

[12] ゲーム理論において均衡点とは、相手の戦略に対する各プレイヤーの最適戦略の組み合わせを意味する（このような点は複数存在することがある）。

[13] この点に関して、2つの商品に限られた生産資源を配分する2人の生産者の問題を連想する経済学者もいるだろう。1つの商品は、「誤報に対する安全保障」であり、それは外部経済をもたらす。もう1つの商品は、「奇襲攻撃に対する安全保障」であり、それは外部不経済をもたらす。

事者をその合意に拘束できるとするならば、彼らにとってより好ましいものとなる[14]。

交渉ゲーム

警報システムの感受性を減少させる目的で行われる両当事者間の交渉の可能性を考えてみよう。すなわち、R の値を小さなものにする代わりに B の値を相互に減少させる交渉がそれである。このとき、合意の強制履行が可能であると仮定してもその具体的な交渉枠組みをさらに明示することなしに、一意の解を導きだすことはできない。しかし、ゲームの解が対称的でなければならず、かつ、ゲーム自体も対称的ならば、つまり各プレイヤーに共通の R と B の組み合わせを探し求める交渉が行われるならば、結果は前述したものと同じになる。すなわち、(R の値が 0 となるにもかかわらず）B の値は 0 となり、警報システムは全く存在しない、というものである。両当事者間で同じ警報システムが用いられるものの、各プレイヤーにとっての意図的な奇襲攻撃の基本確率（A_r および A_c）が大きく異なっている場合、警報システムが全廃されるためには、サイドペイメントが必要となる。

しかし一般的に、これは交渉における非決定性問題をもたらしてしまう。そして、ここでの非決定性は、上述した定式化が示唆する以上に深刻な問題となる。なぜなら、各プレイヤーは R と B の値を自分で自由に操作できるだけでなく、直接的な攻撃の脅しをかけることができ、また A の値を決定する制度的な取り決めに対しても影響力を行使することができるからである。

さらに、双方の利益となるように R と B の値を減少させる合意の強制履行に関しても、困難が存在する。なぜなら、各プレイヤーの R と B の値は外から観察不可能かもしれないからである。また、R と B の値は、警報システム

---

[14] A、B、R の値が等しいとき、V_r と V_c の値はそれぞれ $(1-P)^2$ となり、それは $B=0$ において最大となる（もし B が 0 よりも大きな最小値をもつならば、それは A が原因である）。B と R の値は等しいが A の値はそうでないとき、
$$dV_r/dB = -2(1-B)(1-A_c)(1-A_r) + (A_c - A_r)(h/f')$$
となる。これは、A_c が A_r よりも大きな値をとり f' が小さな値をとるとき、正の値をとる。この場合、A がより小さな値をとるプレイヤーにとっては、警報システムが完全に存在しない状態よりも、たとえそれが両当事者にとって同じものではあっても、ある程度の警報システムが存在する状態の方が好ましい。しかし、このときの B と R の値はパラメーター的行動（または非協力ゲーム）がもたらすものよりも小さなものとなる。それは、上の式を 0 とおくことによって得られる f' に関する方程式を、パラメーター的行動の方程式と比べてみることによって明らかである。

の観察可能で物理的な技術構造のみに依存するだけでなく——すくなくともある程度は——将来の決定を支配する要因にも依存する。つまり、それは各プレイヤーが「確信を得る」までどれだけ長く待てるか、そして緊急事態の際にどれだけのリスクを受け入れることができるかに依存する。さらに、合意の不履行が、ただの国境侵犯ではなく場合によっては全面戦争をもたらすこともある。そのようなとき、履行しなかった相手へ非難や賠償請求を行っても、何の意味もない。

$R = B = 0$ の状態、つまりどんなシステムも物理的に「存在」しない状態は、外部から何とか観察可能かもしれない。しかし、$R = 0$ において攻撃が開始されてしまう不安定な行列だと、つまり $h > 1$ だと、強制履行可能なシステムとしてこの可能性が存在することはない。この場合、B に関するいくらかの「リスク」が、$h(1-R)$ を 1 未満に抑える R にとっての必要条件となる。

A に関する明示的な合意を取り決めることも、また困難かもしれない。なぜなら、自らの A の値が 0 よりも大きいことを政治的に認めることは難しいからである。

だとすると、各プレイヤーはつぎのような合意を取り決めるよう動機づけられるかもしれない。すなわち、奇襲攻撃能力を観察可能なかたちで弱めたり、R と $(1-B)$ を結びつける互いの関数を観察可能なかたちで改善したりする合意がそれである。たとえば、両当事者は、警報システムにより多くの費用を支出し、それを効率的にする合意を取り決めるかもしれない。このとき、財政的に余裕のある方の当事者は、相手の不安感を悪化させたり、誤報に対する相手の感受性を高めたりするよりは、相手の警報システムの改善に対する金銭的援助の提供を惜しまないかもしれない。また、奇襲攻撃能力を保有するのではなく、奇襲攻撃に対して非脆弱な軍事能力を保有しようという合意が、求められるかもしれない。すると、それ自体観察不可能な R と B を合意事項とするのではなく、f と ϕ の関数について話し合いをせざるをえなくなる。なぜなら、これらの関数は、それぞれ自分の警報システムと敵（パートナー）の攻撃力に関わるからである（ただし、警報システムの「改善」、つまり所与の R のもとでより小さな B の値を求めるようなあるいは所与の B のもとでより小さな R の値を求めるような関数 f と ϕ への移行は、必ずしも攻撃を回避する安定的状態をもたらすわけではない。なぜなら、R の限界費用の増大は、B の値を大きくしてしまうかもしれないからである。この状態はまさしく、両プレイヤー全体の観点からすれば逆向きの改善であり、囚人のジレンマにおいて各プレイヤーの非協調戦略の利得

を増大するに等しい「改善」である)。

交渉ゲームによる定式化は、交渉戦術的な分析にも示唆を与える。たとえば、プレイヤーがパラメーター的に行動し、相手がそのことを知っているならば、前者は自らの「反応関数」を相手に開示していることになる[15](そして、その関数は相手が最大化する V のなかに包摂される)。一般的に、第2章、第5章、第7章で論じた「戦略的な行動」の分析は、この奇襲攻撃ゲーム、パートナー規律づけゲームにも適用することができる。

3人以上のプレイヤー

プレイヤーの数が増えたり、独立な行為主体として第三者が介入したりする場合、この問題は興味深いかたちで発展する。現在直面している相手以外の第三者からの攻撃が予測される場合、警報システムを相互的に撤廃するインセンティブは弱まるだろう。しかし、第三者が介在する場合であっても、パラメーター的に行動するときには考慮の外におかれていた「外部不経済」を利得計算に組み込めば、警報システムを修正し誤報の危険性を減少させることは依然として相互利益となるかもしれない。同じ建物をパトロールする2人の警備員がいるとしよう。このとき彼らは、人の姿が視界に入るやいなやピストルを発射する誘惑に駆られてしまう。それゆえ、相手の姿が視界に入ってもすぐには発砲しない合意を強制履行可能なかたちで取り決め、それによって相互に発砲し合う確率を減少できれば、それは警備員双方の利益となる(実際、P_c と P_r のパラメーターを、暗闇のなかで強盗に遭遇する各プレイヤーの相対的な確率として解釈すれば、この警備員の問題はわれわれが最初に提示した強盗モデルの例示となる。ただし、他のプレイヤーの決定を予測する合理的な第三者として強盗をゲームのなかに組み込む場合、強盗の行動に関する何らかの不確実性を導入しさらに複雑な設定にしなければならない)[16]。

---

15 「反応関数」に関しては、第5章脚注24を参照。
16 オーストラリア国立大学のアーサー・リー・バーンズは、3人以上のゲームに関するいくつかの興味深い問題を論じている。悪巧みを働く第三者によって、2当事者間で戦争の挑発が行われたとする。これは、だれだかわからない者の明示的な行動によって、相互的な猜疑心が醸成されてしまう可能性を示している。さらに、相手のレーダー・スクリーンに映し出されたものを、技術的な進歩または警報システムの相互管理によって各プレイヤーが確認できるような警報システムを考えた場合、分析はさらにその興味深さを増すことになる。Arthur Lee Burns, "Rationale of Catalytic War," (Center for International Studies, Research Memorandum No. 3; Princeton University, 1959) 参照。

第10章　奇襲攻撃と軍縮

　「軍縮」とは、潜在的に敵対関係にある国同士のあいだで戦争が起こる可能性を減じたり、戦争の範囲や激しさを和らげたりする協調のためのスキームであり、今日までそれはある場合には巧妙に、またある場合には感傷的に、さまざまなかたちで成立してきた。その多くの提案は、兵器、とくに「攻撃的」兵器、そして意図がどうあれ一般市民に大きな苦痛と破壊をもたらすような兵器の数量と威力を削減することを目的としている。軍縮案のなかには、包括的なものもある。また、共通の利害が明らかで相互の信頼をそれほど必要とせず、もし最初の一歩が成功したならばより包括的な軍縮につながるという意味で、意義ある出発となるように個別の領域を特定化しようとするものもある。1955年アメリカ大統領による「公空自由（open-skies）」提案がなされて以来、包括的でないスキームのなかで、より重要となってきたのは、奇襲に対しての防衛措置である。

　奇襲攻撃に焦点が移ったからといって、より野心的な軍縮への関心が捨てられたわけではない。むしろそこには、協力が成功する実績を作るために成功しやすい分野を選ぼうという哲学がある。奇襲に対する安全措置の構築は、アメリカ政府においても、またどこにおいても、軍縮の代替案としてではなく、一般に軍縮のひとつのタイプ、そしてさらに多くへと通じる可能な第一歩として考えられている。

　しかし、奇襲回避のためのスキームは、軍縮の伝統に則りつつも、同時に革新的でもある。そもそも公空自由提案は、兵器が明らかに待機状態にある限りは——すなわち兵器が攻撃的ではなく抑止的なものである限りは——挑発的ではないという基本的考えに基づいていた点で、異端であった。さらに、この案は、つぎのことを見事に思い出させてくれる点においても、異端であった。すなわち、敵に知られないような秘密を保持したり、敵にわれわれの計画が何であるかを想像させ続けることはたしかに重要な場合もあるが、もしわれわれが

第IV部　奇襲攻撃：相互不信の研究

本当に奇襲攻撃をする計画がないならば、われわれが奇襲するかどうかという意図について敵が推測する余地のないようにすることの方がより重要である、ということを思い出させてくれる点においてである。われわれが関心をもっているのは、自分自身の目で敵がわれわれに攻撃を計画していないことを確かめるということだけではない。敵が敵自身の目で、われわれが敵に対して攻撃する用意がないということを確信することにも、われわれは関心をもっているのである。

　ある特定の秘密を隠さないことの重要性は、政治的に難しいとされている先制攻撃についての話と似ている。レスリー・グローヴ元帥は、あるスピーチでつぎのように述べている。「われわれが最初に攻撃することはないということをソ連が知っているなら、クレムリンがわれわれを攻撃する可能性はぐんと減るはずである。われわれが先制攻撃をためらうのは、軍事的にわれわれを不利にするかもしれない。しかし、逆説的ながら、それは今日、世界戦争を防止しているひとつの要因なのである」[1]。われわれは、奇襲で世界戦争を勃発させるインセンティヴ――それはおそらく最も巨大なインセンティヴであろう――と、先制攻撃をしないと愚かな2番手になってしまうという恐れとが同一である、という時代に生きている。敵からの攻撃を考えなければならないのは、敵がわれわれからの攻撃を恐れて攻撃してくるかもしれないと考えるからであり、その敵がわれわれからの攻撃を考えなければならないのは、われわれが敵からの攻撃を恐れて敵に攻撃を仕掛けるかもしれないと考えるからであり……、という状況においては、「自己防衛」という概念は奇妙に複雑なものとなる。相互疑心の問題として、また過剰な「自己防衛」の問題としてみると、奇襲の問題は、秘密にしておかない方がよいことがあるばかりか、もたない方がよい軍事力があることをも示唆しているのである。

　もちろん、さらによいのは、相手側ももっていないという状況である。それゆえ、奇襲攻撃をめぐる問題を、交渉するに適した問題として考えることに利点があるかもしれないのである。

　奇襲攻撃に関するアプローチにおける革新性はさらに続く。それは、そのスキームがいったい何を守ろうとしているのか、そしてどの兵器が当たり前のものとして受け入れられるのか、に関連している。対奇襲攻撃スキームは、単に

---

[1] *The New York Times,* December 29, 1957, p. 20.

攻撃することを難しくするだけでなく、先制攻撃をすることの優位性を減らしたりなくしたりすることに目的がある。その前提にあるのは、先制攻撃の優位をなくしたり劇的に減らしたりすることができれば、攻撃するインセンティヴそのものが減るだろうということである。

アメリカがソ連をほとんど壊滅させるだけの軍事力をもち、またソ連がアメリカをほとんど壊滅させるだけの軍事力をもっていることは、広く受け入れられている。そして、もしどちらか一方が他方へ核によって多大な損害を与えたならば、攻撃された側が同じかあるいはそれよりも大きい力で反撃する強いインセンティヴをもっていることも、広く受け入れられている。しかし、もしどちらも相手を壊滅させることができるのならば、なぜどちらが先制攻撃をするかということが問題となるのか。もちろん、われわれの関心はソ連よりも一日だけ長く生きることにあるわけではない。われわれが恐れているのは、奇襲攻撃が報復能力を破壊してしまうかもしれないという想定であり、そのようにして報復の脅威が抑止力を失うことなのである。われわれに対するソ連の攻撃を抑止しているのは、ソ連を破壊する現存の能力ではなく、攻撃されたあとにわれわれが報復できる能力である。もしソ連が先制攻撃をしかけるならば、それはわれわれが報復のために使おうとする軍事力そのものをねらうであろうと仮定しなければならない。

どちらの側も相手を壊滅することができるという恐怖の均衡と、どちらが先制攻撃をしようとも両者とも相手を壊滅することのできる恐怖の均衡とは異なる。相互の抑止を成り立たせているのは、「均衡」——単なる均等とか対称とかという意味の——ではなく、均衡の安定性である。均衡が安定的であるのは、どちらも、先に攻撃しても相手の反撃能力を破壊できない場合である。

安定した均衡と不安定な均衡との違いは、それに対する防御を考案できずにいるひとつの攻撃的な兵器（武器）によっても描かれる[2]。西部劇の決闘に登場するようなピストルは、どちらかが相手を殺すことを可能にした。しかし、この武器は両者がともに死ぬことを保証することはしなかった。この武器がもたらす緊迫した結末は、毎日のようにテレビでみることができる。相手より先に撃つことに優位があるので、撃つインセンティヴが高まるのである。生き残

---

[2] 人間が反撃兵器や防御を考案することのできない兵器はいまだかつてないという「歴史的真実」について、ある軍事史家はコメントし、われわれにつぎのように留意を促している。「手動の点火装置のついた武器を使用し始めて500年も経つのに、弾丸に対してはいまだに十分な解決策がみつかっていない」(Bernard Brodie, *The Absolute Weapon* [New York, 1946], pp. 30-31)。

った方はいうであろう、「彼は自己防衛のために私を殺そうとした。だから私も自己防衛のために彼を殺さなければならなかったのだ」と。あるいは「彼は、私が自己防衛で彼を殺すだろうと考えて、自己防衛で私を殺すところだった。だから私は自己防衛で彼を殺さなければならなかったのだ」と。しかし、もし両者がねらいを定めて撃ち返せるだけ生きのびることが保証されていたならば、銃に飛びつく利点はないし、相手がそうするだろうと恐れる理由もない。

このように、奇襲攻撃のもつ特殊な意義は、報復力が脆弱である可能性にある。もしこれらの報復力が脆弱でないならば——すなわちお互いに自らの兵器が攻撃を生きのびさせることができ、かつ相手の報復兵器を破壊し尽くせないと確信しているならば——先制攻撃をすることに大きな誘惑はない。そして、いずれ誤報だと判明するかもしれないことに対して、いち早く反応する必要性もないのである。

ゆえに、先制攻撃を回避するスキームの最も直接的な目的は、人々の安全ではなく兵器の安全である。他の軍縮の提案とは異なり、奇襲攻撃に関するスキームは攻撃に対する根本的な防御としての抑止に根ざしているのである。そのようなスキームは、相互抑止を完全とすること、そして安定化すること——つまり特定の兵器体系の完全無欠性(インテグリティー)を高めること——を目指す。そして、そのような対先制攻撃スキームが保全しようとするのは、まさに人に対して最も破壊的な兵器——報復の兵器、すなわちその使命が戦うというよりは懲罰を与えることであるような兵器、事前に敵を武装解除させるのではなく事後に敵を痛めつけるための兵器——なのである。人のみに危害を加え、相手の攻撃能力を破壊することができないようなほとんどの兵器は、防衛のためのものである。そのような兵器は、その兵器を所有する側に先制攻撃をするインセンティヴを与えることがない。先制攻撃の利点を活用でき、その結果として先制攻撃をする誘惑に駆られる兵器とは、「軍事」目標を破壊するために設計され展開されている兵器——すなわち敵のミサイルや爆撃機を標的にするような兵器——である。

先制攻撃をめぐる問題を報復能力の脆弱性としてとらえると、先制攻撃に対する措置がより通常の軍縮の概念とは劇的に異なったものであることに気づく。そしてわれわれは、さまざまなスキームの長所や短所を認識したり、それらのスキームの背後にある動機を理解したりするうえで、多くの例外や逆説に直面しなければならないことにも気づく。さらにここにおいてわれわれは、先制攻撃に対するスキームが伝統的な意味でのより包括的な軍縮にいたる「第一歩」

として位置づけることができるのか、それともそうしたスキームが他の軍縮の形態とは相容れないものであるのかを問い始めることになる。たとえば、SAC（戦略空軍総司令部）を防衛する措置は、軍縮への第一歩として位置づけられるのか。われわれは初期の段階で、相互抑止のために相手の大量報復能力を完全に保証するよう協力的な措置をとることができるのか。そのような措置は、はたして、緊張し、問題含みの世界から、大量報復の恐れを消滅させる第一歩となるのか。

あるいは、先制攻撃に対しての防衛措置は、妥協としてみるべきなのか——つまり「相互抑止」はわれわれが見出しうる軍事的安定性の最善の源泉として受け入れるべきなのか。恐怖の均衡にとって代わるものを見出しえないものの、その均衡をより安定的にするためには多くのことができる、と受け入れるべきなのか[3]。

先制攻撃問題を報復能力の脆弱性としてとらえるや否や、われわれは軍事力、防衛措置、査察や軍縮のための提案などを、戦略的脆弱性を念頭において評価しなければならなくなる。たとえば、われわれは、華々しいパレードでみてみたいような爆撃機やミサイルや潜水艦や航空母艦の数を数え上げることによって、アメリカとソ連の戦略的軍事力を評価することはできない。軍拡競争で「どちらが優位か」という問いは、ほとんどどちらが先に攻撃するかという問いになる。そして、相手が先に攻撃するであろうという保守的な前提に基づいて計画をたてるならば、10％の確率で生き残る2,000機の爆撃機は、安全な200機の爆撃機と同じ価値があるのである。

抑止に重きを置くと、防衛措置の評価も違ったものとなる。シカゴの町は隠すこともできないし、それを爆発に耐える穴のなかに埋めることもできないし、地上10マイルの上空に吊るしておくこともできない。しかし、抑止のために、兵器を隠したり分散したり、堅固なシェルターを築いたり、空からの警戒を強めたりすることは、意味のある防衛である。50％の確率で数メガトンの爆弾からシカゴの町を守るための防空体制を築くことは途方にくれる想定であり、実現するのはほとんど無理であろう。しかし、われわれの戦略的攻撃兵器の大部

---

[3] ここでの議論が、原理としては正しいが事実としてはおもしろくない、なぜならわれわれの報復能力は悩むべくもなく確かではないか、と感じる読者は、つぎの説得力ある議論を参照されたい Albert Wohlstetter, "The Delicate Balance of Terror," *Foreign Affairs*, 37：211-234（January 1959）。

分が生き残ることを保証する防空体制を築ければ、ソ連は報復を恐れるだけの高価なコストを引き受けることになる。同じように、敵に攻撃力を3倍にさせるようにシカゴの防衛を築くことは、うまくいきそうもない想定である。それは、単に敵の初期の攻撃において、より大きな投入を招くに過ぎない。しかし、攻撃力を3倍にさせるように報復兵器の防衛を築けば、敵がわれわれの警戒システムをかいくぐることが困難になり、敵が報復能力を壊滅させる成功率を引き下げるだろう。

同じような計算が軍備制限の評価にも当てはまる。アメリカの都市に対してのソ連の攻撃だけが問題なら、ICBMを近距離から撃つのか、それとも遠距離から撃つのかは、敵にとってどうでもよいようにみえる。大都市部に数メガトンの爆弾が落とされたならば、精度はそれほど問題とならない。しかし、コンクリートによって強化された地下深くのシェルターにあるミサイルや爆撃機を破壊しようとしているのならば、精度は取るに足らない問題ではない。大都市圏をねらうにあたっては、2ないし3マイルの誤差は意味がないが、堅固に守られた報復兵器を破壊するには数個のミサイルがほぼ直撃することを必要とする。ICBMの配置位置を一定のゾーンで制限するなどということは、通常の意味では、効果のない形態の軍縮のようにみえる。しかし、抑止を安定させるうえでは——すなわち相手の軍事力に対するそれぞれの側の報復力の脆弱性を減らすうえでは——ミサイル基地を分断して精度を低下させることが意味のある違いを生むかもしれないのである（もちろん、爆撃機やミサイルがシェルターのなかにないとすれば、残念なことに都市をターゲットとしたアナロジーが当てはまってしまうことになる）。

奇襲攻撃の問題を強調すると、「軍縮」に関するより伝統的な考え方から得られるいくつかの問題に対する解答を全く逆転することになる。たとえば、両者に許されるミサイルの数への制限を考えてみよう（ソ連との交渉でミサイルの数を制限する合意が得られ、査察が実効力あるようにみえるところまで達したらの話ではあるが）。いま、都市人口が標的にされたときの敵のインセンティヴを考えて、十分に懲罰的な報復攻撃を与えるためには——すなわち敵の先制攻撃を抑止するには——最低限100のミサイルが必要である、という判断を下したとしよう。さらに、敵の精度や信頼性は、1つのミサイルあたりわれわれのミサイルを破壊する確率が50％である、と仮定しよう。そうであるならば、われわれが200のミサイルを保有しているとすれば、敵はそのうち半分強のミサイルを破壊する必要がある。50％の信頼性であれば200以上撃つとわれわれに残る

ミサイルが100以下になるからである。もしわれわれが400のミサイルを保有しているとすれば、敵はわれわれのミサイルの4分の3を破壊しなければならないことになる。50％を誤射や失敗として差し引くと、敵は400の2倍以上、すなわち800以上のミサイルを発射しなければならない。もしわれわれが800のミサイルを保有しているとすれば、敵はわれわれの8分の7のミサイルを破壊しなければならず、50％の信頼性では、敵はその3倍以上、すなわち2,400以上のミサイルを必要とする……。つまり、「防衛している」側の初期の数値が高ければ高いほど、攻撃側がある「安全な」数以下に残余のミサイルの数を減らすために必要とされる乗数は大きくなるのである[4]。

　このことからすると、保有することが許されるミサイルの数が大きければ大きいほど、ミサイルの数を制限することはより安定化の効果を生むようにみえる。これは2つの理由による。第1に、両者の側のミサイルの数が多いほど、先制攻撃をどちらかが仕掛けた場合においても報復用として残るであろうミサイルの絶対数が大きく、それゆえ先制攻撃をしようとすることへの抑止がよりよく働くからである。第2に、どのような確率であろうと残余のミサイルの数をある特定の数よりも下回らせることを確実にするためにはミサイルの数を増やさなければならないが、両者の側のミサイルの数が多ければ多いほど、その増加数は絶対的にも相対的にも大きくなるからである。だとすると、両者の側が初期にもつミサイルの数が多いと、一方の側が余分のミサイルを偽ったり隠したりして騙したり、合意を破棄したり、より優位な立場に立とうとしたりすることの問題は、何倍にもなる。実際、もし初期のミサイルの数が多く、両者の財政を逼迫するくらいであったならば、あるいは言い換えれば、そのような財政力のもとでもミサイルの数が多いのであるならば、相手の行動に経済的な制約を課すことの方が、芸術作品のように難しい軍縮を達成する努力よりも、安定をもたらすかもしれないのである。

　ここには、「軍拡」が必ずしも状況を不安定化させることにはならない事例がある。なぜならば、もし両者におけるミサイルの数が均等に近いものであったならば、相手側のミサイルをすべて破壊する確率はミサイルの数が増加すればするほど減少するからである。そして、システムの寛容性も増す。もし両者のミサイルの数が少なければ、2対1あるいは3対1の比率はより多くのミサ

---

[4]　ここには、敵がすべてのミサイルを同時に発射するという前提、もしくは、連続していっせいに発射した場合、敵にはミサイルのどれかが目標をすでに破壊したかどうかを偵察する手段がないという前提がある。

イルをもっている側に優位をもたらし、先制攻撃をする確率が高まり、反撃のために少ない絶対数のミサイルしか相手側に残さないことになる。しかし、もし両者のミサイルの初期数がより多ければ、2対1ないし3対1ではなくて、10対1くらいの比率がなければ、報復されることなく攻撃する機会を得ることができない。少し遅れをとったくらいではどちらもパニックになる必要はなく、また、どちらも優位を確立するほど相手を引き離せるとは思いもよらないのである。

　この非常に単純化された「ミサイルの決闘」についての考え方は特殊であり、軍拡を支持する強い議論とはならない。しかし、それは安定的な抑止の論理のなかにおいて、また奇襲を防ぐスキームとして、兵器の数は多い方がよいのか少ない方がよいのかという問題を、個々のケースで判断すべきであることを物語っている。軍縮が文字通り安定をもたらすといったことは自明の結論ではないのである。

　ミサイル搭載の潜水艦や、潜水艦を察知する技術の向上の問題に対してのわれわれの態度は、敵からの攻撃を心配しているのか、敵からの奇襲攻撃を心配しているのかによって、影響されるべきである。潜水艦がこれからも長期にわたって都市の人口を標的にしたミサイルのための比較的脆弱でない基地として機能するならば、われわれはその発展を恐ろしいものではなく、むしろ安心を導くものとしてとらえるべきであろう。もしわれわれが最大期待できるのが相互抑止で、均衡の安定以外を望めないとするならば、高速で耐用年数が長いポラリス型の潜水艦ミサイルこそ、両者とも十分な数を揃えたい兵器体系であるかもしれない。もし、それが発見されにくく、かつ信頼性が高いということが証明されたとすれば、攻撃のために先制攻撃をしなければならない必要性、さらに侵略者を抑止すべき兵器が破壊されることを恐れる必要性が、ともになくなるという利点がある。たしかに、こちらは敵の潜水艦ミサイルを破壊する力をもち、相手はこちらの潜水艦ミサイルを破壊する力をもたないという状況の方が、より安心できるかのようにみえる。しかし、もしすでに両者の側にそのような力が存在し、それがなくなるものではないとすれば、最大限われわれが期待できるのは、その双方の能力がすべて破壊されることなく、したがってどちらの側も抑止されているという状況である。この観点からすると、おそらく、自分たちだけが「非脆弱な」核兵器搭載潜水艦をもつことを望むべきではないのであろう。本当にわれわれの側が先制攻撃をする意図も政治的能力もないのなら、敵もそのことについて確信している方が好ましい。相手側がわれわれの

先制攻撃に対して脆弱でないと宣言しているとしよう。それは、敵が先制攻撃を仕掛けてくるかもしれないという主要な心配を取り除く限りにおいて、われわれを利することになる。しかし、もし敵がわれわれからの先制攻撃によって戦略兵器が危険にさらされていると心配しているならば、われわれも心配しなければならないのである。

　こうした考えは、潜水艦を探知する技術の向上に対してわれわれがどのような態度をとるべきかにも影響する。アメリカ海軍は潜水艦に対するより有効な防衛システムを必死に模索している。この問題にアメリカが没頭していることには疑いがない。しかし、おそらくわれわれは、同時に、この問題が解決できないことも望むべきなのである。もしそれが解決できないで（技術の問題が解決できないというのは相対的な意味においてではあるが）この先10年間くらい潜水艦が比較的安全な装備であるならば、安定した抑止は技術的に可能かもしれない。潜水艦が脆弱であることが証明されてしまえば、軍事技術はわれわれが期待するよりも不安定になるであろう。たしかにわれわれは、潜水艦を探知することを試みなければならない。なぜなら、われわれの知らない技術をソ連が手に入れてしまうことをわれわれは許容できないからであり、また、われわれは自らの潜水艦をなるべく探知されないようにするために知りうる限りのことを知らなければならないからである。しかし、信頼できないパートナーと取り決めをかわす人がするように、われわれは、悪魔のように抜け道を探しはじめるであろう。なぜなら、われわれは、相手がそのような抜け道を探し当てないことを望みつつ、相手がそのような抜け道を一生懸命探し当てようとしていることを知っているからである[5]。

　ここまで進めたのであるから、議論をさらにつきつめてもいいであろう。攻撃されたあとも懲罰的な攻撃を加える能力があることを相手に納得させることが問題であるならば——そして相手に対して、相手がそう知っているということをわれわれが知っているということを確信させ、われわれの抑止および先制能力について全く疑う余地のない状態を作ることが課題であるならば——、都市の人口を破壊できる能力を向上させる報復兵器の技術的進歩は歓迎すべきだということになろう。先制攻撃から生き残る報復兵器の割合を確実に増やす措置が論理的ならば、その同じ論理によって、生き残る兵器の能力を高めること

5　本稿は、潜水艦についての論文ではなく、原理についての論文である。それゆえ、公海において短期間で発見されることがないことをもって非脆弱性と同一視しているが、それは許されるであろう。

をも歓迎すべきだからである。バーナード・ブローディーはいっている。「報復の懲罰的な側面に重点を置いて、抑止に固有な要件を考えるとき、われわれは『汚れた爆弾（super-dirty bomb）』さえをも必要とするかもしれない。重要なのは、わずか少数の爆弾であっても、それが報復として送られることを敵に恐れさせることなのであるから、事前にこうした爆弾がいかにそら恐ろしいかをみせつけておくことが望まれるのである」[6]。

　この議論は、けっして新しいものではない。安定した「恐怖の均衡」は、古代からあるひとつの制度の、大型で現代的な焼き直しに過ぎないからである。その制度とは、捕虜の交換である。かつて、人々は、自分にとって信頼できない「パートナー」に対して、文字通りその手のなかに収まるように、捕虜を差し出すことを約束した。今日の軍事技術は、数マイル離れたまま、敵の家族の生命を自分の手のひらのなかに収めることを可能にした。どちらの側も、攻撃されても相手の国家とその国民とを明らかに破壊できるだけの兵器をもっているのであれば、「恐怖の均衡」は、考えうるすべての捕虜を交換することで成立している暗黙の了解のようなものである。もちろん、了解を成立させるためとはいえ、その敵に対してそれほど多くの捕虜を差し出すことは本意でないかもしれない。しかし、世界法が存在しないなかでは、この不文の契約が反故にされてもいかなる救済も用意されていない。相互に不信と敵意を抱いている当事者が交渉を成立させるためには、捕虜という仕掛けしかないのである[7]。

　この線に沿った議論は、軍拡を大上段から正当化することになるばかりでない。それは、字義通りいかなる種類の兵器をも無差別に対象にするという意味での「軍縮」が——否、もっとも恐ろしい大量破壊兵器だけを選択的に対象としたものでさえ——、安定というよりは不安定をもたらすこと、そしてそれが破局をもたらさないためには完璧に成功しなければならないことを示唆している。しかしながら、軍縮に関連するなかにも、ここまでの議論と整合的であるだけでなく、そうした議論によって支えられているとひとつの重要な領域がある。

---

[6] Bernard Brodie, *Strategy in the Missile Age* (Princeton, 1959), p. 295.

[7] ここでの議論が大規模な奇襲攻撃の問題だけを対象としていることは、強調されなければならない。たとえば、市民防衛の政策に対して「捕虜」概念がどのような含意をもつかは、その他の要因に依存するところも大きい——たとえば、戦争の限定性、第三国による干渉、非大量報復、などである。奇襲とこうした他の軍事的状況との相互作用のある側面については、本章の最後の数ページで触れられることになる。

第10章 奇襲攻撃と軍縮

　それは何かといえば、兵器の種類を、先制攻撃へ利用することがとくに適しているものと、報復的役割にとくに適しているものとに区別することである。まず、一方の極には、「純粋に」反撃型の兵器がある。それほど精度は高くないが「汚れた爆弾」を搭載し、敵国のほとんどだれをも殺戮する兵器である。こうした兵器が破壊できないのは、どのような攻撃に対しても脆弱でないように堅固にまた巧妙に隠された相手方の報復兵器だけである。理論的には、このような兵器は、一次的な攻撃に使われても利点がなく、逆に二次的攻撃まで待機させてもその利点を損なわない。さて、その反対の極には、それ自体とても脆弱で敵の二次攻撃までは生き残れないような兵器がある。これらの兵器は、敵の報復兵器を発見し、それが使用される前に破壊する目的に特化した兵器である。これらの兵器は、もし相手側の兵器が発射されたあとまで使われなかったとすれば、ほとんどその有益性を失う。これらの「一次攻撃」用の兵器を保有しているものは、先制攻撃をする強いインセンティヴをもつ。彼らは、あいまいな警報であっても、絶対確実になるまで待つよりは、銃に飛びつこうとするインセンティヴを有している。それゆえ、これらの兵器を保有することは、敵に対して、先制攻撃を期待せよと暗黙に宣言しているようなものである。その結果、敵は、それよりもほんの少し前に攻撃を仕掛けることとなる。つまり、その敵は、行動を起こすべきであるとこちら側が考えていると考えた瞬間に、急いで行動を仕掛けることになるのである。

　「純粋」な先制攻撃用兵器と「純粋」な報復攻撃用兵器との両極のあいだには、先制攻撃に使用できるがそうでなくてもよい兵器がある。これらの兵器は、相手の攻撃から生き残り報復的役割を果たすこともでき、またもし一次攻撃に使用されたとしても相手の報復兵器に重大な損害を与えることができるような兵器である。保全のために妥当な予防措置が施されるならば、おそらくほとんどの兵器はこのカテゴリーに入るであろう。ということは、奇襲攻撃の問題を考えるにあたり、われわれは一次攻撃用兵器と二次攻撃用兵器とを明確に区別したり、一方を賞嘆し他方を卑下したりすることはできない。もし相手側の報復兵器に少しでも損害を与えることのできる兵器、すなわち先制攻撃に使用されたら何らかの利点があるような兵器すべてを廃絶してしまうと、何も残らなくなり、相手に対して報復することなどできなくなってしまうであろう[8]。しかし、奇襲攻撃をめぐる交渉は、もう一方の極の方の兵器を集中的に対象とす

8　さらにいえば、ここでわれわれは奇襲攻撃以外のすべての問題を考慮の外においている。

ると、有益なものとなるかもしれない。

　もっとも明白な候補としてあげられるのは、むきだしのままの、脆弱な兵器である。ソ連に対してその戦略兵器を隠せと主張したり、逆に向こうからわれわれの兵器をよりよく保護した方がいいのではないかなどといわれたりするのは、奇妙であろう。より実現しそうなのは、相手を挑発するかのようにむき出しのままになっている兵器を破棄しようという提案である。注意すべきなのは、この提案が、「軍備をすべて破棄せよ」といった志向とは、理念において全く異なっているということである。どのようなプロパガンダ効果をもつにせよ、それは、すくなくとも抑止力を廃絶すべきものではなく、むしろ高めていくべきものとしてとらえることを可能にする提案である。

　第２に、人ではなく兵器を標的にしている敵の兵器に損害を与えることのできる軍事力については、その配備を制限することが望まれる。ただし、そのような制限を目指す前には、奇襲攻撃に関するスキームとは、双方の報復能力を保護するためのもので低下させるためのものではない、という率直な認識が成立していなければならないであろう。ミサイルの配置ゾーンに制約を加えることの効果についてはすでに述べたが、そうした議論は、この種の制限に特定化できないまでも何らかの利点があることを示唆している。

　第３に、協調体制や相互調和的な行動様式を模索し、誤解によって戦争が起こる危険性を減らすことも有益であろう。もしアメリカとソ連が自らにとって真に安心できる行動様式が何であるかがわかっており、それが相手に伝わればお互いに安心できるようなとき、自発的な情報交換さえ、有益である可能性がある。北極圏内での航空機の飛行を査察しようという提案の背景にあるのはおそらくこの考え方であるが、交通ルールを確立することで相互に利益がもたらされる行動は他にもまだあるであろう。こうした措置が──先制攻撃兵器体系が悪であることを率直に議論するのと同じように──魅力的であるのは、それらが公式の合意として具体化されなくても、両者のあいだの了解を可能にし、お互い自らが率先して調和的になることを促進するからである。

　第４に、危機や緊急事態に対処し予期せざる戦争が勃発しないような枠組みがあってよいであろう。この問題については、本章の後段において詳述する。

　第５に、奇襲を奇襲でないようにして、先制攻撃の魅力を削ぐ措置があってもよいであろう。この論点は、再度、公空自由といったタイプの提案へとわれわれの議論を引き戻す。

第10章　奇襲攻撃と軍縮

　奇襲攻撃問題について公の場でここ数年交わされてきた議論は、ほとんどが奇襲の可能性を減らすための措置についてであり、奇襲が成功するために威力を発揮する兵器を制限することについてではなかった。公空自由の提案も、もし互いの軍が十分な監視をすればどちらの側も奇襲をすることができなくなり、そして奇襲の利点がなくなれば、そのような攻撃が抑止されることになる、という考えに基づくものであった。

　相手側の攻撃について十分な警戒を与える査察スキームを実際に成立させるうえでは、技術的な問題があり、その問題は公空自由の提案が最初になされて以来、はるかに難しくなった。水爆兵器の出現は、奇襲のために必要な爆撃機の数を減らした。ミサイルの登場は、攻撃の用意を整えてから目標に命中して爆発するまでにかかる総時間を減らすことを確実にするものであった。さらに、今日監視の対象となっているなかには、ミサイルを搭載できる潜水艦のように、移動可能な兵器もある。これらの技術的進歩により、監視されるべき対象物そのものの行動の制限をともなわないような、純粋な査察だけを行ったとしても、非常に難しいか、あるいは非常に効率が悪くなったようにみえる。写真によって兵器の移動や兵器の集積の戦略的な意味を分析するのは、もはや時代遅れである。今日の問題は、戦略兵器を巨大な組織によって集中的に監視することであろう。そのような組織は、遅くとも数時間のあいだに、できれば数分のあいだに、誤報を発してしまうことが起こりにくいようなかたちで、疑わしい行動に関する報告を確証をもって伝達することができなければならない。それが実現されるという実際上の保証は、ない。

　だからといって、奇襲攻撃に対しての査察スキームが全く成功しないなどというわけではない。ここで意味しているのは、査察すること以外に何も提供しないようなスキームは、成功する確率が低いだろう、ということである。査察官を送り出してすべての爆撃機とミサイルと潜水艦の動きを追跡することはできなくても、爆撃機とミサイルと潜水艦を監察しやすいどこかに集めることは、依然としてできるはずである。このように、兵器の配置に制限を設けることで、査察がやりやすくなるのであれば、われわれにはまだ何か達成すべきことがあるはずである。ただ、査察と兵器制限とを組み合わせる考え方はたしかに有望であるが、そこにはまた大きな問題もある。

　そのひとつは、査察の必要性と隠すことの必要性との矛盾である。ミサイルの精度が十分に正確なものとなると、いくらセメントで補強しても報復兵器を保護することは物理的に不可能になるし、また不可能ではないにしてもきわめ

て高いコストを支払わなければならなくなる。すると、報復兵器の安全は、動かせることおよび隠せることにその源泉を求めざるをえない。敵が発見できたものすべてに命中させることができ、命中できたものすべてを破壊することができるのであれば、われわれは敵に発見できないようにしなければならない。もしわれわれの報復兵器がつねに監視にさらされることになるとすれば、その限りにおいて、敵はその配置場所について情報を持ち続けることになる。

奇襲攻撃に対する保護のために必要な規模の査察スキームは、また別の意味においても、相手側の兵器の配置について過度の情報を生み出すことになり、結果としてそれらの兵器を脆弱にしてしまう。たとえば、よく知られていることであるが、かつてハリケーンによる暴風が、当時われわれの主要な報復力であった B-36 爆撃機の非常に多くを稼動不能にしたことがあった。このような事件は、敵がこの種の事件は起こりうるものだという一般的な知識しか持ち合わせていないか、それともその事件がいつ起こり数日のうちにまた出撃可能になるかについての正確で詳細な情報をもっているかによって、奇襲攻撃に関して明らかに異なった含意をもつ。戦略兵器に関与するスタッフが、相手側の査察官の眼前で、動けなくなるくらいの重い伝染病にかかってしまうような場面がどのような緊張をもたらすかを想像してみるがよい。すると、——たとえ不可避の理由により、両者が警戒下にない場所にそろって降り立たなければならないようなことがあったとしても——お互いの病気や怪我のことをそれほど知らない方が、ましであることが理解できよう。

最後に、高い確率で敵の攻撃準備についての警報を発する枠組みがあったとしても、システムとしての価値は、警報を受け取ったときに何ができるかに依存する。われわれは、相手の攻撃を見越して、自らの攻撃が先になるように攻撃を仕掛けることもできるが、もし警報があいまいなものだったとすると、これは非魅力的な展開である。もしそれが誤報だったら、誤報が戦争につながってしまうことになる。そして、もしそれが真の警報であったら、最終段階での抑止の可能性が排除されてしまうことを意味するからである。

他方、われわれは、単に「準備を整えて」待つこともできる。準備を整えることで、われわれがなしうることが、相手側の攻撃が成功する確率を目にみえるかたちで低下させること——すなわちわれわれがより激しく報復できる確率を高めること——だとしよう。そうであれば、われわれは敵に対して準備ができていることをいち早く誇示し、相手がその改善した態勢をみて最終的な決定を思いとどまってくれることを望むこともできる。

第10章　奇襲攻撃と軍縮

　重要なのは、何をすれば準備を整えたことになるのか、である。もしその答えが単に「もっとよく警戒せよ」であるなら、なぜわれわれははじめからもっとよく警戒しなかったのであろうか。攻撃の警報を受けて人々がすることの明らかに多くは、攻撃がいつあるかわからない可能性からすれば、常日頃からしておきたいことである。もしSAC（戦略空軍総司令部）が警報を受けてから空軍機を飛び出させるまでの時間を短くしたり、シェルターに保護された機へだれも入れないようにしたり、空中で戦闘態勢に入った機が安全でいられるようにしたりすることにつねに最善を尽くしているのであれば、警報を受けてからの短い時間にできることは、それほど多くないであろう。

　攻撃が身近に迫ったとき国家にできることはあるが、それらはずっとやり続けるわけにはいかないようなことである。たとえば、退避したり地下にもぐったりすることはできるが、永遠にそうし続けることはできない。報復兵器を発射してしまえばそれらが敵の爆撃の標的となることはないが、それらは発射後ずっと空中にとどまれるわけではない。人を24時間任務につかせることはできるけれども、しかしそれを何日も続けるわけにはいかない。すべての商用機を空港にとどめて警報システムの信頼性を向上することはできるけれども、敵機をより認知しやすくするという理由で民間機や商用機が全く空を飛べなくなったら、経済的損失は法外なものとなろう。つまり、攻撃が予想されるとき、たしかに「準備を整える」ためにできることはあるが、それらはずっとやり続けるわけにはいかないようなことなのである。

　さらにもうひとつの問題は、どのくらいやり続けることができるか、である。たとえば、空軍機すべてを24時間ずっと飛行させておくことは、物理的に不可能であると仮定しよう。また、（事故の可能性、さらには燃料や人員の問題など）すべての面から考えて、その約半分を飛行させておくことも、あまりにコストがかかりすぎると仮定しよう。しかし、重大な警報を受けたなら、短い時間のうちにかなり多くの機を追加的に飛び立たせることができると仮定しよう。これは何を意味するかといえば、敵はわれわれの通常の態勢のもとでは抑止されないが、警報を受けとったあとのわれわれの態勢のもとでは抑止されるかもしれない、ということである。すると、敵はわれわれの準備が整い次第攻撃を中止する、と解釈すべきなのか。それとも、敵はわれわれの燃料がなくなりパイロットが疲れ空軍機が降りてこなければならなくなるのを待っている、と解釈すべきなのか。もし後者なら、われわれはそれを見越して、先に攻撃を仕掛けるべきではないのか。

第IV部　奇襲攻撃：相互不信の研究

　この「疲労」の問題は、われわれがとりうるいかなる特別警戒態勢をも悩ますものであろう。それに対する対処は、2通りである。ひとつは、そうすることがピーク時における効率を犠牲にすることを知りつつも、特別警戒のあり方を長く続けられるように、そして疲労がたまらないように設計しなければならないということである。第2には、そしてこれがここでの議題とよく関連しているのであるが、われわれは、自らの報復力の脆弱性を低下させる措置を実際講じている最中に、敵と厳しい軍縮交渉を行わなければならない、ということである。特別警戒態勢を数日間とり続けることができれば、われわれはその数日間のあいだに、相手も受け入れることができ、われわれにとっても全面戦争へとむかうのではなく安心して「常態」にもどれるような程度の軍縮を、ソ連に対して要求し交渉できる。これは、かつての時代では政治的に実現することが難しかったような、相当野心的な対奇襲攻撃スキームを設計し構築することを意味する。われわれが交渉するときに意識しなければならないのは、奇襲とは長期的な意味で危険であるという通常の圧力だけではない。一次攻撃を不可能にする措置が考案されなかったり、合意されなかったり、早期の期限までに実行されなかったならば、戦争が不可避であることを相互に承認したことになるのだということも、肝に銘じなければならないのである。

　警戒体制を補強することが無意味であるとか、おろかだといっているのではない。ここでの議論は、警戒するだけでは十分ではない、ということである。たしかに警戒体制への補強は好機を提供するが、その好機は手腕によって巧みに利用されなければならない。事態が起こったときに何をするかという準備は、しっかり事前になされなければならない。ソ連が攻撃準備をしているところをつきとめても、それに対して最後通牒を送る時間はほとんどない。どのような最後通牒を送れば、われわれにもソ連にも受け入れられるかをみきわめることは、知的に難しいだけでなく、たとえば遵守していることを確認する手段などによっては、技術的にも難しい。何がその内容に含まれるかを慎重に事前に計画しておかなければ、効果的な最後通牒を送ることはできないのである。

　査察システムの効力を評価したり、そうしたシステムを設計するうえでは、2つの基準が区別されるべきである。1つは、隠そうとするさまざまな試みがあるにもかかわらず、そのシステムがどこまで真実に迫れるか、という基準である。もう1つは、真実を明らかにしたい当事者がいるとき、その真実を説得力あるかたちで明らかにすることにシステムがどこまで役立つか、という基準

である。この違いは、有罪のものを発見するスキームと、無罪のものに無罪を立証させるスキームとの違いに似ている。おおざっぱにいえば、前者は消極的なシステムであり、積極的にそうでないことが立証できるまでは、疑わしくとも無罪であることを前提にする。後者は、積極的な立証に依拠するシステムであり、真実を知らしめることに利益があるような状況に当てはまる。

　この2つの状況の違いは、意図的な奇襲攻撃の恐怖を最小化するスキームか、不注意や「事故」によって引き起こされたり、意図しないのに引き起こされたりする戦争の恐怖を最小化するスキームか、の違いである——後者は、誤報、誤報に対する相手の反応を誤って判断すること、機械的事故を間違って解釈すること、戦争をけしかけることに利害をもつ第三国がいたずらに干渉すること、そして、両国の混乱がフィードバックしあって、相手側が先制攻撃を仕掛けるかもしれないという懸念が爆発すること、などを原因とする。計画された、意図的な奇襲攻撃においては、攻撃しようとする側には、真実を隠そうとするあらゆる理由がある。しかし、「不慮の戦争」においては、両者は、相手が誤った決定をする前に、相手が信じられるようなかたちでその真実を伝えたい、と強く思っているのである。

攻撃の誤解

　問題はつぎの通りである。すなわち、アメリカが実際には奇襲攻撃をしてないのにもかかわらず、ソ連はアメリカがそうしていると思っているとする。そのようなとき、どのようにしてわれわれは奇襲攻撃をしていないことをソ連に証明できるか。また、ソ連が実際には奇襲攻撃を仕掛けていないにもかかわらず、アメリカは仕掛けられているかもしれないと懸念しているとソ連が思っている、とする。そのようなとき、ソ連の方は、どのようにしてわれわれに奇襲攻撃を仕掛けていないことを証明するのか。

　明らかに、真実をいうだけでは、十分ではない。たしかに、言葉を交わすだけでお互いの疑念を解くことができる状況もあるであろう。乱暴な例であるが、もしソ連が偶発的な核爆発を自らの基地で起こしたとしよう。そのような場合、彼らが、それが事故であったと了解している、われわれによる攻撃の先駆けとしては了解していない、などとわれわれを安心させてくれれば、有益であろう。しかし、われわれが想像できる多くの状況においては、戦略的な攻撃をしているのではないとか、脅威を与える態勢を整えているのではないとか主張するだ

けでは不十分である。いくつかの事実——おそらく兵力の展開に関しての事実——に確証を与える手段が必要である。われわれは単に自分たちの態勢を有利に導こうというつもりがないことだけを証明すればよいのではない。われわれは、もし相手がわれわれの言葉を信頼して兵力の展開を抑制したとしても、だまされる心配がないこと、つまりたとえそうしたとしても出し抜かれることになるわけではないことを証明しなければならないのである。

限定戦争時の誤解

　とくに限定的戦争のなかでは、どちらの側も戦略的攻撃として誤解されかねない行動をとる可能性がある。普通であればソ連の基地に対する攻撃に使われるような爆撃機を、ソ連に向かっていると解釈できるような方向で——たとえば北米内の基地や地中海に展開した艦隊からソ連の南側の国境近くの国へ——飛行させたような場合である。あるいは、ソ連機が限定的戦争を仕掛ける目的で、爆撃機を飛ばしたとする。その時点で得られるデータに基づくと、それはアメリカの海外の基地や航空母艦を攻撃するかのように飛んでいると解釈され、実際それは限定的な攻撃のためであったが、アメリカの報復兵器を破壊するという一般的な目的を遂行するためではなかった、というような場合である。

　問題は、この後者のようなケースにおいて、どのようにすれば誤解の可能性を減らすことができるか、である。こうした場合の誤解は、予防的報復としていち早く相手に先制攻撃を与えることにつながる。誤報を生みがちな最高次の警戒態勢に入ってしまうこともあろう。そうならないためには、一歩引いて、それと同時に発生すべき行動——すなわちもしこれが本当に全面的な対報復兵器攻撃であったならば、世界の他の地域において起こっていなければならない他の軍事行動——が実際に起こっていないことを示すことも望ましいであろう。

相互による誤解

　記者会見でグロムイコにより描写されたもうひとつの事例を考えよう。

　　結局、流星や電波による妨害は、ソ連のレーダースクリーンにも映っている。そのような状況で、もし原子および水素爆弾を積んだソ連機がアメリカや他の国家のアメリカ軍基地へ向かっているとするならば、北極圏上空のどこかでお互い

第10章　奇襲攻撃と軍縮

を確認しあった両空軍は、そのような状況では敵による本物の攻撃が起こりつつあり、核戦争の渦のなかに人類が巻き込まれたという当然の結論を導くであろう。

かりにここに描かれた状況が実際に起こったとしたら、どうすれば両者の側の相互の誤解がさらに進むのを遅らせ、また反転することができるのであろうか。相互の合意に基づくバランスのとれた撤退が可能であるためには、適切な段階において適切に権威づけられた方法により、両者の側の行動が反転されなければならない。

　交渉が行われる環境は、良いとはいえない。最善でも交渉を行うのは数時間に限られ、最悪の場合時間は全く与えられない。成功を導く必要条件は、2つの部分からなると分析できる。第1には、なんらかの「解決」──攻撃に向かう趨勢を逆転させ、脅威の少ない段階へと動学的に安定した撤退をすることを可能にする行動パターン、すなわちそのプロセスのなかで、どちらにも危険なほどの優位を与えることがなく、しかも双方の軍事力の範囲のなかで物理的に可能な行動パターン──が見出されなければならない。第2の条件は、遵守が何らかのかたちで観察でき、確認でき、証明できることである。交渉結果をわれわれが実行するためには、相手の側の遵守をモニターする、信頼ある手段がなければならず、同じことは相手側にもいえる。考えようによっては、われわれにとっては相手を騙すことが得になる。しかし、このような状況においておそらく何よりわれわれが望むのは、頼りにできる騙しにくいモニターシステムであり、もし自分たちが交渉結果を遵守しているのならば、相手がそれを信じて疑わないことである。この問題は、本質的に一種の契約履行の問題である。そして、ここにおける両者の動機は、自分が計画を遵守しているとき、どのようにその真実を相手に伝えるかということである。

　この例が明らかにするのは、監査役にあたる人が現場に訪れるまでに実に短い時間しか与えられていないなかでは、観察と確証のための何らかの事前の取り決めが必要だということである。しかし、そればかりでなく、この例は、事前にどのような提案をするかを考えておくこと、そして相手に対して情報をどうしても与えなければならない状況が訪れたとき、そうすることで自分の優位を最大化できるような自分の逃げ道を計画しておくことがいかに重要であるかをも物語っている。

　さらに、この事例は監査システムの信頼性に関して、2つの異なった評価基準があることを明らかにしている。奇襲攻撃をしようとしている敵をいつもキ

ャッチするレーダー——そして敵がいつもわれわれをキャッチするレーダー——を考案することは非常に難しいかもしれない。しかしそのことと、双方が自発的に相手の監視を受け入れるとき、説得力あるやり方で自分を開示できるようなレーダーをどのように考案するかとは別の話である。前者においては、われわれは実質上、相手のレーダーをできるだけかいくぐろうとしている。後者においては、相手が同じことをする限り、われわれは相手のレーダーの前を意図的に「行進」してみせたり、あるいは他の方法によっても遠距離からでも相手に認識されるようにして、自らをさらけだそうとしているのである。

長期的な監視

　これらの危機や緊急事態と、軍縮を管理するためのより長期的な問題との違いは、必要とされている証拠がどういう種類の証拠であるかということと、証拠を提供する動機がどれほど強いかということとの違いにある。一般に、どちらかというと「悠長な」査察過程は主にネガティヴな証拠、すなわち証拠の欠如に依存していると考えられる。人々は、そのような証拠を見逃さないために、システムを拡大したり強化したりする。そこで人々が仮定しているのは、逸脱は長期にわたっては隠し通せないだろう、ということである。しかし危機においては、人はより確かな証拠を要求する。手がかりを得て、それをたどっていくというような時間をもちあわせていない。システムを試してみたり、それが機能していないからといってシステムを拡大したり強化したりするような時間もない。その結果、危機における合意は、ポジティヴな証拠に頼らざるをえない。相手側が何をしてないかについての証拠を探すのではなく、相手が何をしているかを示す証拠が要求される。そして、危機においては、そのような証拠は手に入りやすいかもしれない。その理由は、緊急事態のもとでは、それを提供する動機が——了解や合意に達しなければならない緊急度が高ければ高いほど——増えるかもしれないからである。

システムの構築

　危機や予期せぬ事態に少しでも準備しておこうという目的からすると、潜在的な敵との対話と、相互監視のための弾力的で使い勝手の良い枠組みを構築しておくことに、多くの支持が得られるであろう。とくに、合意された目的のた

めの査察システムを構築することには、説得力がある。さらに、そのシステムを拡大したり強化したり、追加的な施設や査察官によって補強したりする可能性をつねに担保しておくことは、危機が訪れたときのそのシステムの有効性に大いに影響を与えるかもしれない。違う言い方をすると、あるシステムの信頼性や有効性を、「通常に」それが作動しているときの参加者の動機のみによって評価してはならない。われわれは、軍縮についての交渉、すくなくともその時点で制限を設けるための交渉を緊急に行わなければならない状況に直面するかもしれないことを知っておかなければならないのであって、そのような状況においては監視やコミュニケーションのシステムを臨機応変に作る時間が与えられないのである。

　より具体的にいおう。核実験を中止する合意を監視するための査察システムを確立するにあたっては、われわれは切迫した軍事的危機のもとでも、いかに両者の側が査察官や彼らの装備を利用できるかを慎重に考慮しておくべきである。査察官たちの移動性、彼らの位置、彼らの通信施設、彼らが受けた技術的なトレーニング、監視のために彼らのもっている装備、彼らの信頼性、そして彼らの人数などを評価したり設計したりする際には、核実験を探知することだけを念頭におくのではなく、アメリカとソ連に脅威となる戦争勃発の危機において査察や確証や対話の手段が必要となる場合が出てくることも念頭に置くべきなのである。

　以上の議論からでは、恐怖の均衡の安定性——すなわち奇襲攻撃を仕掛ける誘惑の欠如や誤報の不在——が、ソ連側と妥結しようとする軍事的な取り決めによって大いに影響を受けるかどうかが全く明らかではない。もしかすると、将来自然科学の発達や技術的進歩によって、相手側が何をしようとも（それに対して反応し、しかもすばやく反応しなければならないときに）自らの報復力を脆弱でなくする方法がみつかり、非常に安定した相互抑止が生まれるかもしれない。他方、自然科学の発達はわれわれにいたずらをし、報復兵器を破壊する手段をソ連側がみつける方が、それを守る手段をわれわれがみつけるよりもつねに早い、ということもあるかもしれない。偉大な英知と最善の外交手腕をもってしても、アメリカとソ連が不安定へ向かう趨勢を食い止めるための協力的な措置を見出せるかは、希望にすぎず、自明の前提ではない。しかし、正式であるかどうか、あるいは明示的であるかどうかにかかわらず、相互に抑制するという協調がソ連と成立すれば、恐怖の均衡の安定性には多大な影響をもたらす

第Ⅳ部　奇襲攻撃：相互不信の研究

ことになるであろう。そして、そのことがもつ利害はいうまでもなくとても大きいのである。したがって、たとえ相互の報復力を脆弱なものでないとするための協力的な政策が意味あるかどうかを確信できないとしても、われわれはそれが意味あるものではないかと考えなければならない。そしてわれわれは、もし選択肢が与えられるならば恐怖の均衡が完全に安定することを望むのかを自問しなければならないのである。本当にわれわれは、そのようなものが存在し、それをソ連側が受け入れると考えるならば、包括的で効果的な対奇襲攻撃スキームを確立する方がよいと思っているのだろうか、と。

　巧妙に計画された奇襲攻撃の誘惑をソ連がもってないと知ること、そしてソ連側も、われわれがそのような奇襲をしないことを確信し、パニックに陥って銃に飛びつく必要がないと知っていることは、われわれをとても安心させる。しかし、それにもかかわらず、大量攻撃以外を抑止するわれわれの能力は、われわれの方が攻撃を仕掛けるのではないかというソ連側の信念にいくぶんは依存している、ということができる。ソ連側の報復力が第一撃に対して脆弱でなければ、ソ連側はそのような信念をもたないであろう。おそらく、最も極端な挑発でもなければ、ソ連の報復攻撃力を壊滅させたり中和したりする可能性のない報復攻撃をわれわれがすることはない、といえるであろう。この議論に従うと、お互いのSACが脆弱でないことは、お互いのSACが無力化されていることを意味する。しかし、それは、完全に二極化した世界においては最善であるかもしれないが、今日の世界においてはそれに甘んじることはできない。なぜなら、今日の世界には「第三の地域」が多くあり、われわれは、ソ連のそこへの進出を、相互に自殺の道をたどるのではなく信頼性のある脅威によって、抑止したいと願っているからである。

　ソ連がわれわれに対してどのような規模の攻撃をも仕返す軍事力を疑いなくもっているとすれば、われわれは局地的に抵抗する以外に報復の脅しをかけることができるであろうか。お互いが相手に対して脆弱ではないとき、戦略兵器には役割があるのであろうか。すなわち、相手を無力化し、ともに存在することでともに使用することができないことを保証する以外に、そうした兵器には役割はあるのであろうか。

　役割は、ある。戦略兵器は、懲罰という意味での「報復」を実行することができる。ソ連や中国の都市を攻撃することの脅威が強大であるとそもそも考えられるのは、そうした攻撃が敵の侵攻している地域における軍事的情勢に影響を与えられるからというよりも、そうした攻撃がもたらす物理的な苦痛、経済

第10章　奇襲攻撃と軍縮

的損失、混乱、屈辱といった理由であると考えられる。そうであるならば、その脅威の主要な要素は、たとえ相手側のSACが非脆弱であったとしても、依然として存在するであろう。

　大量報復の脅しというとき、その「大量」が限定されない報復を意味するとすれば、それは実際のところ信頼性を失ってしまう。もちろんそのような意味のもとでは、全面的な攻撃を巧妙に行えば相手の反撃の可能性を封じることができるかもしれない、という希望もない。しかし、もしわれわれがつぎのように考えるとするならば、報復行動や報復行動の脅しは相手の戦略兵器の脆弱性を減らし、信頼性を増すことになるだろう。すなわち、限定的で段階的な報復は、われわれにとって我慢できない行動をソ連にとらせないための圧力となっており、またソ連国境内での限定的な局地戦争を行うとすれば、それは地域的な軍事行動の装いを保ちながらも実は市民に苦痛を与える制裁として行うのである、と考えるとすればである。それは、逆説的ながら、すべての種類の限定的戦争は、全面的な奇襲攻撃の可能性が小さくなるにつれてその限定が解かれていくことになるであろう、というのとまったく同じ理由による。大量に報復することのリスクは、それに対しての全面的な攻撃の恐れが少ないほど、より小さいはずである。限定的な報復をするというわれわれの意図が、われわれが全面戦争を仕掛けようとするその第一歩であると誤解される恐れも、より小さいはずである。なぜなら、そのような誤解があるとすれば、ソ連は、われわれの限定的な報復を相互壊滅へと通じる第1の段階だと考えていることに等しいが、それはわれわれが自滅しようとしているとソ連の側が信じているようなものだからである。

　だからといって、限定的再報復のリスクをともなって行われる限定的報復が全面破壊にいたることがない、というつもりはない。報復攻撃への拡大は、ゆっくりと起こるかもしれないし、一瞬のうちに爆発的に起こるかもしれない。また、限定的な報復であれば恐れるほどのことはない、などというつもりもない。報復の戦争を限定することは、地域の戦争を限定的にすることと同じくらい難しいか、あるいは、より難しいかもしれない。しかしながら、この議論にとって重要なのは、限定的な地域戦争との比較において限定的な懲罰型の攻撃の方がより安全で魅力的だということではない。重要なのは、報復の脅しに依存しなければならないいかなる場合においても、限定的な懲罰型の攻撃が全面的な戦争との比較において安全で魅力的だということなのであり、それが（はったりではなく）信頼のある脅しとなる、ということなのである。

このように、戦略兵器は、潜在的な攻撃との関連においてのみ「無力化」されるのであって、抑止的脅威を根拠づける懲罰的役割を依然として担っている。報復的兵器の脆弱性が消滅すれば、全面的な懲罰の脅しはその信頼性を失うが、限定的な報復の脅しは信頼性を得ることになるであろう。差し引きの効果が何であれ、第三の地域をめぐる抑止の必要性への考慮だけから、脆弱でないSACのある世界を否定的に評価することはできない。抑止のためのひとつの脅し（大量のもの）の方が、抑止のためのもうひとつの脅し（限定的なもの）よりも、強力であることが示されなければならないのである。

　おそらく、報復的兵器を全面的かつ継続的に脆弱でないものにするスキームを、受け入れるのかそれとも否定するのかについて、いずれわれわれに明確な選択肢が与えられると考えるのは、極端な楽観主義者だけであろう。しかし、第三の地域の抑止はどうなるのか、また限定的な報復の可能性が何をもたらすのか、というこの問題は、われわれがどのような世界に住みたいのか、という問題にほかならないのである[9]。

9　さらなる議論は以下を参照せよ。T. C. Schelling and Morton H. Halperin, *Strategy and Arms Control*, The Twentieth Century Fund (New York, 1961).

補 遺

補遺 A 核兵器と限定戦争

　小型で小規模の損害しか与えない核兵器の開発が進められている。軽装備の陸上部隊によって小型核兵器を局所的に用いたり、爆弾や空対空ロケットに核兵器を搭載する可能性が増えている現在、技術的な面において、限定戦争を行うなかでは核兵器をその他の通常兵器と異なるものであるとみなすことができなくなった。もちろん、核兵器を限定戦争のなかで使用すること、とくにわれわれの側が先に使用することが政治的に不利であるということは、もちろんこれまでにも議論されてきた。人間を焼き殺すという点では、核爆弾とナパーム弾とにそれほど道徳的な差がないと主張する人でさえも、核兵器に対する世界的な嫌悪という政治的事実を認識しないわけにはいかない。

　この補遺では、核兵器とその他の兵器を分ける、もうひとつ別の基準について議論する。この区別は、限定戦争の過程における敵との関係から導かれる。戦争を限定しようとすれば、そして限定戦争を理解したいと思えば、核兵器と通常兵器とのあいだには、たとえ物理的な違いがなくても、心理的、認識的、法的、象徴的な違いがあることを理解する必要がある。「寸分たがわない」精度を備えた小規模の核兵器にしたところで、兵器のひとつの形態にすぎず、したがって戦争の限定性という問題には影響を与えない、という議論もある。しかし、それは、武器の効果についての分析だけに根ざした議論であり、限定戦争の限定性がどこからくるのか、何がそうした限定性を安定もしくは不安定にするのか、そうした戦争が限定的であることを権威づけするものはなにか、限定性を発見し、相互に認識しあうことを促進する状況や行動様式にはどのようなものがあるか、といったことに関する限定のプロセスそのものについての分析に根ざした議論ではない。小型核兵器も「単にもうひとつの兵器にすぎない」という議論には、核兵器とそれ以外の兵器を区別するときに、兵器の効果に関する説得力ある根拠がないならば、限定化プロセスにとって重要なものはない、という前提がある。

補　遺

　しかし、この全く同じ点は、武器を使用する国家を区別するうえでも当てはまることにはならないだろうか。兵器の効果以外に核兵器と通常兵器に違いがないというのなら、それと同じにソ連の兵器と中国の兵器とのあいだにも違いがないということになる。あるいは、中国と北朝鮮のあいだにも、アメリカと国民党中国のあいだにも、イギリスとヨルダンのあいだにも、そしてエジプトとアルジェリアのあいだにも、違いがないということになる。しかし、限定戦争のプロセスおよび限定性が崩壊していくプロセスにおいては、どの国家であるかということは、重要な違いであり続けてきた。同様のことは、国境に関してもいえよう。ソ連とイランの国境から北100マイルの領域と、南100マイルの領域にはほとんど差がないし、鴨緑江の北と南、あるいはギリシャ―ユーゴスラヴィア国境の両側にもほとんど違いがない。しかし、このような国境は、これまで限定のプロセスに関して重要な役割を果たしてきた。その重要性は、国境とたまたま一致している河川や山脈を越えていくことの難しさといった物理的な問題とは別問題なのである。

　ここで、これらの違いは「法的」な違いでありホンモノであるが、核兵器とそれ以外の兵器との差は想像上のものであると反論するものがいるかもしれない。しかし、厳密的にいえば、こうした違いは法的ではなく「法的のようなもの」である。限定戦争の当事国が、政治的国境や相手の国籍を認識することを強制する法的権威は存在しない。たとえば、ソ連は、自らの国境が若干侵犯されたことを、戦争の質を変えてしまうような行為であると――つまり、その国境へいたるまでの行為とは連続していない、何か劇的な行為であると――考えなければならない法的な理由はない。アメリカが鴨緑江を意図的に越えたとして、中国が必ず報復（ただの抵抗ではなく報復）をしなければならなかった法的根拠があったわけでもない。そして、中国はアメリカの国境侵犯を何回か容認したからといって、そうした侵犯を許さない法的権利をそれ以後失うというわけではない。アメリカは、ロシア人パイロットがある限定戦争に参加していたり、中近東地域における軍事行動にロシア人が「志願兵」として参加していたとしても、そのことを憂慮しなければならない法的な理由はない。国境侵犯の禁止や紛争にたずさわるものたちに違う国籍のものが新たに参加するようになることは、核兵器を導入するのと似ている。それは、敵の報復的行動を誘発するリスクを生み出してしまう。そして、そのような敵の行動を決める要因は、象徴的には不連続であるこちら側の行為に対して報復しなかったら何を失うことになるかを敵が暗黙のうちにどう考えるか、なのである。

補遺A　核兵器と限定戦争

　ソ連や中国の国境線が重要で納得のいく場所であるとするものは、戦争になったときそこ以外他に適当な線が引けないということである。西側の軍隊がソ連の国境を越えることは、——物理的な意味ではなく象徴的な意味において——ソ連の領土統一性(インテグリティー)に対する挑戦であり、それからまだ先へも進む意図を誇示するか少なくとも示唆する。ソ連のその国境の内部に何らかの「明白な」境界線を見出すことができない場合には、つまり、西側軍が国境を越えた後どこで進軍をやめるかについての意図がソ連にとって明白で、かつソ連が西側の国境侵犯をどこまで許容するかがわれわれにとって明白で、さらにこれらについての両者の認識が一致しているような状況がない場合には、お互いにとって暗黙に認識できるような停止線は存在しないことになる。ソ連が劇的な報復をしないまま国境侵犯を受け入れるという状況は、ソ連の領土がしだいに拡大する戦争のゲームの正式な場であることを認めてしまうことである。それゆえ、政治的境界線は、法的強制力をもたずとも、停止線として有効なのである。それは、他に明白に認識しうる代替物がないというディフォルトの状況において両者に利益をもたらす。なぜなら両者は、ともにどこかに限界を見出したいと考えているからである。このような境界線は、それが妥当な限界であるための一意性を備えている。そしてそれは、その地域で「明白な」地理的境界として両者が暗黙に認識し、遵守するようになるかもしれない数少ない線のうちのひとつ——もしかしたら唯一であり、唯一でないとしても数少ないなかのひとつの線であることに間違いない——である。それは、強力な暗示の力をもち、そこに当事者たちの関心を集めることができるような存在であり、それなくしては——他に明白に記憶しうる代替物がないなかで——どのような限定性を望むこともできなくなるような線なのである。

　それでもまだ政治的境界や国籍的配慮が法的なもののように、またそれゆえホンモノであるようにみえるのであれば、限定化のプロセスにおいて重要ないくつかの他の差別化の方法を考えてみるとよい。たとえば、アメリカ軍はインドシナ半島の戦争に対して多くの物資を送ったが、兵力は供給してこなかった。ギリシャでのゲリラ戦争においては、ギリシャ軍に対して軍事物資やリーダーシップ、助言を与えたが、軍隊を実際に派遣することはなかった。台湾海峡では、国民党に対して直接的な海軍支援を行っている。そしてアメリカ軍は、インドシナにおいてフランス軍やベトナム軍に対して空輸からの支援を与えてきたと考えられてきたが、中国やソ連には陸軍を派遣する「介入」とは明らかに違うということを示す必要があったのである。

補　遺

　「寸分たがわず」命中する小規模核兵器も火砲の一種にすぎないと論じるものが説得的であるように、経済学者は、軍事行動においては物資と兵力とは交換可能であり、空輸からの介入と陸軍派遣による介入とは「本当には」違わないと主張するかもしれない。また、その経済学者は、リーダーシップや計画性を欠いた軍隊にとっては、軍事的な教育を供給することは、軍隊の足腰を鍛えることと同じ効果をもつというかもしれない。近代兵器のもとで三軍の役割がどのように再定義されるべきかという論争や、新しい移動手段のもとで軍事力の機能を定義することについての論争があるが、そこでは空軍と陸軍の差、あるいは海軍と陸軍の違いは単にそれが伝統的な分け方にすぎない、などと議論されている。しかし、重要な点は何かというと、戦争を限定するうえでは、伝統が意味をもつ、ということなのである。

　実際、限定戦争の分析において主たる関心を集めているのは伝統である。すなわち、われわれは、先例、慣習、暗示の力などといったものを扱っているのである。われわれは書かれていない法律についての理論を扱っているのであり、そうした先例は、総じて相互的破壊を回避すべくお互いが我慢しあうことの必要性のためにある。また、そうした先例が個々の事例に当てはめられるのは、ルールを破るとそのルールが崩壊し、相互により好ましくないような限定性を生むかも知れず、しかも「権威」が自明でないことが明らかになってしまうことで、まだ破られていないルールでさえもが弱体化するリスクがあるからである。

　核兵器について話を戻すと、核兵器を他の兵器と区別するのは、核兵器は他と違．う．という強力な伝統である。人を殺戮するという観点からは核兵器と同じである弓矢はなぜ禁止されないのかというのは、よく聞かれる疑問であるが、その答えは弓矢は使用するという伝統があるから、である。その伝統とは、それらを使った方が好都合な場合は弓矢が使われるであろうという相互に認識された期待という意味での伝統である。しかし、核兵器に関しては、その使用の伝統がない。かわりに、核兵器については、使用しないという伝統が形成されている。つまり、使用する準備ができているという宣言があったとしても、そしてそれを使用することに戦術的な利益があったとしても、使用されることはないであろうという、相互に認識された期待が形成されているのである。

　伝統や慣習は、戦争の限定性を類推させるだけのものでもないし、そうした限定性の興味深い一側面であるわけでもない。伝統や先例や慣習こそ、限定性の本質にほかならない。限定戦争における限定性は、両者が同じように権威と

とらえるような、そしてその権威が主として相互認識や「暗黙の交渉」が成立していることでもたらされるような、根源的には心理的、知的、社会的なものである。そして、ある限定性に権威が付与されるようになることの根拠は、その限定性が遵守されないとどちらも他の選択肢を見つけるのが困難であると相互に認識していることである。限定性の根拠は、法的なようなものもしくは詭弁的なものであって、決して法的なもの、道徳的なもの、物質的なものではないのである。もちろん、限定性が、法的、物質的もしくは道徳的要素と一致することもあるかもしれない。実際、限定性は、通常それに一意性や他とは異なる性格を付与する何か、相互の期待を収斂させていく焦点を付与する何かをともなう。しかし、権威があるのは、期待それ自体に内在するからであり、期待に付随した何かのせいではない。

技術の向上によって核兵器が多目的に使用される可能性が上昇しているが、このことは、核兵器を全く使用しないという特殊な限定性を除いては、核兵器の使用の限定をわかりやすく定義しようとすることをより困難にしている。核兵器の効果の規模に関しては、現在ではさまざまな一連の程度があると広く認識されている。すなわち、核兵器をどのような形態で使用するか、その運搬方法、使用する対象といったことについて、さまざまな一連のバリエーションがあると考えられている。その結果、ある特定の制限を設けた核兵器の限定的使用を他の使用から「自然に」区別することは不可能にみえる。ある人が、核兵器の規模、移動手段、使用される対象や状況に関してどこに境界線を引いて限定するのかと尋ねてきたとしたら、その答えは——純粋に技術的にいえば——どこであっても境界線を引くことができると答えることになる。つまり、他の境界線ではなくある特定の境界線でなければならない理由はなく、それゆえ、そこに線を引くもっともらしい理由など存在しない。核兵器の使用、規模、距離に関して、他と比べて当事者間の期待を収束させるようなフォーカル・ポイントが備わったものなど存在しないのである。法的なもののようにみえる限定性は、量的ないし連続的であることはできず、それは質的で断続的なものでなければならない。これは、限定性の違反を容易に認識するためとか、自軍の司令官たちに遵守させることを容易にするためだけの問題ではない。どのような限定性も、それが安定的であるためには明白な象徴的性格をもっていなければならない、という問題である。すなわち、限定性を侵犯するとは、当事者双方にとって、代替的な限定性が容易にはみつからない危険な状況に自らをさらす

ことになる、明白で劇的な行為だという、象徴的性格である。

　限定性がなんらかの一意性を備えた、質的に区別しうるものでなければならない必要性をさらに高めているのは、限定性とは一般に暗黙の策略や交渉の過程によって発見されるものであるという事実である。限定性は、明示的な交渉によって決まるのではなく、両者の策略のなかで見出されるのである。そして、もし両者が明示的なコミュニケーションなしに「取引」を成立させなければならない場合には、そこで成立する限定性は、一連の代替的な選択肢のなかから区別されるべきなんらかの特質を備えていなければならないことになろう。そうでなければ、どちらの側も、相手がその同じ限定性を認識しているかどうかについて、自信をもてないことになるからである。両者の期待を収束させるような、自然で納得のいく「明白な」点や線が他になければ、緯度や国際的日付変更線、さらには北極点といったものでさえ、そうした特質を備えているといえるであろう。

　核兵器に関してこの論点を試すならば、つぎのような問題を考えてもよいであろう[1]。それは、ある賞金を獲得するために、協力しあうゲームである。われわれは、事前に相談することのないまま離れて席について、自分がよいと思う限定性について描写しなければならないとする。その描写は、核兵器の規模、使用方法、だれが使用するか、どのぐらいの頻度で使用するか、きれいな兵器として使用するかそれとも汚い兵器として使用するか、攻撃的兵器として使用するかそれとも防衛的兵器として使用するか、戦術兵器として使用するかそれとも戦略兵器として使用するか、都市についても使用するのか、また事前警告をともなって使用するのか、等などといったことについて、おおざっぱにでも詳細にでも、思うがままに書きつけてよいものとする。さて、はたしてわれわれは、限定性について全く同じ特徴を書きつけることができるであろうか。もし書きつけた特徴が完全に同じであれば、われわれは賞金を得ることができる。同じでなければ、賞金を得ることはできない。もちろん、ここでは賞金が目当てであるが、われわれがみようとしているのは、実際に限定性の提言について暗黙のうちに合意に達することができるかどうかであり、——暗黙のうちに提案の調整に成功した場合——どのような種類の限定性であれば暗黙ながら相互に認識されやすいのか、ということである。ここでは、限定を全く設けないという提案と核兵器を全く使用しないという提案の2つの極端な提案をも許すこ

1　第3章参照。とくにpp. 63-71。

ととし、そのあいだのいかなる程度の、またどのような種類の提案でも思うままにしてよいということにする。

　筆者が主張したいのは、特定の限定性——単純で、断続的で質的で、「明白な」限定性——においては、選択肢の調整が起こりやすいということである。それ以外の限定性を選んだ者たちは、筆者の予測によれば、同じ限定性を選ぶパートナーに恵まれることがほとんどもしくは全くないであろう（目的は合意の成立であり、提案された限定性の他にどのような美徳が含まれていようとも、それらは考慮の対象外となる。この実験では、ある特定の限定性を選ぶうえでの主要な考慮は、調整が成功したとき賞金を貰えるという認識のもとで、その限定性を選んだら相手もそれと全く同じ限定性を選ぶかどうかの確率でしかないのである）。

　この実験によって、どのような種類の限定性が安定し権威あるものとなるかを証明できるなどというつもりはない。しかし、この実験は、限定性のいくつかの特質、とくにその単純性、一意性、断続性、そして質的定義になじみやすいかどうかといった特質が、すくなくとも暗黙の交渉プロセスにとって重要であるような、ある客観的な意味をもつことを証明することになるであろう。それは、限定性のなかには、当事者双方からともに期待されるような、あるいは期待を収束させるような、あるいは他の一連の選択肢とは質的に異なるものとして認識されるような種類の限定性があるのだということを示唆するであろう。

　こうした議論からまっさきに導かれる結論は、核兵器と非核兵器とのあいだには区別が存在し、その区別は戦争を限定的にするプロセスのなかで役割を果たす、ということである。この区別を、われわれは一定程度、強化することも弱体化することもできるし、また明確にすることもあいまいにすることもできる。この伝統的区別を強化しその象徴的な意義を高めるには、その区別と明瞭に一致するかたちで交渉したり行動したりすればよい。逆に、そのような伝統的区別を信じてないかのように行動し、「単にひとつの兵器にすぎない」式の議論を強調し、核兵器を使用しても良心の呵責を覚えないかのように振る舞えば、その区別は——すぐさま消滅することはないにせよ——弱体化していくであろう。どちらの政策に従うべきかは、核兵器と通常兵器との区別をわれわれがソ連と共有する貴重な財産として有益な区別と考えるか、すなわち暴力の最小化に寄与する伝統ととらえるか、それともそれをプロパガンダのうえでの足かせとなる債務として面倒なものと考えるか、すなわち断固とした行動や権限委譲への妨げとしてとらえるか、による。ただし、核兵器はなるべく早期の適

当な時期にもしくは軍事的必要に応じて使用されるべきだと信じている者でさえ、この区別を認識する必要があるであろう。なぜならば、使用にいたるまでのあいだに、その区別を弱体化するための施策をとることができるからである。

問題は、アジアの中立国やヨーロッパの同盟国がこの区別についてどう感じているかだけではない。これは、われわれとソ連との関係にかかわり、好むと好まざるとにかかわらず、それはわれわれとソ連とのあいだに存在する認識にかかわる問題である。そして、そのことは核兵器の使用には限定性があるという暗黙の期待をわれわれがソ連と共有していると、ソ連の側が思っているか、にかかっている。かりにわれわれの側が地域紛争において核兵器を先に使用したとしよう。この場合にわれわれにとって望ましいのは、戦争を限定的にするためには、ソ連や中国の側がそれをもって限定性という考えすべてへの挑戦であるなどと信じないこと、そしてそれをもってわれわれがどのような限定性によっても拘束されないと宣言したなどと思わないこと、である。むしろわれわれが望むのは、かりにわれわれの側が核兵器を先に使用したとしても、相手がその使用を限定戦争の概念と整合的だと解釈すること、そして限定性を見出し認識しようとする点で暗黙に協調しようとする意思を依然としてわれわれがもっていると解釈することであるはずで、核兵器の使用に過度に象徴的な意味内容を詰め込むのは望ましくない、ということになろう。だとするならば、もし筆者のいうように戦争を限定するための重要な区別が存在し、しかしそれにもかかわらずわれわれが核を使用することに最大限の自由裁量を残しておきたいのであれば、戦争を限定する目的からしてわれわれは、そのような区別を可能な限り破壊もしくは弱体化しなければならないことになる（たとえば、とくに途上国における土地開発プロジェクトなどで「核ダイナマイト」を早期に幅広く活用することを意図的に計画すると、そのような区別を弱体化することができよう。同じ効果は、途上国においてわれわれと友好的な軍隊に、核兵器の爆発から生き残るための訓練を、その目的のために実際に核兵器を用いて行ったとしても、達せられるであろう）。反対に、もしわれわれが、核兵器は別のカテゴリーに属しいくつかの留保に拘束されるものであるという暗黙の理解を敵側と共有し、その理解を強化したいと望むのであれば、核実験の停止について合意することが（もしくはそのような合意についての広範な対話をすることでさえ）そうした目的を達成するのに寄与するであろう[2]。

---

2 核実験停止の合意のもつ象徴的な意義については、Henry A. Kissinger, "Nuclear Testing and the Problem of Peace," *Foreign Affairs,* 37：1-18 (October 1958)，とくにpp. 12-13を参照。

補遺A　核兵器と限定戦争

　さて、導かれるべき第2の結論は、限定戦争における核兵器使用に対する主たる抑制は、核兵器が使われた途端に消滅するだろう、ということである。核が一度使われてしまうと、核が区別されるべき兵器であるという暗黙の合意がつぎの限定戦争のときにおいて強力であるとは考えにくい。それゆえ、われわれは、この区別を無視しある戦争のなかで自分たちの有利になるように核を使用しながら、あとになってこの区別をあてにして相手もこちらもともに自粛するであろうなどと願うことは、おそらくできないのである。伝統を粉砕しそれと反対の先例を作ってしまうと、それ以降ずっと、戦争を限定する可能性を大いに低めることになるのである（また、われわれが自明視している限定性や神聖性の概念のなかには、元来核兵器の使用が禁止されているという状況の副産物でしかなく、しがたってその状況が消滅したときに一緒に姿を消していく概念があるかどうか、再検討すべきものもあるだろう。たとえば、海軍の艦隊については、それが果たす役割をいま一度検討すべきかもしれない。そうすべきなのは、敵が海軍艦隊をどのように扱うかを予測するためでもあり、核の使用後に敵が艦隊の扱い方を変化させた場合に、その意図を誤って解釈しないようにするためでもある）。

　第3の結論は、核兵器がはじめて使用されたとき、限定戦争の目的がそもそも何だったのかということと少なくとも同じぐらい真剣に、そこで新たに確立されることになるパターンや先例が何なのか、そこで採用される「核の役割」が何なのかについて、関心をむけなければならない、ということである。たとえば、台湾の金門島の防衛のために核兵器が使用されるのであれば、おそらく金門島がどうなったかという帰結よりも、核の応酬の本質、そこで確立された先例、われわれおよび敵国がそのプロセスのなかで演じた役割について、より大きな関心を向けなければならない。これらは、小規模戦争のなかでのそのときだけのものとしてでなく、将来起こるかもしれない限定戦争のあり方を決定づけるものとして考えていく必要があるのである（ある少年が教師に飛び出しナイフを突きつけるとき、その教師は、そのような行為にいたったそもそもの理由が何であれ、いま考えなければならないもっとも重要な政策的問題は、そのナイフを目の前にしてどう行動すべきかだ、と感じるであろう）。

　第4には、われわれは、──すくなくとも限定戦争で核兵器が使用された最初の場面においては──敵も限定戦争に関連して2つのことを同時に行っているのだと認識すべきである。すなわち、その第1は、当初からの目的をめぐる限定的な闘争であり、その第2は、核兵器そのものの役割をめぐる暗黙の交渉ないし駆け引きである。たとえば、金門島をめぐって核兵器が使われたとしよ

273

補　遺

う。通常われわれは、そのような行動をとるのは、そうすることが金門島の防衛のために必要である場合のみであり、そこでの行動は金門島を守るという目的達成に見合った行動であったと推測する。しかし、中国やソ連が仕返しに核兵器を使うかどうかを考慮するうえでのわれわれにとっての主要な関心事は、相手が核兵器の使用を金門島占拠にどう役立つと考えているかではない。中国やソ連にとってはるかに重要なのは、先制に対して彼らがどう「応答」するかであろう。彼らは、核の役割において、受動的な役を引き受けるつもりはないであろう。優越的でなくとも、一種の「同等」な役を果たすつもりであると、彼らは主張するであろう。そして、もしわれわれの側に、どちらかが勝ってどちらかが負ける決定的な全面戦争へ突入する準備がないならば、われわれの方も、限定戦争における当初からの目的だけでなく、核の優越、核兵器使用の伝統や先例、そして将来の戦争に向けてともに構築していくことになる「ルール」といったことについての限定的な目標についても、（行動をともなって）「交渉する」意思を持たなければならないのである。

補遺 B　ゲーム理論における対称性の放棄のために

　この補遺の前半の部分では、ナッシュ、ハルサーニ、ルース、ライファら[1]によって分析された「手番のない」純粋な交渉ゲームは存在しえないこと、もしくはたとえ存在してもこれまで一般的に認められてきたのとは異なった特徴をもつ、ということを議論する。この議論の出発点にあるのは、いままでほとんど定義されてこなかった合意という概念の操作的意味である。そして、後半の部分では、交渉ゲームの解の対称性は「合理的期待」という概念とは相容れない、ということを議論する。この議論の出発点にあるのは、合理的でない期待を操作上どう特定化するかという問題である。

　暗黙でない(「協力」)非ゼロサムゲーム——交渉ゲーム——は、その利得行列からは定義されない。どのような作用によって選択が決定したのかという過程も、あわせて明らかにされなければならないからである。これらの作用は、通常、「拘束力ある合意」といった概念や、合意にいたる過程における自由なコミュニケーションといった概念に言及することで、描写されている。ある2人のプレイヤーが合意できれば100ドルを分けあえる状況にあり、彼らはこの件について存分に話しあうことができる状況にある、と描写すれば、そのゲームを定義するのに十分であると、一般には考えられている[2]。

1　John F. Nash, "The Bargaining Problem," *Econometrica*, 18:155-162 (April 1950), and "Two-Person Cooperative Games," *Econometrica*, 21:128-140 (January 1953); John Harsanyi, "Approaches to the Bargaining Problem Before and After the Theory of Games: A Critical Discussion of Zeuthen's, Hicks', and Nash's Theories," *Econometrica*, 24:144-157 (April 1956); R. Duncan Luce and Howard Raiffa, *Games and Decisions* (New York, 1957), pp. 114ff.

2　実際、ルースとライファは、利得行列と以下の3つの条件に言及することで、2人協力ゲームを定義している。(1)一方のプレイヤーがゲームの前に述べたすべてのメッセージは、誤解されることなくもう1人のプレイヤーに伝えられること。(2)すべての合意は拘束的であり、ゲームのルールによって強制できること。(3)ゲームの結果に対するプレイヤーの評価は、ゲームが始まる前の交渉には関係しないこと。*Games and Decisions*, p. 114.

補　遺

　この種のゲームは、たとえ利得の配分が対称的でなかったとしても、手番の構造としては対称的である。コミュニケーションが許されるか、提案を拒否できるか、どのように合意に到達するかに関して、プレイヤー2人が全く同じ権利をもっているからである。100ドルを分割するのでなく、たとえばプレイヤーたちがXとYという値で合意しなければならないとしても、利得関数は対称的でないかもしれないが、手番構造は対称的である。この点を強調して、ハルサーニは、対称的な手番という前提を明示的に付け加えている。「交渉の当事者たちは（同じ合理的行動原理に従うからか、あるいは同じ心理的原則に従うからかは別にして）、同一の（対称的な）行動ルールに従うことになる」[3]。

　ここで筆者は、交渉過程の「法的詳細」に細かく注意を払いつつ、ゲームの手番構造が完全に対称であるという仮定の下での「合意」という概念について考えてみたい。そして、「非合意」という概念についても考えていきたい。ゲームが成立するためにはどのようなゲームも、それがどう終わるかについて何らかのルールが必要なはずであるから、まずはゲームの終了に関するルールからみていくことにしよう[4]。

　われわれは、利得行列に割引因子などというかたちで新しい次元を付け加えなければ、利子率などの複雑な要素が入り込むことなくゲームはすぐ終了する、と考えなくてはならない。なぜなら、われわれは、合意そのものだけでなく、そこに達するまでに要した時間についても考慮しないですむようにしたいからである。これは、単に便宜上の問題ではない。そのように想定しなければ、非常に特殊なケースを除き、ゲームは「手番のないもの」ではなくなってしまうことになる。もしプレイヤーの時間選好がつねに一定の割引因子によって表現されるようなものでなかったら、ゲーム自体が時間の経過とともに変化することになり、プレイヤーは実質的には合意形成に失敗することでゲーム自体を変えることができてしまうことになるからである。つねに一定である割引因子という概念は、現実的に妥当な状況として扱うにはあまりに特殊であろう。いずれにせよ、そのような割引因子はここで議論の対象となっているモデルのなか

---

[3] John Harsanyi, "Approaches to the Bargaining Problem Before and After the Theory of Games……," *Econometrica*, 24:149 (April 1956).

[4] ここで論じているモデルはきわめて抽象的で、人工的で、かつ非現実的である。しかし人工的に抽象的なモデルであっても、手番構造の対称性の仮定を検証すること、あるいは、対称的であることが一般的であり、非対称的であることを特殊なケースとして扱うことを検証するのに役立つ点で、有益である。

で明示されることはなく、ゆえにわれわれは、ゲームはすぐに終了するものと仮定しなければならない。

さて、ゲームを終了するもっとも単純な方法は、おそらく、あらかじめ決めておいた時間にベルを鳴らすことであろう。ほかにも、審判に数分ごとにサイコロをふらせ、6のゾロ目が出るとゲームを終了させる、などといった方法も考えられる（提案が決められた回数だけ拒否されたらゲームを終わらせる、とすることもできる。しかし、そうすると、コミュニケーションのとり方によってはそれが「現実の手番」としての意味をもち、ゲーム自体を変えてしまい、早くから決められた数の提案をしようとするような戦術を生むようになるかもしれない）。

ここでは単純に、ゲームはプレイヤーにあらかじめ知らされた時間に終了すると仮定する。そして、便宜上、最後の瞬間を「午前0時」と呼ぶことにしよう。午前0時のベルが鳴ったときに合意がなされていれば、プレイヤーはそのとき合意している方法で利得を分配する。合意が成立してなければ、プレイヤーは何も得られない。

つぎに、「合意」とは、何を意味しているのか。ここでは単純に、午前0時のベルが鳴ったとき、どちらのプレイヤーも自分が直前にした提案を審判にわかるように提示し、それを遵守することである、と仮定する。最終提案を他のプレイヤーがみえるように黒板に書いておくのでもよいし、ベルが鳴ったとき封筒に入れて封をして審判に渡すのでもよい。あるいは、最後の提案を審判の部屋で記録が残るようにキーボードで打ち込むのでもよい。さて、ベルが鳴ると、黒板は撮影され、封筒は渡され、キーボードはロックされる。つまり、審判は午前0時に、2つの「最後の」提案が両立可能であるかを調べるだけでよい。もしそれらが両立可能ならば、プレイヤーの利得はその「合意」に基づいて配分される。もし2人のプレイヤーが両立不可能な利得を主張していたら、合意の「不一致」が生じ、プレイヤーは何も得られない（いまここでは、2人のプレイヤーが足して100ドル以下の提案をした場合に、彼らの主張どおりに分配するか、両提案は適切でないとして何も与えないかについては、保留しておくことにしよう。なお、以下では、最終的な合意が午前0時前に成立した場合に——つまり午前0時以前に2つの提案が両立可能なものとなった場合に——その時点でゲームが終了するかどうかということは、問題にしない）。

「合意」に関しては、合意にいたる過程や提案の記録の仕方で定義するという方法もある。しかし、完全に対称的な手番構造という想定に執着するならば、筆者は、それらの過程や仕方も、ここで浮き彫りにしたいと考えているある特

補遺

徴を一般に備えているといえるのではないかと思う。その特徴とは、プレイヤーが最後の提案を決定したり変更したりするためには、最低限ある時間を要するというものである（ここでは、またしても単純化のために、提案を作る操作と提案を変更する操作は同じであり、それゆえ「最新の提案」がつねに存在すると仮定しよう）。もしそうであれば、プレイヤーには、午前0時のベルが鳴る直前にある重大な瞬間が、つまり最終提案を記録すべく操作を開始しなければならない最後の瞬間が、存在することになる。それは、その瞬間を過ぎたら午前0時のベルが鳴る前に提案を変更しようとしても手遅れになってしまうような、最後の瞬間である。ゲームのルールのもとで、そして合理性の仮定のもとで、どちらのプレイヤーもこのことを知っている。そして、対称性の仮定により、この重大な瞬間は2人のプレイヤーにとって全く同一であると考えることができる。

　このような状況から、ある重要な特徴が導かれる。それは、一方のプレイヤーにとって技術的にまた法的に出すことのできる最後の提案は、必然的に、他のプレイヤーの最後の提案がどのようなものであるかを知らずに出されるはずだ、ということである。そして、一方のプレイヤーが出すことのできる最後の提案に、ゲームのなかでは、もう一方のプレイヤーが反応することは決してできない。つぎで終わるという瞬間までは、どのような提案も「最終」提案になることはない。ただ、最後の瞬間においては、プレイヤーは、自分の提案を変えるにせよ変えないにせよ相手が何をしているのかを全く知らされないままそうするのであり、そしてそれでゲームが終了を迎えることとなるのである[5]。

　状況がこのようであることには、疑いの余地はない。もし相手の最終提案をちらりとみることができたり、逆にこちらの最終提案をちらりとみせることができたりして、どちらかがそれに対して反応するようなことがあれば、それは定義として最終提案ではないし、また双方にとってそれが最終提案でないことも明らかである[6]。

---

[5] なお、プレイヤーがそれぞれの提案を「瞬時に」変えることができると仮定しても、双方とも最後のベルが鳴ると「同じくらい瞬時に」動作を行うことができるという対称性のルールを維持する限りは、議論にはなんら影響がない。

[6] 新たな提案を出す過程で人がそれを出したりやり直したりできるというのは、機械的な手続きを仮定している。もしつぎのような状況だと、話はすこし複雑になる。すなわち、午前0時の1分半前に提案がされ始めたものの、ゲームを再開するまでに1分かかったりするなどして最後の決定的瞬間が過ぎ去り、やむをえずそれが最終提案になってしまう、というような状況である。このケースについては、以下で再び論じよう。

補遺B　ゲーム理論における対称性の放棄のために

　以上から、われわれは、手番が完全に対称的である交渉ゲームに関して、ひとつの重要な結論を導くことができる。その結論とは、つぎで終わるという決定的な瞬間において、このゲームは暗黙の（非協力）交渉ゲームに変容するということである。そして、各プレイヤーは、そのことを知っているのである。

　だとすると、このゲームを、最後のベルが鳴るまでに明確な合意に達するか、さもなければ何の利得も得ることができないゲーム、として特徴づけるのは、正確ではない。最も正確には、このゲームは、ある特定の（きちんと設定された）最後の瞬間の1つ前の瞬間――すなわち「警告のベル」が鳴る直前――までに明確な合意に達するか、さもなければ同じゲームを暗黙ゲームとしてプレイするゲーム、といえるのである。

　このことは各プレイヤーによって理解されているだろう、と仮定できる。それゆえ、プレイヤーは、明確な合意にいたるのを避けて、暗黙ゲームをプレイすることを代わりに望むかもしれない。もし（さしあたって）暗黙ゲームに明白に認められた解が存在すると仮定し、またその解が効率的だとするならば、各プレイヤーは暗黙ゲームにいたる前の段階では、純粋ミニマックス行動戦略をもつことになる。どちらのプレイヤーも、ベルが鳴るまでの間合意を控えることで、この暗黙の解を相手に強制することができる。また、いずれのプレイヤーも、言葉による交渉によって合理的な相手よりも優位に立つことはできないのである。

　このような観点から、以下のことがいえるだろう。協力ゲームの解は、対応する（予測可能で効率的な）暗黙ゲームの解と一致していなければならない、と。なぜなら、暗黙ゲームは、協力ゲームの続編として、自動的かつ不可避的におとずれるからである。

　そうだとすると、ゲームの協力的な側面は、ゲームの帰結に無関係であるかのようである。プレイヤーは11時59分まで姿をみせる必要がない。いや、実際のところ、プレイヤーは全く姿をみせなくてもよい。ゲームを始める前のコミュニケーションや拘束的な合意に達する能力は、こうしたゲームを特徴づけるものと考えられてきたが、結局、暗黙ゲームから区別されるべき協力ゲームなどというものは存在しないのである[7]。

---

[7] 1953年、ナッシュは "Two-person Cooperative Games," という論文において、最後の段階が明白な暗黙ゲームであるモデルを提示している。そのモデルと協力ゲームとの関係は経験依存的である。というのは、そこでは、対応する協力ゲームにおいて何が「合理的期待」を（そしてそれによって示される合理的結果を）構成するのかを明らかにすることが目論まれているからである。しか

補　遺

　しかし、この結論は磐石ではない。第1に、暗黙ゲームには確実に予測できるような効率的な解がないかもしれない[8]。さらに、協力ゲームにおける明示的交渉の観点からは全く無害であるかのような細かな規則が、暗黙ゲームの性質に影響を与えるかもしれない。また、プレイヤー間の、拘束力のないゲーム前のコミュニケーションも、暗黙ゲームの性質に影響を与える可能性もある。例として、つぎのような協力ゲームを考えてみよう。

　このゲームでは、あますところなく分配する合意に達したら報酬を分配できるというのではなく、たとえば、合意できたところまで、報酬を分配してもよいということにする。つまり、ベルが鳴ったときまでにすでに合意が整った部分については、報酬を分けてよいとするのである。たとえば、ここに100個の品物があり、そのうちの80個の分配についてはベルが鳴ったときにプレイヤー間で合意がなされていたとすると、残った20個はそのまま親に戻すが、80個についてはその合意の通りに分配される、とするのである[9]。

し、この小論における筆者の主張は、もし対称的な手番構造が厳格に維持されるならば、その関係は経験に依存するというよりは、むしろ機械的に決まるということである。そして、厳密な対称性を仮定する限りは、究極の研究対象としての非暗黙ゲームなるものは、定義することが難しく、あるいは定義することがおそらく不可能だ、ということなのである。

[8]　（ナッシュやハルサーニの解のように）明確に認められたゼロ点——すなわち、明白な合意がなされない場合に支配的となる明白な帰結——に左右される交渉ゲームの解は、選択肢の行列からなる協力ゲームには必ずしも適用できないということを強調しておきたい。行列は、（対角線上のセル以外の全ての利得がゼロであるような場合を除き）ルールから定義されるゼロ点をもたない。したがって、暗黙ゲームを「解く」ような（そして、ある意味では自明であるとプレイヤーたちが考えることのできるような）十分に妥当な理論がない限りは、凸領域と関連したゼロ点とで構成される「標準形」は存在しない。ルースとライファにならって（例：p.137）、プレイヤーの「安全のレベル」（マックスミニ値）をゼロ点であるとみなす人がいるかもしれない。しかし、これは恣意的であるか、または暗黙ゲームのなかでプレイヤーたちがそれ以上うまくたちまわることができないという仮説に基づいているかのいずれかである。後者の仮説、とくに（ブライスウェイトのゲームや、脚注18で後に議論するルース−ライファ行列にあるような）純粋戦略による効率的な点があるとする仮説は、経験的に反駁できる弱い仮説であり、合理的なプレイヤーがコミュニケーションなしには戦略を一致させることができないという仮定に基づいている。しかし、実際には、選好が対立しているときでさえ、プレイヤーたちはしばしば戦略を関連づけることができる（これについては脚注18で再度取り上げる）。ゼロ点が潜在的にもつあいまいさの問題は、Harvey Wagner "Rejoinder on the Bargaining Problem," *Southern Economic Journal,* 24：480-482（April 1958）のなかで、ハーヴェイ・ワグナーとジョン・ハルサーニとの論争としてとりあげられている。

[9]　お金のように分割可能な財の場合には、親が「重複部分」を取り除いたあと、プレイヤーの提案に従って分配するというルールが可能であろう。各プレイヤーは、一方がもう一方に対して明確に合意したとり分を得るようにする。ゲーム終了時に一方のプレイヤーが全体のお金の65%、もう一方が55%を要求しているとすると、後者は35%、前者は45%については、相手に与えることを合意に達していることになる。これらの値は、2人の争っている部分の外にあり、「合意」を構成している。

補遺B　ゲーム理論における対称性の放棄のために

さて、明示的交渉（協力）ゲームにおいては、もし効率的な解が存在するという結論がすでに得られているならば——すなわち、プレイヤーたちは実際あますところなく分配の合意に達するであろうという見通しをもっているならば——このようなルール変更がゲームの本質を変化させることはない、と考えられる。このルール変更が実質的に物語っているのは、以下のことにすぎない。すなわち、交渉は各プレイヤーが自らの主張のすべてを書き出す形式をとり、相手に対する譲歩は自分の主張しているリストから項目を削っていく形式をとり、そしてプレイヤー間のリスト上で争われている項目がなくなったときに完全な合意が成立したと考える、ということである。しかし、暗黙ゲームについてみれば、このルール変更によってゲームは大きく変化してしまう。暗黙ゲームにおいては、強欲なインセンティヴ構造が存在する。どちらのプレイヤーにとっても、得られるはずの報酬を下回る要求をする合理的な理由はない。どちらのプレイヤーもこのことを知っており、さらに、相手がこのことを知っているということも理解している。どちらのプレイヤーも自分の主張を減らすインセンティヴをもたないのは、お互いの主張が重なっている部分については、争いを続ける方が争いを避けて自分の提案を取り下げるよりも大きな損失となることがありえないからである。結局、暗黙ゲームにおいては、双方のプレイヤーにとっての唯一の均衡点は、ゼロ点である。このように、たいして影響しないだろうと思われるような違いによっても、新しいゲームと元のゲームとでは大きく異なっていることになる。そして、このような差異は、われわれが最後の暗黙ゲームこそ決定的なのだということを明らかにしてはじめて見出されるのである[10]。

別の例をあげよう。ここに分配されようとしている100個の品物があると仮定する。それらは価値という点では代替可能であるが、合意ではどの個別の品物がどちらのプレイヤーの手に渡るのかということについて詳細に列挙されなければならない、としよう。さて、ここでゲームのルールがあますところのな

---

[10] この分析から、副産物としてひとつの観察を得ることもできるであろう。すなわち、「本当の」協力（非暗黙）ゲームを設定するためには、合意の法的定義をひねくれたものにして、究極の暗黙ゲームを、ベルが鳴る前に拘束力ある合意に達するかさもなければすべてを失うというようなものにしなければならない、という観察である。しかし、それでもまだ問題が残る。ベルが鳴る前に合意に達するために、今度はプレイヤーたち自身が「合意」を定義しなければならない。もしそれがここでわれわれの行った定義と同様であれば、彼らはこのひねくれた協力ゲームを1分間短いだけのひねくれていないゲームに作り変えるだけにおわる。それは、もとのそれより2分間短い暗黙ゲームをすることに等しい。

補　遺

いような完全な合意に達しなければならないというものであったならば、暗黙ゲームにおいてプレイヤーたちは、品物の価値の総計を調整された方法で分配する能力のみならず、全く同一になるようにその100個の品物を2つの山に分類する能力をもちあわせていなければならないことになる。そうだとすると、たとえば一方のプレイヤーが全体の80%の価値をもつ特定の品物を要求し、それをもう一方のプレイヤーが拒否したとすると、前者は暗黙ゲームにおいて有利な立場にたつことを意味する。なぜなら、100個の品物を分けるのに残された提案としては、そのプレイヤーが満足するようなかたちで当該の80の品物を列挙する案しかありえないからである。プレイヤーたちが調整したうえで100個の品物を——等価であれ不等価であれ——全く同一に分配する他の手段をみつける可能性はきわめて低いだろうから、彼らは合意に達するために、唯一残されたこの偏った案を受け入れなければならないのである。このように、ゲーム前のコミュニケーションは、ゲームが暗黙段階に達した後で調整の仕方に影響を与えるという意味で、戦術的に重要になる。

　さて、行動の対称性の仮定に執着しながら、この最後の点の戦術的意味を考えると、われわれは以下のような状況を想起しなければならないと結論することになるのではないか。それは、各プレイヤーは、相手のプレイヤーがしゃべろうとしたらそれをさえぎって自分がしゃべろうとし、相手プレイヤーもこちらがしゃべろうとするのをさえぎって自分がしゃべろうとし、しかしどちらも自分がしゃべれば相手の声がかき消されると知っており、結局どちらも相手のいうことを聞くことができない……、という状況である。つまり、完全に対称な行動という仮定自体が、ゲーム前のコミュニケーション段階でゲーム内容を豊かにするはずの行動を、あらかじめ排除してしまうかのようである。

　ここまでくれば、われわれは手番が完全に対称的であるゲームの意義をつきつめて考えてみた、といえるであろう[11]。もちろん、ゲームを異なる仕方で終

11　前出の脚注に即して、ひとつの問題をさらに考えてみることは価値があるだろう。つぎのような状況を想像してほしい。提案を作ったり変更したりするのには1分かかり、(ただし前出の場合とは対照的に)新しい提案は一度記録が開始されたらそれが完了するまで取り下げることができないとする。こうした手続きのもとでは、ゲームの最後の1分間になされた提案はすべて、そのプレイヤーの最終提案になる。もし、この最終提案を制限時間の終了前にもう一方のプレイヤーに伝えることができなければ、そのゲームは本質的に、これまでのものと同じである。「同時に」という言葉が、実質上、持ち時間の最後の1分間を意味することになり、そのあいだであれば各プレイヤーはいつ最終提案を出しても相手にみられることがない。しかし、提案をすると、それが記録されるかたわら、1分間公開された掲示板に取り外せないように貼り付けられるとするとしたらどうか。この場合、相手プレイヤーはその1分のあいだに自分の提案を行ったり変更したりすることはできないも

補遺B　ゲーム理論における対称性の放棄のために

了することもできるし、「合意」に違う定義を与えることもできるし……という具合に、われわれはさらにこのゲームについて分析していくことも可能である。しかし、ここでは、完全に「手番のない」ゲームあるいは完全に「手番が対称な」ゲームが研究に値する有益なものであるかを問うことの方が、より価値あることだと思われる。プレイヤーのあいだに差異を設けない手番の対称的なゲームを、「特殊ケース」ではなく「一般的な」ゲームとしてみなしてよいのだろうか。あるいは、それは、協力ゲームの最も興味深い側面が消失した、特別な、限定的なケースでしかないのであろうか。

ここで強調すべきなのは、対称的である（symmetry）という仮定の代わりに置くべきなのは、非対称（asymmetry）ではなく、無対称（nonsymmetry）という仮定だ、ということである。つまり、対称的である場合も非対称的である場合も、どちらも自明の結論としてではなく、考慮できる可能性として扱うことなのである。

例をあげて説明する。道路に100ドルが置いてあり、最初にそこにたどり着いたプレイヤーがそれを手に入れるというゲームを想像してみよう。このゲームの分析は難しくない。事故や偶然の要素を除き、早い者勝ちということである。そこで、われわれは、合理的行動（走ること）と結果（最速到達者がお金を手にすること）を予想できる。引き分けも時おり起こるだろうが、それは競争

のの、掲示板上の相手の提案を数秒間みることができる（記録された相手の提案をみないわけにはいかないものとする）。すると、２人の提案が最後の１分のどこかの時点で全く同時になされたのでない限り、後手となるプレイヤーは、先手となったプレイヤーの提案をすべて知ったうえで自分の最終提案を出すことになるが、後手プレイヤーにすれば相手の提案を受け入れなければ何も得ることがなくなるので、いかなる内容であっても、相手の提案を受け入れなければならないことになる。このように、もし後手が待っているということを先手が知っている状況であれば、「あとから動くもの」は敗けることになる。とすると、ゲームはつぎのようなものとなる。プレイヤーたちは23時間58分まで時間を浪費した後１分間のゲームをするとし、各プレイヤーはその１分内であればいつでも、ただし１度に限って、提案を出すことが認められている、というゲームである。結果的に、このゲームではつぎの３つの戦略がプレイヤーにある。(1)相手が待つと仮定し、99％を要求するという戦略、(2)相手も自分と同時に提案を出すと仮定し、最後の暗黙ゲームの内容に沿った提案をするという戦略、そして(3)待つという戦略である。もし双方が待つのであれば、ゲームはそのまま続行される。もし待つという戦略の回数が有限であれば、１度待って99％を要求する戦略、１度待って暗黙解に沿った要求をする戦略、２度待って99％を要求する戦略、２度待って暗黙解に沿った要求をする戦略……があることになる。このゲーム（１分間のゲームを行うためのすべての戦略から成る「暗黙のスーパーゲーム」）こそ、本当のゲームである。そのことが受け入れられるならば、このゲームには、暗黙ゲームの解と同じ要求で終わるすべての戦略（すべての長さの待ち）から成る「厳密な解」が存在することになる（暗黙の２人ゲームにおける厳密な解の定義については、補遺Cをみよ）。

の最後の段階で起こるのであって、最初の段階から自明と考えられるわけではない。引き分けの場合に適用される副次的ルールは必要であるが、それがゲームや分析を支配する必要はない。

では、この同じゲームを、ある集団のなかで行うとしよう。ただし、この集団のすべての人は同じ速さで走ることができ、そのことを全員が知っているとする。すると、何が起こるだろうか。すべての競争は引き分けに終わる、というのが答えである。この場合は、副次的ルールこそが重要となる。しかし、引き分けという結論がすでに自明であるのに、なぜ彼らはわざわざ走るのだろうか。

完全な対称性を持つ協力ゲームは、この徒競走ゲームと少し似ている。協力ゲームでの交渉は、徒競走ゲームにおいて走ることと同じに、無意味である。対戦者にも対称的な動きや戦術が与えられていることによって、自分の動きや戦術はすべて中和されてしまうということを、プレイヤーたちは皆あらかじめ理解している。ゲームの定義として双方のプレイヤーに完全な対称性が課されているならば、われわれが交渉ゲームを面白くするためにどのような要素を付け加えようとも、それらは意味をもたないことになるのである。

対称性の仮定を捨てるとすれば、ゲームの内容をより豊かにするために何を付け加えるべきだろうか。現実のゲーム的状況においては、両方のプレイヤーに必ずしも平等に与えられているわけではないさまざまな「手番」がある。コミットメント、脅し、約束はもとより、コミュニケーション・システムへの妨害や約束・コミットメント・脅しに基づく罰則の実施といったこと、さらには、真の情報を伝達したり自分についての情報を開示したりすること、とくにコミュニケーションが不十分な場合において文脈的詳細を挿入することで期待に制約を加えていくこと、などが含まれる。これらについては、第2〜5章で詳しく議論した。

協力ゲームで以前にも用いられた、プレイヤーがいったん通り抜けると戻ることのできない回転ドアの例を考えよう。ベルが鳴るまでに、プレイヤーが回転ドアを通り抜けて部屋を出るときになされる提案は、帳簿に書き残されるとする。さて、ここには、プレイヤーが「最終」提案を出すことのできる「コミットメント」という手段がある。自分の都合に合う提案を記録し、それをもう一方のプレイヤーに知らせて部屋を出て行けば、だれもがこの勝利戦術をもてる。もちろん、それは、どのプレイヤーにも勝利をもたらす可能性がある。するとこのゲームは徒競走のようなものと化し、単に回転ドアの一番近くにいる

プレイヤーが勝つことを意味することになる。このように、戦術を分析し、その制度的・物理的な設定を分析することによって、それを最初に利用できるのがだれかをみきわめることができる。

しかし、ここで強調すべきなのは、回転ドアに向かって競争することになったからといって、戦略のゲームが技術のゲームに転換したわけでないことである。あるプレイヤーに勝利がもたらされるのは、たしかに回転ドアに最初に達したときであるが、それは相手プレイヤーの戦略を阻むことで、相手の協力を得るときに限られるという事実は変わらない。彼は法的に勝つのでもなければ、物理的に回転ドアを通り抜けることで勝つのでもない。彼は戦略的に勝つのである。つまり、彼は、自分に有利になるような戦略を相手のプレイヤーに選ばせることで勝つのである。戦術をどう使用するかは技術や場所に依存するかもしれないが、それはあくまで戦略のゲームにおける戦術なのである。

われわれは、ある種の対称性を、その仮定を損なうことなく、ここに入れることもできる。たとえば、だれが最も回転ドアに近い位置にいるかを決めるために、ゲームが始まる前にコイントスを行う。あるいは、同じだけのスピードをもったプレイヤーたちを同じような位置に配置するものの、だれが回転ドアに一番に着くかはランダムに決める。こうすると、ゲームは無差別なままであるが、その帰結は非対称的となる。なぜなら、各プレイヤーは、自分に有利な提案をもって回転ドアに向かって走るインセンティヴをもっているからである[12]。

つぎに、「引き分け」になるリスクを考慮するために、2つの回転ドアがありプレイヤーたちが同時にそれらを通過するかもしれないとする。この場合、興味深い可能性として「対称性」が生まれる。ただ、それは自明の結論というわけではない。もし、プレイヤーの行動や情報構造が実際に引き分けを導きそうであれば、たしかに手詰まりや、あるいは手詰まりの予感が興味深い可能性として生じる。しかし、あくまで無対称がわれわれの哲学なのであって、引き分けの可能性にとり憑かれる必要はないのである。

さて、繰り返すが、もし一方のプレイヤーが提案をし、その後でコミュニケーションを絶つと、それはあとに続く暗黙ゲームにおいて勝利を収める戦術で

---

[12] たしかに、このゲームの期待値はプレイヤーたちのあいだで対称的に分配されており、したがって分析者はこのゲームを結果の平均値からみて対称的であるとみなせる、ということもできるかもしれない。しかし、そのように主張することは、ゲームとそのゲームが行われる方法について最低限の洞察を加えていることにしかならない。

ある。なぜなら、そのようにしてなされた提案は、最後の暗黙ゲームの段階でプレイヤーたちがどうしても調整する必要にかられるときに、唯一残された提案になるからである。もちろん、コミュニケーションを破壊する能力がどちらのプレイヤーにとっても全く同一で、しかも情報を伝えることなくコミュニケーションを同時に破壊する可能性を双方のプレイヤーが認識している場合に何が起きるだろうかを考察することも、できないわけではない。しかし、いかに興味深くても、そのケースは特殊であり、一般的なケースであるようにはみえない。

　要約すると、全く「手番のない」、あるいは完全に「手番の対称的な」協力ゲームは、有益で一般的なケースではなく、通常の暗黙ゲームに変質していくかもしれない限定的なケースであるといえる。「手番」が認められている協力ゲームは、内容が豊かであり重要である。しかし、ゲームの定義として、プレイヤーたちに完全なる対称性が刷り込まれているならば、こうした手番の重要性のほとんどは消え失せてしまう。つまり、興味深いのは手番なのであって、手番なきゲームは興味深くはない。そして、それをさらに興味深くするのは、それぞれの手番が潜在的に対称的でないということなのである。

　対称性は、広くゲームの手番構造に課されるだけでなく、ゲームの解や、そうした解と整合的な合理的行動に関してのありうべき特徴としても提示されることがある。2人協力ゲームについてのナッシュの理論は明示的に対称性を仮定しているし、ハルサーニの理論もそうである。対称性の仮定はたしかに便利であり——そう望めば——数学という領域内でゲームの「解」をみつけることを可能にしてしまう。ゲームを解くうえで対称性と同じくらい有力な概念はほとんどないとさえいえる。しかし、対称性の仮定は、単にそれが結果をうまく導くからというだけで正当化されてきたのではない。それは、対称性を否定すると、2人のプレイヤーの合理性も否定されてしまうことになるとして、正当化されてきたのである。この前提こそ、ここで批判したいと思っているものである。

　筆者の議論は、対称性がプレイヤーの合理性と整合的だとしても、非対称性が合理性と整合的でないと示すことはできない、というものである。もちろん、合理性の定義のなかに対称性を含めてしまうのでは、問題に答えることにならない。そして、そのあとで、対称的な解を擁護するための、筆者なりの議論を展開したい。つまり、根拠のないまま対称性が傑出していると主張するのでな

く、結果に影響を与えうる数ある潜在的要因のひとつとして対称性をとらえる議論を展開したいのである。

対称性と合理性とのあいだの関係について明確に言明しているのは、ジョン・ハルサーニである。彼は、つぎのようにいう。「交渉問題では、2組の交渉当事者に関して完全に対称的であるという特別な場合には、明らかで決定的な解が存在する。この場合、相手に自分よりも多くが与えられることがないようにするため、両者は純益を平等に分けあうだろうと考えるのが当然である」[13]。また、後の論文で、彼は対称性公理を「根本的な前提」と言及し、つぎのように述べている。「この公理のもとになっている前提とは、直感的にいえば、合理的な交渉者は、相手が合理的なら、自分が同じような状況に置かれた場合よりも大きな譲歩に同意すると期待できない、ということである」[14]。

この直観的な公式化には、2つの前提が含まれている。第1には、交渉者は、自分自身が相手の立場におかれたときに自分が得ると期待できる分以上の譲歩はしないということ、そして第2には、もし彼が相手の立場にたって、彼がどれだけ譲歩するかを予想するとき、その根拠となるのは対称性の認識だけだということ、である。

他の合理的なプレイヤーとの関係のなかで、ある合理的なプレイヤーが何を「期待する」かに関しては、直観的に公式化するにせよ、あるいはより慎重に心理学的に公式化するにせよ、科学的記述としてひとつの問題を提起する。それは、合理的であれば、彼らのもちうる唯一の「合理的な」期待は、結果に関しての完全に共有された期待だということである。おそらく、心理学的現象の記述としては、相手が何かを譲歩することを期待するとか、相手が何かを受諾

---

[13] Harsanyi, p. 147. 彼はつぎのように続ける。「たとえば、費用関数、規模、市場の状況、資本の源泉、特性などにおいて同じ2大寡占企業は、それぞれ同等の利得を配分することで合意すると、だれもが予想するだろう」。

[14] 全文を引用するに値しよう。「ツォイテン－ナッシュの交渉理論が行おうとしているのは、2人の合理的な交渉者が、効用関数を相互に知っているときに、お互いの交渉戦略を整合的に詮索できる期待はいかほどであるかを特定化することである。この理論の基礎的な仮定となっているのは対称性の公理であり、それは、データに対する2人の最適戦略を定義する関数（もしくは、同じことだが、2人の最終的な利得を定義する関数）が、それぞれに関係する変数が取り替え可能な場合を除いては、全く同じ数式で表されるということを意味する。この公理のもとになっている前提とは、直感的にいえば、合理的な交渉者は、相手が合理的なら、自分が同じような状況に置かれた場合よりも大きな譲歩に同意すると期待できない、ということである」(Harsanyi, "Bargaining in Ignorance of the Opponent's Utility Function," Cowles Foundation Discussion Paper No. 46, December 11, 1957. 著者の許可を得て引用した）。

補　遺

することを期待するというのは、正確な言い方ではない。相手が譲歩や受諾する用意があるとすれば、それは、その相手がこちらに対して期待している譲歩や受諾を表現しているのであり、そしてそれはこちらがその相手がこちらに対して期待している譲歩や受諾を期待していることを表現しているのであり、さらにそれは相手がこちらがその相手がこちらに対して期待している……、ということなのである。この「……（無限に続く）」という表現を避けるため、われわれは、結果についての期待を双方が共有しているといわなければならないことになる。つまり、一方のプレイヤーにとっての「期待」とは、どちらのプレイヤーも同一の結果をその状況下で提示されている結果として、すなわちほとんど不可避の結果として特定するだろうという信念のことである。実際のところ、双方のプレイヤーは共通の権威――認識というプレイヤーの知的能力を通してその解を決定してしまうような、ゲームのもつパワー――を受け入れている。プレイヤーたちが期待するのは、双方が同じ解を認識するだろう、ということなのである[15]。

　これらの用語を用いて、ハルサーニ仮説の第1の（明示的な）部分は、つぎのように言い換えられる。すなわち、（効用について完全情報のある）交渉状況では、いかなる場合にも、どちらかの合理的なプレイヤーがそれこそが提示さ

---

[15]　このようにみると、完全なコミュニケーションのある交渉ゲームにおいて「合理的期待」に達する知的プロセスは、暗黙ゲームにおいて調整された選択に達する知的プロセスとほとんど同一である。異なる暗示的詳細ゆえにゲームの文脈が異なり、実際の解は異なるものになるかもしれないが、どちらも、暗黙の承認によって到達する合意に依存しているので、2つの解はほとんど同じであると思われる。なぜかといえば、完全コミュニケーションゲームにおいて到達される明示的合意とは、交渉が始まる前に2人のプレイヤーによって個別にそれぞれ到達される（あるいは理論的には到達できるはずの）事前的期待と一致しているからである。提示されている結果を、どちらもお互いに相手が期待するであろう結果としてあらかじめ受け入れる場合においてのみ両者が自らの合理的期待に自信を持てるという点で、暗黙の合意と似ているのである。
　この点については、留保をつける必要がある。お互いの価値体系と分配される均質な利益について完全な情報があれば、2人のプレイヤーが同じ価値を得られるような解が無数に存在しても、この公平な組み合わせのなかから恣意的に選んで合意にいたるのは難しくはないであろう。しかし、暗黙の交渉において利益を等しく分配するためには、もう一歩先の調整、すなわちそのような公平な利益分配のなかにおいてもさらに調整された選択がしばしば求められる。均質の領域のどこに境界線を引くかについての交渉は、（本書 p. 66の問題6で示したような）自らの領土的主張を反映すべく部隊を同時に派遣して地点を確保することとは異なる。たとえ主張された領土の価値が矛盾してなくとも、こうした主張はぶつかりあい、トラブルの原因となることもある。このように、調整問題はちがうのである。そして、完全に明示的なゲームの解の組み合わせのなかに、暗黙ゲーム（またはコミュニケーションや情報などに何らかの不完全なところがあるゲーム）の解が含まれるという自明な保証はないのである。

れている「解」だと認識することを、もう一方の合理的なプレイヤーも認識できるような、ある特定の結果が存在する、と。仮説の第2の（暗黙の）部分は、ある特定の結果がそうと認められかどうかは、数学的対称性によって決定される、というものである。前者は「合理的解」の仮定、後者は「対称性」の仮定、と呼ぶことができるであろう。

　ここで生じる疑問は、はたして対称性仮定とは、プレイヤーの合理性——彼らの期待の合理性——から導き出される仮定なのか、それとも他に根拠があるのか、ということである。もし他に根拠があるのなら、それはどういう根拠で、どれくらい確固としたものなのだろうか。

　最初の疑問、すなわち対称性はプレイヤーの期待の合理性から導き出されるのかどうかということを追究するために、2人のプレイヤーの合理性を1つにまとめて、予想される非対称的な結果が合理性仮定と矛盾するかどうかを検討してみることができる。もし2人のプレイヤーが、特定の結果の期待を共有していると信じ、また実際そう共有しているにもかかわらず、その結果が数学的な意味で対称的でない場合、われわれは、その期待が非合理的であることを示し、合理性仮定の矛盾を証明することができるだろうか。具体的に、つぎの状況を想定しよう。2人のプレイヤーが完全な合意に達したら、100ドルを分配して手に入れることができるとする。ここで、彼らのあいだでは、Aが80ドル、Bが20ドルを手にいれることで合意したとする。そして、この状況において金額が効用を表すことをわれわれは知っているし、プレイヤーたちも同様に知っているとする。さて、われわれは、このプレイヤーたちが非合理的だと証明できるだろうか。

　われわれは、対称性を合理性の定義に含めないように、注意しなければならない。さもないと、理論の経験的妥当性を検証する機会を失い、対称性が独立した原理となってしまうからである。とすれば、われわれはまず対称性に言及せずに合理性について妥当な定義をし、その上で交渉の期待における非対称性とその定義とが矛盾することを示さなければならない。ここでは、当面の目的のために、2人のプレイヤーが合意のうえでそれぞれ80ドルと20ドルを得たと想定し、対称的な数字を選ばなかったことに関して、どのような知的誤り、間違った期待、自己利益の混乱が、いずれかまたは双方のプレイヤーにあったかを明らかにできるか、考えてみる。

　具体的に、Aに80ドルを譲ってしまったBのどこに「失敗」があったのだろうか。Bはわれわれに告白するかもしれない、自分はAが80ドルを「要求」す

ると期待したのだ、と——なお、われわれ観察者は、誠実に答えていることを確認する手段をもっていると仮定しよう（効用に関する完全情報がすでに与えられているのであるから、これは何と控えめな仮定であることか！）。Bは、Aが80ドルを得るつもりでいる、と期待した。Bは、AがBが80ドルを譲り20ドルで満足するつもりであると期待していること、を知っていた。そして、Bは、このことを自分が知っているということをAが知っている、と知っており、そして……。一方、80ドルを得ると期待したAが、Bがそうした心づもりでいることを知っていたのは、BがそのつもりであるとAが確信しているということをBが知っていたからであり、そしてそのことをAが知っていたからであり、そしてそのことを……からである。つまり——彼らはわれわれに告白するであろう——Aが80ドル、Bが20ドルという結果になるのが避けられないということを、彼ら2人は知っていて、2人ともそれを知っているということも互いに知っていたからである、と。2人の期待は、個々のなかで内的に矛盾がなく、また相手の期待とも矛盾していなかった。彼らがどのようにしてそうした期待に達したのかは、不可解かもしれない。しかし、これは、軽蔑されるのと同時に賞賛に値する偉業である。なぜなら、ここでは、「合理的解」の仮定が成立することが、見事に確かめられているからである。このゲームは、2人のプレイヤーが確信をもって認識した結果をきちんと導いている。ということは、もしわれわれ自身がその同じ結果を認識できなかったとするならば、以下の4つの仮説のうち1つが間違っていると結論できる。すなわち、(1)合理的解の仮定、(2)AおよびBの合理性、(3)われわれ自身の合理性、(4)われわれ自身が内省的に行っているゲームと、AとBとのあいだで行われているゲームとの（すべての重要な面における）同一性、のどれかである。しかし、われわれは、与えられた証拠から、2番目の仮説——AとBの合理性——を間違いだと宣言することはできない。

　もしBが50ドルを要求していた、あるいはAが50ドルを要求することで満足していたとしよう。そうであったならば、彼らは自分たちが合理的であると主張したであろうし、結果に関して共有された期待に自信をもつことができたであろう。しかし、もしそうだとすると双方のプレイヤーは、どこかで「誤って」いたことになる。そして、証拠のうえからは、どちらのプレイヤーが非合理的だったか、あるいは両方とも非合理的だったのかということに、判断を下すことはできない。対称性を合理性の定義に含めない限りにおいては、われわれが結論としていえるのは、どちらかのプレイヤーが非合理的だったというこ

と、もしくは合理的解の仮定は妥当ではないということである。われわれにはせいぜい、2人のプレイヤーがともに非合理的であるというための必要条件しかない。われわれにはその十分条件がなく、またどちらか1人のプレイヤーだけに適用できるような必要条件もないのである。

またわれわれは、どのようにして期待に達したのかを彼らに尋ねても、彼らがどこで誤ったのかに関する証言を引き出すことはできない。相手が採用するだろうと相互に自信をもって予想する根拠であれば、彼らはどれも合理的に避けることができないはずなので、矛盾のない根拠であれば彼らにとって何でもよかったのである。彼らに必要とされているのは、矛盾のない釈明だけである。たとえば、彼らが黒板にA 80ドル、B 20ドルと書かれていたと証言したり、掲示板でA'、B'という別のプレイヤーが80ドルと20ドルで分配したということをみて、それが期待すべきことを明らかに指し示している——つまり、これが唯一「期待可能な」結果だ——と確信したと証言したら、われわれには彼らの誤りを見定めたり、彼らを非合理的だと証明することができない。彼らは非合理的かもしれないが、それは立証されないのである。

もっとも、この主張を否定する根拠は存在する。筆者は実際に2人のプレイヤーに対して合理性に関する独立したテストを行ったわけではない。ゲームを実際にプレイさせて80:20に分配されるのを観察したわけではなく、ただもしそれが起こったら非合理性が判明するかもしれないという可能性を提示しただけなので、そんなことは起こりえないと反論する人がいるかもしれない。この議論は、以下で示すような調整問題に関わっている。

もし2人のプレイヤーがともに、事前に同じ結果を期待し、それを共通の期待であると確信するならば、彼らはある特定の点を共通に選ぶ力をもっていなければならない。100ドルすべてを1セントまで分割できるとするならば、9,999通りの分配方法が考えられるが、彼らは、同時に、ただし別々に、そのうちの1つを期待した結果として選択できなければならないのである。しかし、2人は9,999通りものなかから、どうやって1つの分け方を調整して選ぶことができるのだろうか。つまり、どのようにして彼らの期待は、9,999対1という不利な確率のなかで、収束していくのだろうか。その答えは、彼らは、その場で使用できる何らかの仕掛けや手がかり、調整のための手段を利用するに違いない、というものである。意識的にせよ無意識のうちにせよ、彼らは唯一の帰結を導くために、必ず何らかの選択の手続きを用いるはずである。そして、彼らが選ぶ点には、それを考えられるすべての選択肢と——彼らにとっては無

補　遺

意識であるにしても、すくなくともわれわれの意識的な分析によれば——区別できるような何かが備わっているに違いないのである。

では、2人の合理的なプレイヤーが、全くの偶然や魔法を使う以外の方法で、同じ特定の結果に注意を集中させることは可能であろうか。また、相互に期待された認識に基づいて、相手も同じ結果に注目しているということをそれぞれ「合理的に」確信することは可能であろうか。こうしたことが可能であるなら、どうすればよいのだろうか。

第3章で示したように、それは可能である、というのが答えである。彼らは、手がかりや暗示といったもの、あるいは明確な選択や高い確率で選択を調整するような排除のルールなど、手に入れることのできるいかなる手段をも用いることができる。そして、これらのルール、手がかり、暗示のうちのひとつが、数学的な対称性なのである[16]。

細部の全くない純粋に数学的構造だけのゲームにおいては、いかなる偶発的な文脈的要素も、一方のプレイヤーにとって、相手もそれを認識するであろう何かとして認識することがない。ゆえに、そこでは、数の連続性以外のものは意味がないといえる。ところで、連続する数は、それらをすべて、対称的な分割にも非対称的な分割にも対応するようにいかようにも分類できる。そして、もしひとつを除いて他のすべての数が非対称的な分割を表す数であるとするならば、純粋な数学的対称性は共通の選択に収束するための十分にして最も有効なルールである。そして、そのようにプレイヤーの特徴やゲームの詳細をいっさい省いた簡潔な方法で、不純物が混じりこまない限り協調を導くような根拠が他には全く見当たらないように、ゲームを設定することは可能であるかもしれない[17]。

すなわち、数学的対称性とは、それが——効用に関する完全情報などゲーム

---

[16] このゲームにおける合理的なプレイヤーにとっての基本的な知的前提、もしくは作業仮説は、成功が偶然を上回るためには何らかのルールを用いなければならず、根拠が何であるにせよ、発見された最良のルールが結果として合理的なルールになる、という前提であるように思われる。この前提は、たとえば、「障害のある（unsmoothed）」暗黙ゲームを、障害部分をゼロに近づけた「障害のない（smoothed）」ゲームの極限であるとみなすナッシュのモデルを支持する。スムーズ化されていないゲームをこのようにとらえることは、論理的には決して必然ではない。しかし、1点に収束することについてのより優れた根拠が欠如しているなかで、共通の選択を必要としているプレイヤーたちに注意を促す、きわめて示唆に富む見方である。スムーズ化されていないゲームからスムーズ化されたゲームへの制限過程は、前者に実際に存在する膨大な均衡点のなかから1つを選び出す手がかりを与える。もちろん、この前提は、無限に存在する選択肢のなかから1つの候補を選び出す、他のいかなる手続きをも同じように支持する。

の特徴に関する他の仮定の下ではあるが——期待を調整するひとつの手段を供給していることで、2人の合理的なプレイヤーの期待を収束させるのである。それが強力な手段であるかどうかは、他にどのような代替手段があるかによる。

こうした代替手段のなかに、対称性の概念よりもはるかに重要なものも含まれることは、すでに第3章の実験で十分に示したと思う。つまり、数学的対称性が調整された期待の焦点となるようなゲームを設定することも可能であるし、ゲームの他の何らかの側面が期待の焦点となるようなゲームを設定することも可能なのである（これらの他の側面は、一般に、ゲームの数学的構造に含まれるのではなく、「時事的内容」の一部になっている。すなわち、第4章で言及したルースとライファによる用語を用いれば、それらは通常プレイヤーや戦略の「ラベルづけ」に関わる）。

数学的対称性がどんな力によって、またどのくらいの割合のゲームにおいて「合理的期待」を支配するようになるのかを論じる根拠を、筆者は持ち合わせているわけではない。しかし、期待を収束させる機能のうえでは代替的なライバルが存在するのだということを認めると、対称性仮定の位置づけは質的に変化するのではないかと思う。もし合理的プレイヤーたちの期待が利得関数の数学的性質のみによって一致したものになるのであれば、対称性は他の追随を許さない位置にあるといえるかもしれない。とくに、いくつかの面白い原理を満たすような対称性の定義が見出された場合は、そうであろう。ところが、もし他の何らかのもの——必ずしも利得関数の数学的構造に含まれないもの——が対称性と同じような機能を果たすと認めざるをえない場合には、対称性がその機能の99％を果たすのかそれとも1％しか果たさないのかを事前に見きわめるための根拠は存在しない。対称性の魅力はもはや数学的なものではなく、内省

---

17 この見方で考えると、（最大効用生産解を導く）ナッシュの理論は、数学の領域においてさえあまりに多種の一意性や対称性が存在し選択のために明確なルールを定めることができず、それゆえ明確に選択するのに十分に信頼できる基準（公理）が必要とされているという事実に対する返答であるともいえる。ブレイスウェイトの理論も同様に特徴づけられる。2つの解が対立するという事実は、数学者たちがハルサーニの第一仮定を満たすために、すなわち解を同じ結果へと調整するために、十分な数学的美学を共有していないことを含意している（R. B. Braithwaite, *Theory of Games as a Tool for the Moral Philosopher* [Cambridge, England, 1955]; ブレイスウェイトの解については以下を参照のこと。Luce and Raiffa, *Games and Decisions*, pp. 145ff.）ブレイスウェイトの1人調停問題のような問題の設定や、ルースとライファによる戦略ではなく調停としてのナッシュの理論の再定式化（pp. 121-154）は、知的調整がこの理論の核心であるかのようである。法的な解は、一意の結果を導くための何らかの正当化を必要とする。選択肢が空白の場合は、純粋なこじつけも役に立つ。

補　遺

的なものとなる。その先の議論は、ゲーム理論家がプ・レ・イ・ヤ・ー・としての立場に置かれたときに自分にとって魅力的な収束手段が何であるのかに限定されるべきであり、さもなければその議論は経験的観察の問題として扱われるべきなのである。

　このように、知的調整に依存するゲームの規範理論、戦略理論には、内在的に経験的な要素が含まれている。そして、それは人々がいかにして期待を調整するかに関わる。つまり、それは能力とゲームの文脈に左右されるのである。ある合理的プレイヤーが、事前に相手とある期待を共有する根拠をみつけなければならないならば、彼はそのゲームに固有の文脈のなかで、2人のプレイヤーがどのようにして暗黙に選択肢の協調に達するのかという経験的な問題に取り組まなければならない。対称性と合理性とを同一視する見方には、合理的プレイヤーが数学的対称性以外の根拠によっては選択の調整ができない知的プロセスがあるという前提、そして彼らはそのことを知っているという前提がある。これらの理論によると合理的プレイヤーにはできないとされることを、彼らが実際にはできるのかどうか、またそうした理論が示唆する戦略的原理を彼らが無視すべきであるかは、経験的な問題である[18]。

[18] 表面上対称的な暗黙ゲームの対称的な解を求めるにあたって、ルースとライファが最も見込みのある2つの候補を却下していることは興味深い。彼らは以下のような利得行列を考えた（*Games and Decisions*, pp. 90-94）。

	I		II	
i		1		−1
	2		−1	
ii		−1		2
	−1		1	

ここで彼らは、左上と右下のセルが純粋戦略の均衡であるという。しかし、これらはつぎのような理由から除外されることになる。「私が i または ii のいずれかにどんな合理性を付与しようとも、状況の対称性からして、もう一方のプレイヤーにも同様の合理性が認められなければならないことになる。ということは、ともに敗れることが不可避のようである」（ここでは、彼らの名前の代わりに i、ii を用いている）。つぎに彼らはマックスミニ戦略を検討するが、それには均衡点がないことがわかる。そして、ミニマックス戦略は、さらにふさわしくないことがわかる。しかしここで重要な問題は、ともに合理的で想像力に富むプレイヤーたちが果たしてルースやライファのいうほど無能な存在なのか、である。プレイヤーたちは、コミュニケーションをとらないで戦略を相関させることができるのだろうか。これは経験的な問題である。第3章の実験はこの問いに肯定的であり、すくなくともいくつかの特定の場合においては答えがイエスであることを示している。一見、対称的ではない戦略の組み合わせへと彼らが調整していくことは難しいと思われるかもしれない。しかし、

補遺B　ゲーム理論における対称性の放棄のために

　実験で確認できる内省的ゲームによって、この点を例証しよう。あるゲームにおいて、すべての点が直交座標の第1象限にあるか、もしくはその境界に含まれるような利得行列を想像してほしい。ここでは——対称性仮定に強い魅力を感じるかどうかは別にして、またナッシュ解の特殊な対称性にとくに魅力を感じるかどうかは別にして——明示的交渉ゲームの合理的帰結として「ナッシュ均衡点」を受け入れる心理的フレームに立つものとする[19]。さて、それではこのゲームの変形をいくつか考えよう。

　まず、暗黙の状態でこのゲームをプレイしてみる。われわれはそれぞれ、自身の軸に沿って価値を見出し、その結果得られる点が境界内か境界上にあるならば、選んだ座標の表す総量（効用）を得る。ここで採用すると宣言した心理的フレーム——すなわち明示交渉ゲームにおいてはナッシュ均衡点が魅力あるものであるという立場——に基づいて、私はナッシュ均衡点を選ぶべきだと推測するであろう。なぜそうしたかその厳密な理由を問わずに、ゲームの別の変形に進もう。この変形もまた暗黙ゲームであるが、今度は選んだ座標がちょう

最も難しい部分の大半は、彼らがそうしなければならないという認識にいたるところまでである。そのような認識さえあれば、どのようにやるのかは実践上の問題にすぎなくなる。彼らはともに暗黙のうちに、選択を調整するための手がかりをみつけなければならない。もちろん、上の行列の非対称的な解は差別的であり、純粋な事故か偶然であるかのような理由によって、一方のプレイヤーの利得が他方よりも少なくなるような任意の決定となる。しかし、われわれは、もし手がかりがそう示唆するのであれば、合理的プレイヤーは少ない分け前を受け入れるよう自分に対して規律付けできると仮定しなければならない。ここでは、差別的な手がかりだけが選択の調整を指し示しているのであり、その差別を否定するということは、ともに手がかりをみつけられるという前提、またその手がかりに則して他のどんな対称的な結果よりもともにはるかに優れた利益をもたらす結果へと実際に行動に移すという前提を否定することを意味する。ルースとライファは、このゲームについての議論をつぎのように締めくくっている。「このゲームの対称性は一見何の変哲もないが、それをどのように利用するのかを理解するのは難しい」。しかし、この一見何の変哲もないゲームの本当のカギとなるのは、ある文脈のなかで提示されたときには、このゲームには非対称性があるということなのであって、目的はそれらを利用することなのである。pp. 298ff も参照せよ。

[19] J.F. ナッシュが提示した、プレイヤーたちが自分と相手の効用のシステムについて（主観的評価として）完全知識をもつ交渉ゲームの解は、2人のプレイヤーの効用の積を最大化するような結果である。考えうるあらゆる結果が、そこから得られる2人のプレイヤーの効用を表す直交座標のグラフ上に示されるとすると、その解は第1象限の一意の点となる（この点が一意であるのは、もし2つの点が存在するとしたら、それらの点は、2つの結果にさまざまな確率を掛け合わせて得られる有効な代替案を示す直線としてひとつに結ぶことができてしまい、その直線上の点における2人のプレイヤーの効用はより高いものになってしまうからである。言い換えれば、その領域は混合確率の可能性から凸状と推定され、ひとつの凸状の領域には効用の積を最大にする点、つまり「ナッシュ均衡点」がひとつだけ存在するのである）。

補遺

ど境界上にない限りは何も得られないという点が異なる。得られる利得を余すことのないようにしなければ、何も得られないのである。この場合、用心は何ももたらさない。各プレイヤーは、相手が自身に期待するとおりに正確に選ばなければならない。この場合も、やはり私は、われわれの心理的立場からして、ナッシュ均衡点をとるべきだと提案するであろう。

最後に、さらに別の変形を考えよう。われわれはそれまでプレイしたゲームの図をみせられ、お互いがいまから勝ち負けをともにする完全なパートナーになるのだと告げられる。ゲームが交渉ゲームを模しているという事実を意識しつつ、われわれはコミュニケーションをとることなしに、境界上に存在する座標点を選ばなくてはならない。もしうまくできれば、われわれはともに利得を

> この特別な「解」の決定的な特徴は、それが2人のプレイヤーのあいだの効用尺度の変換率から独立しているという点にある。それは、言い換えれば、われわれがそれぞれの効用に一定の重み付けを付与したとしても変化しないということである。そしてこの解は、他にもいくつかの条件を満たしている。とくに、2人のプレイヤーの効用尺度に関連して対称的な領域を生むいかなる重み付け(あるいはいかなる交換レート)に対しても、右上の中点が解であるという条件も満たしている。つまり、2人のプレイヤーのあいだで対称的で最良の点が、解なのである(それは規定の条件をすべて満たす唯一の解である。ナッシュが示したのは、彼の設けた条件を満たすいかなる解も、2人のプレイヤーの効用の積の最大化をともなう結果を導くということであった)。われわれはここで、対称性の要件を解の一般的な特徴であるとみなし、それ以外の条件(公理)を、対称性の大まかな定義を一意の解の存在が保証されている点まで洗練することに資するもの、と理解することができるだろう。ナッシュ、ハルサーニ、およびルースとライファの前掲書 (p. 267) を参照。さらには、批判も含みつつ、ナッシュ理論の素晴らしい解説となっている Robert Bishop, "The Nash Solution of Bilateral Monopoly and Duopoly"(近刊)も見よ。「ナッシュ均衡点」の調停理論への応用については、Layman E. Allen, "Games Bargaining : A Proposed Application of the Theory of Games to Collective Bargaining," *Yale Law Journal*, 65 : 660 (April, 1956) を見よ。
>
> ところで、ナッシュの理論は、2人のプレイヤーの効用を比較する手段を必要としない——個人間の効用比較とは無関係に、それらなしで行うことができる——理論であるだけではない、ということは強調に値する。むしろ、基本的原理として効用変換率の恣意性を利用するため、ナッシュの理論は本来同じ基準では比較できない効用に依存するのでなければならない。もし2人のプレイヤーの効用尺度が多少の困難はあるにしても原則として比較できるものであるならば、ナッシュの理論は困難な比較を克服する手段として魅力的であるとは思えない。原則として、効用が比較可能であれば、解を求める上で比較不可能性の原理に依存する理論には価値がほとんど見出せない。そして、ゲーム理論や経済理論の今日の概念的基礎が個人間の効用比較と相いれないのに対し、調停という概念はそうではない。経済理論では、効用理論を選択理論と対応させるのに効用という概念が便利であるとされ、経済選択の理論の副産物として「厚生経済学」を得た。しかし、調停の原理を導く目的でこの対応を関係をなくして考えると、何らかの心理学的もしくは生理学的な方法を用いて「効用」を測定しようとするようになったり、また比較のための法的な慣習——恣意的ではあるが、調停という社会的目的と矛盾しないような慣習——を打ち立てたりする方向に進んでいくのではないだろうか。

補遺B　ゲーム理論における対称性の放棄のために

——ともに選んだのが境界上のどの点であろうと等しい利得を——得られるし、境界上の点を選び損ねたら、何も得られない。この純粋な調整ゲームにおいても、われわれの心理的立場からは、ナッシュ均衡点を選ぶべきだ（選ぶだろう）と重ねて結論づけるのである。

　なぜか。それは単に、一意の点に導いてくれる何らかの合理性がわれわれには必要だからである。そして、その特定の文脈のなかでは、交渉のアナロジーがそれをもたらしてくれる。急な角（これが結局ナッシュ均衡点なのであろうが）や、境界線が直線だったり孤を描いていたりするときの中点（これもナッシュ均衡点と一致する）、特定の点を暗示する何らかの形状、（プリンターのミスによって境界上に生じた点、座標がすべての整数をとる点、など）なんらかの不純物がない限り、われわれはよりどころとなる対称性の「一意の」定義を探すようしむけられているのである。そしてナッシュ型の対称性は、私の思いつくどのようなものとも同じくらい妥当なのである——ただ（図の基点から引いた45°線と他の線との交点のような）それより単純なものもあるだろうし、それより洗練されていて、よりあいまいさが少ないものもあるであろう。

　ナッシュ均衡解が交渉ゲームにおいて説得力のあるものにみえるのは、それが相手にとっても同じくらい説得力あるものだと確信できるからであり、両者の見解がそこで一致していると彼も信じているだろうと確信できるからである。それは、純粋な調整ゲームにおいて、それが明らかに明らかであると相手が考える一意の点として、われわれにアピールするのでる。

　このことは、何を証明し、示しているのだろうか。私はナッシュ均衡点を支持したいのではない。むしろ私がいいたいのは、（ゲームの内省的プレイヤーとしての）ゲーム理論家にとって、ナッシュ均衡点の魅力は、いま私が述べてきた順序と全く反対の方向からとらえられているかもしれない、ということである。ナッシュ均衡点が純粋調整ゲームにおいてもつ一種のフォーカル・ポイントとしての機能——非数学的不純物質が助けにならない場合における、一意に定義された対称性概念の圧倒的な有用性——は、暗黙のゲームや、おそろしく協調的な境界線引きゲームにおいて、ナッシュ均衡点を支配的な影響力をもつものとしている。それゆえに、ナッシュ均衡点は、より要求度の高い境界地域をめぐるゲームのようななかでも、頼りになる指針として思われている。そして、それゆえに、ナッシュ均衡点は、明示的な交渉ゲームにおいては、期待が散乱することを望むような者たちの心を奪うかもしれないのである。

　言い換えれば、われわれは、期待の調整の必要性を仮定するところから、ナ

補遺

ッシュの公理のようなものの理論的基礎を得ることができるように思われる。ナッシュのような理論に必要なのは、解が存在するという前提である。暗黙の調整という観察された現象こそが、合理的な期待は（ときおり）暗黙のうちに一意の（おそらく効率的な）結果へと集中するという経験的証左を提供するのであり、そうした観察された現象こそが、数学的特徴以外に何も頼るものがないゲームにおいても同じようなことが可能ではないかと想像させるものなのである。ナッシュの理論は、この推測を立証している——もしナッシュの理論が数学的美学の観点から他のすべての証明に対しても優位であれば、それは完全な立証であろう。しかし、そのような結果として生じるフォーカル・ポイントは数学の世界に限定されたものであって、数学の世界とゲーム理論の世界とを同一視することはできないのである。

補遺 C 「非協力」ゲームにおける解概念の再解釈

　純粋共通利益ゲームや調整ゲームを分析することによって、ある特定の解概念の背後にある推論の方法（reasoning）についての洞察を与えることができる可能性がある。なかでも、「非協力」ゲームでの、厳密な意味での解概念に関して、より深い理解を促進することになる。ここでいう「解概念の背後にある推論方法」とは、これらの概念があてはまる合理的プレイヤーに与えられている方法のことである[1]。

	I	II
i	1　　1	0　　0
ii	0　　0	3　　3

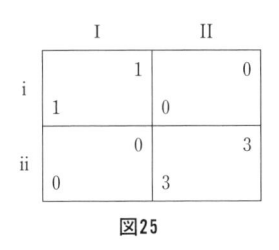

図25

　図25や26に示されているような暗黙のゲームにおいては、厳密な意味での解が存在するといわれている（図26では、各プレイヤーの第2戦略、第3戦略の選択がその解を構成している）。ルースとライファによって与えられたそうした解に対する定義は、以下のようなものである。「非協力ゲームにおける厳密な意味での解は、(1)相互に受け入れ可能な戦略の組み合わせのなかに、均衡の組み合わせが存在し、(2)相互に受け入れ可能な均衡解の組み合わせはすべて交換可能で同等である」[2]。

1　「非協力」は、明白なコミュニケーションのないゲームに対して伝統的に用いられてきた呼称である。不幸にも、それはコミュニケーションがないと協力の可能性がないことを示唆してしまう。第3章・第4章で示したとおり、相互にやりとりされ、当然視されるような類の協力は、暗黙の非ゼロサムゲームにおいて、本質的な要素であり、決定的な要素でさえもある。

2　*Games and Decisions*, pp. 107f. この特定の解概念は、J. F. ナッシュが1951年に出した解概念と

補 遺

	I	II	III
i	1 1	0 0	0 0
ii	0 0	3 3	3 3
iii	0 0	3 3	3 3

図26

　ここでの均衡の組み合わせとは、2人ゲームにおいてその組み合わせのもとでの各プレイヤーの最適反応戦略(または最適でないにしろ他と同じくらい良い戦略)が他のプレイヤーのそうした戦略と組みになっていることである。また、相互に受け入れ可能な戦略の組み合わせとは、他のいかなる戦略によっても相互に支配されないような戦略の組み合わせのことを意味している。つまり、相互に受け入れ可能な戦略の組み合わせのもとでは、他の戦略をとることで得られる利得よりも等しいかもしくは多くの利得を確実に得られる。均衡の組み合わせが同等であるとは、それぞれプレイヤーにとって、同じ利得を得ることを意味する。最後に、対応する戦略の組み合わせのすべてが均衡点である場合、その均衡の組み合わせを交換可能であるという(よって、対応する戦略のすべての組み合わせが同等である場合にのみ、均衡の組み合わせは同等でありかつ交換可能であるという)。ゆえに、図26の戦略の組み合わせ(ii, II)、(iii, III)、(ii, III)、(iii, II)は同等で、交換可能かつ相互に受け入れ可能な均衡解の組み合わせである。

　ルースとライファは、このような定義のすぐあとに、以下のようなコメントを足している。そしてこのコメントがわれわれの出発点となっている。「一般的でない相互に受け入れ可能な均衡の組み合わせの混同を防ぐのは、第2の条件である」(傍点は筆者による)。

　第3章での、調整ゲームの核心が、まさに、こうした混同やあいまいさの問題であった。図27のゲームは厳密な意味での解をもたない。2人のプレイヤーの第2・第3戦略は、交換可能でも同等でもない。2人の第2・第3戦略の組

似ているが区別される。いくつかの関連する解概念の比較に関しては、ルースとライファの著書第5章または以下を参照されたい。J. F. Nash, "Non-cooperative Games," *Annals of Mathematics*, 54: 286-295 (1951).

み合わせに対応するすべての４つの組み合わせにおいて、同等な戦略の組み合わせは存在しない。ここで、戦略の選択に際して２人のプレイヤー間での利益の違いはない。よって、ここにあるのは、単に混同の問題である。図25において、彼らはどの戦略を選ぶべきかを正確に知っていた。図26において、彼らは必要なだけ知っていた。しかし図27においては、彼らは何も知らない。このような何も知らない状況においては調整に失敗すれば互いに０の利益しか受け取れないこともある。つまり、調整のための手がかりなしには、お互い３を手に入れるか、０を手に入れるかは50％ずつの確率であり、期待値1.5を得ることになるのである。

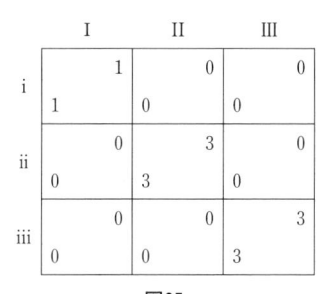

	I	II	III
i	1,1	0,0	0,0
ii	0,0	3,3	0,0
iii	0,0	0,0	3,3

図27

なぜ、図25において、（ii，II）は解になり、（i，I）はならないのか。直観的にすぐに思いつくひとつの答えは、（i，I）の利得よりも（ii，II）の利得の方がいいという理由である。しかしそれは答えの一部でしかない。答えのそれ以外の部分を明らかにするために、図28をみてみよう。図28は、図25と選好の順序は同じだが、選好の絶対的強度において異なる。図28においては、大事なのが９ではなく10を得ることではなく、０ではなく９または10を得ることであるようにみえる。おおざっぱにいうと、２つの均衡の組み合わせは、ほぼ同等であるが、交換可能性をもたないのである。そしてプレイヤーたちは９を得ようが10を得ようがあまり関係なく、大事なのは０を得ないことなのである。彼らの主な関心は、「混同」を避けることにある。

このゲームにおけるプレイヤーたちは、自分たちの選択を一致させるための手がかりやルール、説明書のようなものを探し出す必要がある。図28の利得行列によって示された抽象的なゲームでは、プレイヤーにとって指針となるものは、利得の数値以外存在しない。あるいは、小さな利得の組み合わせを選びなさいというルールと、大きな組み合わせを選びなさいというルールがあったら、

補遺

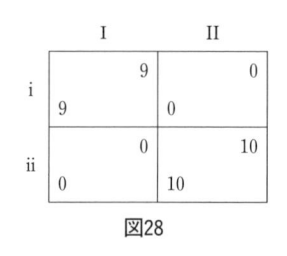

	I	II
i	9, 9	0, 0
ii	0, 0	10, 10

図28

後者のルールが導入される可能性の方が高いであろう。（i，I）に比べて（ii，II）を選び1ドル余計に獲得できるとしたら、それはどれほど価値があるかをプレイヤーたちに問うこともできる。1ドルの加算は、それ自体シグナルとしての大変重要な意味をもっているが、金額としては僅少である。しかし、9と10というその差が選択の調整を可能にするのである。図29において、プレイヤーたちが調整のためのルールをみつけることができなかったならば、彼らの期待利得はお互い5になると考えられる。

	I	II
i	10, 10	0, 0
ii	0, 0	10, 10

図29

（ただし、プレイヤーたちの目の前に上記のように利得行列が提示されていたら、図29のゲームはそれほど困難でないかもしれない。第3章の実証結果は、それを示唆している。すなわち、特定の利得行列は、左―右、上―下、最初―最後―中間といった区別を可能にするからである。ただし、以下では、合理的プレイヤーがこうした順序を区別することができないようなかたちで、あるいはそのような戦略のラベルで、ゲームを選んでいると仮定する。手がかりのない非常に簡単なゲーム、もしくは非常に難解なゲームでは、ごちゃまぜになったラベルと完全に対称的な利得の組み合わせを必要とする。さらにいえば、戦略が無限にあるような暗黙のゲームにおいては、「純粋」な形式など存在しない。戦略の無限性は、プレイヤーには何らかの数式を作って提示することしかできず、数式の提示はプレイヤーたちに戦略の順序づけを可能にしてしまうであろう）。

（ii，II）という戦略の組み合わせに下線が引かれていたり、太字になって

補遺C 「非協力」ゲームにおける解概念の再解釈

いたり、矢印によって示されていたり、（ii, II）を選択しなさいという指示が脚注に書かれていたりしても、状況は大きく変わらない。プレイヤーたちが必要としているのは、戦略を調整するための何かしらのシグナルである。もしそのシグナルを利得の数学的配置のなかにみつけられなければ、プレイヤーたちは別のところにそれを探すであろう。そして、合理的プレイヤーたちにとって便利なように戦略の順序づけや整理をしうる根拠が提供されるかたちで、あるいはそのようなラベルやほのめかしを通して、戦略が見出されることもあるであろう[3]。

ゆえに、この補遺の主張は以下のようになる。「厳密な意味での解」のひとつの重要な特性は——なぜ合理的プレイヤーが、それを選択するかという理由は——選択の調整の失敗が両者にとって深刻な打撃となる場合において、プレイヤーのあいだで暗黙の協調を促進するのに有用なシグナルの力であり、暗黙にコミュニケーションをする手段だ、ということである。もちろんこれが唯一の重要な性質だというわけではない。しかし、プレイヤーが特定の戦略を選ぶ根拠の一端を担う重要な側面であるかもしれないのである。

この点を別の方法で明らかにするとすれば、本書において提示してきたようなさまざまなゲームにおいて、コストをともなったコミュニケーションを想定し、コミュニケーションがコストをかけるに値するかどうか、どのような回路を通じて送られたどのようなメッセージが「解」を構成することになるかについて分析することができる。するとすでに本書のなかで議論してきた「手がかり」とは、当然行うことができる無償のコミュニケーションであることがみえてこよう。そしてどのような無償のコミュニケーションならば合理的プレイヤーはみつけることができ、また当然視するのかは、実証に関わる問題である。美観的なもしくはシンタックス的な言語の制約が、うまく伝わらなかったメッセージの歪曲を排除するのを手伝うように、暗黙の選択の一致を必要とする状

---

[3] このようなゲームにおいて必要とされる「合理性」や知的能力とは、なぞなぞを解くときに必要な能力と同種のものかもしれない。なぞなぞという文脈においては、ある人が手がかりを探す場合に、その手がかりが簡単に発見されてもいけないし逆にぜんぜんわからなくてもいけない（すくなくとも、手がかりを手に入れたとき、その人はそのことを認識できる必要がある）。なぞなぞは本質的に2人ゲームである。解を導く方法論は、難しいが決して不可能ではないような類のメッセージを仕掛けるということである。原則として、なぞなぞは実証的な経験なしには、作ることも解くこともできない。先験的に合理的な相手ならヒントを手に入れることができるであろうなどと演繹することはできない。「ヒントの理論」が、ゲーム理論のなかで本質的に実証的な部分に位置するものなのである。

補　遺

	I	II	III	IV
i	10 / 10	0	0	0
ii	0	10 / 10	0	0
iii	0	0	9 / 9	0
iv	0	0	0	10 / 10

図30

	I	II	III	IV
i	9 / 9	0	0	0
ii	0	9 / 9	0	0
iii	0	0	10 / 10	0
iv	0	0	0	9 / 9

図31

況においては、美観的もしくはドラマツルギー的な制約や詭弁的もしくは地形的制約があいまいさを排除する手助けとなる。

　この論点はもう少し考えてみることができる。図30のようなゲームを考える。ここでも合理的なプレイヤーがラベルづけできないような配置で戦略が並べられていると想定する。とくに、正方形の行列ではなく、数字や文字によって戦略をラベルづけせず、もしラベルがついていたとしても、2人のプレイヤー間でそのラベルは一致しないようにしておく。もし調整のためのよい手段が発見できなかったら、このゲームの「解」として、お互いの利得が9となる戦略の組 (iii, III) が選ばれうる可能性がある。これは均衡点のなかで最も望ましくないものであるが、他の提案のまぎらわしさとは反対に一意性をもっている。その解には選択を一致させるための手がかりがある。利得構造の観点だけから

補遺C 「非協力」ゲームにおける解概念の再解釈

は（すなわち、「ラベル」やあらかじめ作られた行列を導入するなどして、ゲームの純粋な定量的情報以外のなにかしらの外部的情報を導入したりすることがない限りにおいては）図30の解の方が図31の解よりも頑健でないなどと考える根拠は何もない。たとえ、ルースとライファの定義に従えば、図31は整合的であるが、図30は整合的でないとしても、である[4]。

	I	II
i	10 / 10	0 / 0
ii	0 / 0	10 / 10

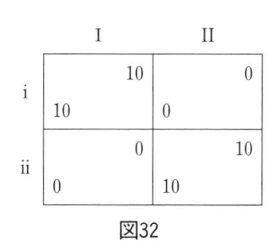

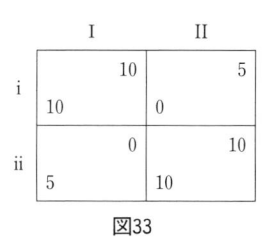

図32

	I	II
i	10 / 10	5 / 0
ii	0 / 5	10 / 10

図33

　図32と図33のゲームにおいても、厳密な意味での解は存在しないが、同様の論点を示している。図33においては、プレイヤーはあたかも（ii, II）を選択する根拠があるかのようにも考えることができる。（i, I）と（ii, II）のどちらをとるかわからないような状況において、調整に失敗したときにどれだけの利得が保障されているかを考慮するだろうと考えることができる。行プレイヤーは、もし間違って上の行を選んだら何も得ることができないが、下の行を選んだら、最低限5の利得を手に入れることができる。ここでの「間違って」とは、10の利得をともに得ようとして相手のプレイヤーとうまく行動を一致させることに失敗した場合のことを意味する。よって、行プレイヤーは10を得ることができないときに5を得るように下の行を選ぶことになり、そのとき行が10を得る確率は5を得るのと全く同じである。おそらくこのことが彼にとって必要なすべての「合理性」であろう。しかし、以下のように理由づけるこ

---

[4] このゲームもしくは同様のゲームに関して興味をもつ読者は、これらのゲームに関する経験的証拠を簡単に得ることができるであろう。

補遺

との方がさらに鋭いといえるかもしれない。《（ⅰ，Ⅰ）と（ⅱ，Ⅱ）を単純に比較しただけでは、相手と私の選択を一致させるための有効な手段をみつけることができない。しかし、何か方法があるはずであり、それを探そうではないか。探すべきセルは（ⅱ，Ⅰ）と（ⅰ，Ⅱ）だ。この２つのセルは、協調するのに役立つヒントを与えてくれるか。答えはイエスだ。これらのセルは、（ⅱ，Ⅱ）を「指し示し」ている。だって、（ⅱ，Ⅱ）の方が（ⅰ，Ⅰ）よりもよいという風に信じる、もしくは思い込むための理由もしくは口実が必要なわけだ。理由がないとすれば口実が必要なのであり、信じられないとすれば思いこむことが必要なわけだ。そして均衡解のうちどちらが他と比べて優勢か、どちらがよいかを見なければならないわけだ。しかしここには、他に使える強制的ルールや指示、手がかりなどはみつからないではないか。ならばわれわれの意思を合致させるのには、それをルールに使えばうまく合意できるだろう》、というわけである。

　このケースにおいて、プレイヤーたちは０よりも５の方が好ましいので、第２番目の戦略をとっているのではない。つまり、彼らにとっては、５の利得を得るという期待は高くないのである。彼らは５と０という数字的配置を、行動を調整する手がかりとして用いた。その手がかりはプレイヤーにとって有用であり、そしてお互いが相手もまた有用であると考えていることを知っている。５という数字がどこに配置されているかを考慮するのは、意図を一致させるためのプロセスの一段階にしかすぎない。図33の利得行列の（ⅱ，Ⅱ）へと収束する傾向は、書かれた利得行列の左下のセルを示している矢印がある場合と同じである。それらには、論理的な役割や強制力は全くない。ただほのめかす力、それゆえ期待を調整する能力があるにすぎないのである[5]。

---

[5] プレイヤーが戦略ⅱとⅡをとると仮定した場合、なぜプレイヤーがそれを選んだのかという動機を区別する操作化の方法をみつけることには意味があるであろう。たとえ、その結果としていえることが、そのような操作化ができる、というだけにとどまったとしてでも、である。先述した２つの動機──「保険としての」動機と「調整のための手がかりとしての」動機──のあいだには、以下のような区別ができる。まずプレイヤーに別のゲームをプレイできる可能性を提示する。別のゲームとは、図33の利得行列のなかで５の代わりに０から９までの範囲をもつ値を代入したゲームである。10と０はそのままにしておく。そして、プレイヤーにそのゲームに評価をしてもらう。評価とは、彼が実際のパートナーと本物のお金を用いてこのゲームをするとしたら、いくらまで参加費として払ってもいいかを尋ねるのである（比較対象として利得５を用いることによってプレイする場合はいくらまで払えるかも評価してもらう）。もし利得のばらつきに関してそれが正の値をとる限りは、彼の反応が鈍いとしよう。また、にもかかわらずもし彼が正の値をもつ元々のゲームに対しては高い評価を与え、図32のようなゼロのついたゲームにおいては、ランダムに戦略を選ぶかたち

補遺C 「非協力」ゲームにおける解概念の再解釈

利益の衝突

　今度は、紛争を内包した調整問題を扱うことにしよう。図34と図35は、ともに2つの均衡解を持っているが、それらは同等でも交換可能でもないため、どちらも受け入れ可能であるが、「厳密な意味での解」ではない。

　図34の調整問題は、純粋な抽象的形式をとる限り、つまり戦略に対するラベルづけなどがない場合には明らかに「解けない」。受け入れ可能な（効率的な）どちらの帰結が達成されるか、確率にたよる以外にない[6]。しかし、図35のゲ

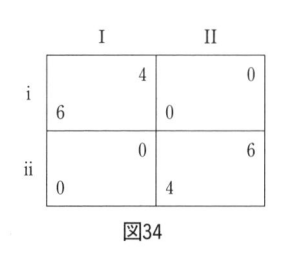

	I	II
i	6　　　4	0　　　0
ii	0　　　0	4　　　6

図34

で期待利得を用いるとする。であるならばわれわれは、このプレイヤーは、右上のセルと左下のセルの利得を主にシグナルとして関心を寄せているのだと結論することができる。たとえば、あるプレイヤーが図33のようなゲームをするのであれば、9ドル50セント払うといい（おそらく列プレイヤーがIIの戦略を選ぶ確率を90％と期待しているのであろう）、そのなかの5を1に置き換えたゲームなら、8ドル65セントを払うといい（相手がIIを選ぶ確率を85％と期待）、そして5を9に置き換えたゲームなら9ドル95セントを払うといい（相手がIIを選ぶ確率を95％と期待）、そしてさらに図32のようなゲームをするのであれば5ドルを払うといっている（IとIIはランダムにおこると期待）ならば、われわれは右上と左下のセルは主にこのプレイヤーにとって調整のための手がかりを提供する役割を果たしている、と結論づけることができよう。しかし、反対に、このプレイヤーの支払ってもよいという金額が、右上と左下の利得と全くもしくはほとんど無関係なIとIIの選択確率を示唆するような額であったならば、そしてとくに金額が数学的な平均であったならば、保険としての解釈が支持されることになる（注意してほしいのは「右上」や「左下」といった形容詞は、筆者が便宜上用いたもので、プレイヤーたちにとっては意味のないものだということである。われわれは、ラベルなき戦略を考慮したいのであるから、それらは正方形の行列のなかで示されることもないし、またi）やii）というようなラベルもつけられていない）。もしそのようなラベルが存在していたとしても、相手プレイヤーのラベルや戦略位置に関するラベルとは全く別個のラベルとなるようなランダムなプロセスを通してつけられる。とくに、行プレイヤーは、列プレイヤーの利得行列が図33のようになっているか、それとも列が右下や左上の利得の低い方と入れ替わっているかをラベルによって探知できないということが大事である）。

[6] 純粋な抽象化の前提を緩和した場合の似たような利得行列に関する議論については p.295 の脚注を参照せよ。

補　遺

ームは、解けないこともないようにみえる。各プレイヤーは調整に失敗するよりも「2番目に好ましい」均衡点を受け入れる。よって両者とも共通の選択をするための手がかりを見つけようとする共通の利益をもつ。そのとき、その他のセルに含まれる手がかりを使う。その手がかりは、(ii, II) を示しているようである[7]。

　プレイヤーの一方にとって、これは最も好ましい帰結というわけではない。しかし物乞いの状況におかれた人は、幸運にもシグナルが下されたとき、あれやこれやと選択することができない。では他に手がかりはないのか。この場合、プレイヤーたちは、このシグナルのネガティヴな側面を用いることだって同じくらい公平であろう。もしある矢印が (i, I) から (ii, II) に向いていたとしたら、矢の頭の部分ではなく矢の羽の部分をシグナルとして扱ったとしても同じくらい公平だからである。しかし、公平性は、意味をもたないばかりか、調整を不可能にしてしまう。もしすべての手がかりが全く逆の手がかりと同様に適用可能であるとしたら、再び混同へと逆戻りする。差別化のできる手がかりのみが選択の協調を促すのであって、差別化を否定することは、手がかりが見つかりやすいという前提、そしてそれを基にして選好が対立するなかで効率的な帰結を協調して達成できるという前提を否定することになる[8]。

	I	II
i	4 6	3 2
ii	2 3	6 4

図35

　ここにおいても、最も強力な手がかりは、利得行列の単なる数学的性質を超えることを許されたときに、受け入れ可能になるような手がかりである。もし2人のドライバーが砂漠のなかで直交する2つの道路の交差点に向かって、そ

---

[7]　図35におけるゲームはもうひとつの均衡点をもつ。それは行が80：20の混合戦略を用い、列が40：60の混合戦略を用いるというものである。そこではお互いに3.6の期待利得が与えられる。そしてそれゆえ左上・右下の戦略が優越している。

[8]　相互に同じように認識されるシグナルのもつ力は、ルースとライファがいくつかのゲームにおいて存在する相互に受け入れ可能な均衡をアピールしようとしている際に用いた「心理的支配」という概念の背後にあるもののようである。*Games and Decisions*, pp. 109-110. また同様のゲームに対するコメントとして p. 295の脚注を参照。

れぞれ運転しているとしよう。どちらが道を譲るべきかに関してなんの法律も存在しないとする。また2人のドライバーは、お互いを嫌いあい、また全く信用せず、2人とも自分たちのあいだには何の道徳的義務もないと思っている。このような状況であっても、一方のドライバーは、自分が相手の左側から近づいているとき、交差点での急ブレーキを避けるために、相手を先に行かせようとスピードを落とすかもしれない。そして相手のドライバーもそれを期待するだろう[9]。ここではいつもの規制が法的および道徳的拘束力をもっていない。しかし、それは協調が必要なとき、とても好都合で不利になる人もその規範に従うことになる。つまり、たとえ規範により自分が不当に差別されることになっても、彼はそのような仲裁者の存在に感謝することになるのである。彼はまた、相手のドライバーがシグナルを受け入れるということを知っている。それゆえ、彼は両者ともその規範に従うということが期待できるのである。第3章で考慮したとおり、図34のゲームはこのような推論の方法によってプレイヤーにとってある特定の利得行列が示されている場合に（つまり、まさに図34に示されているようであれば）解くことができる。あるいは、勝利戦略が「頭」や「尾」、「ⅰ」、「ⅱ」、「Ⅰ」、「Ⅱ」といったラベルを貼られている場合もそうである。

第三者による操作

ところで、プレイヤーの選好が相互に対立している場合でも、それが一致している場合でも、調整を必要とするゲームは、実質的に仲裁者のコントロールや影響によって支配されるかもしれない。もしわれわれが仲裁者に2人のプレイヤーにメッセージを送る力を付与すると、その仲裁者は彼らのためになるよい立場を得たことになる。また、もしプレイヤーがとる戦略の組み合わせによって仲裁者は自分にも利得を得ることができるのであれば、仲裁者は自分自身にとってもためになるいい立場を得たことになる。仲裁者が慈悲深ければ純粋共通利益ゲームはとても簡単なものになる。仲裁者は図34に与えられるようなゲームにおいて正義を執行する調停力をもつ。図36のゲームのような場合には、仲裁者は強力な「第三者」的な位置をしめることになる。この図でセルの真ん

---

[9] この種の利益の対立問題は——ある道の幅の狭くなった部分へ2台の車が逆の方向から近づいているような場合の問題——第3章で紹介したアンケートに含まれていた。その結果はここでの一般的な原則を支持するものであったが、簡潔さのために省略してある。

補遺

	I	II	III	IV
i	6 (2) 5	0	0	0
ii	0	9 (3) 7	0	0
iii	0	0	5 (4) 6	0
iv	0	0	0	7 (1) 9

図36

中にカッコつきで書かれた利得は、仲裁者（もしくはコミュニケーション独占者）のものであるが、彼がプレイヤーに対して権威的ではなくただ単に暗示的な指示を与えるような立場に置かれているだけであったとしても、そのような立場をしめることになるのである。

利得の解釈

最後に、ここまで発展させてきた推論方法に従って、つぎのようにいうことができるだろう。すなわち、利得なるものを、お金や同質の商品といった客観的に測定可能なものと見なすのか、ゲーム理論でいまではおなじみの「効用」として見なすかは、たいした問題ではないという点である。利得の名目さえ両プレイヤーが知っていれば、相手の選好の強さに関する知識に依存することはない（もし客観的価値と効用値が両方知られていたとしても、それらが相互に比較不可能であれば、「シグナル」としての力はやはりもたず、かえって混乱やあいまいさの問題が悪化するのである）。

プレイヤーの数

ここまでの議論では2人ゲームに焦点を当ててきた。もしくは明示的役割をもつ第三者プレイヤーについて簡単に扱うだけであった。しかし、ここで扱ってきた問題は、どのような人数のゲームへも拡張することができる。その場合、

報酬の決定が（第3章で実際に行ったアンケートにより想起されるような）全会一致型か多数決型かあるいは連合形成によるかは問題ではない。ただ、あいまいさの問題は2人ゲームのときよりも深刻になり、ゲームの調整的側面がより一層「解」の合理性と関係していくことになるだろう。調整の理論が最も重要となるのは、2人のゲームを超えた範疇において、すなわち連合を形成しなければならないすべてのゲームにおいてである。連合を形成する際のシグナルやコミュニケーション手段についての研究は、ゲーム理論と社会学とが実りある融合を果たす場となるように思える。

結　論

　以上のように、調整ゲーム理論は、暗黙の非ゼロサムゲームにおける「厳密な意味での解」は部分的なものとして理解されるべきであること、そしてそれはある場合には、主にシグナルの性質に言及することで理解されるべきであることを示唆している。ゲームの純粋な数学的定式化のなかにもシグナルの源泉を見出すこともできるので、「厳密な意味での解」の持つ特殊な性質は「合理的解」の潜在的決定要因のひとつにすぎないのである。どのようなシグナルが尊重されるかは、部分的には実証に関する問題であり、演繹のみによって先験的に解明できるものではないのである。

監訳者あとがき

　本書は、Thomas C. Schelling, *The Strategy of Conflict* (Cambridge, Mass: Harvard University Press) の1980年版の全訳である。

　シェリングは、社会科学の歴史にその名がさん然と輝く知的巨人のひとりであり、とりわけ本書は彼の代表作と位置づけられているきわめて重要な業績である。それを、本シリーズの一冊として、日本の読者に紹介できる機会を得たことを大変うれしく、また同時に大変光栄に思う。

　このような偉大な古典について、読者に先んじて多言することは愚行であろう。しかし、監訳という肩の荷を降ろした安堵から、ほんの少しだけ感想めいたことを書かせていただく勝手をお許し願いたい。

　シェリングは、2005年にノーベル経済学賞を受賞した。その評価の中心となったのは、本書において新たに導入され展開されている概念や分析である。しかし、本書を一読すればたちまち明らかなように、シェリングは、狭義の経済学にはとうてい収まりきれない広い知識と関心の持ち主である。また、このたび寄稿してくれた日本語版への序文で自身も認めているように、シェリングは、単なる「ゲーム理論家」ではけっしてない。おそらく読者のだれもが本書を読んで感銘するのは、既存の思考枠組みにとらわれることのない、彼の着眼の縦横無尽さと発想の大胆さではないかと思う。しかも、シェリングは、いかに奇抜なアイディアであっても、それをとことんまでつきつめて考える強靭で忍耐強い思考力をも持ち合わせている。このような稀有な才能の組み合わせが、実にユニークな本書を生んだのである。それは、そもそもゲーム理論などという分析の手法が成立するための前提は何なのか、また経済学なる研究分野が拠って立つ根拠は何なのか、そしてそうした前提や根拠はどのくらい非現実的で薄弱であるのか、さらにそうした欠点はどのようにして乗り越えていくべきなのかを明らかにしてくれる。本書を、単なるゲーム理論の書として、ましてや経済学の書として扱うことはできない。

　本書全体を通して浮き彫りになるもうひとつの特徴は、抽象的な概念や主張を国際関係、経済、さらには人間社会の日常的な場面で遭遇するさまざまな問

監訳者あとがき

題に引き寄せて考えようとする、シェリングの徹底した姿勢である。とりわけ、冷戦時代に執筆されたこともあって、本書には国際政治の多くの問題への深い思い入れがみてとれる。実は、シェリングは、かつてアメリカの政府において、政策決定に実際に関与する立場にあった。それゆえ、本書で扱われている抑止や先制攻撃、外交交渉における脅しやコミットメントといった問題は、シェリングにとっては、学術的に探求すべき課題であったとともに、なんらかの解決を見出さなければならない実践的な問題として存在していたのである。

しかし、だからといって、シェリングが「理論」よりも理論の「応用」に長けていたといいたいわけではない。おそらく逆であって、シェリングが本書で示しているのは、理論は、応用することのなかから、すなわち具体的な文脈へと問題を落としこむ作業のなかから、突然思いがけない方向に発展していくことがありうる、ということなのである。本書において提出され、さまざまなかたちで検証されている「フォーカル・ポイント」という概念の重要性は、まさにこのことを物語っている。

理論が応用から生まれることを強調することで、本書がゲーム理論の発展のうえで果たした役割を軽んじるつもりもない。ナッシュ（John Nash）のあとをうけゲーム理論をさらに大きく開花させることになるハルサーニ（John Harsanyi）やゼルテン（Reinhard Selten）は、1960年代にシェリングが本書で展開していた議論や分析に大いに刺激を受けていたことが知られている。現代における非協力ゲームの分析枠組みが逐次手番や情報の問題を取り込んで発達することになったきっかけは、なによりシェリングが本書において行った問題提起だったといえるのである。ナッシュも、またゼルテンもハルサーニもみなノーベル賞を受賞しているが、そのあいだをつなぐまさに"vital link"（Roger Myerson）としてのシェリングの業績は、ゲーム理論の発展の軌跡を語るうえで不可欠なのである。

多言は愚行であるといっておきながら、すでに多くを語ってしまったようである。本書を手にした読者のみなさまがそれぞれに、考えることのスリルと楽しさを体感していただければ幸いである。

最後に、シェリングの文章はきわめて精密でしかも機知に富むものであるが、しかしその文体はひとつひとつの文が長くて、日本語に訳すのは実に困難な作業であったことを告白しなければならない。訳者である広瀬氏と山口氏は、ともにゲーム理論に詳しい若い国際政治の研究者である。監訳者は、彼らの訳文を日本語として読みやすいように適宜修正し、訳語を統一する任に当たった。

監訳者あとがき

なお、原文が明らかに間違っている場合、あるいは原文のままでは明らかに説明が不足している箇所には、例外的に訳注を付けたが、それ以外は註の表記なども含めてすべて原書に従った。ただし本書全体を通じて Russia ないし Russians という言葉は、ロシアやロシア人ではなく、(時代的文脈にあわせて) ソ連と訳したことをお断りする。

2007年夏

訳者を代表して
河野　勝

人名索引

※ f は following page、ff は following pages、n は note の略。たとえば、105f とあれば105頁とつぎの頁にでてくることを示し、105ff とあれば105頁とつぎの頁以降にでてくることを示す。105n とあれば、105頁の脚注にでてくることを意味する。事項索引でも同じ。

A

Acheson, D.　143n
Alchian, A. A.　186n
Allen, L. E.　296n
Amster, W.　7n

B

Balse, R. F.　89n
Banfield, E.　132n
Bavelas, A.　89n, 177
Berkowitz, M. I.　89, 97n
Bernard, J.　9n
Borgatta, E. F.　89n
Braithwate, R. B.　117, 280n
Brodie, B.　9n, 19, 248
Burns, A. L.　238n

C

Canyon, S. B.　143
Carmichael, L.　89n
Cartwright, D.　89n, 177
Churchill, W. S.　44n
Clausewits, C.　9n
Cocconi, G.　96n
Collier, J.　137n

D

de Gaulle, C.　44n, 94n
Deutch, M.　174n
Duffus, R. L.　142
Dulles, J. F.　142, 165

E

Ellsberg, D.　12n, 155n
Elphinstone, M.　132n

F

Fellner, W. J.　32
Flood, M. M.　169n

G

Goffman, E.　119n, 133
Greene, J. I.　9n
Grodzins, M.　94
Gromyko, A.　256
Groves, L. R.　240

H

Hare, P. A.　89n
Harsanyi, J.　117, 275n, 280n, 287, 288, 293n, 296n
Heise, G. A.　89n
Hitchchcock, A.　137n
Hitler, A.　16
Hogan, H. P.　89n
Holms and Moriarty　90f, 100, 167

K

Kahn, H.　124n
Kaplan, M. A.　129n, 202n
Kaysen, C.　90n
Keynes, J. M.　98n
Khrushchev, N.　16

317

人名索引

Kissinger, H. A. 176n
Kofka, K. 111n, 113n

L

Lear, J. 96n
Leavitt, H. J. 89n
Lippman, W. 39
Luce, D. 90n, 99n, 100n, 127, 129, 186n, 218n, 222n, 275n, 280n, 293n, 294n, 296n, 299f

M

Machiavelli, N. 19
Mann, E. 124n
Marschak, J. 89n, 101n
Miller, G. A. 89n
Moore, O. K. 89, 97n
Morgan, J. N. 23n
Morgenstern, O. 90n, 119n, 126n, 166
Morrison, P. 96n
Mossadeq, M. 12, 18
Muller, R. A. H. 89n

N

Nash, J. F. 99n, 117, 130n, 275n, 279n, 292n, 293n, 295ff, 296n, 299n, 300n

R

Radner, R. 89n

Raiffa, H. 90n, 99n, 127, 128, 186n, 218n, 222n, 275n, 280n, 293n, 294n, 296n, 299f
Rapoport, A. 7n
Richrdson, L. F. 7n

S

Schelling, T. C. 18n, 39n
Shakespeare, W. 145
Sherif, M. 173
Sherwin, C. W. 7n, 124n
Smithies, A. 39
Snyder, G. H. 199n
Sutherland, E. H. 146n
Szilard, L. 152

T

Truman, H. S. 44n

V

von Neumann, J. 90n, 119n, 126n, 166, 181n

W

Wagner, H. 280
Walter A. A. 89n
Wohlstetter, A. 243n

Z

Zander, A. F. 89n, 177

318

事項索引

ア行

安楽死　165n
移転コスト　25
委任　25, 34, 39, 125, 147ff
嫌がらせ　202, 208
インド　132
インドシナ半島　31, 267
嘘発見器　112
裏切り　45, 47, 51, 139, 227n
裏組織　11
エチケット　→　礼儀
オークション　34, 169n
脅し　6ff, 10, 13f, 36ff, 50, 52ff, 107, 123, 128ff, 153, 181, 183ff, 195
　強要的な——　203ff

カ行

解　159
　厳密な意味での——　218, 283n, 299
海賊　18
外部経済　235n
外部不経済　238
価格競争　136
価格の安定　79
核兵器　80, 110n, 142, 176, 202, 206, 265ff
　——共有　6
確率的　88, 92n, 100n
賭け　24f
寡占企業　46
価値体系　5, 11n, 13, 15f, 118ff, 176
神への誓い　41n
関税　28, 32
完全弱支配　160
奇襲攻撃　7, 11, 15, 93n, 138, 141, 153, 215ff
気送郵便　152
期待　104, 115, 117f, 269, 287f

北大西洋条約機構　→　NATO
詭弁　35, 173
脅威　124
恐喝　5, 136, 146, 150, 163
共産中国の金融資産　163
強制　25, 46, 123ff, 126, 136, 139ff, 150
協調ゲーム　88
脅迫　12, 17, 32, 47n, 54, 164n
極化　94n
虚勢　→　ブラフ
金　97
均衡点　100n, 218, 235, 294n, 299ff
近所　57, 108n, 119n
金門島　200, 273f
偶発　16
熊の尻尾づかみ　154
群集　93, 136, 151, 176
軍縮　5, 136, 141, 173n
軍備管理　182, 237, 238
経験的　→　実証的
警察　39n, 145, 151
形態心理学　→　ゲシュタルト心理学
警備員　40n
警報システム　128, 229ff
ゲシュタルト心理学　107, 111
決定的で疑う余地のない機会　38, 44, 142ff
ゲーム　48, 58ff, 64ff, 123ff
　混合動機——　92, 105n, 106, 163, 166
　実験——　58ff, 112ff, 116ff, 167ff, 169n
　室内——　104
　非協力——　102, 218ff, 299ff
　標準型——　102, 280n
ゲーム理論　3n, 9f, 14, 87ff, 91ff, 98ff, 167ff, 275ff, 299ff
現状維持　34, 69, 73, 174
原子力兵器　→　核兵器
公空自由　123, 239, 251

事項索引

交渉　5, 21ff, 57ff, 93n, 107, 109, 236ff, 257
　暗黙の——　5, 21, 58ff, 90, 161ff, 235ff, 269ff, 279ff, 288n, 294, 299
　——議題　32, 54
　——ゲーム　48ff, 102ff, 275ff
　——力　22f
強盗　188f, 215, 227, 228, 238
　銀行——　144
効用　92n, 118ff, 129, 296n, 310
合理的行動　3, 13ff, 117, 135, 148, 153f, 286ff, 299
黒人　94
国防分析研究所　8
誤（警）報　196, 210f, 229ff, 252, 255ff
子供　6, 10, 12, 17f, 141, 150, 154
コミットメント　13, 24ff, 37f, 45, 49, 52, 126ff, 128f, 185, 190ff, 199, 204, 210
コミュニケーション　13, 16, 18, 27, 30, 40f, 54, 57, 63, 82, 87ff, 103, 108f, 118, 123ff, 126, 129, 148, 150f, 153, 171, 177n, 275f, 282, 284ff, 303, 310f
国連救済復興会議　→　UNRRA

サ行

サイドペイメント　92
サッカー　113n
サマータイム　149
ザール地方　34n
識別　144, 150
シーク教徒　151
実証的　101, 294
シナリオ　174
囚人のジレンマ　101n, 222, 222n, 235
集団の意思決定　14, 229
受動的な抵抗　144
趣味　95
ショーウィンドウ　123, 133
証拠　14, 41, 120, 128n, 152ff
条約　38n, 42, 147
尻に火がつく　123
信頼　13, 139
数学　62, 70, 99, 109f, 116ff, 121, 167, 293, 298, 308

ストライキ　5f, 28, 37, 72
　——用の基金　30n
スパイ　19, 138, 152f
税　67, 68n, 69, 74, 149, 175n
瀬戸際外交　15, 208ff
ゼロサムゲーム　87ff, 91ff, 100, 105n, 108, 118, 123, 166, 168, 170, 181
漸進主義　175f
戦争　4ff
　意図せざる——　196ff, 255ff
　偶発——　196ff, 255ff
　限定——　5f, 11, 57ff, 93n, 170f, 176, 198ff, 211, 256, 261, 265ff
戦略　3, 12, 14, 90, 127, 155ff, 174n
　——的行動　165ff
先例　35, 72
線路　144n
相互依存決定　15, 87ff, 93n
双方独占　26n, 30n, 36n

タ行

対外援助　10, 18n, 28, 42n
対称性　117, 120f, 127, 136, 275ff
大多数　→　多数派
代理人　25, 29f, 34, 38, 125, 147
ダイヤモンド　96
台湾　6, 80, 118, 147, 273
タクシー　21, 123
多数派　94, 97, 100n
タバコ　115
団結力　95
チェス　62, 89, 109, 109, 174f
地図　58, 62f, 69, 75, 102
　宝物さがしの——　140
仲裁　150
忠誠を誓うこと　115
調整　71, 93, 140, 177, 291n, 297
朝鮮戦争　79f
朝鮮半島　79f
調停者　68, 70, 72, 75, 77, 82, 148, 152
通行上の優先権　11, 21, 30n, 33, 37, 88, 132, 149, 153, 204, 309
テスト投票　115

320

事項索引

デトロイト暴動　151
手番　24f, 104f, 275ff
伝統　95f, 108, 110, 110n, 268, 271, 274
電話　89, 97, 99n, 151f
同盟　176
毒ガス戦　79
トリップワイヤー　123, 195, 200

ナ行

なぞなぞ　303n
NATO　202
2種類の選択　97n
日本との講和条約　164

ハ行

パターン　72, 88, 97n, 107, 169n, 173
　　反応——　139
罰　133ff, 142, 155
はったり　→　ブラフ
パートナー　5, 15, 92, 139, 216, 213n
パラシュート部隊　58, 63, 84
パラメーター　90n
パラメーター的な行動　98n, 232ff
ハンガリー　206
番犬　189
犯罪組織　142n
反応関数　156n, 163
反乱　79, 93f, 136, 176
比較優位　120
ヒッチハイカー　189
秘匿性　30, 87, 182n
人質　19, 125, 140, 248
秘密投票　18, 40n, 47n, 153
評判　14, 25, 30, 31, 38f, 41f
ヒント　88, 168f, 169n, 303n
フォーカル・ポイント　61, 63, 73, 75, 84, 114ff, 149
複占企業　32
プライス・リーダーシップ　23
ブラフ　23, 34, 37
ベルリン　207

法システム　10, 13, 17, 130n
暴動　93f, 136, 151, 176
報復　11, 37, 81, 83, 111, 123, 174, 202, 242f, 260ff, 267
保険　30, 40, 132, 147
ポジティブな証拠　258
ほのめかし　→　ヒント
補償　32
北極点　173n, 270n
捕虜　→　人質

マ行

マイノラント・ゲーム　166
ミス・ラインゴールド　97
ミニマックス　51, 88, 100, 108, 181n, 279, 294n
ムーア人　151

ヤ行

約束　6, 13, 45ff, 52, 107, 124, 134n, 136ff, 146, 164n, 181, 183, 192f
UNRRA　72n
誘拐犯　45f, 120, 145
指切りげんまん　25ff
抑止　5ff, 11n, 12, 123, 136, 143, 195ff, 197, 203, 207, 242f

ラ行

ラベル　99, 101, 293, 302, 309
ランダム化　96n, 109, 181ff, 195ff, 220, 228
ランド研究所　8
リーダーシップ　95
リトル・ロック　151
ルーレット　205
礼儀　95, 119n, 133n, 154n
レバノン　207n
労働組合　28, 30n, 31n, 46
ログローリング　33
ロトの妻　113

ワ行

賄賂　92n

著者略歴

Thomas Crombie Schelling（トーマス・クロンビー・シェリング）

1921年カリフォルニア州オークランド生まれ。1944年カリフォルニア大学バークレー校を卒業、1951年ハーバード大学で経済学 Ph. D を取得。イェール大学、ランド研究所、ハーバード大学、メリーランド大学で教授等を歴任。2005年ノーベル経済学賞を受賞。2016年、逝去。*National Income Behavior*, McGraw-Hill Publishing Co., 1951；*International Economics*, Allyn and Bacon, 1958（高中公男訳『国際経済学』時潮社、1997年）；*Strategy and Arms Control* (with Morton H. Halperin), The Twentieth Century Fund, 1961；*Arms and Influence*, Yale University Press, 1966；*Micromotives and Macrobehavior*, W. W. Norton and Co., 1978（村井章子訳『ミクロ動機とマクロ行動』勁草書房、2016年）；*Choice and Consequence*, Harvard University Press, 1984 ほか。

監訳者略歴

河野勝（こうの　まさる）

1962年生まれ。1994年スタンフォード大学政治学部博士課程修了。早稲田大学政治経済学術院教授、Ph. D.（政治学）。*Japan's Postwar Party Politics*, Princeton University Press, 1997；『制度』（東京大学出版会、2002年）ほか。

訳者略歴

広瀬健太郎（ひろせ　けんたろう）

1981生まれ。早稲田大学大学院政治学研究科修士課程修了。現在、シカゴ大学政治学部博士課程在籍。

山口総一郎（やまぐち　そういちろう）

1980年生まれ。早稲田大学大学院政治学研究科修士課程修了。現在、早稲田大学大学院政治学研究科博士課程在籍。

ポリティカル・サイエンス・クラシックス監修者略歴

河野勝（こうの　まさる）
　1962年生まれ。1994年スタンフォード大学政治学部博士課程修了。現在、早稲田大学政治経済学術院教授、Ph. D.（政治学）。*Japan's Postwar Party Politics*, Princeton University Press, 1997；『制度』（東京大学出版会、2002年）ほか。

真渕勝（まぶち　まさる）
　1955年生まれ。1982年京都大学大学院法学研究科修士課程修了。現在、立命館大学政策科学部教授、京都大学名誉教授、博士（法学）。『大蔵省統制の政治経済学』（中央公論社、1994年）、『大蔵省はなぜ追いつめられたのか』（中央公論社、1997年）ほか。

ポリティカル・サイエンス・クラシックス4
紛争の戦略
　　ゲーム理論のエッセンス

2008年3月25日　第1版第1刷発行
2021年5月10日　第1版第7刷発行

著　者　T. シェリング
監訳者　河野　　勝
発行者　井　村　寿　人

発行所　株式会社　勁　草　書　房
112-0005　東京都文京区水道2-1-1　振替　00150-2-175253
（編集）電話　03-3815-5277／FAX 03-3814-6968
（営業）電話　03-3814-6861／FAX 03-3814-6854
堀内印刷所・牧製本

©KOHNO Masaru　2008

ISBN978-4-326-30161-4　　Printed in Japan

JCOPY ＜出版者著作権管理機構　委託出版物＞
本書の無断複写は著作権法上での例外を除き禁じられています。複写される場合は、そのつど事前に、出版者著作権管理機構（電話 03-5244-5088、FAX 03-5244-5089、e-mail: info@jcopy.or.jp）の許諾を得てください。

＊落丁本・乱丁本はお取替いたします。

https://www.keisoshobo.co.jp

河野勝・西條辰義編
社会科学の実験アプローチ
「社会科学では実験をするのはムリ」。こんなイメージを根底から覆し、方法論のフロンティアを紹介する珠玉の論文集。　　　　　　　　　　3300円

H. ブレイディ＆D. コリアー編、泉川泰博・宮下明聡訳
社会科学の方法論争──多様な分析道具と共通の基準　原著第2版
Rethinking Social Inquiry の全訳。どの研究手法をどう使えばいいのか？ KKV論争がこれで理解できる。便利な用語解説つき。　　　　　　　5170円

河野勝・真渕勝監修
── ポリティカル・サイエンス・クラシックス（第1期）──

M. ラムザイヤー＆F. ローゼンブルース著、河野勝監訳
日本政治と合理的選択──寡頭政治の制度的ダイナミクス 1868-1932
現代政治学と歴史学の交差。戦前日本政治の変動を、政治家の個性やイデオロギー対立ではなく合理的選択論から解明する。　　　　　　　　3960円

アレンド・レイプハルト著、粕谷祐子・菊池啓一訳
民主主義対民主主義──多数決型とコンセンサス型の36カ国比較研究
原著第2版
「ベストな」民主主義を探る比較政治学の古典。イギリス型デモクラシーを理想視する印象論に実証データで異議を唱える。　　　　　　　　4180円

ケネス・ウォルツ著、河野勝・岡垣知子訳
国際政治の理論
国際関係論におけるネオリアリズムの金字塔。政治家や国家体制ではなく無政府状態とパワー分布から戦争原因を明らかにする。　　　　　　4180円

トーマス・シェリング著、河野勝監訳
紛争の戦略──ゲーム理論のエッセンス
ゲーム理論を学ぶうえでの必読文献。身近な問題から核戦略まで、戦略的意思決定に関するさまざまな問題を解き明かす。　　　　　　　　　4180円

──────────────────────────── 勁草書房刊

＊刊行状況と表示価格は2021年5月現在。消費税込み。